U0804831

四川省哲学社会科学重点研究基地儒学研究中心重点资助项目

儒家文明协同创新中心后期资助项目

儒家文明协同创新中心后期资助项目

儒家诸子对《文心雕龙》成书的贡献

王万洪　贺雨潇　著

齊魯書社

图书在版编目（CIP）数据

儒家诸子对《文心雕龙》成书的贡献/王万洪，贺雨潇著．--济南：齐鲁书社，2021．4
ISBN 978-7-5333-4441-2

Ⅰ．①儒… Ⅱ．①王… ②贺… Ⅲ．①儒家－哲学家－关系－《文心雕龙》－研究－中国 Ⅳ．①B222．5 ②I206．2

中国版本图书馆CIP数据核字（2021）第051432号

责任编辑：向　群
装帧设计：刘　丽　刘羽珂

儒家诸子对《文心雕龙》成书的贡献
RUJIA ZHUZI DUI WENXINDIAOLONG CHENGSHU DE GONGXIAN
王万洪　贺雨潇　著

主管单位	山东出版传媒股份有限公司
出版发行	齊魯書社
社　　址	济南市英雄山路189号
邮　　编	250002
网　　址	www.qlss.com.cn
电子邮箱	qilupress@126.com
营销中心	（0531）82098521　82098519　82098517
印　　刷	山东新华印务有限公司
开　　本	880mm×1230mm　1/32
印　　张	13.75
插　　页	3
字　　数	321千
版　　次	2021年4月第1版
印　　次	2021年4月第1次印刷
印　　数	1—1000
标准书号	ISBN 978-7-5333-4441-2
定　　价	78.00元

儒家文明协同创新中心
学 术 委 员 会 组 成 名 单

名誉主任　杜维明　刘大钧

主　　任　陈　来

副 主 任　（按姓氏笔画排列）

王云路　杨国荣　舒大刚　颜炳罡

委　　员　（按姓氏笔画排列）

万俊人　王云路　王学典　贝淡宁

朱小健　池田知久　安乐哲

孙聚友　李景林　杨世文　杨国荣

杨朝明　陈　来　陈卫平　郭齐勇

黄俊杰　崔英辰　董　平　景海峰

傅永聚　舒大刚　颜炳罡

办公室主任　翟奎凤

序　言

郭　齐

王万洪、贺雨潇新作《儒家诸子对〈文心雕龙〉成书的贡献》即将在齐鲁书社出版，嘱我作序，现在写了几段话，作为序言。

首先是祝贺。儒家文明协同创新山东大学中心和四川大学中心均成立于 2015 年，山东大学更重视对研究成果的扶持，当年即面向全国发出了后期资助申报通知，在首批立项资助的六个项目中，川大古籍所的青年学者田君和古籍所培养的博士后王万洪申报的成果均获得了立项和全额出版资助，这是一件好事。2017 年，王万洪、贺雨潇再次以儒学研究成果申报后期资助项目并获得立项，这是本书得以问世的关键一步。没有山东大学中心的立项支持和慷慨资助，年轻的儒学研究者将很难把成果变成铅字，因为出版不易，经费不多。所以，我要向儒家文明协同创新山东大学中心表示祝贺，连续几年资助的项目推进速度、成果质量都很好！同时也向获得立项的青年学者表示祝贺，机会难得，要好好把握。同时，本书也是四川大学儒学研究中心资助的重点项目。川大有深厚的《文心雕龙》研究传统，是驰名世界的“龙学”研究重镇，我希望两位作者能够在杨明照先生开创的研究之路上继续深入、踏实地走下去，取得更多的成果！

其次是介绍。王万洪在硕士阶段研究写作学，学位论文以

《〈文心雕龙〉写作风格类型理论研究》为题，进行的是他喜欢的文艺美学研究。博士阶段研究文论与文化，学位论文选题是《〈文心雕龙〉雅丽思想研究》，继续研究文艺美学，其间开始上通下达，在逐渐深入接触儒家、道家、魏晋玄学、书画艺术理论等内容的同时，对诸子哲学有了综合贯通而以儒学为主的研究意识。其后，他到川大古籍所从事统招博士后研究工作，接受历史文献学的研究训练，并开始深入学习儒学文献。作为他的合作导师，我认为文献训练只是基础，他还是应该在研究上出成果。王万洪的研究兴趣在书法文献上，借助古籍所编纂《全宋文》和建设宋代文化研究资料中心的有利条件，以及国家社科基金重大招标项目、四川省重大文化工程《巴蜀全书》启动的东风，完成了出站报告《宋代巴蜀书法研究》。两年的时间过得很快，他逐渐适应了对文学、哲学、美学、文献学进行综合阅读与研究的方式，这是博士后训练的主要目的和收获。出站以后，王万洪去了西华大学工作，借助教育部“新工科建设”的有利条件，很快在西华大学申报并开设了“儒家的智慧”“道家的智慧”这两门“哲学与批判课程群”中的公共教育核心课。目前，课程教学团队已经为两万多名学生授课，并合作出版了相应的通识教材，课程被遴选为首批“课程思政”重点建设课程。借助教学之需，他继续研究儒学和诸子哲学，同时贯通文学、写作、书法、文献学的研究，取得了一些成果。我之所以要介绍他的成长经历，主要是想说明一件事：中国自古以来的读书人，都是各科会通而能在某一方面突出创新的，而当代的学者一般不具备古人的综合素养，学科割裂、学科界限太过细碎，对年轻人的成长并没有好处，过早地专精一科，不如慢慢研读，进行多学科的融汇和交叉。本书就是这种学科融汇与交叉研究的产物，内容涉及文学、美学、儒学、诸子，方法上以文献为依托、以比较研究为特色，具有纵观历史的视野和创新研究的思路。研究的结果证明：儒学是中国文化之根，是中国文学之根，也是中国文学批评理论之根。这条路要继续走下去，越走越宽才对。

再次是批评。因为主要的研究兴趣在文艺美学和书法艺术上，王万洪读书有一个不足之处：面铺得很宽，活儿做得不细。一个人的精力是有限的，时间是有限的，读书研究的高峰期也是有限的，他在文学理论、苏轼研究、儒学、诸子哲学、书法、文献学特别是民间碑刻文献上投入了很多精力，我建议要分清主次，至少要分阶段地分清主次。综合贯通是一件好事，但现代读书人没有古人那样的综合教育基础，并不是从小就全面学习阅读，他尽管有书法与美学的兴趣爱好，但综合上述各学科并分别展开研究，只是最近六七年的事情，他井喷式地拿到三十多个课题和项目，要做完并做好，精力肯定不够，基础也并不牢固。据说他经常熬夜写作，经常穷山绝壁探寻古迹，经常到乡镇村落去作田野调查，四十岁不到，两鬓就有了不少白发。我认为这种方式不具有可持续性，长期这样做，身体健康必然还会受到损害。要么组建自己的团队，要么分阶段地突出主次。做研究不宜贪多求快，要慢工出细活，我希望他能慢下来。所以，在本书的研究中，他很高兴地寻找到了研究工作的合作伙伴四川大学文学与新闻学院博士研究生贺雨潇，他们通力合作，各司其职，顺利地完成了课题研究，拿出了书稿，我要向他们的合作表示祝贺。

去年，王万洪的儿子上了大学，我为他获得更多的时间而高兴；今年初，他的老岳父不幸因病去世了，我为这件事而悲伤；现在，他即将公派赴美访学一年，同时获得了担任西华大学通识教育核心课程“写作与沟通”负责人的机会，我又为他成长机遇的到来而欣喜，更为他去国怀乡之情的生起而担忧。鉴于对他的了解，我建议他迎头向上，但是一定要专注于学。

同时祝贺贺雨潇，在本书的研究中表现优秀，取得了新的成果！

是为序。

2019年4月25日于川大古籍所

目　录

下编　儒家诸子对《文心雕龙》成书的影响

绪　论

一、《文心雕龙》的理论体系

成书于南朝齐梁之际的《文心雕龙》是我国写作理论的巅峰之作①，围绕《文心雕龙》的成书时间、主导思想、体例结构、专题范畴等问题，学术界进行了深入而全面的研究，为此形成了一门专门的学科——“龙学”，并具有世界性的影响。据李建中先生统计，每年所发表的“龙学”研究论文，在比例上占到了全部古代文论研究论文的40%以上，与“红学”研究一样，堪称显学。②《文心雕龙》全书五十篇，清人章学诚以“体大思精”目之，被“龙学”研究界公推为定论。在《序志》篇中，刘勰自述其书之结构体系曰：

盖《文心》之作也，本乎道，师乎圣，体乎经，酌乎

① 关于《文心雕龙》一书的性质，是“龙学”研究长期争论的一个问题。曾有文学理论著作、文学批评著作、子书、审美心理学著作、哲学著作、艺术学著作、写作学理论著作等多种不同的说法。根据其包含数十种文体且绝大部分为应用文体裁、讨论有关写作的方方面面的问题等基本内容，笔者比较认可王运熙、王志彬、潘新和、万奇等先生主张的“写作理论”说。其余多种说法也各有理由，是很值得参考的研究意见。

② 李建中：《文心雕龙讲演录》，广西师范大学出版社2008年版。

纬，变乎骚：文之枢纽，亦云极矣。若乃论文叙笔，则囿别区分：原始以表末，释名以章义，选文以定篇，敷理以举统。上篇以上，纲领明矣。至于剖情析采，笼圈条贯：摛《神》《性》，图《风》《势》，苞《会》《通》，阅《声》《字》，崇替于《时序》，褒贬于《才略》，怊怅于《知音》，耿介于《程器》，长怀《序志》，以驭群篇。下篇以下，毛目显矣。位理定名，彰乎大《易》之数，其为文用，四十九篇而已。①

据此可知，《文心雕龙》全书五十篇，主要可以分为四大部分：从《原道》至《辨骚》的五篇以“文之枢纽”目之，可称为枢纽论；从《明诗》到《书记》的二十篇属于“论文叙笔，则囿别区分”的文体论；《神思》到《程器》的二十四篇属于全面的“剖情析采，笼圈条贯”部分，学术界一般将其分为创作论（《神思》至《总术》）与批评论（《时序》至《程器》）；最后是总纲性质的《序志》一篇，称为序论。② 根据以上主要内容的划分，可见以下理论体系的建构：

序言—《序志》—以驭群篇

---

① 杨明照：《增订文心雕龙校注》，中华书局2000年版，第611页。本书凡引《文心雕龙》原文，均本此书，以下不再作注；引文有字异者，为笔者据杨明照先生校注所改；标点符号亦作适当校改。

② 这样的板块划分，起自范文澜先生，百年“龙学”研究中对此多有论述，各家分类并不一致，对有些篇目的归属迄今仍存争论。范文澜、杨明照、王运熙、周振甫、杜黎均、祖保泉、夏志厚等先生各出所见。笔者采纳的是王运熙先生归纳的意见。

枢纽论—《原道》—《辨骚》—文之枢纽

文体论—《明诗》—《书记》—论文叙笔，囿别区分—纲领

创作论—《神思》—《总术》—剖情析采，笼圈条贯—毛目

批评论—《时序》—《程器》—剖情析采，笼圈条贯—毛目

《文心雕龙》建构的这一“体大思精”的理论体系，仅在《序志》篇中，就可找到三大原因：

第一，全书是根据“大《易》之数”来安排五十篇专题与设置全书理论结构的，序言总论一篇，其余四十九篇为具体之“用”，讨论各个方面的问题，表明《周易》是《文心雕龙》的核心理论来源。这在全书中有很多直接的证据，比如刚柔、八体之风格论、文学通变论、文学发生论等，均出自《周易》。仅在《原道》之中，《周易》就经历了伏羲画卦、文王继作、孔子集其大成的历史发展脉络——实际上将上古最著名的部落首领、政治家、思想家列入《周易》作者之序列，列入儒家思想之体系——那么，《周易》丰富的内容和严整的体系，对《文心雕龙》产生重大的组织结构影响，岂不顺理成章？

第二，全书采用“同之与异，不屑古今；擘肌分理，唯务折衷”的折中思维方法论，在论述的时候正反兼备、古今结合，从正、反、合的基本模式中演化出若干句型、专题、篇章，这是《文心雕龙》能够客观、公正、适度论述古今写作现象的重要原因，也是这本名著历久不衰、至今迷人的根本原因。它不受一时

一地的局限，在几千年的历史时空中选取、渔猎，在公正客观的立论基础上新意频出，它的成功，离不开折中思维方法论。而关于这一方法论的理论来源，曾有若干佛学渊源说的文章出现，但考察中国古代诸子文献，其真实的理论来源，还是在古典著作之中，而以儒家中庸思想为根本。这一争论，将在本书第一章中详细分析之。

第三，全书的写作目的极为清晰，立论的出发点很高，故能超越以往，自成体系。在根本的写作目的层面上，是因为生命脆弱，在刘勰看来，一个人想要名垂青史，就应该立言不朽，而追思儒家孔子成为他最主要的动力来源。在中间的写作体裁层面上，注解经书的工作超不过郑玄、马融等汉儒，那么，文章的写作是军国、政治大事的体现，那就写文章，可以树德建言。在直接的现实层面上，针对的对象则有两个：一是“近代”不良的文学创作，“辞人爱奇，言贵浮诡；饰羽尚画，文绣鞶帨；离本弥甚，将遂讹滥”，那就需要归正，于是要主张《周书》之词、尼父之旨，这是儒家经典在作品层面的标准。二是“近代之论文者”虽多，从东汉桓谭、魏文帝曹丕到西晋二陆兄弟，整整十家文论著作，没有一篇称得上是成功的，“未能振叶以寻根，观澜而索源；不述先哲之诰，无益后生之虑”，出现了碎、乱、不精、疏略等弊端，反推过来，《文心雕龙》就一定是振叶寻根、观澜索源的著作，一定是论述先哲之诰，有益后生之虑的体系严密、内容全面、卓有建树的著作，这就决定了其理论体系的建构必须要“体大思精”，否则，刘勰批评那么多的文学创作和文学理论著作，一旦《文心雕龙》写不好、超不过“近代之论文者”，他对自己都无法交代。

实际上，在具体阅读或研究的时候，一般将序论放在最前面，枢纽论紧随其后，文体论、创作论、批评论作为展开的主体，放在后面。这样安排的好处是由小到大，可以清晰看出《文心雕龙》理论体系从序言、枢纽、纲领、毛目立体地、全面地建构的脉络顺序。

二、《文心雕龙》的写作构成要素

《文心雕龙》讨论有关写作各个方面的问题，这本名著的构成要素主要包括：

第一是以时间为纵向脉络的写作历史。《文心雕龙》全书论述有关写作问题的历史时，从天地自然开始，人类生于天地之间，经过若干岁月的发展演化之后，才有了模仿自然而作图像文学的创举，实现这一创举的代表作家是伏羲，其代表作品是先天八卦。这是上古旧石器时代原始人类仰观俯察、取法自然而创制文学作品的起点，事见《原道》篇。自此以后，《文心雕龙》记述的人类写作历史历经三皇、五帝、三代、秦汉、三国、两晋、南北朝（未完），在齐梁成书之际，号称“九代”之文，事见《才略》《时序》等篇。其纵向的时间轴，大约有一万年历史。因为具有这样宏大深远的宇宙意识和历史意识，作者刘勰能够在博大的历史视野下恣意渔猎、深刻比较、取精用弘，使《文心雕龙》在古今中外的同类著作中居于理论全面、体系严谨、成就最高的位置。

第二是以空间为横向坐标的文学区域。当代学者将中国的主要文化区域划分为中原文化、齐鲁文化、关陇文化、江汉文化、巴蜀文化等八大块，将八大块反推到《文心雕龙》，我们会发现，该书对当代文学地理学界提出的秦陇、三晋、齐鲁、巴蜀、荆楚、吴越、燕赵、闽粤八大文学区系皆有涉及，而以位于黄河、长江流域的前六者为主要空间区系。当然，在《文心雕龙》成书的时代，并没有今天八大块的说法和区分，但刘勰身处南北朝对立的特殊历史时期，他本来就是一个国家分裂、区域分野的历史见证者。在《文心雕龙》中，论述到三皇、五帝、夏、商、周、春秋、战国、前汉、后汉、晋室南迁以及江左、皇齐文学的时候，带有鲜明的区域分野的意味，特别是《诗经》十五国风与《楚辞》，不仅有内容、写法、风格等差异，仅从命名上看，其地域区别就尤为明显——《物色》篇就指出：屈原创作的成功，很大程度上是得到了外在的“江山之助”！

第三是有关写作的各个方面的具体内容。美国文学理论家艾布拉姆斯认为：文学具有四大要素，分别是世界、作者、作品与读者，这四个要素之间是相互渗透、相互依存、相互促进的。① 这一理论在世界文学研究中广有影响。但是，将四要素论与《文心雕龙》的写作理论体系放在一起比较的时候，在向上的理论高度和向下的操作性方面，它就显得比较薄弱而且笼统了。《文心雕龙》论述到涉及写作的方方面面的问题，比如：

1.《文心雕龙》写作动力论。在《序志》篇中，刘勰自述创作《文心雕龙》这本书的目的是想树德建言，立论不朽。一千五百多年的历史证明，他确实做到了！在萌发了写作本书流传后世的想法时，刘勰记述了两个梦：“予生七龄，乃梦彩云若锦，则

① 〔美〕M. H. 艾布拉姆斯著，郦稚牛等译：《镜与灯——浪漫主义文论及批评传统》，北京大学出版社 1989 年版，第 5~6 页。

攀而采之。齿在逾立，则尝夜梦执丹漆之礼器，随仲尼而南行。旦而寤，乃怡然而喜：大哉！圣人之难见也，乃小子之垂梦欤！”① 第一个梦，是一个高飞彩云的美丽之梦，表明了作者内心的崇高理想和文学美丽的精神品格②，这是与南朝崇尚文学、为文华丽的时代风气息息相关的。第二个梦，是梦见孔子，作者“执丹漆之礼器，随仲尼而南行”，举着周代大红的礼器，代表的是本书在儒家雅正的礼乐制度规范下的指导思想选择。我们知道，刘勰原籍山东，祖辈在战乱中迁徙江东镇江，他在梦中跟随孔子从北向南，实际上是自己从黄河流域的齐鲁大地来到长江南岸的吴越之地的写照。③ 向孔子取法，这是他将孔子当作自己的精神导师、决心传播雅丽的文风、写作《文心雕龙》这本书的根本动力！④

2. 文学起源论与审美本质论。文学起源于自然，与天地并生，与日月、山川、草木、云霞、林籁、泉石、虎豹等自然事物

---

① 杨明照：《增订文心雕龙校注》，第610页。

② 文学的“美丽精神”一说，由王岳川先生“中国文化的美丽精神”一说演化而出。王先生是以汉字的书写之美看待中国文化（意蕴、视觉）之美；《文心雕龙》论述文学特质，重美尚丽，主张文学的美丽精神，这与当时的时代风气也有密切的关联。

③ 中国《文心雕龙》学会副会长陶礼天教授多年来积极主张从文学地理学角度研究《文心雕龙》，并产生了部分论文成果。在2017年8月初的第十四次年会上，陶礼天教授作了《〈文心雕龙〉文学地理批评研究（上篇）》的报告，回答了“《文心雕龙》的文学地理批评思想包括哪些”这一宏大的设问。笔者以为，《文心雕龙》包含鲜明而众多的文学地理因素，本书中间出现的地理、区域之论，即受陶教授启发而来。

④ 参见王万洪《〈文心雕龙〉雅丽思想研究》，中华书局2019年版。本书中有关雅丽文学思想及其在《文心雕龙》中批评运用的说法，均为王万洪所论。

同时存在，而且采集其精华，在天地人三才共同作用下，在从西部地区的伏羲、大禹、周公到东部地区的孔子等杰出人才的共同努力下，经历了图像文学、口语文学、文字文学等不同阶段的漫长发展，不仅具有很大的功能，“为德也大矣”，能“经纬区宇，弥纶彝宪，发挥事业，彪炳辞义”，而且天然地具有审美的本质属性，“无识之物，郁然有彩，有心之器，其无文欤”，这是《文心雕龙》全书主张尚美尚丽的理论渊源。在刘勰看来，一切文章都具有美的属性、美的创造、美的风格，这一渊源，最终仍然落实在经历伏羲、文王、孔子而成书的《周易》一书。事见《原道》《情采》等篇。

3. 文学史论。《时序》可称第一篇中国文学史论，其中从陶唐开始，历经有虞、大禹、西周、春秋战国、两汉、曹魏、两晋、南朝宋、皇齐的“九代文学”，概述数千年，包含历朝历代。《文心雕龙》中众多的时代、作家、作品构成了精彩的文学史，其中的“江左”等历史阶段，还有文学地理学的意味。在贯通数千年的文学历史发展中，将全中国地域空间范围内的文学发展历史梳理一通，这是《文心雕龙》的独创。稍微考察一下从帝尧到齐的都城或部落联盟所处的核心地理空间，就可以发现：今河南、河北、山西、山东所在的黄河中下游地区，是历代文学发展的主要地理时空；而长江中下游地区，则是“近代文学”不断转移、变化的新的时空区域。除《时序》外，《通变》论述历代文学的时代风格特征与继承、新变的问题，以及《原道》论述从伏羲到孔子的上古文学发展问题，都具有史论意味。李建中教授以为：《文心雕龙》充满了史学意识，《原道》篇即可看作一篇简明的上古文明史。① 笔者对此深以为然。

4. 写作对象论。上古部落领袖、帝王将相宣扬美德、刻石记功、封禅勒铭，著名作家抒情咏物、宣泄感情、歌唱谣辞，普通人物发表议论、记录琐碎日常生活，等等，只要能够进入写作的东西，都可以是写作的素材或对象。在《文心雕龙》中，但凡用文字记录下来的东西都是广义的文学写作，其对象当然也包括天地自然等一切内容。《原道》认为伏羲仰观俯察，受河图启发而画成八卦，这种图像文学也是一种写作行为，而且是“肇自太极”的“人文之元”；大禹受洛书启发，制定了历史上第一部政治法规《洪范》，属于文字文学的经典；《正纬》认为纬书与经典同源，也是河图洛书、神秘文化的衍生物；《明诗》认为抒情言志、政治军事、妇女感伤、玄言创作都是诗歌的内容——凡此种种，不一而足。《物色》篇以“春秋代序，阴阳惨舒；物色之动，心亦摇焉”的外物感染论为中心观点，将引发写作情思、灵感、激情的因素归于“天高气清”“霰雪无垠”“清风与明月同夜，白日与春林共朝”，于是“诗人感物，联类不穷。流连万象之际，沉吟视听之区。写气图貌，既随物以宛转；属采附声，亦与心而徘徊”，继而“《离骚》代兴，触类而长；物貌难尽，故重沓舒状”，发展到汉代，“长卿之徒，诡势瑰声；模山范水，字必鱼贯”，从先秦北方《诗经》到南方《楚辞》，再到汉代辞赋大作，最著名的诗赋文学，莫不是描写自然景物的产物。而“自近代以来，文贵形似：窥情风景之上，钻貌草木之中”，则走向了片面、

---

① 2017年8月初，中国《文心雕龙》学会第十四次年会在内蒙古师范大学举行，在8月6日下午的大会报告中，李建中教授作了《“龙学”研究四通》的报告，其中提到了上述观点。特作说明。

肤浅的景物描写之途。对于地理、山川、景物的描写，贯通了整个文学发展的历史，是全部文学体裁重要的取材对象，其成败得失与当代发展，正是《文心雕龙》得以建构批评理论的重要内容之一：必须归正商周，取法丽则，摆脱丽淫。其中，以“长卿之徒”为代表的辞赋创作，是最主要的作品批评对象；扬雄在《法言》中提出的“丽则丽淫”审美论，被刘勰直接拿过来演化为“诗人丽则而约言，辞人丽淫而繁句”，成为诗赋对比、文学批评的核心标准。他们在作品创作与理论创造方面，为《文心雕龙》写作对象论的建构作出了最重要的贡献。

5. 写作枢纽论。在本书的前五篇中，以《宗经》为核心，褒扬经典“六义”，批评“楚艳汉侈”，原道征圣，尊经抑纬，提倡骚体之新变，得出合观《诗》《骚》的雅丽文学创作纲领①，这是褒美“郑伯入陈”“宋置折俎”的区域国别文学、融合《诗经》《楚辞》南北文风、化合以《诗》《骚》为代表的古今各类文体、创造全新理论的总结性成果。《正纬》篇论述纬书之起源，与经典共同“原道”而来，而“河出图，洛出书，圣人则之”，河洛之地，就成了上古文学的核心起源地。在北方儒家经典之后，发展到南方楚辞体裁，特别是屈原的一系列作品，在内容上“论山水，则循声而得貌；言节候，则披文而见时”，它们作为后代辞赋作家的模仿对象，“吟讽者衔其山川，童蒙者拾其香草”，不仅有地理区域与国别差异，而且是具体写作方法的操作性体现。事见《征圣》《宗经》《辨骚》等篇。先秦的周公和孔子，

① 创作纲领一说，由王运熙先生提出，是指《文心雕龙》序言中论述的“文之枢纽”，即写作的核心指导思想与创作原则规范。

在《征圣》中被认为是最著名的作家；汉代儒家大师扬雄在《宗经》篇中作为理论批评建构的来源出场，“扬子比雕玉以作器，谓五经之含文也”，扬雄关于“五经美文”“丽则丽淫”的论述，成为《文心雕龙》证明儒家经典有文采之美的直接来源。“丽则丽淫”不仅是经典具有“六义”之“六则文丽而不淫”的照搬，而且广泛地运用于《诠赋》《情采》《夸饰》《物色》等篇，成为《文心雕龙》主张的核心审美批评主张之一。在儒家思想熏陶下成长起来的汉代文学家司马相如、王褒联袂在《辨骚》篇中出现，不仅是学习屈原楚辞的最成功代表作家，而且在“若能凭轼以倚《雅》《颂》，悬辔以驭楚篇，酌奇而不失其贞，玩华而不坠其实，则顾盼可以驱辞力，欬唾可以穷文致，亦不复乞灵于长卿，假宠于子渊矣”这一全书写作之“枢纽”理论中①，成为刘勰笔下选拔出来的、历代文学仅有的两位最著名的代表作家，是古今文学的标杆式人物！这就表明《文心雕龙》所论“文之枢纽”，包含着历史动态因素和古今新变规律。刘勰是积极主张新变的，当然，类似楚辞汉赋这样成功的新变，不能离开儒家经典和儒家思想的归正，需要雅丽结合，才能成功。

6. 文体创作论。《文心雕龙》专列文体论二十篇，讨论三十余大类、八十余小类的古今文体及其历史演变、成败得失与创作“纲领”要求，在从古到今的各类文体变化中，处处体现“原始以表末”的历史意识、“释名以章义”的寻根意识、“选文以定篇”的精品意识和“敷理以举统”的理论意识。从二十篇文体论

---

① 王运熙先生称这一原则为创作论的总纲。从全书来看，这一原则可以归纳为雅丽文学思想，在文体论、创作论、批评论中均居于主导地位，是《文心雕龙》一以贯之的基本文学思想，即全书之“枢纽”。

中，不仅可见历代名家名作，还可以看到各类文体的不同写作技法和写作“纲要”，顺流而下，《文心雕龙》下半部分中的创作论、批评论诸篇，均以这二十篇厚重的文体论为基础建立起来，审美风格论、创作技法论、作家作品批评论，其立论之本就在这里，事见《明诗》到《书记》诸篇。而贯通这二十篇文体论的根本要求，是儒家思想。比如，在《乐府》篇中，多次出现《韶》《夏》雅乐与郑、卫俗乐的对比论述，刘勰本着尚雅贬俗的态度，对郑、卫之声多次批评指责，直到建安曹氏父子作品，也被视为不雅之作：“至于魏之三祖，气爽才丽，宰割辞调，音靡节平。观其《北上》众引，《秋风》列篇，或述酣宴，或伤羁戍，志不出于淫荡，辞不离于哀思。虽三调之正声，实《韶》《夏》之郑曲也。”并用这种态度评论以下的历代乐府，如“师旷觇风于盛衰，季札鉴微于兴废”“雅声浸微，溺音腾沸”“淫辞在曲，正响焉生”等。我们可以清楚地看到，在《乐府》篇对于音乐文学发展的整体历史梳理中，贯穿着孔子雅乐正声、尚雅贬俗的理论主张，以及季札观乐与荀子《乐论》《毛诗序》《乐记》的诗乐政教理论。在其余的文体论中，儒家思想因素仍然层出不穷，而且占据主导的地位，比如《明诗》认为诗歌创作的根本要求是：“铺观列代，而情变之数可监；撮举同异，而纲领之要可明矣。若夫四言正体，则雅润为本；五言流调，则清丽居宗，华实异用，唯才所安。”四言“雅润”与五言“清丽”的结合，就是雅丽的风格。刘勰指出“华实异用”，即以雅润为质实，清丽为华美，既包含了文质之分，又指出了诗歌发展由质趋文的整体趋势，与《原道》“英华日新”“文胜其质”、《通变》“从质及讹”的整体趋势是一致的。《诠赋》指出辞赋创作的纲领要求是：“原夫登高之旨，盖睹物兴情。情以物兴，故义必明雅；物以情观，故词必巧丽。丽词雅义，符采相胜，如组织之品朱紫，画绘之著玄黄。文虽新而有质，色虽糅而有本，此立赋之大体也。”辞赋创作的“大体”有两点：一是“睹物兴情”的创作“物感”说，这是与《原道》《物色》贯通而与《乐记》《文赋》相接的观点，认识到了文学创作的内容来源与写作本质状态；二是“丽词雅义”的雅丽标准，刘勰主张“义必明雅”与“词必巧丽”的理想状态，这是对辞赋创作提出的总体要求，是《文心雕龙》雅丽思想在文体论中的直接运用。因此，在本篇的赞语中，刘勰直接运用了扬雄“丽则丽淫”之说，主张辞赋创作要“风归丽则”，成为既雅且丽、“衔华佩实”的作品。辞赋“丽词雅义”的创作“大体”，在《文心雕龙》书中凡是涉及辞赋问题的地方，都可以看到其影响。《辨骚》篇主张《诗》《骚》结合，“华实”结合；《情采》篇在“为文造情”与“为情造文”的论述中指出辞赋虚诞淫丽；《比兴》篇认为辞赋“比”体太过；《夸饰》篇认为辞赋夸而不当；《物色》篇指出“辞人丽淫而繁句”——凡此种种，既可以看到“风归丽则”“丽词雅义”对辞赋创作若干问题的规范，更体现了雅丽思想对《文心雕龙》全书的贯通。《颂赞》指出：“夫化偃一国谓之风，风正四方谓之雅，容告神明谓之颂。风雅序人，事兼变正；颂主告神，义必纯美。”类似这样的例证，在二十篇文体论中数不胜数，在此不赘。

7. 写作技法论。集中于《镕裁》到《总术》十三篇，综合论述了有关写作的诸多技法，以裁剪、声律、篇章、对偶、比兴、夸张、用字、语病、引用、对比等为主，鲜明地体现了本书写作学著作的性质。这些技法，有许多是与儒家思想密切相关的，不仅时时可见短小的诸多文句，而且有许多长句与宏论，带有鲜明的思想倾向，任举数例证明之：

诗人综韵，率多清切；《楚辞》辞楚，故讹韵实繁。及张华论韵，谓士衡多楚，《文赋》亦称知楚不易：可谓衔灵均之声余，失黄钟之正响也。(《声律》)

至于诗颂大体，以四言为正，唯《祈父》《肇禋》，以二言为句。寻二言肇于黄世，《竹弹》之谣是也；三言兴于虞时，《元首》之诗是也；四言广于夏年，《洛汭之歌》是也；五言见于周代，《行露》之章是也。六言七言，杂出《诗》《骚》；两体之篇，成于西汉。情数运周，随时代用矣。(《章句》)

又诗人以"兮"字入于句限，《楚辞》用之，字出句外。寻兮字承句，乃语助余声。舜咏《南风》，用之久矣，而魏武弗好，岂不以无益文义耶！(《章句》)

造化赋形，支体必双；神理为用，事不孤立。夫心生文辞，运裁百虑；高下相须，自然成对。(《丽辞》)

楚襄信谗，而三闾忠烈，依《诗》制《骚》，讽兼比兴。(《比兴》)

夫比之为义，取类不常……若斯之类，辞赋所先；日用乎比，月忘乎兴：习小而弃大，所以文谢于周人也。至于扬、班之伦，曹、刘以下，图状山川，影写云物，莫不织综比义，以敷其华，惊听回视，资此效绩。(《比兴》)

夫形而上者谓之道，形而下者谓之器。神道难摹，精言不能追其极；形器易写，壮辞可得喻其真；才非短长，理自

难易耳。故自天地以降，豫入声貌，文辞所被，夸饰恒存。(《夸饰》)

夫文象列而结绳移，鸟迹明而书契作，斯乃言语之体貌，而文章之宅宇也。(《练字》)

隐之为体，义主文外；秘响傍通，伏采潜发：譬爻象之变互体，川渎之韫珠玉也。故互体变爻，而化成四象；珠玉潜水，而澜表方圆。(《隐秀》)

以上例证之中，既有写作技法规律论和技法渊源论，比如《丽辞》《夸饰》《练字》《隐秀》技法之来源于天地自然、本质属性与儒家经典《周易》之坤象品格等；也有区域与国别文学论，比如《诗》、诗人、楚国、《楚辞》、《洛汭之歌》、《南风》之歌等；还有文学发展脉络之论与写作技法的传承，比如“依《诗》制《骚》”“织综比义”之说；更有写作对象的取材，比如“图状山川，影写云物”等内容的描述。所以，我们不能认为写作技法论部分只是谈技法的，这一部分的十三篇专文，实际上是包含有关写作各方面问题的综合论述，这是继二十篇文体论之后，最为集中的写作文体专论。其中的若干专题，带有众多特色鲜明、内容丰富的儒家思想内容。仅仅以司马相如、王褒、扬雄为代表的巴蜀文学家及其作品为例，即可看出这一特点：他们不仅在各类技法论中均作为扛鼎之对象出现，是当时热门的写作技法声律、章句、丽辞、比兴、夸饰、指瑕的代表，在冷门技法练字等专题之中也以汉代最著名的文字学大师身份出场，是历史上编纂字书、运用奇字、创作辞赋最成功的杰出人物。至于《事类》专论征引儒家经典有助文章深度和写作，那就是扬雄为代表的汉代文学的时代特征了。

8. 以上全书序论一篇、枢纽论五篇、文体论二十篇、技法论十余篇、文学史论一篇、写作对象论一篇，就已经占到了全书五十篇之中的四十篇以上，而考察剩下的风格论、作家论诸篇，仍然包含着非常鲜明的儒家思想因素。比如，儒家经典“典雅”的风格是《文心雕龙》全书综论所有作家、作品、时代风格的最高标准，《体性》篇说：“若总其归涂，则数穷八体：一曰典雅……典雅者，镕式经诰，方轨儒门者也。”将一切文章的最高风格标准树立起来。《定势》论文体风格说：“模经为式者，自入典雅之懿；效《骚》命篇者，必归艳逸之华。”要求后世作家在学习、创作的时候，一定要以儒家经典著作为标准。这是《诗》《骚》对比、《诗经》典雅与《离骚》华艳的巨大反差。这种反差，在《情采》《比兴》《夸饰》《物色》中多次直接出现过，而刘勰采用的办法是合观统照，化解对立，走向雅丽结合之路：“渊乎文者，并总群势：奇正虽反，必兼解以俱通；刚柔虽殊，必随时而适用。若爱典而恶华，则兼通之理偏；似夏人争弓矢，执一不可以独射也。”《通变》篇高度概括地论述历代文风时说：“黄唐淳而质，虞夏质而辨，商周丽而雅，楚汉侈而艳，魏晋浅而绮，宋初讹而新。”以商周雅丽文风为上古纯质、后代文缛这两端的折中标准。而在作家作品的范围内，汉末魏初的潘勖《九锡》一文“典雅逸群”（《诏策》），是学得最好的，《风骨》篇以之为“潘勖锡魏，思摹经典，群才韬笔，乃其骨髓峻也”，是取法经典、学习经典的结果。在各类文体的创作范围内，章表奏议因为直接与帝王相通，事关国家政治与军国大事，是文出五经之后，在功能上的最佳代表，故而要求“准的乎典雅”。《才略》篇论述上古名家名作，常常出现“五子作歌，辞义温雅，万代之仪表也”“吉甫之徒，并述《诗》《颂》：义固为经，文亦师矣”“荀况学宗，而象物名赋；文质相称，固巨儒之情也”“马融鸿儒，思洽识高，吐纳经范，华实相扶”等直接的论述。在详细论述两汉四百余年文学发展史之后，给出了四个最伟大的作家：“自卿、渊已前，多役才而不课学；雄、向已后，颇引书以助文：此取与之大际，其分不可乱者也。”司马相如、王褒、刘向、扬雄，是刘勰笔下的汉四家，巴蜀文学家占据了三个席位，而且鲜明地体现了从“役才而不课学”到“引书以助文”的变化：由天赋纵横到熏染儒家经典，由此证明了汉代文学发展史中儒家思想的深刻影响。

上面简单讨论的若干方面，实际上只是《文心雕龙》论述较多、体现较为鲜明的有关写作各方面问题的内容，还有许多涉及写作问题的细小方面，比如以下各个方面：

9. 写作思维论。集中于《神思》篇，散见于文体论、技法论等其余篇章。

10. 写作过程论。即“物—意—文”的写作行为论①，见于论述“三准”说的《镕裁》与《物色》等篇章。

11. 写作修养论。集中于《体性》《养气》《程器》等篇，要求作家具有才、气、学、习的综合写作能力，对先天禀赋与后天修养都有较高要求，平时注意涵养身心，培养写作状态，并在品德高度、写作动力与“为文有用”等方面提出了严格要求。

---

① 在当代写作学界，写作过程论也称写作行为论，研究写作从前到后的全过程，主要有“物、意、文”的双重转化说、三级飞跃说、知行递变说、三阶段说（前写作、显写作、后写作）等理论成果。

12. 写作风格论。集中于《体性》《风骨》《通变》《定势》《情采》等篇，散见于文体论诸篇与技法论诸篇，综合论述了刚柔、八体等共时风格与作家情性风格论、作品文体风格论、时代风格论、风格理想等诸多问题。

13. 写作批评论。集中于《知音》《才略》《程器》等篇，散见于全书各处。

14. 主导思想论。集中于《序志》与枢纽论诸篇。《文心雕龙》一书以儒家思想为主导，广泛吸收了先秦道家、魏晋玄学等哲学思想与书画、音乐等艺术理论，在万千作家作品中独尊儒家，显示了作者在六朝儒学式微大环境下复归商周、宗法两汉的思想观、文论观。

15. 组织体系论。以《序志》篇提出的“彰乎大《易》之数，其为文用，四十九篇而已”为理论基础，与之对应的是全书共分五十篇，其中具体内容四十九篇，序言一篇。由此可知，《周易》是《文心雕龙》组织体系的方法论渊源所在。

16. 思维方法论。主要指写作全书采用的“折中”思维方法论。在这一方法论指导下，全书客观公正地取法百家，正反对比，合观统照，从而独出机杼，创新立论，这是我们今天研究该书、写作论文时都必须要注意采纳的方法，这一方法的主要来源，是儒、道、兵、法等先秦诸子名著中的中和思维方法论，也包括后来的佛典思维方法论。

上述各个方面，限于篇幅，不再展开讨论。

通过以上分析，我们可以发现：《文心雕龙》的写作理想，在远景上，是想复归“商周丽而雅”，因为这是儒家礼乐制度建立的时代，是儒家五经“圣文雅丽，衔华佩实”的主要产生时代；在近源上，是突出乃至独尊汉代思想与汉代文学，因为汉代是儒家地位上升、孔子称圣人、儒家著作称经的历史转折时期，也是真正意义上的作家文学成熟并大量涌现的时期，其得失，为刘勰提供了正反两面的批评依据。没有这两个前提，儒家思想及其代表人物、代表著作不可能在中国历史上居于优越的先在位置，不可能拥有两千余年的特殊地位，《文心雕龙》也就不会独立地、坚定地展开自己注经不成、改为文章的立言不朽的写作理想。

所以，本节讨论《文心雕龙》的写作构成要素，需要在商周、汉代这两个时段上体现出主导历代的历史视野和文学史论意识，在儒家思想、孔子地位、儒家著作上体现出独尊的优先标准。尽管这一史论意识与优先标准并不符合文学发展的历史真实情况，但作为《文心雕龙》这一特定对象所表现出来的“一家之言”，我们在研究的时候，要理解并尊重这一事实。

回到有关写作的属性上来。写作，最核心的是作家与作品。在《文心雕龙》中，伏羲、尧、舜、伯益、后稷、大禹、周文王、周公与孔子，是《原道》篇论述上古文明史、上古写作学史举证的最有代表性的作家。显然，他们不是今天纯文学意义上的作家，主要的身份应该是政治家、思想家，时间跨度从原始社会早期到两周交会之际，但刘勰认为他们才是最伟大的作家。在《征圣》篇中，刘勰认为写作应该“征之周孔”，周公与孔子是最优秀的代表作家，周公制定礼乐制度，孔子删述儒家六经，仍然以政治、思想为写作的主要内容与批评标准。在《宗经》篇“文出五经”的定论之后，我们发现：一切上古名作均汇聚到五经之中，一切后代文体都从儒家经典中生发出去，五经成为渊薮。这样，前述著名政治家、思想家，成为儒家典籍中的代表，成为写作上的著名作家。儒家思想统摄了《文心雕龙》各方面的写作要素，特别是作家与作品，被确立为全书鲜明的主导思想。

这样的统摄，有利也有弊，仅以“文出五经”为例说明之。我们从《易》经中可以看到源自伏羲、历经文王、成于孔子的《易》学历史渊源，以及《文心雕龙》组织全书的思想体系与关键范畴，诸如通变、刚柔、八体等，这是全书的组织结构与理论范畴之源；从《书》经中可以看到尧、舜、禹与夏、商、周的政治得失与历史事件；从《诗》经中可以看到夏、商、周的区域国别诗歌、音乐文学、风格差异和孔子选定诗篇的中和标准；从《礼》经中可以看到儒家先贤早已将伏羲、五帝、大禹、夏、商、周的历代著名政治领袖纳入自身体系之中，在全书主导思想、作家作品与理论地位上，这就没有其他诸子什么大事可言了；从《春秋》经及其三《传》中，我们可以看到以齐鲁儒学、中原文化为核心的历史观、思想观与政治观：一句话，上古一切皆我源，后代一切皆我有！包括几十种文体及其写作技法、美学特点的千百变化，虽万变而不能离其宗，这个宗，即儒家思想。这是其有利的一面。在齐梁政治动荡、军事不振、佛教昌盛、儒学衰微、文体讹滥、审美流弊的时代背景下，《文心雕龙》远溯先秦、近取两汉，高举儒家思想理论大旗，其目的，就是要归正文学发展的不正之风，使之健康、有序、雅丽地发展下去，那就必须坚定立场，复古返本，归正于儒。

通观文学发展史，我们知道，刘勰坚定持有的“文出五经”的观点，源自孔子，历经荀子，汉代王充等众多思想家都有明确的论述，但只有在儒家思想体系中才能成立。因为这一观点带有强烈的规定性色彩，这种规定性是建立在汉代儒学为宗的政治思想体制及其影响之下的。刘勰所举的五经与集大成的作家孔子，并不能代表文学发展的真实状态。以《易》为例：据《帝王世纪》等诸多文献记载，伏羲画八卦之后，历代皆有其学，神农氏重之为六十四卦，黄帝、尧、舜重而申之，分为二《易》；在夏代因炎帝曰《连山》，商代因黄帝曰《归藏》，周文王广六十四卦，著九六之爻，是谓《周易》。① 孔子的集大成之作，也远未穷尽，比如郭沫若先生就以为《易传》最终成于战国荀子。至少在《文心雕龙》成书之前，汉代、魏晋时期的《易》学，是学术界的显学，是《易》学史上的两大高峰时段。刘勰对汉魏《易》学成果多有征引，比如《声律》篇“声有飞沉”之说，即有京房《易》学“飞伏论”的理论背景；其余“四象精义以曲隐”、“余味曲包”、刚柔、八体、风骨、隐秀等，皆有明显的上古《易》学与汉魏《易》学成果在内。但他不予承认，不便提及，只肯将孔子作为《易》学的最高峰，实际上终结了、否定了《易》学的后续发展。这是其弊端与局限性。

既然从主导思想到具体的写作内容，《文心雕龙》在宏观与微观层面均以儒家思想为宗法，那么，它的核心写作理论，或曰主导文学思想，就应该是与儒家经典一致的文学思想——“圣文雅丽，衔华佩实”。笔者曾对此有过一定程度的研究，提出并证明了这一大胆假设。

综上所述，《文心雕龙》的写作构成要素主要是：一、时间上纵论从古至今的写作历史；二、空间上总论历代不同的区域版

① （晋）皇甫谧：《帝王世纪》，辽宁教育出版社 1997 年版，第 3 页。

图；三、内容上涉及有关写作的方方面面；四、指导思想上以儒家思想为宗，并能化合百家，为我所用；五、创作、审美与批评上以雅丽思想为核心。

三、《文心雕龙》思想渊源的特点

根据《文心雕龙》理论体系建构和写作构成要素的内容分析，我们知道：《文心雕龙》的主导思想是儒家思想，且以雅丽思想为贯通全书创作、审美与批评的核心。但该书的成书思想在渊源上远非儒家一家，而是比较明显地、广泛地吸取了先秦道家、阴阳家、纵横家、兵家、法家等诸子学说，以及两汉经学、魏晋玄学、佛学与书画、音乐艺术的部分思想而成，是数百年文学、哲学、艺术思想史高度抽象的结果。仅以儒家为例，就有先秦孔子、孟子、荀子，两汉扬雄、王充，曹魏曹丕等较为著名的思想家，以及各个阶段其他的部分儒家思想，即使六朝儒学式微，但对《文心雕龙》的影响，也是可以找到证据的。这就表明，要深入研讨《文心雕龙》的成书思想渊源，是一件极为复杂的事情。

前代关于诸家思想“渊源”问题的讨论，略显零散。有的研究者指出《文心雕龙》中的“自然”论，是道家思想影响的结果；詹锳、李泽厚、刘纲纪等先生的研究曾简略地涉及诸如兵家、阴阳家等对刘勰文学理论的影响；张文勋先生则认为刘勰的原道思想，不是取于儒家、道家、佛家中哪一家之道而成，而是融合诸家，在三教合一的时代背景下借鉴而来的。事实上，依照《文心雕龙》自身的论述，其文学思想以儒家思想为主导。① 但

---

① 以上论证，将在本书第一章详细展开。

是，对于先秦两汉魏晋南北朝诸家思想的吸收，又绝不止于儒家一家，而是取法多家，融会贯通，汇聚一炉的。《文心雕龙》的体大思精、内容丰富、深刻无涯，也与这个特点有关。

《文心雕龙》首先主要向先秦诸子取法，这不是偶然的，与作者刘勰“原始要终”的史学意识有关。文学发展到刘勰的时代，已经经历过上古三代、先秦两汉、魏晋南北朝几个大的历史阶段，时间跨度上千年，文学作品越来越多，创作倾向从质趋文而及于讹滥。对于上古三代的作家、作品以及零散的文艺思想，刘勰在书中经常谈论而且给予了很高评价。对于汉魏六朝，在论述代表性作家作品与借鉴这一时期文论思想的同时，总体则呈现出不满的批评倾向。深刻剖析《文心雕龙》的序言、全书枢纽论的五篇、作为创作论核心的前六篇以及批评论五篇，笔者发现，刘勰受先秦诸子思想影响至深，是以先秦诸子思想为主要理论框架来做全书的组织和论述的，也就是说，在论述写作问题的时候，《文心雕龙》是以先秦诸子文论思想为根本，而以两汉文论与魏晋南北朝文论思想为辅助的。这一点并不奇怪，因为《文心雕龙》全书以儒家思想为理论核心，而儒家文论思想是以先秦孔、孟、荀三家为基础建立起来，然后拓展新变的。在这个新变的过程中，扬雄、桓谭、王充、曹丕等人成为其中的佼佼者，但思想核心仍在先秦三家，特别是孔子。魏晋南北朝儒学衰微，间或有帝王与朝臣、学者起而拯之，意图复兴儒学独尊的地位。因此，刘勰的儒家思想根本上宗法先秦，尤其是圣人孔子。道家思想作为另一重要的思想来源也呈现出以取法先秦老、庄为核心，而以《淮南子》《抱朴子》为羽翼的特点。这样追溯源头并以之为主的史学意识与取法诸子著作的经典意识，使得《文心雕龙》

的理论主张在高度、深度、难度上均呈显赫深刻之势。同时，参以各家，作为儒、道之外而有益论文的重要补充。这个采撷百家的思想方法，也来自史学家品鉴百家的论述，也就是说，是史学意识、务本致用思想的产物。《史记·太史公自序》与《汉书·司马迁列传》中均谈到司马迁父亲司马谈评价先秦诸家的一段语录①，兹录《史记》所载于下：

> 太史公学天官于唐都，受《易》于杨何，习道论于黄子。太史公仕于建元、元封之间，愍学者之不达其意而师悖，乃论六家之要指曰：
>
> 《易大传》："天下一致而百虑，同归而殊涂。"夫阴阳、儒、墨、名、法、道德，此务为治者也，直所从言之异路，有省不省耳。尝窃观阴阳之术，大祥而众忌讳，使人拘而多所畏；然其序四时之大顺，不可失也。儒者博而寡要，劳而少功，是以其事难尽从；然其序君臣父子之礼，列夫妇长幼之别，不可易也。墨者俭而难遵，是以其事不可遍循；然其强本节用，不可废也。法家严而少恩；然其正君臣上下之分，不可改矣。名家使人俭而善失真；然其正名实，不可不察也。道家使人精神专一，动合无形，赡足万物。其为术也，因阴阳之大顺，采儒、墨之善，撮名、法之要，与时迁移，应物变化，立俗施事，无所不宜，指约而易操，事少而功多。儒者则不然。以为人主天下之仪表也，主倡而臣和，主先而臣随。如此则主劳而臣逸。至于大道之要，去健羡，

① 比较文段，班固所述，实则全抄司马迁之说。

绌聪明，释此而任术。夫神大用则竭，形大劳则敝。形神骚动，欲与天地长久，非所闻也。

夫阴阳四时、八位、十二度、二十四节各有教令，顺之者昌，逆之者不死则亡，未必然也，故曰“使人拘而多畏”。夫春生夏长，秋收冬藏，此天道之大经也，弗顺则无以为天下纲纪，故曰“四时之大顺，不可失也”。

夫儒者以六艺为法。六艺经传以千万数，累世不能通其学，当年不能究其礼，故曰“博而寡要，劳而少功”。若夫列君臣父子之礼，序夫妇长幼之别，虽百家弗能易也。

墨者亦尚尧舜道，言其德行曰：“堂高三尺，土阶三等，茅茨不剪，采椽不刮。食土簋，啜土刑，粝粱之食，藜藿之羹。夏日葛衣，冬日鹿裘。”其送死，桐棺三寸，举音不尽其哀。教丧礼，必以此为万民之率。使天下法若此，则尊卑无别也。夫世异时移，事业不必同，故曰“俭而难遵”。要曰强本节用，则人给家足之道也。此墨子之所长，虽百家弗能废也。

法家不别亲疏，不殊贵贱，一断于法，则亲亲尊尊之恩绝矣。可以行一时之计，而不可长用也，故曰“严而少恩”。若尊主卑臣，明分职不得相逾越，虽百家弗能改也。

名家苛察缴绕，使人不得反其意，专决于名而失人情，故曰“使人俭而善失真”。若夫控名责实，参伍不失，此不可不察也。

道家无为，又曰无不为，其实易行，其辞难知。其术以虚无为本，以因循为用。无成埶，无常形，故能究万物之情。不为物先，不为物后，故能为万物主。有法无法，因时为业；有度无度，因物与合。故曰“圣人不朽，时变是守。

虚者道之常也，因者君之纲”也。群臣并至，使各自明也。其实中其声者谓之端，实不中其声者谓之窾。窾言不听，奸乃不生，贤不肖自分，白黑乃形。在所欲用耳，何事不成。乃合大道，混混冥冥。光耀天下，复反无名。凡人所生者神也，所托者形也。神大用则竭，形大劳则敝，形神离则死。死者不可复生，离者不可复反，故圣人重之。由是观之，神者生之本也，形者生之具也。不先定其神形，而曰“我有以治天下”，何由哉？①

司马谈以《易》为统摄之本，而以六家为具体之形用，六家之中，最重道家，因为道家论述“道之常”与“君之纲”，有本有用。这六家，是先秦诸子中最为显赫的六家，其思想著作、代表人物、理论主张，是我国哲学思想与文学艺术发展的源头。《文心雕龙》论述写作之道，于此六家中重点取法儒家，参以道家、阴阳家与法家，因为儒家讲礼法，道家论大道，阴阳家述纲纪，法家重秩序，文学发展离不开这些东西的启发或规范。而在魏晋南北朝时期，佛学与玄风大盛，作为当下的时代背景，一样地对《文心雕龙》论述“写作之道”有影响，只不过这种影响在特殊理论家刘勰的眼中看来并不美妙而已。

但在具体的研究过程中，笔者以为：讨论《文心雕龙》思想渊源这个问题，原本按照刘勰书中经常采用的“按史而书”的办法最为清晰，如果以历史推进为序，从前到后，可以分成先秦、

① （汉）司马迁：《史记》（影印本），中华书局 1997 年版。后引《史记》，均为此版本，不再出注。

两汉、六朝三个大的历史分期。但是，这三段分期之中，有的思想影响贯通始终，比如儒、道两家；有的思想主要出现在特定的历史分期，比如先秦时期的兵家与法家，魏晋南北朝的佛学与玄学；还有的在思想上影响不大，但是在文体发展史、写作技法论上的影响举足轻重，比如阴阳家、纵横家的语言艺术特征对《文心雕龙》书名的影响与辞赋文学发展的影响；而谶纬图箓、封禅敬天等神秘文化对文学尚丽因素的影响同样存在，这就使得单纯从史的角度分析诸家学说难度重重，各家混杂，交织不清。而采用分家论述的方法，既可以贯通历史，又可以看出各家之间相互吸收、新变发展的特点。这既是《文心雕龙》采取各家、为我所用、自成体系的成书方法，也仍然是当前进行《文心雕龙》研究的最实用的方法。

四、本书的研究价值

本书具有以下研究价值：

第一，在国内外《文心雕龙》研究中，首次从思想分流、儒家分家的角度，分类论证，将儒家诸子对《文心雕龙》成书的影响揭示出来，这是本书的创新之处和鲜明特点。比如对孔子，《文心雕龙》有着无上的尊崇和敬爱之情，不仅至少二十八次直接论述到了孔子，而且以之为人生成就的精神导师，集中地出现于《原道》《征圣》《正纬》《史传》《序志》诸篇中。在这些篇目中，《原道》主要谈到孔子继承先圣删述经典的伟绩，《征圣》主要谈到孔子作为经典作家的榜样示范作用，《正纬》主要抬出孔子来作为纬书“四伪”与反经不雅的照妖镜，《史传》主要谈到孔子在史传文学体裁上的创造之功与千年影响，《论说》主要谈到了《论语》在论体文学上的首创之功与魏晋玄学谈玄论虚对儒学正统地位的冲击影响，《序志》主要讲到刘勰对孔子深及骨髓的崇拜之情与征圣为文的理论依据。《文心雕龙》之中，没有任何人地位有孔子之高。刘勰在论述文学写作之道的过程中，将孔子及其言行运用于思想标杆、著书立说、文体发展、纠正弊端、具体创作、文字小学、文如其人、创作规律等方面。刘勰除了直接抬出孔子为自己的论述找论据，还处处以儒家五经为思想标准或艺术标准，作为衡量历时的文学史、共时的时代论、具体的作家作品、深刻的文学规律的第一武器。而这五经，始自文王、周公而重构于孔子的就有《诗》《书》《礼》《易》四经，加上创于孔子的《春秋》史传文学，五经无一不与孔子关系密切。所以说，孔子的言行、思想对刘勰的影响，毫无疑问是最大的。非常遗憾的是，前贤对孔子——包括儒家诸子以及各家诸子思想——与《文心雕龙》关系的研究，均属泛论，而无具体扎实的论著成果出现。

儒家思想对《文心雕龙》的影响是全方位、根本性的，而以往还没有研究者进行过这样渊源分家、取法分类的仔细梳理。本书首次从思想流派分家的角度，将儒家思想对《文心雕龙》成书的影响详细地分类论证并揭示出来，既是对儒家思想在文学领域中的应用研究，也是中古文论在根源上受儒家思想深刻影响的一个实践案例。它再次证明了，儒学是中国文化之根，是中国文学理论之根。这样，就在很大程度上弥补了既往研究的不足，并继往开来，为“龙学”研究接力棒的传承，为拓展新时期的“龙学”研究范围，为《文心雕龙》研究和儒学研究的推进，做出了积极尝试。

第二，从内证出发，鲜明地确立儒家思想是《文心雕龙》主导思想这一中心。学术界对《文心雕龙》组织结构、理论体系、审美范畴、主导思想的研究，已经产生了数以千计的论文、数以百计的著作，诸如“风骨”涵义、主导思想、折中思维方法等许多问题仍然纠缠不清，比如佛学主导说等研究论文大量涌现，不仅没有讲清楚全书的主导思想是什么，反而以次为主，实际上将《文心雕龙》本书的内证忽略了，而从外部因素到处寻找与之有关的词汇、范畴乃至数字使用的情况，这条路走偏了。回到该书内证，看看刘勰自己是怎么说的，才是确定《文心雕龙》主导思想的实在办法。本书认为源出儒家的雅丽思想是贯通全书创作、审美、批评的核心思想，就是要综合群说，合观统照，以事实证明儒家思想为其主导思想。

第三，分家论述，从儒家诸子中有针对性地选择先秦孔子、孟子、荀子与两汉扬雄、王充，曹魏曹丕六家，进行深入研究和分析，将儒家诸子思想从他们的代表言论、著作中摘录出来，与该书内证相对应，将儒家思想影响《文心雕龙》的成书从事实上一一举证出来，而不是只有论点、空喊口号、无论据地找外证。

第四，综合概述《文心雕龙》成书所吸收、采纳、运用的诸家思想渊源，而不是僵化地困厄于儒家思想，以体现《文心雕龙》化合百家、为我所用的写作对象，实事求是地研究《文心雕龙》。这一点在绪论第三部分已经简单说明之，并将在第二章中专门论述之。

第五，传承四川在五百年“龙学”研究史上的优秀学术传统，恢复四川在“龙学”研究领域的重镇地位。“龙学”作为显学，其研究起点是明代中叶新都杨慎状元用五色彩笔批点的《文心雕龙》，这是公认的第一部“龙学”研究著作，开启了明清两代以批点、评注形式开展“龙学”研究的先河，对曹学佺、纪昀、黄叔琳、章太炎等名家有很大影响。杨慎之后，成都《文心雕龙》研究在二十世纪结出了累累硕果，这些成果主要以四川大学为中心取得。首先是感悟批点形式的成果双璧：刘咸炘先生早年著《文心雕龙阐说》，庞石帚先生晚岁著《文心雕龙杂记》，特别是刘咸炘先生之《文心雕龙阐说》，会通古今，结合中西，许多见解发人深思。① 其次为举世公认的校注双璧：王利器先生著《文心雕龙校证》，此书一出，被誉为“龙学始有可读之书”；杨明照先生推出《文心雕龙校注》，在海内外产生了巨大影响；此后数十年，杨先生继续耕耘，相继推出《文心雕龙校注拾遗》《文心雕龙校注拾遗补正》《增订文心雕龙校注》等巨著，并发表了数十篇《文心雕龙》研究论文，结集为两本论文集。杨先生的成果具有世界声誉，他本人被誉为“龙学泰斗”，多年担任中国《文心雕龙》学会主要领导人。以上名家名作，奠定了四川作为“龙学”研究重镇的特殊地位。但进入二十一世纪之后，随着杨明照先生的仙逝，四川“龙学”研究人才开始青黄不接，成果数量大幅度减少，影响力也明显下降了。笔者立志以《文心雕龙》研究为学术生涯的核心，立志恢复四川在“龙学”研究中的重镇地位，不断更新研究方法和写作思路，本成果就是这一宏观思辨状态的产物。

---

① 在最近两次的《文心雕龙》年会上，已经看到对刘咸炘《文心雕龙阐说》展开研究的成果问世了，比如山东大学戚良德教授、安徽师大李平教授等，他们对刘咸炘先生的著作及其成就给予了很高评价。但学术界对巴蜀“龙学”成果进行专门研究的成果，还很少很少。

五、相关说明

第一，“儒家诸子”这一名称，原本计划采用“儒家思想”或“儒家经典”，但考虑到儒家思想内容太多，儒家经典文献太多，难以突出笔者研究的重点与创新之处，故而以“儒家诸子”命名之。扬雄在《法言》中说，对待圣贤的态度应该是“在则人，亡则书”，刘勰写作《文心雕龙》的时候，圣人已亡，他只能“则书”了；在一千五百多年之后的今天，我们再来看《文心雕龙》中的诸家思想，更是只能从“则书”这一角度入手了。以儒家为例，孔子及其弟子的言谈举止主要记录在《论语》之中，孟子、荀子、扬雄、王充诸人的思想则分别记录在《孟子》《荀子》《法言》《论衡》之中。这些著作，不仅是历史上著名的子书，也是儒家著名的经典。《文心雕龙》以儒家思想为主导，实际上主要以上述名家名作为主导，从这些儒家大师及其著作中吸收养分，阐述了征圣宗经的主导思想、追思先圣的精神动力、为文致用的写作目的、雅丽为优的文学思想，儒家诸子不仅为《文心雕龙》的成书提供了“宗经”的经典著作，也是全书“征圣”的主要取法对象，孔子、扬雄等人还是最直接、最著名的文学作家，他们的著作与文艺思想，成为全书征引最多、地位最高的理论核心。这样，以“儒家诸子”为题，既突出了儒家思想，也突出了儒家经典著作，还突出了他们的生平经历、成长过程、思想来源与作为写作者、著名作家、思想家的一面，实则更广泛，也更符合写作实际，故而用之。

第二，从孔子到曹丕，是儒家思想发展到《文心雕龙》成书之时最著名的几位代表。他们的言行、著作、历史影响，体现了儒家一以贯之的一面，也体现了吸收各家、新变致用的一面，这恰好就是《文心雕龙》既坚持文学本采、又主张新变奇采的根本原因。孔子出身贫贱，发愤图强，树德建言，永垂不朽，他是刘勰的精神导师。孔子本身成长在礼乐制度面临崩溃的时代背景下，他挺身而出，捍卫礼乐，意在复古商周，追思先王；而孔子问礼，对象是道家的祖师老子；孔子大言明哲保身，也有鲜明的道家思想在内；孔子思想的形成，就不是单纯的儒家礼乐。《文心雕龙》尊崇孔子，从生平经历、文学秩序、复古商周、践行中庸之道、著书立言、学习理论等方面深及骨髓。孟子言向善，与墨家、道家等诸子辩驳，体现了维护儒家、勇猛精进的一面，也表现出了苛刻为人的一面。孟子主张的以意逆志、知人论世、浩然之气等著名观点与部分诗乐理论，是刘勰吸收运用的对象。荀子言性恶，著作中却广泛吸收了先秦各家学说，论美尚丽，大谈辩证之术。他最著名的两个学生，是以帝王之术闻名天下的韩非子和李斯，都是法家著名的代表人物。荀子及其弟子的成就，鲜明地体现了儒家不断新变、与各家相互影响、共存发展的事实。汉代在儒家地位上升与儒家著作称经的时代大背景下，虽然号称独尊儒家，但实际是以王霸之术治天下。扬雄深明此意，折中儒道，集成先秦两汉儒家、道家思想而作《法言》《太玄》，提出诸多有影响的文艺思想，诸如“弸中彪外”“丽则丽淫”等，成为魏晋“文学自觉”的思想萌芽与魏晋玄学理论与实践的开启者。王充虽然标举儒家独尊，但《论衡》的实际内容中，早已吸收了诸家丰富的思想，为我所用。曹丕生活于汉末魏初，其《论文》一篇，是中国历史上的第一篇文学批评专著。《文心雕龙》论述文学功能、文学风格、作家作品等，向曹丕取法甚多，而曹丕以政治家身份为主活跃于建安文坛与魏初文坛，深受当时流行的人物品藻、文学自觉风气的影响，他的文论新变甚多，对刘勰产生过巨大的影响。因此，儒家思想并不是僵化、守旧、不变的，而是开放、活跃、变化的。以上儒家诸子，就体现了这一特点，他们是《文心雕龙》在儒家思想体系之内取法的主要对象，所以特别各列一章论述之。

第三，《文心雕龙》在儒家诸子之中，并非平均用力，而有轻重之别，主要是取法孔子与扬雄，而以其他诸子为辅，这与他们的历史影响相对应，也是笔者深入研究的结果，所以本书论述儒家诸子有详有略，这是需要说明的第三点。刘勰对孔子及其思想的尊崇无以复加，已经简单地在研究价值中谈到过，具体论述见本书第三章。扬雄作为著名辞赋大家、大学者、大思想家，在思想贡献、文学创作、辞赋理论、文艺成就、学术研究、历史影响等方面，毫不夸张地说，是当之无愧的汉代第一人。扬雄思想丰富深刻，整体上呈现出儒家为主、儒道结合的特点。在他的辞赋创作实践与学术著作中，我们可以梳理出许多对《文心雕龙》产生了直接影响的哲学、文学、美学思想，这些思想集中在其代表作《法言》之中，并表现在《报刘歆书》《反离骚》《太玄经》《汉书·扬雄传》等文献之中。自孔子以后，对《文心雕龙》影响最大的就是扬雄，这可以从《文心雕龙》全书三十八次直接论述扬雄所出现的重要位置、若干次化用其“丽则丽淫”主张的运用情况清楚地看出来。具体而言，扬雄对《文心雕龙》的影响体现在以下几个方面：一是众体兼备的卓越文学创作成就，特别在“论文叙笔”部分占据了最主要的位置。二是提倡明道、征圣、宗经的思想，这是对孔子、孟子、荀子一脉相传的儒家“德义雅正”正统思想的继续强调，而且有所发展新变，理论阐释更加深刻，提出了“在则人，亡则书”“五经含文”“自然之道”等主张，打通儒道，为刘勰直接所用；同时，扬雄受先秦儒家影响，贬斥诸子而独尊儒学，甚至对荀子也大加刁难，表现出绝对征圣的态度。三是对儒家文艺美学思想的极大丰富，在“雅正”基础上大力提倡尚丽的文学主张，提出“丽则丽淫”的辞赋审美标准、“华实相副”的尚礼观念、“文质兼美”的圣人修养说、“心声心画”的表里合一的探讨、“弸中彪外”的修养观念等，这些观念成为《文心雕龙》雅丽思想的直接取法对象。四是扬雄思想受《周易》阴阳刚柔、天地自然、日新变化、感物取材等理论学说影响很深，《法言》体现了许多这样的影响痕迹，这对《文心雕龙》的文学原道、物色理论、自然之道、文学尚丽等思想取法有着榜样示范的作用。具体论述见本书第六章。

第四，由于《文心雕龙》性质研究的说法各异，目前有十种以上的不同意见，本书主要采用“写作理论著作”的说法，但也赞同其他研究意见的正确性。所以，往往写作、文学等术语或词汇相间出现，会引起今天的部分读者的异议。实际上，审美意义上的纯文学创作及其体裁，是我们从西方文论中引进来的，在中国古代，文学的含义要广泛得多。以《文心雕龙》为例，《原道》篇中就有伏羲画卦、文王推演、孔子集大成之图像文学，尧舜禹时代的口语文学与文字文学，《周易·文言》等文字文学；《宗经》论儒家经典；《辨骚》《诠赋》论楚辞与辞赋；《明诗》《乐府》论诗与歌；《书记》《杂文》泛论各体文学——既有图像、口语、文字文学这样从古到今的不同形式，也有以审美、押韵为主的诗歌辞赋和叙事、说理、不押韵的应用文体，而且以应用文体裁为主——在文体论的三十余大类八十余小类的题材之中，审美、押韵的部分只有很少一部分——这就表明，《文心雕龙》实际上综论各类写作，既有纯文学作品，也有应用文作品，更包括人类一切的写作活动、一切用文字或图像创作出来的作品，诗词歌赋各类文章均在其中——称之为写作理论著作，正是从这个意义上来说的；称之为文学理论著作或文学批评著作，也是从这个意义上来说的。因此，在本书这一特定的研究范围之中，写作理论著作与文学理论著作的含义是一致的。特作说明。

上　编

《文心雕龙》思想渊源论

第一章 《文心雕龙》主导思想研究综述

二十世纪八十年代以来，以《文心雕龙》文本研究为核心，学术界同时进行了许多外围问题的研究，以外围研究来深化、拓展对《文心雕龙》的研究。在外围研究上，涉及的一些问题范围很广，比如刘勰出身士族还是庶族、家道是贫是富、不婚娶的原因、生卒年、追随僧祐的时间与目的、加入定林寺的原因、加入的是哪一个定林寺、博通的经论当中有无儒家典籍、刘勰的作品分布、刘勰年谱等。对这些问题，总体上看，“龙学”界目前已经有了略存细小分歧而整体相对一致的研究意见。这些研究意见对于《文心雕龙》这个核心领域的研究，是有很大的辅助意义的。

而关于研究的核心——《文心雕龙》的研究，相对前述外部问题的探讨，则尚有许多问题意见纷杂，甚至存在较大差异与矛盾，比如《原道》之“道”“风骨”何指、《隐秀》真伪、体例结构、“文笔之辨”、文学观念等，都呈现这个特点。对这些分歧较大的问题逐一整理归类，笔者发现，它们牵涉到《文心雕龙》的哲学、文学、美学思想几个方面。而在对这些问题进行讨论的时候，研究者或多或少都会遇到一个无法回避的核心问题：《文心雕龙》的主导思想是什么，以及主导思想出自哪一家？不梳理、辩证这个问题，前述存在的问题将继续难以论说清楚。

对于这个问题的研讨，从时间跨度上来看，从唐代刘知几开始算起，至今已超过一千三百年；从讨论范围来看，散见于各家诗、词、曲、赋、文、书画、音乐等著述之中；从明代至今对《文心雕龙》之批、注、疏、译、释、札、校、评等侧重于译注、校证或感悟评点的数十家论著来看，各家意见很不统一；近四十年来，关于这个核心问题各个方面的单篇研究文章，数量在一百篇以上，也是意见不一，在八十年代初期还对此进行了一场持续数年的思想大论战；从新近出版的专著来看，有两篇博士学位论文论述及此，而又将主要笔墨用于美学研究或渊源讨论，回避于此。

上述研究，不管是专门的、零散的还是印象式的，所遇到的主要阻力，大约存在于如下几个方面：

第一，《文心雕龙》“体大虑周”，这是其特点、优点，对研究者来说，则是其难点。

第二，《文心雕龙》思想驳杂。从先秦两汉到魏晋六朝，只要是作者写书之前甚至写书之时出现过的有关写作的理论、思想，刘勰都有所涉及。研究者一踏进去，进行单篇或集中于某个专题的研究还好，进行贯通式的思想梳理，往往有四顾茫然、举步维艰、挂一漏万之感；如果面面俱到，论述到各家思想的影响，又无法突出重点，抓不住核心。

第三，诸家研究相对集中于思想渊源与举证已见两个方面。由是，关于《文心雕龙》思想的研究，出现了以下几种意见：一是纯粹的儒家核心说，认为《文心雕龙》的思想就是单纯的儒家思想；二是儒家主导说，认为儒家思想是《文心雕龙》的主导思想，其余为辅；三是道家主导说，主张“道家为体，儒家为用”；四是佛教主导说，提出《文心雕龙》以佛家思想为主，主张“以佛统儒，儒佛合一”；五是三教合一说，认为《文心雕龙》融合了释、道、儒三家，不分主次，主张“三教合一”；六是玄学主导说，认为魏晋玄学是《文心雕龙》取法的主要对象，并主张融合释、道、儒、玄四家；七是认为兵家、阴阳家对《文心雕龙》也有所影响。诸家讨论意见主要集中在儒、佛、道三种上，其余则相对势弱。

第四，除了《文心雕龙》思想的研究，还涉及刘勰本人思想的研究，以及刘勰运用折中的方法论的来源问题。

第五，所有关于“思想”的研究，最后指向的都是《文心雕龙》的文学思想研究，但是又并不主要讨论这个问题。本来，文学属于艺术部类之一，具有审美的特点与哲学的思辨。所以，在论述《文心雕龙》思想的时候，各家往往将其哲学、文学、美学思想并举论证，这就又出现了混合三者，或者同时以三者之一取代、统摄三者的现象。所以，讨论《文心雕龙》思想的文章往往是在讨论其文学思想的同时，或论述其哲学思想，或重点阐发其美学思想。三十年以来，关于美学思想的研究占了上风，已经出版相关专著多部；而以文学思想为研究对象的单篇论文逐渐减少，仅有一部专著以此为题论述之。

上述五个方面的困难，当然是以第三方面，即思想渊源为核心，因为这个问题不解决，其余所有的问题都会剪不断，理还乱。第五方面的文学思想，是顺着这个本源问题体现出来的表层问题；文学思想又另外附带包含了两个子问题，一是刘勰本人的思想，二是《文心雕龙》思维方法论的来源与运用。现将这些问题的有关基本研究情况梳理于下。

第一节　儒家影响论

对于《文心雕龙》儒家思想的研究意见，可以分为四大类：

一、纯正儒家论

这一类意见认为《文心雕龙》的思想属于纯正的儒家思想，因此，刘勰的文学思想也是纯粹出于儒家的。这主要是针对佛教核心说而言，属于泛论，稍显绝对。在这类意见中，整体上是依据《文心雕龙》的内证，比如主要根据《序志》《宗经》等篇的论述得出此说，其代表是范文澜、杨明照和王运熙先生。范文澜先生《中国通史简编》说："刘勰自二十三四岁起，即寓居在僧寺钻研佛学，最后出家为僧，是个虔诚的佛教信徒，但在《文心雕龙》（三十四岁时写）里，严格保持儒学的立场，拒绝佛教思想混进来，就是文字上也避免用佛书中语（全书只有《论说篇》用'般若''圆通'二词，是佛书中语），可以看出刘勰著书态度的严肃。"① 范先生认为刘勰属于纯粹纯正的儒家思想，这个说法和他在《文心雕龙注》当中的意见是相互矛盾的。与范先生"严格儒学立场"意见相似的是杨明照先生。杨先生的"儒家核心说"以《文心雕龙》内证为

① 范文澜：《中国通史简编》第二编（修订本），人民出版社 1949 年版，第 422 页。

主，显得更为扎实。在《增订文心雕龙校注》一书的《前言》部分，杨先生指出：

> 《文心雕龙》是我国古代文学理论批评专著，所原的“道”，所征的“圣”，所宗的“经”，皆中国所有；所阐述的文学创作理论，所评骘的作家、作品，亦为中国所有。与佛经著作或印度文学都无直接间接关系。所以全书中找不到一点佛家思想或佛学理论的痕迹，而是充满了浓厚的儒学观念。这固然可以看出刘勰著书态度的严肃，但更重要的则是由于《文心雕龙》本身的内容所决定。①

在《〈梁书·刘勰传〉笺注》一文中，杨先生继续申说上述意见：“是《文心》之作，乃述儒家先哲之诰，为我国古代文论专著。所谓道也，经也，纬也，骚也，皆中夏所有，与梵夹所论述者无关。且其搦笔和墨，寻根索源之日，儒家思想适居主导地位。”② 在《从〈文心雕龙〉〈原道〉〈序志〉两篇看刘勰的思想》一文中，杨先生指出：“他把文章与经书的关系说得那么深湛，把圣人与经书的功能说得那么伟大，是曹丕《典论·论文》以来各家文论中不曾有过的说法。这又足以说明刘勰从事《文心雕龙》的写作，是由于他那浓厚的儒家思想所指使。”“正因为刘勰的儒家思想浓厚，单是他在《序志》篇里所表现的，无往而不从圣人和经书出发。……事实也正是这样，‘先哲之诰’是贯注

---

① 杨明照：《增订文心雕龙校注》，第6页。

② 杨明照：《〈梁书·刘勰传〉笺注》，载《杨明照论文心雕龙》，上海科学技术文献出版社2008年版，第41~42页。

着全书的。”① 王运熙先生认为刘勰的思想虽然兼综儒、佛，但是其文学思想方面儒家居于绝对主导的地位，其理由是：第一，从《文心雕龙》全书涉及的内容看，他对经、史、子、集四部的许多典籍，都相当熟悉。第二，刘勰一生兼长儒学和佛学，他的思想也是兼综儒、佛，只是由于著作的性质与内容不同，分别表现出不同的思想倾向。《文心雕龙》是在儒家思想指导下写作的。第三，《文心雕龙》的指导思想，是文学应当积极入世，服务于政治，因此不可能用佛家思想来指导。综观《文心雕龙》全书的思想性质，绝少佛家的影响，仅在个别场合，使用了佛书中的术语（如《论说》篇中用“般若”一词）。② 王先生说明的是全书体系完整、具体论证精密，有佛典的启发，而不是以“佛家思想来指导”全书的体系结构和专题论述。

二、儒家主导论

第二类是认为刘勰兼备众家，而以儒学为优。刘永济先生认为刘勰是“学识广博明通之学者，其主导思想属于儒家”。“从他的《灭惑论》看，他是想调和儒、佛两家，从他的《文心雕龙》看，他的主导思想固然是传统的儒家思想……关于道的本体方面交织着玄学的意味。”③ 刘先生认为刘勰兼备三家思想而主导思想属于儒家。陆侃如先生说：“要理解刘勰的文艺理论，首先要理

---

① 杨明照：《从〈文心雕龙〉〈原道〉〈序志〉两篇看刘勰的思想》，载《杨明照论文心雕龙》，第57页。

② 王运熙、周锋：《文心雕龙译注·前言》，上海古籍出版社1998年版，第2页。

③ 刘永济：《文心雕龙校释》，中华书局2007年版，第179页。

解他的基本思想体系。他是儒家学说的信徒，同时也精通佛理。”“刘勰的思想，的确是属于东汉王充以来的唯物主义体系的。”陆先生的意见是《文心雕龙》以儒家为主导，属于唯物主义一脉。此外，陆先生还具体指出了刘勰属于儒家古文经学一派，其理由是借鉴了范文澜先生《中国通史简编》所阐述的意见：“儒学古文学派的特点是哲学上倾向于唯物主义，不同于玄学和佛学。尽管刘勰精通佛学，但在论文时，却明确表示唯物主义的观点。”① 杨明照先生也主张此说，认为刘勰写作《文心雕龙》，是站在古文经学的立场上，不满六朝形式主义的文风，为矫弊而作。② 这又论述到了《文心雕龙》的写作目的。上述诸家而外，陈良运、朱清等先生则从两汉《易》学对《文心雕龙》影响的角度申说刘勰属于汉代古文经学一派的意见。

三、儒家经典论

第三类是从儒家经典角度追根溯源，集中到五经之首的《周易》一书。这类影响可以分为五组内容。第一组是认为该书是《文心雕龙》思想之源，如王小盾、戚良德等先生。王小盾先生认为《周易》与《文心雕龙》之间存在三层关系：一是源与流的关系，二是体与用的关系，三是论点与论据的关系。《文心雕龙》是在《周易》哲学思想影响下写成的。戚良德先生则发表了《〈周易〉：〈文心雕龙〉的思想之本》一文，并收入其博士学位论文之中，认为《文心雕龙》各个方面的文学思想都是从《周

---

① 陆侃如：《陆侃如古典文学论文集》（下册），上海古籍出版社 1987 年版，第 847 页。

② 杨明照：《杨明照论文心雕龙》，第 6 页。

易》中得出来的。持有这类意见的研究者很多，马白先生是用力最勤、发表文章最多的研究者。第二组是认为《周易》数理关系对《文心雕龙》产生了很大影响。1990年，夏志厚先生撰文指出《文心雕龙》全书五十篇的结构关系，是《周易》天数、地数“二十有五”的对应运用，上、下篇各按一、三、五、七、九之数组合排列而成。新近，王小盾先生撰文指出：《文心雕龙》的“八体”风格理论，其渊源在于《周易》所阐释的文王八卦及其宇宙哲学；刘勰《体性》“八体”，各体特征都是向《周易》八卦取材得出的。第三组是讨论《周易》对《文心雕龙》风格理论产生的影响。除王先生“八体”出于《周易》的观点外，三十多年前就有研究者认为《周易》对《文心雕龙》的风格理论产生了巨大的影响，尤其是“文如其人”与阴阳刚柔的气论思想；敏泽等先生则认为《周易》的刚柔气论思想影响了《文心雕龙》的刚柔气论与刚柔风格论；詹锳、王小盾等先生认为《文心雕龙》之《风骨》与《隐秀》篇，是对应刚柔风格论的专篇，这个思想出自《周易》，《风骨》为阳刚的风格，《隐秀》是阴柔的风格；陈望道先生、詹锳先生、童庆炳先生则在各自专著中以《周易》八卦图示来分析整合风格类型理论及其转化关系。第四组是关于《文心雕龙》运用《周易》个别关键词的研究。《征圣》提出“四象精义以曲隐”，《隐秀》提出“互体变爻，化成四象”，对于“四象”的解释，从唐代孔颖达开始一直到当代的研究者，提出了诸如“老少阴阳”、“真假义用”、“春夏秋冬”、“含弘光大”、互体卦象等多种不同的说法。这些研究，从微观精义的角度将《周易》的影响体现了出来。第五组是对《文心雕龙》征引《周易》的梳理。杨明照先生在《增订文心雕龙校注》中将刘勰引用、化用《周易》原文或理论之处详细地罗列出来；台湾王更生先生集中指出《文心雕龙》运用了《周易》一百四十二处之多。上述单篇论文的研究，论证深入，讨论清楚，属于专题性质的讨论；而注释的梳理则实证了《周易》对《文心雕龙》发生的巨大影响。

《周易》之外，其他儒家经典对《文心雕龙》的影响研究则相对沉寂，而各家注、释、疏、证等则对此记载比较充分。吴明德先生《“遍照隅隙，通观衢路”——〈文心雕龙〉全书组织体系之探析》一文认为：“‘宗经’是贯串《文心雕龙》全书的一大动脉，全书五十篇无一处不见有经典的踪迹。‘全书引经典之处，于《周易》凡一百四十二处，于《尚书》凡一百二十四处，于《诗经》凡一百零九处，于《春秋》经传凡七十余处，于三礼凡九十二处，于《论语》凡五十四处，于《孟子》凡五十二处。’可见‘宗经’构成《文心雕龙》一书之内在思想体系。”吴先生的这个说法来自其师王更生先生。根据这个统计，《文心雕龙》仅仅对儒家五经的引用或运用就接近六百处，这是其他任何一家所不可望其项背的殊遇。说《文心雕龙》以儒家思想为主导，言之确凿。

四、儒家诸子论

第四类是从经典影响过渡到儒家先贤的影响研究。已有成果的重点集中在儒家学术大师荀子及其著作上，认为荀子的思想对刘勰影响巨大，如李泽厚、刘纲纪、戚良德等先生。笔者以为，荀子的思想是先秦儒家思想结合诸子思想之后的新变产物，荀子重情论心、尚法论术、尚正论中，在保持儒家文论雅正传统的时候大力吸收道家思想而尚美尚丽，思想立场上指斥各家而独尊儒术，写作技巧上运用辩证思维模式来写作论辩，这些都对刘勰写作《文心雕龙》产生了深刻的影响。事实上，《文心雕龙》思想以儒家为主，是对先秦两汉儒家代表人物孔子、孟子、荀子、扬雄、王充等人（文论）思想的化合继承，不是只有荀子一家。在整体上讲，荀子影响远不及孔子与扬雄，这从刘勰对孔子的极度尊崇与《文心雕龙》对孔子文艺美学思想的继承运用两个方面可以清楚地看出来。不过研究者能在泛论儒家影响的同时进行这种具体个案的对应分析，在论述“儒家主导说”的思路上有拓展新路的启示意义。

上述儒家主导说的四大类意见，集中起来，有一个共同的问题，即对儒家代表人物或儒家经典的研究相当薄弱，整体上看，属于泛论状态。比如，许多研究者论述到《文心雕龙》书中是以儒家思想、儒家文论为核心来立论的，但是，儒家思想与文论内容非常丰富，有哪些对《文心雕龙》产生了影响？这些影响具体体现在哪里？刘勰身在六朝重情尚美、谈玄论佛的环境里，他是如何选取独尊儒家的？独宗儒家的意义何在？这样的研究其实并不多，也不见深入，不显具体。这是《文心雕龙》儒家思想研究的一大不足。这个不足不弥补上的话，将使“儒家主导说”继续停留在泛论状态，继续停留在读者印象状态，而不是条分缕析、清楚明白地展示出来以事实说服读者的还原状态、实际状态。同时，若干儒家主导说的意见，只是讨论到儒家思想主导《文心雕龙》的思想倾向性，那么，有没有主导《文心雕龙》的文学思想以及美学思想呢？这个问题仍然不见回答。

事实上，本书所要做的主要工作，就是回答儒家思想何以在《文心雕龙》中是其文学、美学思想的主导这一问题。

第二节 道家影响论

尽管道家思想是华夏本土孕育的思想精华，尽管刘勰吸收运用了许多道家思想在《文心雕龙》的写作中，并在结构上安排道家思想占据了重要的理论地位，但遗憾的是，在有关《文心雕龙》思想的研究中，道家处于被忽略、被冷落的状态。就目前的研究情况来看，只有极个别的研究者提到了道家思想的影响，其论述也仅仅局限于诸如“自然”在《文心雕龙》中的运用情况之类的小论题上。对于《原道》之“道”究竟何意的论述，目前至少已有十三家之多，诸如儒道、佛道、玄学之道、三教合一之道等，只有少数人认为是道家之“道”。比如，罗宗强先生提出了《淮南子》对《文心雕龙》的影响以及《原道训》对刘勰《原道》有影响的意见；对于《神思》的研究文章很多，几乎都谈到《神思》继承了陆机《文赋》的思维理论，而少有人从《庄子》一书的相关论述来研究该篇；对于《养气》，研究者多从该篇为《神思》补充的角度来讨论作家修养，而忽略了其本源是道家以《庄子》、王充、葛洪思想为主的养生养气理论；对于《物色》，大家都说这是刘勰文学写作的重要内容来源之一，以此讨论“物感说”的影响，而没有看到该篇实则《原道》之延续的本质。上述现象说明一个问题，研究者多半认为《文心雕龙》是以儒家思想为主导来论述文学理论的——事实确也如此——但是，儒家主导说也成为研究者偏执儒家而忽略道家的原因。事实上，在倡导儒家主导的同时，如果说将《文心雕龙》的文学思想渊源一分为二，另一半天下就是属于道家思想与道家文论的。

忽略道家思想的另外一个原因是，有的研究者认为《文心雕龙》的“道”“自然”等范畴是魏晋玄学的产物，不是先秦两汉道家的产物，刘勰是取法玄学“越名教而任自然”的思想来论述“道”与“自然”及二者关系的。更有研究者指出，刘勰的思想是佛、道、儒三教合一，他论述问题，也是站在佛、道、儒三教合一的立场来进行的。这两种意见的优点是看到了刘勰生活的时代背景与当时社会思潮的特点，实际上运用的是孟子“知人论世”原则。这一原则的好处是注重文本外围的实际背景，阐释社会思潮的普遍性，作为身在其中的个体，必然受外在思潮的影响，这是从外围到圆心的意见。这一原则的不足在于，往往忽略个体在具体语境中的特殊性，忽略其学术思想的相对独立性。所以，上述意见中，不论是论述包含道家思想的玄学影响说，还是三教合一的三家影响说，往往都是将重点放在儒、佛两方面，而基本上忽略对道家思想的研究。

相对于专题的研究，各家注释、疏证、校注等著作中则持以客观的态度，对源出道家文献的内容罗列较详，为研究者提供了翔实的文献依据。

第三节 佛学影响论

在《文心雕龙》的思想研究中，佛学影响说占了很大的比例，从规模、深度、范围、专题各个方面来看，远远超过道家思想对《文心雕龙》的影响研究，甚至也超过了儒家思想影响的研究。为什么呢？因为儒家思想、儒家文论与征圣宗经的理念在书中是随处可见的，研究者往往对此熟视无睹，就算谈论儒家影响的研究文章，也只是在《序志》《征圣》《宗经》等核心篇目上打转转，或者干脆泛泛而谈，并不讨论儒家思想在书中哪些地方发生了影响，以及这些影响达到了什么样的程度。这反而就不如佛学影响说的研究文章，这一大类文章往往以细节深入的专题研究为主，而不仅是泛论佛学思想，因此立论清晰，显得相当深入。给人的印象，就是具体落实，言之有理，言之有据。这就使得在许多重要的方面，比如思想取法、论述方法、文学观念，儒家和道家思想的影响反而退居次要的位置。这表明“龙学”研究繁荣昌盛的局面与走向深入的研究趋势，同时也暴露出一些研究存在的问题，需要辩证地对待与接受。

从观点态度来看，关于佛学影响《文心雕龙》的研究成果，主要可以分为积极影响与消极影响两大类，前者占据绝对主要的比重。多数研究者认为佛学积极影响了《文心雕龙》。王元化、马宏山、牟世金、张少康等先生曾指出，刘勰是受了佛家理论、因明学逻辑思维、龙树“中道”认识论的影响。其中，由马宏山先生开启于三十年前的“佛学核心说”，曾引发了一场关于《文心雕龙》主导思想归属的大论战。马宏山先生认为《原道》之“道”，主要是指佛典之“道”，刘勰的思想是“以佛统儒，儒佛兼综”的。这个意见被多数研究者认为并不正确，吴林伯、牟世金、吕永等先生先后撰文与马先生进行了长达数年的论战，杨明照等先生也曾表态说明佛学主导说的失误。这场论战最大的收获是，借此深入推动了学界关于《文心雕龙》指导思想的研究。牟世金先生《文心雕龙译注》的《引论》部分对佛学影响刘勰持肯定态度，认为范文澜先生“纯粹儒家说”是不正确的，刘勰生活于佛学大兴的齐、梁年间，其文学征圣宗经的思想与佛教徒征圣宗经的思想在本质上是一致的，而且，刘勰在“般若绝境”这个问题上是以佛家思想统摄其余的，只不过佛学的这种影响并不是“以佛统儒”，而是儒、佛并存的。张少康先生就龙树“中道”观对刘勰折中方法论的影响做出了深入的分析，阐发较详。邱世友先生则以为，刘勰对于玄学“有无”之争，持“有无皆空”之“般若绝境”来予以化解的佛学“中观”态度。张辰先生《刘勰美学思想发微》一文从六朝崇尚佛教、帝王百姓积极参与的时代风气方面持有此论。该文认为，影响刘勰的主要是佛学因明学的形式逻辑，以及中观论辩方式。普慧先生则认为佛学因明学在彼时尚未传入中土，是佛家的成实学对刘勰产生了巨大的影响，大凡认为因明学思想影响刘勰的说法都是不对的。在上述意见中，“中道”观因为占据了有无皆空、“中边皆甜”的理论优势，而在“佛典影响说”中居于理论优势地位。

与上述积极影响诸说不同，有研究者认为佛典对刘勰的影响是存在的，不过主要是消极不良的影响。陆侃如先生说：“至于佛教给予刘勰的影响……他学习了佛经分析理论的方法，使自己的论述也做到既深刻又明确。除此之外，刘勰思想中某些唯心主义的局限性，和佛经也不是没有关系的。”① 陆先生认为佛经对刘勰的影响，主要体现在全书分析理论的方法上，也就是折中的方法论和问题的论述深度上。佛学没有对他的文学思想产生多么深刻的影响，而且还有部分消极的干扰。陆先生的这个意见提出于数十年前，按照今天研究的成果来看，佛学思想在《文心雕龙》书中确实没有产生多大的影响，但这些影响并不是消极的，而是积极的。

---

① 陆侃如：《陆侃如古典文学论文集》（下册），第847页。

从佛学影响的具体专题研究来看，研究者所论证的佛学影响或多或少，或轻或重，或清晰或模糊。这些影响主要体现于如下八个方面：

一、“文心”书名

这种意见认为《文心雕龙》书名之“文心”，源自佛学典籍。范文澜先生《文心雕龙注》认为“文心”是对《阿毗昙心》书名的模仿借鉴。饶宗颐等先生反对这个意见，认为《文心雕龙》与《阿毗昙心》二者体例完全不一样，这是牵强比附的结果。笔者认为范先生的意见是不对的。在《序志》篇开头，刘勰清楚地告诉我们，“文心”，论述的是“为文之用心”，是取法于儒、道两家著作的《琴心》《巧心》以“心”为书名而来的，刘勰认为“心哉美矣”，于是用“心”来作书名。这样清楚明白的作者自述，确定了范先生的理解是不对的。但是，因为范先生《文心雕龙注》一书重大的学术价值与巨大的发行量，他的这个说法迄今影响深远，尤其是初涉《文心雕龙》的研究者，目前还有许多人直接以他的这个意见为准绳来写文章。

二、《文心雕龙》体例

研究者普遍认为《文心雕龙》体例清晰，论述严谨而深刻，深受佛学典籍影响。这个问题，几乎没有人反对过，已成定论。持佛学影响说之诸家自不待言，杨明照、王运熙等认为《文心雕龙》的思想是纯粹儒家思想的研究者，也提出这个意见。杨先生指出：“按《文心》全书，虽不关佛理，然其文理密察，组织谨严，似又与之相关。”① “至于全书文理之密察，组织之谨严，似又与刘勰的‘博通经论’有关。因为他那严密细致的思想方法，无疑是受了佛经著作的影响的。”② 杨明照先生认为《文心雕龙》体系严密、论述深刻，所运用的思想方法论是佛经影响的结果。稍感遗憾的是，杨先生没有指出刘勰运用的是什么方法论，以及这种方法论运用的具体情况。王运熙先生也认为：“至于全书体系完整、论证精密，则当是受到佛典的启发。”③

更进一步的意见则认为，《文心雕龙》从书名到结构以及篇章组织，完全是刘勰模仿学习佛典的转化结果，此说以范文澜先生为代表。范先生注《序志》篇就持这样的意见，他所阐述的佛典对《文心雕龙》的写作影响是：

> 彦和精湛佛理，《文心》之作，科条分明，往古所无。自《书记》篇以上，即所谓界品也，《神思》篇以下，即所谓问论也。盖采取释书法式而为之，故能鰓理明晰若此。④

佛学著作以因明学为基础，重体系，重逻辑，因而受其影响的《文心雕龙》“科条分明，往古所无”。⑤ 范先生认为《文心雕龙》的研究方法与结构体例是模仿了佛典《阿毗昙心》，并把上篇拟为“界品”，下篇拟为“问论”。这个说法，和他的“儒家主导

---

① 杨明照：《杨明照论文心雕龙》，第 45 页。

② 杨明照：《增订文心雕龙校注 · 前言》，第 6 页。

③ 王运熙、周锋：《文心雕龙译注 · 前言》，第 2 页。

④ 范文澜：《文心雕龙注》，人民文学出版社 1958 年版，第 728 页。

⑤ 范先生认为：刘勰写作《文心雕龙》，全系模仿《阿毗昙心》一书而来。《阿毗昙心》属于因明学著作，重视论证的逻辑性与思维的条理性。

论”极端对立，并且，所见未免失实。最近有作者依据范先生此说，继续发挥道：“《文心雕龙》的体例结构与佛家经典多有相似之处，特别是《阿毗昙心论》一书，此书共分为十品，其中第十品为圣贤品，第八品契经品，刘勰《文心雕龙》之征圣、宗经之篇，可能即源于此种思想。《文心雕龙》的布局方式与该书也多有相似之处。”① 该文除了继续将《阿毗昙心》影响《文心雕龙》一说加以申述，更以为刘勰作《征圣》《宗经》两篇，是出于对《阿毗昙心》内容的模仿，其说略显比附。香港饶宗颐先生在《文心与阿毗昙心》一文中详细指正了范先生的这个失实，饶先生认为《阿毗昙心》全书“十品”之结构“与《文心》布局方式全不相干。问论在最末，安得谓‘《神思》篇以下即所谓问论’？可谓拟不于伦”②。这篇文章在匡正范先生意见的同时，(提前二十年）从事实举证上驳斥了“征圣宗经源于佛典”一说的谬误，则是另外一大收获。其实，范先生之所以认为《阿毗昙心》是刘勰《文心雕龙》之所本，不仅在指出二者体例结构的相似性问题，更主要的是此书有一“心”字，欲借此“心”揭示刘勰《文心雕龙》命名的渊源所在。当然，这个意见是不对的。

范先生的意见，是看到了刘勰此书结构严谨、论述深刻的特点，在中国文论史上非常突出。这里，我们发现了几个矛盾现象。第一个矛盾是，以范先生为代表的“儒家主导说”论者，几乎都异口同声地认为《文心雕龙》之结构论证取法佛经。上述三家是那么

---

① 刘培强：《佛学对〈文心雕龙〉的影响》，《大众商务》2009 年第 22 期。

② 饶宗颐：《文心与阿毗昙心》，《暨南学报》（哲学社会科学版）1989 年第 1 期。

坚定地认为刘勰的主导思想属于儒家，而又同时谈到在《文心雕龙》的具体写作过程中，刘勰受到了佛典组织结构与论证方式的极大影响。这两种意见无论怎样看，都显得非常唐突——儒家思想，佛典方式，内儒外佛，完美统御。二者突然就这样结合在一起了，难道没有一个中介环节将它们联系起来吗？于是，我们自然就会提出如下的问题：既然刘勰以儒家思想为主导，他就没有想过要运用儒家经典的组织结构或者论说方式来写《文心雕龙》吗？或者说，儒家经典在写作的条理性和论证的深刻性方面，与佛典相比，就真的并无可取之处了吗？以至于做梦都在念叨孔子，一心想要树德建言并思慕积极入世的刘勰，要抱着儒家思想的内核，却不得不披上佛典形式的外衣？这是值得我们深思的。

如此，就给了许多研究者如下的立论主张以空间：既然写作受了佛典影响，那么佛学思想不可能不体现在《文心雕龙》书中。他们以此来钻空子，论述佛学影响的文章层出不穷，越说越厉害。

笔者以为，佛学典籍逻辑思维的影响当然存在，但是我们不能够忽略的事实是：中国古代的文献典籍，有许多是刘勰直接取法的，这些典籍逻辑思维、论述组织之严密，是不争的事实。比如《孟子》一书的辩论艺术、《墨子》一书的形式逻辑、《庄子》一书的辩证思维论证方法、《孙子兵法》十三篇首尾组合的严密结构、《荀子》一书向《庄子》取法论述问题的清晰深刻、《史记》一书宏大严谨的体系组织与结构安排——以上情况说明，《文心雕龙》完全有中国传统文献影响的因素在内。我们怎么能够轻易就否定自己的东西呢？怎么能够无视这些常见书严谨深刻的事实呢？仅以刘勰取法并不多的《孙子兵法》为例，《孙子兵法》作为一部兵法著作，它就有一个全面完整的体系。《孙子兵法》最根本的特点，是从哲理的层面，用哲学理念来观察战争现象，探讨和揭示战争的一般规律，提出了一系列指导战争的具体方法。这部书篇幅不大，只有六千字左右，它自己本身有个逻辑体系，是经过严格学术剪裁的。全书十三篇，多一篇少一篇都不行：第一篇是《始计篇》，打仗之前要算计、要谋略，这是核心问题，所以放在第一篇；第二篇是《作战篇》，这个作战不是指打仗，而是准备战争，计算好了就要准备怎样打；准备充分的时候，它要行动，要谋攻，后面的《军形篇》《兵势篇》《虚实篇》《军争篇》《九变篇》都是在讲一些具体的作战要领；最后是论述地形、行军、九地、火攻等具体的战术问题，就更细化了；到最后第十三篇是用间之术，因为《孙子兵法》特别重视“知彼知己”，用间谍来了解情报，掌握情报，围了个圆圈，又转回到算计问题上了。中国传统文化就是个大圆圈，老是在循环，但是每次循环都是否定之否定，是向更高一个层次的发展和升华。《孙子兵法》作为传统文化的智慧代表，本身就有严密的内在逻辑体系。《孙子兵法》这个案例可以证明，中国古代的文献著作是有逻辑体系而且相当严密的，绝不是只有佛学典籍才论述严谨。这就足以攻破现在通行的说法。事实上，刘勰在《文心雕龙》书中就分外推崇史学典籍的条理组织，在《史传》篇中对《史记》《汉书》大加赞赏，很大的原因就是《史记》等著作结构体例组织完备。因此，对于结构体例写作思维等问题，笔者提出华典说，并且主张综合佛典说，取二者之所长来整体观照之。这本来就是刘勰论述文学问题所采用的折中方法论。

三、佛典思维

因为佛典结构体例的影响，刘勰将佛典思维运用在了《文心雕龙》的写作结构之中。对这个问题，谈得较为深入的是周振甫先生。周先生据《梁书·刘勰传》“勰早孤，笃志好学。家贫不婚娶，依沙门僧祐，与之居处，积十余年，遂博通经论，因区别部类，录而序之。今定林寺经藏，勰所定也”的记载分析说：“这几句话，对我们理解刘勰的著作《文心雕龙》是可供参考的。他的编定藏经，要在博通经论以后，区别部类，再加序录。看他对《文心雕龙》，也作了序录，他的《序志》就是全书的序录；也是‘区别部类’，分成几部、几类，这在《序志》作了说明，分‘文之枢纽’，‘论文叙笔’，‘剖情析采’，‘崇替于《时序》，褒贬于《才略》，怊怅于《知音》，耿介于《程器》’，即把全书分成枢纽、文体论、创作论、文学史、作家论、鉴赏论、作家品德论七部分。……跟他编佛教藏经的方法一样。”① 周先生将刘勰在定林寺中“研阅穷照”、博观学习的主要结果（或成就）定格在整理与编辑佛经上，编辑佛经的方法，到了写作《文心雕龙》时继续采用，并据此推论刘勰具体写作时的习作序言、分门别类，以及全书内容上的七个部分，都是向佛典借鉴来的。这种借鉴的可能情况是：“他（按：指刘勰）著作《文心雕龙》，为什么‘体大虑周’远远超过前人，就是后来的文论著作，也很少能跟它比的。”“看来他是先博通经史子集，再从文学和文章的角

---

① 周振甫：《文心雕龙今译（附词语简释）》，中华书局1986年版，第5页。

度，论文序（按：当作‘叙’）笔，研究文体论；再从文体论中剖情析采，研究创作论；再研究文学史、作家论等，最后制定文之枢纽的。文之枢纽最重要，所以列前。”① 周先生的这个推测是佛典影响说中最具体的意见，好像是合情合理的。但是，刘勰写作序言，简介版块，“分成七个部分”，就一定是向佛经所学来的吗？写序言就是编经书的序录吗？其他写有序言的书，包括史书、子书、集部的无穷书籍，是否都是向佛典学习的结果呢？我们为什么不能说刘勰为《文心雕龙》写序言是向中国著书的前贤学习的结果呢？据詹锳先生《文心雕龙义证·序志》所引：

> 孔安国《尚书序》：“书序，序所以为作者之意。”
>
> 陈懋仁《文章缘起注》：“序者，所以序作者之意，谓其言次第有序，故曰序也。”
>
> 纪评：“此全书之总序。古人之序皆在后，《史记》《汉书》《法言》《潜夫论》之类，古本尚班班可考。”如《吕氏春秋》之《叙意》篇，《史记》之《太史公自序》，《论衡》之《对作》篇与《自纪》篇，《抱朴子》之《外篇·自叙》均在后。至萧统编《文选》，钟嵘作《诗品》，乃将序提至书前。②

仅仅这一个问题，就足以推翻周先生的上述推测。

《文心雕龙》写有序言，还有不少的研究者认为这个序言是

---

① 周振甫：《文心雕龙今译（附词语简释）》，第5页。
② 詹锳：《文心雕龙义证》，上海古籍出版社1989年版，第1898页。

模仿佛经所作。这个意见完全就是在比附佛经，强行对接。对这个问题，上引詹锳先生《文心雕龙义证》一书所引用的历代注解，说明古人著书序言在文末乃普遍现象。古代典籍，最迟在《史记》中，序言就已经清晰完整地写于文末。《文心雕龙》也一样，与佛典有序无关。司马迁《太史公自序》之清晰明了，篇幅结构之宏大完整，岂在《文心雕龙》的《序志》之后？岂在任何佛典序言之后？至于简介版块，那是任何书籍介绍内容都会谈到的，最迟从司马迁《史记》开始就已经这样做，而且远远比刘勰的介绍详细、清晰、准确得多。说到将全书“分成七个部分”，这个分法过于细致，当然，各家分法不一，这无关问题的讨论。小结周先生的意见，是《文心雕龙》全书仿自佛典，这和前述王运熙先生分析的意见不一样。两位先生也正好代表了当下看法的主要区别，即《文心雕龙》是受佛典结构启发影响，还是纯然模仿佛典体例创作而成。

对这个问题稍加归纳，就会发现其提出背景以及当下流行看法的严重局限性，这就是忽视我国古代文献经典的杰出成就与写作水平，轻易就否认了古代经典文献的学术成就与写作技法，认为它们是印象式的、描述式的、评点式的，是零散、感性而没有体系、论述不深刻不严谨的；据此，反向看到佛经的严谨性、逻辑性、条理性、思辨性，于是或多或少地认定出身寺庙的刘勰，一定是在佛典影响下才可能完成《文心雕龙》的写作的。这些影响意见，直接导致了如下几方面的佛典影响说：《文心雕龙》的体例结构、写作思维、论述方法，甚至主导思想。认为它们均出佛典，与中土学术、文献无关。

四、思维方法

因为写作受到了佛典影响，刘勰论述文学问题所采用的思维方法论是出自佛典的。刘永济先生在《文心雕龙校释》中指出刘勰思想方法论的取法："其思想方法，得力佛典为多。""刘勰精于佛学，故他立论能圆到周遍，不倚不偏。但有时用佛经中的词汇如'圆通''般若'是也。"① 刘先生看到了刘勰理论"不倚不偏"的公允客观的特点。王元化、张辰等先生认为刘勰的思维方法主要是出自佛典的因明学，持有此论者甚多；而普慧等先生则认为是出自成实学，彼时因明学尚未传入中土；对于最明显的折中方法论，张少康等先生认为是出自龙树"中道"观，其说甚详。研究者论述及此，言之凿凿。比如张辰先生说：

> 在《文心雕龙》中对因明和中道的运用，可以说俯拾皆是。《原道》中的"心生而言立，言立而文明"，"夫以无识之物，郁然有彩，有心之器，其无文欤？"便是明显运用因明所作的演绎推理。《序志》"若乃论文叙笔，则囿别区分"便是对因明学中属种关系划分的运用。正因如此，所以全书在整体上"上篇以上，纲领明矣"，"下篇以下，毛目显矣"。至于"中道"论也是贯穿全书，《序志》批评"魏《典》密而不周，陈《书》辩而无当，应《论》华而疏略，陆《赋》巧而碎乱，《流别》精而少巧，《翰林》浅而寡要"，却又不无自负而自信地说，"岂好辩哉？不得已也"。那么，他不同

① 刘永济：《文心雕龙校释》，第175页。

> 于他人的立论方法就在于“弥纶群言”，“同之与异，不屑古今；擘肌分理，唯务折衷”。但是，他又并非不偏不倚，骑墙式地“折中”，而是“及其品列成文，有同乎旧谈者，非雷同也，势自不可异也；有异乎前论者，非苟同也，理自不可同也”。其“中道”的核心还在“势”与“理”。①

张先生的意见分析举证都很充分，但是相对来说比较绝对。似乎只有因明理论才有演绎推理，而中土典籍中缺乏演绎推理。其实，《孟子》一书中那些层层设问、层层论难的论辩场面所使用的所谓台阶法、预设法、以诡对诡法，无一不是思维严谨演绎推理的结果。不仅儒家，在公输班与楚王的论辩、烛之武退秦师、触龙说赵太后、毛遂自荐说楚王、邹忌讽齐王纳谏等案例中，哪一个不是推理演绎极为精彩的例子？更不用说苏秦、张仪、范雎、蔡泽、韩非、李斯这样的纵横高手与文章高手了。以为外来的思想才能孕育出《文心雕龙》，这样的说法至少是片面的，是以偏概全的。

笔者绝不否认“博通经论”的刘勰会运用佛学思维与龙树“中道”观念于写作中去，而是觉得，只是这样片面地论述刘勰思维方法论的来源，本身就是偏执一端，而不是“折衷”“圆照”的研究。《文心雕龙》所述，尽是我国的文化与文学，那么，在刘勰之前已历经上千年而且体系完备的中国传统文化中和之美与中道思想，难道就没有对《文心雕龙》的思维方法发生过影响

---

① 张辰：《刘勰美学思想发微》，《内蒙古大学学报》（哲学社会科学版）1995年第4期。

吗？这显然是不可能的。事实上，刘勰标举儒家思想，孔子“中庸之道”、孟子“中道”思想、荀子“中道”理论、《周易》“分而为二”、《中庸》“执两用中”之说，势必影响到《文心雕龙》的折中说；道家诸子中，老子“反者道之动”、庄子“中道”“中和”的辩证思维方法与经典个案的具体运用，反复出现在《淮南子》书中，顺流而下，《文心雕龙》体现了重要的道家“中道”思想；儒家、道家共举的古代音乐美学中和之美的原则，也是刘勰进行取法的重要对象。笔者以为，这些才是刘勰思维方法与折中方法论之根本所出。我们怎么能够无视道家严谨的辩证思维逻辑、儒家中道思维理论、兵家重度原则的存在与运用的事实呢？难道刘勰就只看过佛经，完全不知道传统文献，或者说他只采用古代文献的理论与内容而无视这些文献的写法组织，就能写出内容完全中国化的《文心雕龙》？经具体分析，我们可以看到：《文心雕龙》在句子生成、语段篇章、体例结构中层层体现出来的正反对比、顺向铺排、正反相合等论述技法，与《孟子》《荀子》《庄子》等经典文献有巨大的相似性，甚至句法段篇的论述技法几乎完全一致，这当然不会是巧合。

在中国传统文化中，中道思想是贯通各家的重要思想方法论。儒、道两家的中道思想自不待言，就以最为推崇“诡道”的兵家思想为例，也处处体现出了中道适度、物极必反的哲学理念。《孙子兵法》之所以体系严密，一个重要的原因就在于著者论述了大量的相反相成而又取其中和之度的作战原则。其中就有十组对立统一的原则：义与利的关系，力与谋的统一，常与变的统一，物与我的统一，虚与实的统一，利与害的统一，迂与直的统一，事与节的统一，全与偏的统一，知与行的统一。这十组对立统一，实际上给我们提供了这样一个信息：它是用兵的真艺术，人生的大智慧。《孙子兵法》包含了非常多的矛盾对立统一关系，这些看似矛盾的范畴，最后升华为战役战术理念与人生的大智慧。之所以得到这样的协调解决，就是因为并不死守两端，而是主张从对立的两极往中间运动，取其中和适度的量而用之。比如第八组事与节的统一，孙子特别强调，担任将领、统帅三军、指挥作战与存身之道需要运用中庸适度的原则。虽然《孙子兵法》书上没有提到“中庸”这个词，中庸是儒家提出来的，但是两家的原则是一样的。中庸是把握分寸，这个分寸是非常重要的作战原则。孙子认为，凡事“过犹不及”，就算是很好的东西，做过头了也会走向事物或道理的反面。《九变篇》讲到了作为将领常犯的五种错误和危险：第一个危险是“必死”，将领不怕牺牲，那么就“可杀也”，就会被敌人杀掉；第二是“必生”，将领想保存自己，则“可擒也”，会做敌军的俘虏；第三是“忿速”，将领爱生气，脾气很暴躁，则容易被别人侮辱；第四是“廉洁”，有好名声，那么人家也可以让你难受；最后一条，叫“爱民”，本来爱护老百姓是好事情，但孙子说“可烦也”，敌人可以骚扰得他不得安宁。实际上孙子在这里讲的就是对度的把握的问题。我们都知道，不怕牺牲、善于保全、爱好名节、同仇敌忾、爱护百姓，都是一个将领非常好的品德；问题就在于这五条原则上面都多了一个字，叫“必”，做过头了，偏执一隅之见，就会走到事物的反面。古代典籍中的这种对立统一的矛盾论述，《孙子兵法》只能算是并不清晰的小儿科，在运用纯熟的《庄子》《荀子》等著作中则俯拾皆是，举不胜举，《文心雕龙》对许多问题的论述，都是这样来进行的。同时，《庄子》《荀子》中大量的顺向铺排，或正或反，更是《文心雕龙》一直使用的论述技法。看到这样的句段篇章，我们就不会再只是从佛典中去找依据。

上述几方面的问题，其共同特征是研究者只向佛典取材，而忽视我国传统文献。以此为出发点，无论如何，《文心雕龙》都会处处显现出佛典的影响来。这是从整体上来说的；以下的几个问题，则是从具体运用的角度来说的，争论仍然不休不止。

五、佛教语源

第五个方面是佛教语源之争。《文心雕龙》使用了个别的佛典语汇，这些语汇被研究者反复提及，甚至无限放大，提出了“以佛统儒”（马宏山）、刘勰的文学思想是追求“般若之绝境”（邱世友）等说法。仔细考究，《文心雕龙》中真正的佛学术语只有一个，这就是《论说》篇的“般若”一语；刘永济、牟世金、王运熙等先生认为“圆通”一词也是出自佛典。关于《文心雕龙》一书中“般若”或“圆通”的佛学术语是否可以证明刘勰以佛家思想论文一说，牟世金先生以为：“《文心雕龙》中佛家词语不多，主要是它讨论的内容决定的。刘勰写此书既不是为了宣传佛教，也不是参加当时哲学上的争论，而主要是总结文学创作经验，进行文学评论，因此，虽然在必要时并不回避佛教思想的‘混入’，却也没有必要把佛教思想强加进去，甚至要‘以佛统儒’。”① 但是，有的研究者就此衍生开意见，认为凡是带有“圆”这一术语的，都是来自佛典。进一步，凡是带有诸如“悟”“智”“慧”“了”“空”等术语的地方，尽是佛典语源。这当

① 陆侃如、牟世金：《文心雕龙译注》，齐鲁书社1995年版，第14页。

然是错误的。仅以“圆”为例，中国古代的文献典籍中早就有了多义、普遍的运用，时间远在佛学东渐之前，比如《孙子兵法》《庄子》等书。这样的例子不胜枚举。论略。

六、佛学理论

第六是关于具体的文学理论之争。有研究者认为，《体性》篇论述的“心性”思想，是源自佛家的；《原道》之“道”，本是道家之“道”，有的研究者论证得出“道”指的是佛道（马宏山），有的研究者认为这个“道”是化合了儒、道、佛的三教合一的产物（张文勋）；还有研究者认为刘勰的最高文学标准是“般若绝境”（邱世友），等等。上述意见中，争论较大的是“佛道”说与“绝境”论。前者已在三十年前的论争中被证伪；同样，关于“般若绝境”就是刘勰最高的文学标准的说法，也是不能成立的。详细论述见下文。“般若绝境”是刘勰对王衍与裴頠玄学“有无之辨”的合观统照，刘勰认为合观更好一些，不论是“有”是“无”，最后都将归于“空无”，何必偏执地争论不休呢？若以“般若绝境”来统摄之，照此推论，就一定会再次出现“以佛统儒”的说法。玄学之“无”，源自道家“虚无”之论，与佛家“空无”的观念并不一致。“虚无”是一种“存身之道”的哲学思想、处事原则、养身理论，也就是以“虚静”“心斋”的方式，外保性命而内修智慧的方法论，强调的是避世隐身、全身全性之道；“空无”是世界万物皆归之于空，思维物质皆归于无的理论。文学显然不是归之于“空无”的东西，而是由内到外、从无到有、“沿隐至显”的实体艺术。《文心雕龙》全书论述文学的起源、体裁、创作、鉴赏、风格、作家作品与发展变化等，这些方面全部指向如何创造文本这个实体存在之物，而不是指向空无的寂灭之境。实际上，刘勰用“般若绝境”，就是《定势》篇里所说的“兼解具通”的折中方法论，主张合观“有无”，并非归向于“无”。《定势》篇在论述文体风格的时候指出，对于刚柔不同的文风、奇正不同的风格，都要注意全面地掌握和判断，不要偏执于自己的喜好而忽略风格的两面性或多样性，因此提出“兼解具通”之说，告诉作者在写文章的时候，如何做到文风的正确创造，在鉴赏的时候，如何做到对不同风格文章的正确评价。

七、《灭惑论》

在上述问题都不成立的情况下，有的研究者又从外围问题开始发难。比如，认为刘勰的著作尚有《灭惑论》等存世，通过《灭惑论》可以窥见《文心雕龙》的思想取法。有的研究者认为《灭惑论》是写于《文心雕龙》之前的，如杨明照、张少康先生；有的研究者认为《灭惑论》写于《文心雕龙》之后，如牟世金、王元化等先生。不管《灭惑论》写作的时间如何，各家一致认为《灭惑论》体现出了三教合一的思想倾向与维护佛家的立论宗旨，王元化先生还提出这是刘勰意欲遵循皇命的时代背景所致。这些讨论使得研究者认为《文心雕龙》不可能不受佛学的影响。有的研究者据此提出刘勰早年与中年的思想没有发生过变化，因此《文心雕龙》也是三教合一思想的产物（张少康）。杨明照、王元化、王运熙等先生则认为二者思想、内容、宗旨均不一致，《灭惑论》有较多的佛学思想，而《文心雕龙》没有。还有的研究者完全不谈《文心雕龙》，仅仅以《灭惑论》有佛学思想，就来论述《文心雕龙》的佛学思想渊源。详细对比《文心雕龙》与《灭惑论》的内容，杨明照等先生的意见是正确的。

八、史传研究

《灭惑论》毕竟文章可见，二者对比，不难发现真相所在。但是另一种佛学影响说则完全无法对证，只能凭空言说。研究者根据《梁书》《南史》两书《文学列传》的说法，认为刘勰“博通经论”，读了大量的佛典；刘勰在定林寺编过经书，并且“区别部类”；刘勰“为文长于佛理”；刘勰为亡故高僧与名刹大寺写过若干碑文；沈约评价刘勰“深得文理”，昭明太子对刘勰“深爱接之”；凡此等等，成为佛学影响《文心雕龙》，甚至佛学思想指导《文心雕龙》的重要证据。也就是说，刘勰读的书、编的佛经、写的文章、善写文章的令名，都是以佛典为核心体现出来或得来的，这样的研究文章不下一百篇。既然如此，那么，刘勰怎么可能不在《文心雕龙》中自觉或不自觉地流露、体现、运用出佛学思想来呢？笔者对此持理解支持的意见，同时也提出自己的几点思考：

其一，刘勰“为文长于佛理”，这个“为文”，指的是什么“文”？是碑文、经文、《出三藏集记》的序文，还是《文心雕龙》？从两书《文学列传》的记载来看，有两种理解：一是前者，二是泛指刘勰善写文章。不论在这两层意见中取哪一种，都不是指《文心雕龙》，或者不是专指《文心雕龙》。所以，据此推论《文心雕龙》也是“长于佛理”的说法，就是以点带面的理解，并不对。

其二，刘勰“博通经论”，反映他的博学多识，与《文心雕龙》倡导博学、博观、“精阅”、“穷照”相一致。这个“经论”，是不是指的佛经？或者仅仅是指佛经？有没有传统文献，比如道家、儒家等诸子文献，比如历代以来的文学作品、史书传记、文学理论著作等？翻阅《文心雕龙》一书，这个问题是可以得到肯定的回答呢？还是继续认为刘勰只是博通佛典之“经论”？

其三，沈约评价《文心雕龙》，认为“深得文理”，有研究者于是以为这个“深得文理”就是“为文长于佛理”的意思。连沈约这样的大家都开始称赞刘勰“深得文理”是源自佛典浸染，那么，佛学影响《文心雕龙》还有什么好说的呢？其实，这个观点是不能成立的。六朝史书中记载写文章有“文理”者举目皆是，上至王公贵族，下至普通文人，何止刘勰？凡数十例，今略。

其四，两书皆有昭明太子“深爱接之”的说法，有论者以为昭明太子生长于佛学世家，梁武帝执政前后，都是体佛论经、以身垂范的典型，当是因为刘勰“长于佛理”，昭明太子才对他颇有好感并引为知音的。杨明照、王运熙等先生论述说，刘勰曾在《文选》的编撰上对昭明太子发生过影响。杨先生认为：刘勰后来担任萧统的通事舍人，他的文学思想，尤其是文学分类思想，对萧统编辑《文选》影响巨大：“（昭明太子）后来选楼所选者，往往与《文心》之‘选文定篇’合；是《文选》一书，或亦受有舍人之影响也。”① 王运熙先生认为：“萧统编纂的《文选》一书，内容多与《文心雕龙》相通，当是受到刘勰文学观的影响。”② 这个说法有道理，但是，两位先生并没有说刘勰的佛学思

---

① 杨明照：《〈梁书·刘勰传〉笺注》，载《杨明照论文心雕龙》，第40页。

② 王运熙、周锋：《文心雕龙译注·前言》，第1页。

想与昭明太子相契合。因为《文选》之中，其体例与选文标准，看不出佛学影响之所在。太子“爱接”刘勰，完全是刘勰作为太子记室，他的本职工作——“章表奏议”文章写得好，或许也有刘勰文学理论综合素养高，《文心雕龙》深刻博大之故。其实，太子与刘勰，两人在文学观念上是有很大分歧的。刘勰《文心雕龙》对陶渊明只字不提（按:《隐秀》篇真伪未定，“彭泽豪逸”一说暂不采纳)，而昭明太子为陶渊明编辑诗集文集，为陶渊明作传记，在《文选》中选录陶诗数首，对其相当之重视，评价甚高；另外，《文心雕龙》绝口不谈谢灵运、鲍照等“宋来才英”，而太子甄选甚多——二人意见相差何其之大！这实际上是刘勰征圣宗经文学思想的弊端——站在复古文学立场、贵族文学立场所带来的限制以及对文学新变的认识不足所致。说太子“深爱接之”，是太子对刘勰才华的赏识，不一定就是指二人文学理论的知音共鸣，更不见得就是以佛学为中介的缘故。

笔者以为，佛学思想对《文心雕龙》是有影响的，在个别问题的讨论，比如玄学“有无之辨”的争论上，刘勰用佛学“般若绝境”来化解之；在其他地方偶尔出现佛学用语，比如“圆照”等；在写作组织上，我们不可能说熟知佛典的刘勰没有运用过佛典思维或组织结构在《文心雕龙》的写作中。这些都是肯定存在的。但是，这些存在是处于次要地位的，无论在全书的理论比重、理论地位还是理论影响上，佛学思想都是无法与儒家、道家、纵横家、阴阳家，甚至法家或兵家思想相媲美的。笔者此说，建立在忠于原著的分析论证基础之上，并非歧视佛学。

第四节 综合意见论

持有这类意见的研究者认为，刘勰的思想兼备数家，《文心雕龙》本身也带有折中众说的意味。这类意见的代表有周勋初、王运熙、张少康等先生。

周勋初先生《刘勰的主要研究方法——“折衷”说述评》一文是研究刘勰方法论较为深入全面的一篇文章。作者认为：“刘勰的主要研究方法，正是从儒家学术和玄学中得来的。”同时，该文并不否定佛学的影响。又指出：“但他运用的主要研究方法，则应当如《序志》篇中所说的，出之于儒家。”周先生认为“折衷”的具体方法主要包括裁中、比较、兼及三项内容；认为《文心雕龙》论文有纵、横两个方面。《情采》着重于横，《通变》着重于纵。将刘勰视为折中派，以与当时（齐、梁）裴子野等守旧派和萧子显、萧纲等趋新派相区别。① 这一论说又见于周先生另一篇文章《梁代文论三派述要》。该文指出：“刘勰在《文心雕龙·序志》篇中曾介绍过自己的论文要旨：‘擘肌分理，唯务折衷。’所谓折衷，就是分析同一事物矛盾着的两端，较其得失，然后取其所长，弃其所短，融合成为一种较全面、平稳的理论。这种做法虽然有时不免流于调和，但若处理得当，则其中确可包含若干辩证法的因素。”② 这是认为刘勰折中思想出于儒家的主要代表论文。同时，《梁代文论三派述要》一文指出了刘勰折中方

① 周勋初：《文史探微》，《周勋初文集》（第三卷），江苏古籍出版社2000年版，第110~137页。

② 周勋初：《文史探微》，《周勋初文集》（第三卷），第79~102页。

法论“包含辩证法的因素”，这个认识已经超越了单纯的儒家思想的范围，而涉及传统文化的哲学思想与辩证思维。

王运熙先生《刘勰文学理论的折中倾向》一文对当时文论派别也分三派，王先生认为对永明文学及其以后文学的“新变”现象，可分为反对派、赞成派与折中派，以裴子野等为反对派，沈约、萧子显、萧纲、萧绎等为赞成派，而刘勰与钟嵘、萧统等为折中派。[①] 周、王两位先生将齐梁文论派别三分的论述，虽然具体划分稍异，但意见基本相同，其立论的基点，是齐梁时代广阔的社会风尚与文学理论背景，刘勰的折中论产生于这个时代，符合这个特殊时代的特殊审美风气。

张少康先生在《擘肌分理　唯务折衷——刘勰论〈文心雕龙〉的研究方法》一文中认为：应该从释、道、儒三教会通的角度看问题。并认为刘勰的折中论主要表现为三个方面的内容：一是强调“识大体”“观衢路”；二是强调“圆通”“圆照”；三是强调“善于适要”“得其环中”。[②] 这种融合三教的看法，在张少康先生《中国文学理论批评史教程》里也有所分析。《中国文学理论批评史教程》指出：“刘勰的思想以儒家为主而兼有佛道思想。”“他的《文心雕龙》虽然儒家思想比较突出，但在创作思想上则受老庄道家思想影响很深，而在论述方法和全书严密的逻辑体系方面又表现出了佛学思想的明显影响，重在‘圆通’。”“清代刘毓崧《通义堂文集·书文心雕龙后》一文对此有很精到的考

---

① 王运熙：《文心雕龙探索》（增补本），上海古籍出版社 2005 年版，第 243～252 页。

② 张少康：《擘肌分理　唯务折衷——刘勰论〈文心雕龙〉的研究方法》，《学术月刊》1986 年第 2 期。

证与分析，他的说法是可信的。”① 张先生的意见，其实是主张儒家为体，道、佛为用；而在《文心雕龙》全书的论证组织及其方法选择上，体现了佛家为主的印迹。

上述儒家主导、道家影响、佛学影响、兼综数家的四大类意见，代表了截至目前“龙学”界对《文心雕龙》思想归属及其来源的研究面貌。从中，我们可以看到几个有趣的现象：第一，不管是儒家核心说、佛家影响说还是兼综数家说，都指出了《文心雕龙》和佛学典籍有密切的关系；研究者不管是否认同《文心雕龙》有无佛学思想或佛学思想是否明显，都一致认同其写作组织受到了佛典的影响；范文澜、刘永济、杨明照、王运熙等先生均有类似意见。第二，有的研究者先后持有不同的论述意见。比如张少康先生，曾主张兼综数家之说，新近以来，又力主刘勰“折衷”方法论源于龙树“中道”观，与中土学术思想并无关联。这种现象表明了“龙学”研究的深入发展趋势。第三，许多研究者的看法前后矛盾，相互抵牾，比如范文澜先生。他既主张纯粹儒家说，又提出佛典全面影响的意见，引起无数纷争。笔者以为，这些问题所体现的矛盾，主要是顺着“佛学影响”的思路产生的。因此，又必须讨论到刘勰的思想与他的特殊身份的关系，只有这样，才可能回答《文心雕龙》的文学思想究竟是什么的问题。而这样的讨论已经有了很多。

① 张少康：《中国文学理论批评史教程》，北京大学出版社 1999 年版，第 119 页。

第五节　刘勰思想论

除了《文心雕龙》的思想来源，研究者还对刘勰本人的思想进行了讨论。对于刘勰青年时期与中晚年时期思想是否前后一致的问题，也有多种说法。杨明照等先生认为刘勰青年时期信奉儒家，期盼积极入世，后期则以佛家为主；王元化等先生认为刘勰早期思想以儒家为主，中晚年则以三教融合为主；张少康先生则认为刘勰早期思想与中年思想都是“三教合一，前后一致，没有变化”的；牟世金先生认为刘勰生活于儒教衰落、佛学兴盛的齐梁年间，他“自幼深受佛教洗礼”，“在写《文心雕龙》之前，已‘为文长于佛理’，到写《文心雕龙》的时候，他的佛教思想不可能绝然中止；问题只在于刘勰怎样处理他满脑子已有的佛教思想”。这样，关于刘勰思想的研究，整体看法是：刘勰一生主要信奉佛教，在青年时期渴望入世致用，所以在写作《文心雕龙》时以儒家思想为主。

上述意见的得出，主要是研究者根据《梁书》与《南史》的刘勰本传、刘勰流传下来的著作以及当时的时代风气、僧家传记等资料辗转互证得出的。其中，最重要的研究思路是进行《文心雕龙》与《灭惑论》的比较研究。研究者以刘勰《灭惑论》为重要的理论出发点，结合《文心雕龙》进行了若干对比或相似研究。据此，讨论到刘勰《灭惑论》的写作时间是在《文心雕龙》之前还是之后，又讨论到《灭惑论》“三教合一”的思想倾向与《文心雕龙》思想倾向之间或异或同的联系。这样的研究一分为三：一种声音认为《灭惑论》与《文心雕龙》思想不同，二者写作目的与理论差异很大；另一种声音认为《灭惑论》与《文心雕龙》理论相似度很高，都是刘勰“三教合一”思想的产物；第三种意见看到了《灭惑论》的写作背景与佛学思想，于是“推定”同一作者所写的《文心雕龙》含有很多的佛学思想。这三种意见之间，不同研究者的考证、比较与论述，其差异之大，往往令人怀疑这是不是对同一本书所作的研讨结果。仅以各家对《灭惑论》写作时间的考证为例，成书于《文心雕龙》之前与之后的两类意见，就有一二十年的时间差，并且都是有理有据的。

这样的比较研究，或者称之为对刘勰思想的集合研究，如果以《文心雕龙》为出发点、为核心，当然是好的；但是如果以刘勰为核心，则显然是值得商榷的。从上述“结合”研究的多数成果来看，不仅不能将《文心雕龙》的思想讨论清楚，反而因为问题拓展到了两结合之后的刘勰之故，使《文心雕龙》这个核心退居次要位置。许多研究成果忽视《文心雕龙》本书的论证，以《灭惑论》的思想融入、对应，甚至代替《文心雕龙》的思想。比如有一篇研究《文心雕龙》受佛学思想影响的文章，撇开正题，主要去分析“刘勰的佛学思想”与“《灭惑论》的佛学思想”，这恐怕是不正确的。

研究者之所以要结合《灭惑论》，主要是要“知人论世”，主张文如其人，看到了刘勰进寺庙、编经书、写碑文、当和尚所演绎的“佛教人生”的一面，欲以此来讨论《文心雕龙》与佛学思想这一难题。这个难题包含三层意见：一是《文心雕龙》内容上有无佛学思想？二是如果有，佛学思想对《文心雕龙》的文学理论有没有产生影响？三是佛学思想对《文心雕龙》的影响，究竟是居于主要地位，还是居于次要的地位？对前两个问题，依据《文心雕龙》本书内证，可以得到肯定的回答：《文心雕龙》书中有佛学思想，刘勰在极个别问题的讨论上运用过，所以佛学思想产生过影响。对第三个问题，争论意见就开始大起来。既然书中有佛学思想，刘勰也使之发生过影响，于是有的研究者就盯住这种极个别的影响深挖下去，使其逐渐被放大、扩大、弥漫开来，甚至到了全书都是佛学思想影响，并且刘勰引之为极则的程度。

另外一个原因也对此推波助澜：学界几乎是异口同声地认同《文心雕龙》一书在写作组织、体例结构方面全方位地受到了佛学思维、佛典逻辑的影响。产生这种认同的原因是：中国传统思维下写出来的古籍文献、学术论文没有多大的逻辑性、条理性与深刻性。这种认识当然是片面而有失公允的。但是，这样的一致认同加剧了部分学者无视《文心雕龙》内证，偏执地进行佛学思想对《文心雕龙》全面渗透的研究，并且借助《灭惑论》的论述，提出刘勰的文学思想，折中方法论，文学绝境说，圆通圆照观，心、性、奇、正与数字运用等通通来自佛学的论说。上述“知人论世”的研究法，其短处在于研究者没有看到刘勰入寺的目的，著书的目的，依附僧祐、拦道沈约的目的，以及在梁代做官三十余年、死前一年方才出家的“非佛教人生”并以之为主的这一面的事实。最主要的是，部分研究者往往只看到佛典上有这些东西，忽略、脱离、无视《文心雕龙》本身的论述，而简单比附或片面强说。“知人论世”原本是为了更好地研究作品本身，而不是为了只停留在“论世知人”这个不涉及作品的外围层面上。

第六节　思维方法论

与《文心雕龙》思想研究联系紧密，一个非常热门的问题是对刘勰思维方法论及其渊源的研究。对此，研究文章层出不穷，各家提出折中方法论、辩证思维论、综合认识论等三大类不同的说法，整体上呈现出互不相谐的现象。

第一类是折中方法论，这是刘勰思维方法论的主流意见。研究者论述到了刘勰为文条分缕析、公正深刻的特点，认为除了受到佛典逻辑思维的影响，另一个原因是他所采用的“唯务折衷”的方法论在起作用。王运熙、张少康等先生都对此有代表性的论述文章。对刘勰思想方法论的主要分歧与争论，是在折中方法论究竟是源出儒家还是佛家。就目前的研究成果来看，可以分为四类：一是源出佛家，这一意见相对居于上风；这种意见以张少康先生为代表，认为主要是龙树“中道”思想影响了刘勰，响应者众多。二是源出儒家，这类研究意见以李平先生为先导，认为刘勰是运用了“允厥执中”的传统方法论来论文。第三类是不谈儒、佛，从六朝文论时代整体面貌的角度提出折中意见，周勋初、王运熙等先生将南朝文论以文质关系为标准分成三派，认为刘勰属于折中一派，文质并重。第四类是折中诸家，合观综论。这类研究者认为刘勰论文的思想方法，首先是受到佛家中道观的影响，其次吸收了儒家的中道思想，同时还吸收了墨家形式逻辑的成果，是化合这些理论来论文的。这种意见带有调和众说的意味，代表人物是张辰先生。

第二类是辩证思维论。新近，张长青先生在《文心雕龙新释》中总结性地提出了“辩证思维说”，认为是我国传统的道家、儒家、兵家共执的辩证方法在影响刘勰。张先生的意见是：“从刘勰整体天人合一的宇宙观和方法论来说，我们可以把刘勰《文心雕龙》的研究方法，归并于中国传统哲学中的辩证思维。”“我们的祖先很早就注意从两点论的角度看待世界，而不是一点论。以阴阳范畴为核心，在文化的轴心时代先秦时期，我国就形成了三个辩证学说系统。第一个系统是道家的‘贵柔’辩证法，以老子为代表；第二个系统是兵家的‘尚刚’的辩证法，以孙子为代表；第三个系统是儒家的‘执中’辩证法，以《易传》为代表。先秦哲学家奠定的辩证思维为后世学者继承发展，形成中国哲学注重辩证思维的传统。”① 张先生认为，刘勰正是吸收并运用传统的辩证思维与“贵柔”“尚刚”“执中”辩证方法来进行《文心雕龙》文学理论观点的论述的。还有的研究者指出：刘勰的“折衷”论，不仅出自佛家，还有道家的“枢中”观念；而尚“中”思想是我们的重要的文化传统精神。不能从儒、道、释三教尚“中”与用“中”之思想的交融会通角度去深入研究，立论本身就不够“圆通”，而且也是与刘勰主张“折衷”“会通”的精神不相符合的。这种意见也可称之为辩证思维论。

第三类是综合方法说。这类意见是不点明刘勰思想方法论出自何家，只论述其优点，以杨明先生为代表。杨明先生在《文心雕龙精读·导论》中说：“长于分析和综合，是《文心雕龙》的一个重要特点和优点。一般说来，我国古人论文，往往是直观印象式的，感悟式的。这种感悟常常颇有灵气，也颇为准确，但缺

① 张长青：《文心雕龙新释》，湖南大学出版社 2009 年版，第 619 页。

少细致的分析说明。《文心雕龙》却颇不相同。刘勰在概括表述的同时，还进行细致的分析，‘擘肌分理’（《序志》），‘剖析毫厘’（《体性》）。然后在分析的基础上，将前人的观点、成果和自己的心得体会融会贯通，综合起来，组成一个秩序井然、富有逻辑性的结构体系，使《文心雕龙》呈现出此前的文论著作未曾有过、此后也难与并能的体大思精的面貌。《总术》篇有云：‘圆鉴区域，大判条例。’‘圆鉴区域’是说凡与写作有关的各种理论、方法都要了解、掌握，‘大判条例’则是说对这些理论、方法要条分缕析，使其井然有序，便于自觉地运用。既求齐全，又求其细；既弥纶综合，又深入分析。刘勰正是自觉地按这样的原则写作《文心雕龙》的。”① 杨明先生的论述，主要是立足于《文心雕龙》自身的表现特点。他没有去追述这种特点究竟是出自佛家还是别家，或者是数家之合。这种方法采用内证为据而非推证比较，明显的好处就是搁置争议，只谈事实。

其实，整个《文心雕龙》的思维方法论，或者依据刘勰所说，叫“折衷”方法论，与他的“原道”思想密切相关，是折中儒、道而主要取法于儒家中庸、中道理论的。其中，以老子、庄子、孔子、孟子、荀子、《周易》、《中庸》影响最大。同时，这种方法不只是刘勰用来论文的方法论武器，更是刘勰组织全书，从句子生成、语段篇章、篇目结构到全书体例一以贯之的写作思维理论。折中思维论以正反对比、顺向铺排为基本形式，演化出正反、反正、正正、反反、正反合、反正合等基本的行文思维结构，然后折中相合，得出新论或结论。

---

① 杨明：《文心雕龙精读》，复旦大学出版社2007年版，第20页。

第七节　文学美学思想论

对《文心雕龙》文学思想的研究，往往是伴随对其思想渊源、创作原则、美学思想来进行的。诸家所指，文学思想成为一个无所不包、无处不用的多功能、多含义概念。因此，文学思想究竟是什么，还没有明确的说法。所以，笔者将其放在最后来讨论。

截至目前，对《文心雕龙》文学思想的研究，呈现出如下几个特点：

第一，是与刘勰学术思想渊源紧密联系，学术思想即成为文学思想的代称，文学思想也就与学术思想同义。比如，认为《文心雕龙》思想出于儒家的研究者会说“刘勰的文学思想”或“《文心雕龙》的文学思想”是儒家文学思想。出于佛家者类似。

第二，是文学思想与美学思想浑然不分，甚至二者相互指代。近三十年来，《文心雕龙》美学思想的研究显然处于上风的位置，专著甚多，比如詹锳先生的风格学研究，缪俊杰、易中天先生的美学思想研究，李天道先生的审美心理研究等。单篇的论文就更不用说了，诸如对《风骨》、风格、《隐秀》、《定势》、《情采》、《声律》、《宗经》、“六义”等专题的研究文章，多如牛毛。整体的特点是越来越清晰，越来越深入。但对有些问题则是越论述越混乱，仅以对《风骨》篇的研究为例，早在1990年，香港陈耀南先生就整理指出，“风骨”所指，已达六十四家之多。经过三十年的发展研究，有关“风骨”问题的研究文章乃至专著纷纷问世，研究视野也拓展了不少，还是没有办法讨论清楚“风骨”内涵、“风”与“骨”的关系、“风骨”与“文采”的关系等问题。有关《文心雕龙》美学问题的研究主要集中在审美风格、审美心理、审美修饰、风骨隐秀等问题上。这方面的著作与论文相当之多。相对而言，文学思想的研究则处于次要状态。

第三，诸家对《文心雕龙》学术思想的渊源问题已经争论不休，深入分析其文学思想的著作是没有的，论文也很少。有的是如下几种情况：

一是在论述学术思想的同时，附带提及文学思想之所出或之表现，属于泛论。

二是在论述到某些争论较大的问题时，展开对《文心雕龙》整体文学思想的勾勒。比如“风骨”问题，刘永济先生以《镕裁》篇“三准”说为《文心雕龙》全书的论文准则，并以此来解说“风骨”之内涵以及情、风、气、骨、采等术语关系问题；牟世金先生则认为《文心雕龙》的主要贯通脉络是文质理论，“风骨”论是文质论的一种理想状态。

三是论说时以创作原则、贯通思想、脉络线索等说法指称，不说文学思想。黄侃先生认为《序志》论述文采之美是贯通《文心雕龙》全书的。王运熙先生认为《文心雕龙》的创作总的原则是《辨骚》篇提出来的“凭轼以倚《雅》《颂》，悬辔以驭楚篇，酌奇而不失其贞，玩华而不坠其实”，是《雅》《颂》与楚骚结合的原则，是“华实奇正”结合的原则。童庆炳先生则认为《情采》篇文质说、内容形式说是《文心雕龙》的贯通原则。

四是提出文学思想与美学思想，在二者并举的同时，以美学思想为主。戚良德先生的博士学位论文就是这样的。

笔者发现，文学思想与美学思想并存研讨现象存在的一个原因是研究者往往将美学思想和文学思想混为一个东西，集合论述，不分彼此。诚然，文学作为一门专门的语言艺术，肯定有其审美特质，用刘勰的话来说，美是文学天然的特征："无识之物，郁然有采，有心之器，其无文欤?"因此，一些研究者认为，《文心雕龙》以美学理论为主；进一步，从文体分类的主次出发，许多研究者认为，《文心雕龙》是以论述《诗》《骚》为代表的纯文学理论为主，那么，纯文学理论伴随的审美理论研究，就是贯通全书的，于是《文心雕龙》便成为一部美学著作，所以若干审美研究专著应运而生。这当然是一个好现象，拓宽面的研究，必然带来体的深入。但是，这又引出了下一个问题，就是关于《文心雕龙》的性质问题，有的研究者认为《文心雕龙》是美学著作，有的认为是审美心理学著作，有的认为是哲学性质明显的作品，有的认为是写作学著作、文章学著作；传统的理解则认为是古代文学理论著作或文学批评著作；还有的意见模糊不清，笼统提出"写作之道""作文法则""文章精义""写作理论"等若干意见。其中，王运熙先生的意见较有代表性，王先生早年认为《文心雕龙》是文学理论著作，后来觉得此说不妥，修正为"论述写作问题的作文法则"。笔者同意王先生的意见，因为《文心雕龙》全书论述写作问题，从写作哲学的"文源于道"开始，论述了写作的思想标准、艺术标准、创作原则、审美原则、创作技法、主体修养、作品鉴赏、文学自身的发展规律等直接与写作相关的内部原因；同时拓展到时代政治、学术思潮、帝王影响、习染得失、为文致用等有关写作的外部因素。同时，《文心雕龙》所谓的文学或文章，是杂文学，是杂文体，主要指的是应用文体。尽管古代应用文体带有明显的审美性和抒情性，比如陆机《文赋》等，这与西方应用文体截然不同；但是，《文心雕龙》对应用文体的研究，是以其发展先后与使用功能为主的，而不是以其审美特质为主要内容的。刘勰论述的二十篇文体论，分“原始以表末，释名以章义，选文以定篇，敷理以举统”四个部分来进行“论文叙笔，囿别区分”的工作，其主要指向，显然是在论述分体文学史及其创作得失，而不是文体美学论。因此，说《文心雕龙》不是文学理论著作，而是研究写作理论的著作，是站得住脚的。

又有研究者指出，《文心雕龙》所论述的“写作之道”，是以纯文学体裁为主的，是以《诗》《骚》传统为主的诗学理论、美学理论。这当然有一定道理，因为《文心雕龙》论述了不少以《诗》《骚》为文体代表的创作理论、审美理论、技法理论；但是，说《诗》《骚》传统代表了《文心雕龙》的文体论以及“写作之道”的文术论，是片面的。“文之枢纽”论五篇确立了儒家五经的核心地位及其在文学发展史上的思想标准与艺术标准，这就明确告诉我们，纯文学的《诗》与应用文体的《书》《礼》《易》《春秋》是并列的；《宗经》篇列出二十类源出五经的文体，只有“赋颂歌赞，则《诗》立其本”的四种是纯文学体裁，其余“论说辞序，则《易》统其首；诏策章奏，则《书》发其源”“铭诔箴祝，则《礼》总其端；纪传盟檄，则《春秋》为根”，主要是应用文体。“论文叙笔”部分的二十篇专论，尽管“文笔不分”，但是显然是以应用文体为主的，其主要的依据是刘勰是按照文体发展的历史先后顺序和功能大小顺序来安排文体顺序的，而不是范文澜先生所说的“先文后笔”“有韵无韵”的顺序。下篇创作论的二十篇，《神思》论述的是所有文体写作都要面临的思维问题，《体性》论述的是从所有文体、作品、时代、作家中归纳出来的风格类型问题，《风骨》论述的是“风骨”所产生的感染力、创作法并举相如《赋》与潘勖《文》为例证明之，《通变》论述的是共时的时代文风与历时的文学发展史，《定势》囊括若干体裁的“本采”风格，《情采》则通论“正采”的主张——这几篇最核心的创作原理论，都是论述的杂文体而不是纯文学体裁，而且应用文居于明显主要的部分。至于从《镕裁》到《总术》的十多篇，分别论述裁剪、声律、结构、修辞、修养、用典、措辞、正误、审美等若干具体写作的内外因素，仅有《比兴》《隐秀》为纯文学论，《声律》《丽辞》虽同属新兴骈文，也通用于纯文学和应用文体。而从《时序》到《程器》的“附论”部分，《时序》论述文学发展的政治影响、学术思潮等外部因素，《物色》论述文学写作的自然内容，《才略》褒贬数千年的一百多位作家作品，《知音》论述阅读鉴赏的态度与“六观”方法论，《程器》论述文武之瑕疵而主张“梓材”之目标——就更是泛论，并不专指纯文学体裁。

正是因为有这样的多样意见与丰富内容的存在，《文心雕龙》才在研究者心目中洋溢着迷人的魅力。仅仅以《序志》篇“文心雕龙”这一书名解析为例，目前最少就有十多种不同的说法，王运熙、周振甫、牟世金、黄霖、万琦等先生各自提出的意见，似乎都很有道理，都能自圆其说，又好像与刘勰本人的论述始终不相和谐一致，或不完整。

笔者以为，《文心雕龙》论述写作之道，其文学思想必然包含美学思想，美学思想是从属于文学思想的一个分支。原因如下：第一，前文已经说过，《文心雕龙》的文学概念，不是今天所谓的纯文学概念，而是杂文学观，其中与《诗》《骚》等纯文学体裁相关的理论，必然是论述美学思想较多的内容。第二，刘勰的写作哲学首先主张“文源于道”，因此提出“郁然有采”的形文、声文与“有心之器”的人文，都应该是文采华美的，顺此逻辑，这就必然使得后世文章充满了文采之美。第三，萌芽于先秦两汉而兴盛于魏晋南北朝时期重情尚美、尚丽尚艳的时代风气、文学创作实践以及文学理论的发展，必然为《文心雕龙》自身崇尚美丽精神的写作理论带来相对应的影响。第四，文采之美与时代风气，仅仅是《文心雕龙》论述的写作理论的一部分内容，而不是全部内容；在思想标准与艺术标准中，文采美与时代风气甚至只占了艺术标准的一部分，至于政治因素、主体修养、思维问题、文体理论、裁剪技法等内容，就不是美学问题。说写作包含美，写作体现美，写作传达美，是有道理的，但是美学问题只是文学问题中的一个部分，只是写作理论中的部分内容，这是没有疑义的。

上述七个方面关于《文心雕龙》思想归属及其渊源问题的研究成果，整体上呈现如下三个特点，或者说表现为三个难题：

其一，最大的特点是讨论深入而矛盾频现。这显示了《文心雕龙》研究的繁盛局面，以及研究的难度。没有其他任何古代文论再像《文心雕龙》这样百家争鸣，纷争迭出。

其二，关于《文心雕龙》思想的归属与渊源讨论，归属佛家、源出佛家的意见占据了主要比例，虽然这样的比例与“儒家主导”的事实严重地矛盾不符。其实，源出佛家的讨论，核心就集中在《梁书》传记、时代背景、《灭惑论》、结构体例、思想方法论与个别佛学语源这六个方面。可以说，佛学有可能对《文心雕龙》产生影响的所有的方方面面，都被研究者充分论证过了。这也是本章述评虽然主张“儒家主导”而必须将主要篇幅用于讨论佛学影响的原因。我们必须看到这样的事实：《文心雕龙》并不以佛学思想为主，研究者都能做出这样深刻全面、以外证内的研究，写出数以百计的论文，并在许多专著中对这些问题加以论述；而“儒家主导”尽管在实际上非常坚实，但在实证上却做得非常薄弱，并没有被发掘出来、阐释出来。而且，随着《文心雕龙》美学研究的后起与兴盛，这一缺少实证的现象越来越明显。所以，泛论《文心雕龙》以儒家思想为主导，但是看不到具体的研究成果，我们拿什么来与充分丰富的佛学影响诸说相抗衡，并让后学者肯定、确立儒家思想的主导地位呢？

其三，在分清《文心雕龙》文学思想与美学思想的不同之后，我们失望地发现：目前，学术界还没有《文心雕龙》到底具有什么样的文学思想或到底具有什么样的美学思想的明确意见或论述。前代的研究者只对《文心雕龙》论述的文学、美学现象或观点进行对应性的分析，并没有明确的、总结性质的、统摄性质的文学美学思想理论主张提出来。因为没有中轴与主线，以至于许多问题常常混淆不清，在点与面的论述上相互扯皮，没有办法拓展到立体整合的维度上去。《文心雕龙》论述写作之道，论述哲学理论、文学理论、美学理论，显然不可能一盘散沙地只在点与面上进行。诸家皆说《文心雕龙》“体大虑周”“体大思精”，那么，组织这些“体”“虑”“思”，吸附这些哲学、文学、美学理论的中轴主线，究竟是什么主张呢？

笔者以为，解决这三个难题的最好办法，是回到《文心雕龙》本身，去分析书中自有的论述。这个思路看似烦琐，其实是回答《文心雕龙》思想渊源与理论主线的最好办法。

第二章　《文心雕龙》诸子思想述略

笔者采用“分家”区别的方法，对《文心雕龙》涉及的主要诸家学术思想与刘勰对这些学术思想的评价作一简单概述，仍以目前学术界所主张的儒家、道家、玄学、佛家、法家、兵家等为基本顺序。对于六朝文论或思想，因为刘勰写成《文心雕龙》是在齐、梁相交之际，故而陈代暂时忽略不计。笔者以为，不做这样的交代，前面所留下来的三个问题，均无法得到圆满解答。

第一节　儒家思想：宗经征圣，独尊于此

杨明照、王运熙等先生论及此题，以为《文心雕龙》中是比较纯粹的儒家思想。他们的意见，主要是针对刘勰思想主导归属儒家而发，符合刘勰自己的论述。问题在于，这些纯粹的儒家思想表现在哪里？除了先生们普遍举证的《序志》《征圣》《宗经》，也就是序言和枢纽论部分确立儒家思想为主导之外，在文体论、创作论、附论①部分是否也是尊崇儒家并以之为主导？

---

① 关于《文心雕龙》五十篇的体系结构，各家分类并不一致，对有些篇目的归属迄今争论仍存。范文澜、杨明照、王运熙、周振甫、杜黎均、祖保泉、夏志厚等先生各出所见。笔者采纳的是王运熙先生归纳的意见。

儒家思想在书中的体现，是需要专门论述才可能讲清楚的问题。《文心雕龙》对儒家的推崇，贯穿全书，褒赞之情，无以复加。仅以书中直接论“儒”之意见为例：

《郊诗》联章以积句，《儒行》缛说以繁辞，此博文以该情也。(《征圣》)

通儒讨核，谓起哀平；东序秘宝，朱紫乱矣！(《正纬》)

王逸以为：“诗人提耳，屈原婉顺。《离骚》之文，依经立义。驷虬乘翳，则时乘六龙；昆仑流沙，则《禹贡》敷土。名儒辞赋，莫不拟其仪表，所谓金相玉质，百世无匹者也。”(《辨骚》)

暨武帝崇礼，始立乐府，总赵代之音，撮齐楚之气，延年以曼声协律，朱马以骚体制歌。《桂华》杂曲，丽而不经；《赤雁》群篇，靡而非典。河间荐雅而罕御，故汲黯致讥于《天马》也。(《乐府》)

汉之群祀，肃其旨礼，既总硕儒之议，亦参方士之术。所以秘祝移过，异于成汤之心；侲子驱疫，同乎越巫之祝：礼失之渐也。(《祝盟》)

唯《七厉》叙贤，归以儒道；虽文非拔群，而意实卓尔矣。(《杂文》)

及班固述《汉》，因循前业，观史迁之辞，思实过半。其十志该富，赞序弘丽，儒雅彬彬，信有遗味。(《史传》)

孟轲膺儒以磬折。(《诸子》)

观文景以前，诏体浮杂；武帝崇儒，选言弘奥。策封三王，文同训典；劝戒渊雅，垂范后代。(《诏策》)

自汉以来，奏事或称上疏；儒雅继踵，殊采可观。(《奏启》)

观孔光之奏董贤，则实其奸回；路粹之奏孔融，则诬其衅恶：名儒之与险士，固殊心焉。(《奏启》)

墨翟非儒，目以豕彘；孟轲讥墨，比诸禽兽。(《奏启》)

是以立范运衡，宜明体要。必使理有典刑，辞有风轨；总法家之裁，秉儒家之文。(《奏启》)

及后汉鲁丕，辞气质素，以儒雅中策，独入高第。(《议对》)

典雅者，镕式经诰，方轨儒门者也。(《体性》)

若篇中乏隐，等宿儒之无学，或一叩而语穷；句间鲜秀，如巨室之少珍，若百诘而色沮：斯并不足于才思，而亦有愧于文辞矣。(《隐秀》)

爰至有汉，运接燔书；高祖尚武，戏儒简学。虽礼律草创，《诗》《书》未遑，然《大风》《鸿鹄》之歌，亦天纵之英作也。施及孝惠，迄于文景，经术颇兴，而辞人勿用：贾谊抑而邹、枚沉，亦可知已。(《时序》)

逮孝武崇儒，润色鸿业；礼乐争辉，辞藻竞骛：柏梁展朝宴之诗，金堤制恤民之咏；征枚乘以蒲轮，申主父以鼎食；擢公孙之对策，叹兒宽之拟奏；买臣负薪而衣锦，相如涤器而被绣。于是史迁、寿王之徒，严、终、枚皋之属，应对固无方，篇章亦不匮：遗风余采，莫与比盛。(《时序》)

及明、章叠耀，崇爱儒术；肄礼璧堂，讲文虎观。孟坚珥笔于国史，贾逵给札于瑞颂；东平擅其懿文，沛王振其通论：帝则藩仪，辉光相照矣。(《时序》)

自和、安以下，迄至顺、桓，则有班、傅、三崔，王、马、张、蔡。磊落鸿儒，才不时乏；而文章之选，存而不论。然中兴之后，群才稍改前辙：华实所附，斟酌经辞，盖历政讲聚，故渐靡儒风者也。(《时序》)

逮晋宣始基，景、文克构，并迹沉儒雅，而务深方术。(《时序》)

荀况学宗，而象物名赋；文质相称，固巨儒之情也。(《才略》)

仲舒专儒，子长纯史，而丽缛成文，亦诗人之告哀焉。(《才略》)

马融鸿儒，思洽识高，吐纳经范，华实相扶。(《才略》)

然子夏无亏于名儒，浚冲不尘乎竹林者，名崇而讥减也。(《程器》)

敷赞圣旨，莫若注经；而马、郑诸儒，弘之已精，就有深解，未足立家。(《序志》)

以上二十六条例证，共计二十六次论述到“儒”之不同含义，涉及刘勰对著名作家或学者、时代文风、著名作品、风格类型、诸子论战的评价，除了“墨翟非儒”条讲述事实，其余二十五条没有任何一处带有贬义。对伟大作家或学者，刘勰称之为“名儒”“硕儒”“鸿儒”“巨儒”“专儒”“宿儒”，崇敬之情深溢于言表。对历时的文学发展，尤其是断代文风，刘勰指出，凡是崇儒尊儒、儒道兴盛的时代，其文学发展就繁荣昌盛，如汉武帝时代；凡是贬儒抑儒、儒道不兴的时代，文学发展就沉寂混乱，如秦代与汉高祖时代。儒学是否兴盛，本来是统治者选取的治国策略在文化事业、学术思潮上的反映，刘勰洞察到儒学与文学发展之间的这层深刻的关系，而不是仅仅从审美、创作、技法角度来看待文学的发展，一方面说明他有敏锐深刻的分析能力、洞察能力，另一方面，不得不说是因为对儒家思想的尊崇学习，使他走在了以儒学立其文论根本的道路上。

上述例证，还仅仅是带有“儒”这一术语的举证。笔者曾耗费大量时间与精力，对全书中涉及儒家的内容进行了详细搜集与梳理，发现如果算上对古代圣贤，诸如黄帝、尧舜、文王、周公、孔子等人物及其言论的评价，以及对儒家经典文献的评价——对“圣”与“经”的评价——那么，儒家“圣”“言”“经”“论”在《文心雕龙》中累计被论述、征引了八百七十次以上！如此，整个一部《文心雕龙》，从前到后的五十篇，从哲学、文学、美学理论一脉而下得出的主导思想，从体例结构、枝干章句乃至用词，在细胞、神髓、骨骼、脉络、血肉体貌等各个层面上来看，儒家思想是占据绝对主导地位的。这是事实俱在的定论，也是刘勰以儒家思想为指导进行《文心雕龙》写作的本意所在，毋庸置疑。

特别需要指出的是，对孔子、孟子所称颂的商周文学，刘勰论述了五十二次之多，加上对上古三代与夏代文学的评价，全书对春秋战国以前的文学论述合计有九十七处之多，相对集中于枢纽论和文体论部分。这些论述，仅有极个别略有微词，如《诸子》论夸饰，而绝大多数是赞美的评价。因为这些文学作品是由先贤创作或是在先贤统治下创作的，遂由征圣而赞文，爱屋而及乌。

从《文心雕龙》全书的论述来看，除了思想倾向，在具体的文学写作问题上，儒家的主导影响主要体现在以下两个方面：

第一，确立了征圣宗经的基本思想，主要是主张复古宗经的文学经典意识，在评价纬骚、论述文体、创作审美、执术驭篇、文学新变、写作习染、学术思潮等若干问题上，刘勰的基本主张就是“典诰之体”“还宗经诰”“镕铸经典”“必先雅制”“武帝崇儒”，以儒家五经为其主要的雅正思想标准与审美艺术标准。

第二，提出了“圣文雅丽，衔华佩实”的儒家经典的整体风格特点，并以“雅丽”为贯通全书的文学思想主张。这一主张包含这样的几个构成因素：

一是华实相符的华丽文采与充实内容的和谐统一，即文学形式与内容的完美和谐，达到文质彬彬的状态。

二是既雅且丽的风格特征，包含了雅正为主的尚雅主张与五经含文的尚丽因素，是儒家文论雅正为主，兼及美丽的结合。

三是从五经源于“自然之道”出发，经典是文采郁然的“人文”，这就从哲学依据上格外突出了五经的尚丽华美特点，这主要是取法了道家文论尚美尚丽主张的结合产物。

四是伴随《文心雕龙》宗经的经典意识，在枢纽论中确立的“雅丽”主张，必然将影响到从五经流出的若干文体的创作与审美，对于文体论的“论文叙笔”、创作论的“执术驭篇”、附论部分的“知音”鉴赏等理论产生贯通性的影响。

五是“雅丽”主张既尚雅又尚丽，刘勰顺此提出雅言、雅体、雅制、雅篇、正采、正式、执正驭奇、尚雅贬俗等若干为文之术，又提出丽辞、辩丽、奇文、伟辞、壮丽、绮丽、艳丽等文体审美评价或时代文风评价，是创作宗经的规范要求与文学发展的审美因素的结合产物。

笔者认为，既雅且丽的这一主张，显然带有折中儒、道的意味与明显的史学意识。儒家尚雅尚正，是为公认；道家讲美讲妙，人尽皆知。先秦诸子中，第一个大肆谈美论丽的人是道家的庄子；其后儒家的荀子折中儒、道、兵、法数家，一改孔孟古板的面孔，大力宣扬情性、美丽、法术之说。两汉以来，以《淮南子》为代表的道家继续讲美论丽，以扬雄、王充、曹丕为代表的儒家人物也继续在尚雅基础上极尽尚美尚丽之能事。这样看来，《文心雕龙》“圣文雅丽”文学观念的得来，既有“文源于道，郁然有采”的哲学依据，也有儒家尚雅尚正的一贯主张，同时将儒、道两家谈美论丽的若干思想折中于内，并从历史发展的角度加以继承，然后贯通运用于《文心雕龙》全书之中，表现为哲学规律、经典意识、折中思维与史学意识的完美结合。“雅丽”主张，是《文心雕龙》一以贯之的文学思想。

从具体的评价运用中，我们可以得到这样的具体支持：刘勰主张“雅丽”思想之后，评价纬书，是“无益经典，而有助文章”，丽而不经；评价楚辞，是“取镕《经》旨，自铸伟辞”，主张“酌奇而不失其贞，玩华而不坠其实”的执正驭奇与华实相符；评价诗歌是“四言正体，则雅润为本；五言流调，则清丽居宗”，主张“华实异用，唯才所安”；评价乐府是“《韶》响难追，郑声易启”，带有明显的尚雅贬俗的正统儒家诗乐观念；评价辞赋的“大体”是“情以物兴，故义必明雅；物以情观，故词必巧丽”，主张“丽词雅义，符采相胜”，提出“风归丽则”的雅丽创作观；评价“风骨”主张“确乎正式”，“篇体光华”，论述“情采”主张文质相谐，“正采”彬彬；论述风格主张会通“八体”，“得其环中”，“雅丽黼黻”；论述文学发展史则以“商周丽而雅”为其中轴，之前尚质，其后偏文；论述修辞技法之《比兴》《夸饰》时，皆以《诗》之“比显兴隐”“夸而有节”为范，对辞赋用比忘兴、夸饰无度加以规讽，照应“丽词雅义”之说；论述物色动人的描写时，对“诗人丽则，辞人丽淫”加以区分，复述“风归丽则”之旨。上述所及，是从枢纽论、文体论、创作论直到附论的明显例子，可见尚雅尚正与尚丽尚美的观念不仅贯通全书，而且是主导全书的文论思想。从理论特征强烈的《宗经》“六义”说与《知音》“六观”论，一首一尾，同样可以看出这是“雅丽”思想在审美、创作、鉴赏领域内的具体体现。

上述所及，是儒家思想与儒家文艺美学思想在《文心雕龙》中占据主导地位的最基本分析，关于这一主导地位与文学思想的具体论述，将是本书的主要内容。

第二节　道家思想：文源于道，有褒有贬

当然，紧紧盯住儒家不放，而不去谈论其他各家，显然是无法全面衡量出刘勰是否以儒学为主导的。《文心雕龙》中对道家思想的借鉴运用同样非常多；整体上看，有褒有贬，褒多于贬，但就是在褒赞运用道家思想的地方，也会归结到儒家思想上去，即采用折中儒、道的态度，这与独尊儒学的鲜明态度有极大差异。《文心雕龙》的道家思想，体现在如下四个方面。

第一，是对道家思想的吸收运用，并将其置于贯通全书的理论地位。经查，《文心雕龙》全书论“道”共计四十一处，完全是建立在道家之“道”的基础之上的。刘勰笔下的“道”，主要

指的是自然规律、政治策略、写作方法、诸子学说等内容，属于泛指，不是专指。这与老子用“道”专指自然规律不一样，而与庄子用“道”泛指事物规律、方法策略、各家学说极为近似。顺“道”而论“德”，是道家，尤其是庄子的重要哲学理念，刘勰论述“文之为德也大矣”，所提出的“文学大德”之说，显然是取法于庄子论“道”而生的“德”论观念的。因此，前人关于刘勰思想取法自道家，以及赞同葛洪“道家为体，儒家为用”的说法，是有一定道理的。

第二，最基本的核心理论，道家居于《文心雕龙》文论框架的重要地位。这样的框架地位，来自《文心雕龙》的内证。《原道》之“道”来自道家老庄哲学思想而受到《淮南子》的部分影响，“自然”美贯通全书并高于人工修饰之美，《神思》论本源于庄子“虚静”“心斋”“言意之辨”诸说（近代则以陆机思维理论为基础），《养气》论本于老庄“清静无为”“存身之道”“纯气之守”与葛洪《抱朴子》养生理论等。上述核心理论中：

首先，《原道》篇是整个《文心雕龙》结构体系与文学理论的哲学基点。因为文源于道，圣人则之，化成经典，刘勰取儒家为用，提出“雅丽”的基本文学思想，五篇枢纽论于是成立。然后因经典而生百体，这才会自然引出占据二十篇之多的文体论；总其归途，则后世百体文章皆出于“自然之道”，这是从本源来看的，是统摄在《原道》这一哲学思想之内的。这样，上篇二十五篇自然生成。从下篇来看，因为“文源于道”，所以“郁然有采”，这个观点贯穿全书，尤其是成为下篇论风格、立风骨、述通变、谈定势、论情采、设隐秀、看物色、辨声律、晓情变等一系列尚丽尚美专题理论的基本哲学依据。没有“文源于道”的哲学依据以及“郁然有采”的尚丽基础，上述有关文采、风格、美文、修辞、技法的若干立论将无法成立。

其次，研究者一直认同《神思》篇居于全书下半部分创作论之首，统摄下篇文术理论。《文心雕龙》下篇的核心是在崇美尚丽与尚法论术，所以，有关修辞语言、技法修养、声律比兴等问题，都是归于《神思》统一的。笔者经过反复论证与查实，《神思》篇的基本理论是主要出自道家，尤其是庄子思想的。《神思》除了引用《庄子》一书“江海魏阙”“疏瀹澡雪”“言意之辨”“轮扁语斤”的原文或典故，还借庄子“心斋”“虚静”“心性”之说为直接论点，同时以陆机写作思维理论、写作迟速与真实感受、作家外在内在修养为辅助论点来论述。篇中虽有“研阅穷照”“酌理富才”“博而能一”等观点带有明显儒家思想的意味，但是两相对照，《神思》篇以道家思想为主，是可以成立的。

再次，上篇《原道》统摄全书，下篇《神思》统摄创作，加上《养气》一说纯属道家的精神心理修养理论，从哲学思想的高度到具体写作实践的操作，从思维理论的论述到养气思想的阐释，从“自然会妙”“自然之势”的论述到“人禀七情，应感斯物”的“物感”理论，道家思想也是贯穿全书的。其核心有三个：一是哲学基础，即文学的尚丽本质；二是思维之论，即写作的根本问题；三是修养之术，这是写作文章的保证。这样，修养—写作—文采，全线贯通。

最后，道家文论讲美讲妙也讲丽，这是与其主张自然、重视心性、关注规律的哲学主张相关联的。《老子》虽不论丽，但是论美很多，尤其是“信言不美，美言不信”一说影响很大；到《庄子》大肆谈论“道德美妙”，同时开启了文论史上的“尚丽”

主张;《淮南子》顺应而下,与“道德美妙”相随,“丽”论丰富,也是这个路子。儒家文论中,孔子论“美善绘素”,孟子论美谈中,都不及“丽”;到荀子才开启儒家大力论美谈丽的先河,两汉扬雄、王充、班固,曹魏曹丕则极力主张为文之“丽”。所以,《文心雕龙》雅丽文学思想之“丽”,当然有先秦两汉儒家尚美尚丽的渊源,但是道家开启的论丽传统,不应该被忽略。刘勰取法“自然之道”提出的人文有采一说,主要就是在道家哲学思想中寻找文学尚丽的理论依据。这种折中儒、道的思维方法,在儒家经典《周易》中就已经体现了出来。在五经之中,《周易》内容驳杂,“《易》惟谈天”,幽深玄虚,绝非传统儒家所独有,从其主要内容来看,儒、道结合的特征表现得非常明显。学界一向主张《周易》是《文心雕龙》重要的理论来源,甚至一度认为是其理论之本,但是《周易》折中儒、道的特点并没有引起讨论重视,那么,《文心雕龙》折中儒、道的特点也没有被揭示出来。这是必须要加以说明的。

第三,尽管从哲学到写作到美文,道家思想都有最直接的影响,但刘勰对道家思想是有褒有贬、褒贬分明的,这与其独尊儒家的褒赞态度截然不同。以下是《文心雕龙》论述道家老、庄两位先圣的例子,可见一斑:

宋初文咏,体有因革。庄老告退,而山水方滋。(《明诗》)

及伯阳识礼,而仲尼访问;爰序道德,以冠百氏。然则鬻惟文友,李实孔师;圣贤并世,而经子异流矣。(《诸子》)

庄周述道以翱翔。(《诸子》)

庄周《齐物》,以论为名。(《论说》)

迄至正始，务欲守文；何晏之徒，始盛玄论。于是聃、周当路，与尼父争涂矣。(《论说》)

《孝经》垂典，丧言不文；故知君子常言，未尝质也。老子疾伪，故称美言不信；而五千精妙，则非弃美矣。庄周云“辩雕万物”，谓藻饰也。韩非云“艳乎辩说”，谓绮丽也。绮丽以艳说，藻饰以辩雕，文辞之变，于斯极矣。研味《孝》《老》，则知文质附乎性情；详览《庄》《韩》，则见华实过乎淫侈。若择源于泾渭之流，按辔于邪正之路，亦可以驭文采矣。(《情采》)

自中朝贵玄，江左称盛；因谈余气，流成文体。是以世极迍邅，而辞意夷泰；诗必柱下之旨归，赋乃漆园之义疏。(《时序》)

然而俗监之迷者，深废浅售，此庄周所以笑《折杨》，宋玉所以伤《白雪》也。(《知音》)

上述举证说明：

首先，从征引数量上来说，直接论述道家二圣的仅区区八处，与论述儒家先圣动辄数十上百处反差大。孰轻孰重，一目了然，而且褒贬分明。

其次，刘勰尊重“伯阳识礼，而仲尼访问”的事实，承认“李实孔师”，孔子思想有老子的影响在内，又认为《老子》一书“文质附乎性情”，因而对老子以赞美为主；反之，认为《庄子》“华实过乎淫侈”，且书中数十次攻击戏谑孔子，反复责难辱骂儒家仁义礼乐与治国治民的政教思想，故而对庄子以批评态度为主。刘勰对庄子的全部论述，加上征引《庄子》，褒贬各半，倾向于贬。最明显的体现是在论述玄学文风的兴盛冲击了儒学独尊的局面这个问题上，刘勰把主要责任推在庄子头上，说他的虚无潇洒主义惹了祸。在儒、道相争的选择上，刘勰是毫不犹豫地倾向儒家，而批评道家的。

第四，离开老、庄显学，刘勰对同属道家的其他学者或著作也有所关注。主要体现有两点：其一是命名《文心雕龙》，向道家取材。在“文心”书名来源的论述上，谈到了“涓子《琴心》，王孙《巧心》，心哉美矣，故用之焉”。黄侃先生说涓子又名环渊，是老子的学生。如此，《琴心》当属道家。刘勰认为涓子和王孙子所写的书以“心”为名，起得非常好，所以他写的这部书，就取法二人，也以“心”为名。因为是论述文章写作的良苦用心的，所以叫作“文心”。据此可知“文心”书名之所出，一本于道家，一本于儒家，是集合儒、道两家优秀作品的书名而成的。这实际上暗示读者，不仅书名如此，书中论述的“为文之用心”，也是集合儒家思想与道家思想，并以之为主要思想来源的。同时，刘勰自己的论述还否定了“文心”命名模拟佛经之“心”的臆测。其二是对道家诸子有褒有贬。《诸子》篇论《列子》与《淮南子》的内容时说“《列子》有移山跨海之谈，《淮南》有倾天折地之说”，这是贬其虚诞与夸张；又有“列御寇之书，气伟而采奇”“吕氏鉴远而体周，淮南泛采而文丽”等语，这是褒其风格之美。从审美角度来看，褒赞更多。这表明了刘勰全面公正的批评观念与批评态度。

综合前述，可以看出刘勰的文学思想是主要吸收儒家思想与道家思想，并折中而成的。折中的结果，是以儒家为主导地位。这个折中儒、道的体系，有如下几个特点：

第一，折中儒、道，体现出“道家为体，儒家为用”的特点。葛洪《抱朴子》在论述儒、道两家关系时，曾站在道家立场上提出“道家为本，儒家为末”的说法。刘勰《文心雕龙》一书，从整体的思想构成来看，是以道家思想为哲学依据而以儒家思想为主导理论的，是“道体儒用”的集中体现。但这个“体”，主要的意义在于为“用”找理论外衣。刘勰主张的是“衔华佩实”的雅丽文学思想，如何为相对缺乏“丽”这一因素的儒家五经找到一个尚丽的哲学依据，并以“雅丽”“正采”为主要美学追求来论述文体与创作？刘勰将这个基点放在道家崇尚“自然”的理论之上，提出“郁然有采”的万物属性。于是，源于自然的文学作品，找到了尚丽的哲学依据。

第二，《文心雕龙》从《原道》《神思》《隐秀》《养气》到《物色》，主要是在道家思想的影响下写作的。《原道》统领了全书的文学发生理论主张，《神思》统领了下篇的文学技法论，《隐秀》要求限制文丽，《养气》主张静以修身。贯穿了主体修养、“务盈守气”、“文源于道”、“言隐荣华”的哲学、文学、美学理论与“自然之道”的创作方法。不过，上述诸篇有个共同的特征，就是先以道家思想为出发点，然后加以儒家思想，合论而成。比如《原道》一篇，当提出人文产生之后，就以儒家诸圣为核心来论述文学的发展过程；《神思》篇解决思维之难的药方，主要是儒家的学习修养理论；《隐秀》篇主张“言隐荣华”，而主要以汉代京房《易》学“飞伏”说为立论方法；《养气》论述修养问题，并非独善其身，而是指向更好地为文致用。上述明显体现了道家思想的篇章在数量上是少数，其中已有很多的儒家思想；而那些主要阐释儒家思想的篇章占大多数，其中则少见或不见道家思想的影响，比如《征圣》《宗经》《正纬》《风骨》《通变》《定势》《程器》《序志》等篇。这就说明，刘勰在立论时采用的是折中儒、道的策略，而在确立了哲学依据或理论框架之后，则是以儒家为核心为主导的。

第三，折中儒、道还体现在论道尚用、内外统一的特点上。《庄子》论“虚静”，常常与阴阳、动静、刚柔等对立范畴合起来论述。可见，道家注重内在的修养和曲柔的处世哲学，对阴柔、内隐、不露、养气更为重视；儒家主张外向的致用策略与功能原则，对刚健、中正、外露、经世更为重视。儒、道两家一内一外，相互补充；一静一动，化合用之；一张一弛，趋向和谐。同时，儒、道两家都主张学习，儒家主张外在的学习来化内，道家主张内在学习来体外。显然，对于文学艺术来说，感悟创作之道、体会内在修为与学习写作技法、博观精约历代作家作品，这两方面是必须结合起来进行的。对于这样的“内美与修能”，刘勰的认识是很清楚的，他的基本修养主张是内外统一，包括技艺的内化与文术的外化两个阶段。《体性》篇认为文学的发生是“因内符外，沿隐至显”的由内到外的过程；《夸饰》篇提出“形而上者谓之道，形而下者谓之器”的自然规律与文本创作的关系；以及《文心雕龙》全书所提出的若干文体纲领、大要，所提出的许多文术技法、学习理论，所提出的许多习染原则、修养要求，这些东西有内又有外，内外统一，都有一个“内化感悟—外化运用”的过程。这个过程，是内外统一，相互促进的。

第三节 魏晋玄学：才性为优，批评为主

大盛于魏晋六朝之玄学，前期是引老、庄而说儒经，后期是儒、道、佛三教合一而以道、佛为主，儒学在六朝相对式微。因此，玄言诗、论说体等反映这一学术思潮、体现诸子争鸣现象的文体大兴。刘勰在正视这一思潮对文学创作影响巨大的同时，对玄学思想及其作家作品，是持批评态度的：

乃正始明道，诗杂仙心；何晏之徒，率多浮浅。(《明诗》)

江左篇制，溺乎玄风，嗤笑徇务之志，崇盛忘机之谈，袁孙已下，虽各有雕采，而辞趣一揆，莫与争雄，所以景纯《仙》篇，挺拔而为俊矣。(《明诗》)

迄至正始，务欲守文；何晏之徒，始盛玄论。于是聃、周当路，与尼父争涂矣。(《论说》)

逮江左群谈，惟玄是务；虽有日新，而多抽前绪矣。(《论说》)

远奥者，馥采典文，经理玄宗者也。(《体性》)

于时正始余风，篇体轻澹；而嵇、阮、应、缪，并驰文路矣。(《时序》)

简文勃兴，渊乎清峻。微言精理，亟满玄席；澹思浓采，时洒文囿。(《时序》)

自中朝贵玄，江左称盛；因谈余气，流成文体。是以世极迍邅，而辞意夷泰；诗必柱下之旨归，赋乃漆园之义疏。(《时序》)

《文心雕龙》全书八次论述到玄学作家、作品或时代文风，无一不是贬义，指斥之甚，不能再低。笔者认同“玄学思想对刘勰有影响”的前代研究成果，仅指出一点：刘勰思想的取法主体，并不是玄学思想。因此，认为刘勰《原道》之“道”是“越名教而任自然”之“道”，或者认为刘勰前后期思想一致，在写作《灭惑论》与《文心雕龙》时均是以“三教合一”思想为指导，这两种说法是不能成立的。

第四节　佛学思想：偶尔提及，并非主流

佛学自东汉传入中土以后，经历了由民间传播到结合政权的历程。历经数百年时间，在六朝时极为兴盛。刘勰生活的齐、梁时代，王公贵族、帝王将相不谈佛学者极少。在佛学如此兴盛的背景下，加上刘勰写作《文心雕龙》之前就已经投身定林寺，依附当时名僧僧祐，并在那里完成该书的写作；并且《梁书》《南史》之《文学列传》都谈到刘勰“博通经论”“为文长于佛理”等特点，研究者往往据此来阐释《文心雕龙》的佛学思想。但是《文心雕龙》书中极少佛教用语，范文澜、刘永济、杨明照、王运熙、周振甫等先生只谈到《论说》篇“般若”与“圆通”二语：

> 然滞有者，全系于形用；贵无者，专守于寂寥。徒锐偏解，莫诣正理；动极神源，其般若之绝境乎？（《论说》）
>
> 故其义贵圆通，辞忌枝碎，必使心与理合，弥缝莫见其隙；辞共心密，敌人不知所乘：斯其要也。（《论说》）

这两条中的“般若”“圆通”，是诸家公认的《文心雕龙》佛教术语。既然佛教术语运用如此之少，论述的问题又不是《文心雕龙》的主要哲学、文学或美学内容，当然无法据此得出佛学思想影响《文心雕龙》很大的结论。我们只能说刘勰借鉴了极少的佛学术语或佛学思想来阐释自己的理论见解。

部分研究者则以此为中心，扩大了佛学思想在《文心雕龙》书中的术语运用与理论比重，甚至有佛学思想无处不在之论。因为“般若”仅见一次，而以“圆”为核心，拓展到全书，可以找到许多与“圆”相关的论述，得以下例证：

> 夫玄黄色杂，方圆体分。(《原道》)
>
> 自商暨周，《雅》《颂》圆备，四始彪炳，六义环深。(《明诗》)
>
> 然诗有恒裁，思无定位，随性适分，鲜能圆通。(《明诗》)
>
> 夫文小易周，思闲可赡，足使义明而词净，事圆而音泽，磊磊自转，可称珠耳。(《杂文》)
>
> 观《剧秦》为文，影写长卿，诡言遁辞，故兼包神怪；然骨掣靡密，辞贯圆通，自称极思，无遗力矣。(《封禅》)
>
> 故童子雕琢，必先雅制；沿根讨叶，思转自圆。(《体性》)
>
> 若骨采未圆，风辞未练，而跨略旧规，驰骛新作，虽获巧意，危败亦多。(《风骨》)
>
> 圆者规体，其势也自转；方者矩形，其势也自安：文章体势，如斯而已。(《定势》)
>
> 绳墨以外，美材既斫，故能首尾圆合，条贯统序。(《镕裁》)
>
> 必使理圆事密，联璧其章；迭用奇偶，节以杂佩：乃其

贵耳。(《丽辞》)

诗人比兴，触物圆览。(《比兴》)

故互体变爻，而化成四象；珠玉潜水，而澜表方圆。(《隐秀》)

古来文才，异世争驱，或逸才以爽迅，或精思以纤密；而虑动难圆，鲜无瑕病。(《指瑕》)

自非圆鉴区域，大判条例，岂能控引情源，制胜文苑哉？(《总术》)

夫篇章杂沓，质文交加；知多偏好，人莫圆该。(《知音》)

凡操千曲而后晓声，观千剑而后识器。故圆照之象，务先博观。(《知音》)

全书中带有“圆”这一术语的例证，共计十六条。研究者认为既然“圆通”是佛教用语，那么这些“圆”的运用也是受佛学思想影响，是精通佛典的刘勰借以论文的例子。其实，这个说法是经不起推敲的。上述例证中，“圆”之含义为方圆、规矩、法度之用法不在少数，含义为周全、完备、全面之用法亦不在少数。因为中国文化从古以来就追求“圆满”“圆周”“圆通”甚至“圆滑”，这种追求当然不是佛典影响的结果。仅举《孙子兵法》与《庄子》两书中对“圆”的运用为例证明之。《孙子兵法》中论述兵势时以“圆”为喻，形象具体：

纷纷纭纭，斗乱而不可乱；浑浑沌沌，形圆而不可败。(《兵势篇》)

木石之性，安则静，危则动，方则止，圆则行。故善战

人之势，如转圆石于千仞之山者，势也。(《兵势篇》)

同篇又以“圆”之同义词汇“环”来论述兵势：

战势不过奇正，奇正之变，不可胜穷也。奇正相生，如循环之无端，孰能穷之！(《兵势篇》)

《庄子》书中对“圆”的论述则显然更为普遍与多义：

夫大道不称，大辩不言，大仁不仁，大廉不嗛，大勇不忮。道昭而不道，言辩而不及，仁常而不成，廉清而不信，勇忮而不成。五者圆而几向方矣。故知止其所不知，至矣。孰知不言之辩，不道之道？若有能知，此之谓天府。(《齐物论》)

常然者，曲者不以钩，直者不以绳，圆者不以规，方者不以矩，附离不以胶漆，约束不以纆索。(《骈拇》)

陶者曰：“我善治埴，圆者中规，方者中矩。”(《马蹄》)

今彼神明至精，与彼百化，物已死生方圆，莫知其根也，扁然而万物，自古以固存。(《知北游》)

吾相马，直者中绳，曲者中钩，方者中矩，圆者中规，是国马也，而未若天下马也。(《徐无鬼》)

君曰：“渔何得？”对曰：“且之网得白龟焉，其圆五尺。”(《外物》)

若是若非，执而圆机；独成而意，与道徘徊。(《盗跖》)

上法圆天，以顺三光；下法方地，以顺四时；中和民

意，以安四乡。(《说剑》)

矩不方，规不可以为圆，凿不围枘。(《天下》)

上述例证以“方圆”义为主，这是“圆”之本义，又衍生出了“圆周”“圆机”“圆通”“圆备”等含义。古籍中的这些含义，完全有可能进入翻译后的佛经，更有可能是刘勰直接取法的地方。不仅如此，《庄子》中也以“环”论述“圆通”“圆备”之义：

彼是莫得其偶，谓之道枢。枢始得其环中，以应无穷。是亦一无穷，非亦一无穷也。故曰莫若以明。(《齐物论》)

冉相氏得其环中以随成，与物无终无始，无几无时。(《则阳》)

“得其环中”一说，显然是《体性》篇论述风格习染“得其环中”的本源所在。《体性》论曰：

夫才有天资，学慎始习。斫梓染丝，功在初化；器成彩定，难可翻移。故童子雕琢，必先雅制；沿根讨叶，思转自圆。八体虽殊，会通合数；得其环中，则辐辏相成。故宜摹体以定习，因性以练才：文之司南，用此道也。

本段是刘勰在论述“因内符外”的情性风格论之后，指出作文之道与风格习染的重要意义，风格虽然有八种基本类型，但是只要能够“会通合数”，就可以得到居于车轮正中间的“典雅”文风。“得其环中”不仅是庄子“中道”观念的产物，也是刘勰借以论文的道家语源。《文心雕龙》以下例证中对“环”的使用，是明显与“圆”同义的论述：

> 穷高以树表，极远以启疆，所以百家腾跃，终入环内者也。(《宗经》)
>
> 自商暨周，《雅》《颂》圆备，四始彪炳，六义环深。(《明诗》)
>
> 斯并鸿裁之寰域，雅文之枢辖也。(《诠赋》)
>
> 扬雄《解嘲》，杂以谐谑，回环自释，颇亦为工。(《杂文》)
>
> 思不环周，索莫乏气，则无风之验也。(《风骨》)
>
> 夫夸张声貌，则汉初已极。自兹厥后，循环相因，虽轩翥出辙，而终入笼内。(《通变》)
>
> 其控引情理，送迎际会：譬舞容回环，而有缀兆之位；歌声靡曼，而有抗坠之节也。(《章句》)
>
> 按辔文雅之场，环络藻绘之府。(《序志》)

上述用“环”论文的例子，主要取法于圆周、周全、完备、完整、循环之义。“圆”“环”是刘勰《文心雕龙》使用频率非常高的术语，其含义主要是对先秦典籍中这些术语含义的继承与拓展。同样，与“圆”“环”同义或者近义的若干术语，比如“周”“完”等，其指向均为论述文学各方面问题的充分完整；进一步，又指向中和之美与执中的思维方法论。“圆”因为频见于佛典而被误以为《文心雕龙》的佛学语源，而这些术语主要不是频繁出现在佛典之中，故不赘述。我们至少可以这样认识：“圆”

很早就在我国典籍中运用起来，佛典借此论述佛学精义，刘勰有向二者共同取法的用意，而以我国古代典籍为主要语源。所以，笔者不敢断定《文心雕龙》中所谓“圆照”“圆鉴”“圆该”“圆合”之属是否始自佛教语源。退一步说，即使这些术语果真出现在佛典之中，也不能排除以下这种可能现象的存在，即佛典东渐之初，是由梵语直译过来的，故而明其义者渺渺；僧众反思之后，即采用意译之法，在尊重经典本意的前提下，用中国世俗语言翻译为大众都可以听懂看懂的“中国特色”的佛典，即进行了佛学教义中国化。在这个过程中，大量借鉴、使用了我们国家已有的语言文字术语乃至方言俗语。我们不能简单地说，一看见《文心雕龙》中带“圆”“慧”“智”“了”“因”“缘”“觉”“悟”等术语，就说它们源自佛典。正确的态度是：这些术语是否受到佛教影响，是否有佛学的含义，需要参看《文心雕龙》的论述，看刘勰是不是在用佛教理论来论述文学问题，而不能只因为刘勰用了来自佛典的术语就说他是在用佛教思想论文学，更不能因为他托身寺庙、博通经论、晚年出家，就断定《文心雕龙》有浓厚的佛教思想甚至是“以佛统儒”。比如“道”这一术语，于书中反复出现了四十一次之多，我们是不是也可以说刘勰是在“以道统儒”呢？当然不能，因为它们虽然出自道家，但是主要用于文学写作技法与规律的论述，并不能冲击独尊儒学的思想基础，这是结合语境具体分析得出的结果。一句话，既然是研究《文心雕龙》，就应该以《文心雕龙》本身的论述为准，以内证为准，而不是以脱离文本的外部原因，甚至是与文本毫无关联的外部原因为准。外证虽好，但只能是我们研究讨论《文心雕龙》的辅助材料或辅助观点。以外证统摄内证，以外证忽略内证，甚至以外证改变内证，是比附的、牵强的、错误的。更何况，有些外证本来就是研究者先入为主设定完成之后，再顺势推论得出的。比如有一篇论述《文心雕龙》数字运用的文章，首先就直接设定刘勰没有受到过儒家道家的影响，只谈佛家的影响，这样，《文心雕龙》书中的若干数字运用，就全部是佛典影响的结果，完全与儒、道典籍无关，其荒唐如此。而且，尤其在刘勰思想倾向这个问题上，这样的寻求外证、既定假设、牵强比附屡见不鲜。因此可以说：佛学思想仅仅是偶然出现在《文心雕龙》的观光客，谈不上是其主导思想。

第五节 法家思想：谈法论术，执术驭篇

法家思想及其治国策略，是促使秦国由弱变强灭掉六国的指导思想，然而物极必反，不能适度也是促使秦国迅速崩溃的客观原因之一。《文心雕龙》书中若干次谈论到“法家辞气”及其代表作家李斯等人，因此，法家思想对先秦文学，尤其是秦国文学，是产生了很大影响的。并且这种影响的余绪，一直延续到汉代文学，对汉代文学的兴盛起了积极作用。同时，刘勰的文学发展基本观点之一，是文学的“崇替”受时代政治思潮与帝王“在选”因素的影响，秦国文学是刘勰眼中文学不兴、质木无文的反面典型。因此，法家思想对刘勰是产生了一些影响的。其论如下：

魏之初霸，术兼名法。(《论说》)

秦皇铭岱，文自李斯；法家辞气，体乏弘润；然疏而能

壮，亦彼时之绝采也。(《封禅》)

秦始立奏，而法家少文。观王绾之奏勋德，辞质而义近；李斯之奏骊山，事略而意径：政无膏润，形于篇章矣。(《奏启》)

是以立范运衡，宜明体要。必使理有典刑，辞有风轨；总法家之裁，秉儒家之文。不畏强御，气流墨中；无纵诡随，声动简外：乃称绝席之雄，直方之举耳。(《奏启》)

及赵灵胡服，而季父争论；商鞅变法，而甘龙交辨：虽宪章无算，而同异足观。(《议对》)

申宪述兵，则有律、令、法、制。(《书记》)

律者，中也。黄钟调起，五音以正；法律驭民，八刑克平。以律为名，取中正也。令者，命也。出命申禁，有若自天；管仲下令如流水，使民从也。法者，象也。兵谋无方，而奇正有象，故曰法也。制者，裁也。上行于下，如匠之制器也。(《书记》)

在刘勰看来，法家依法治国，严明赏罚，等级森严，甚至严刑峻法，是一点都不可爱的。《诸子》篇说法家“申、商刀锯以制理”，“至如商、韩，‘六虱’‘五蠹’，弃孝废仁；轘药之祸，非虚至也”。在秦国历史上的著名法家人物，如商鞅、韩非、李斯等人，其下场都是死于非命；但他们都留下了思想著作或文学作品，其中以韩非在秦国时间最短而思想影响最大，李斯作品丰富多样而才学与成就最高。刘勰《文心雕龙》对李斯的评价非常之高，甚至按照《风骨》篇文学何以具有“风骨”的评价标准来看，全书仅有两人的作品符合刘勰设定的“风”“骨”兼备的标准：一个是郭璞，另一个就是李斯。最紧要的是，讲究秩序，追求法度，这是法家思想对刘勰的极大启示；这个启示，与刘勰受儒家礼乐制度的秩序法度影响，心中追求的文学发展“尚法”模式暗合。故而刘勰论文，时时以“法”为要：

自周命维新，姬公定法。(《史传》)

比尧称典，则位杂中贤；法孔题经，则文非元圣。(《史传》)

汉运所值，难为后法。(《史传》)

扬雄《法言》……归乎诸子。(《诸子》)

眚灾肆赦，则文有春露之滋；明罚敕法，则辞有秋霜之烈：此诏策之大略也。(《诏策》)

秦之御史，职主文法；汉置中丞，总司按劾。(《奏启》)

望今制奇，参古定法。(《通变》)

自近代辞人，率好诡巧。原其为体，讹势所变；厌黩旧式，故穿凿取新。察其讹意，似难而实无他术也，反正而已。故文反正为乏，辞反正为奇。效奇之法，必颠倒文句；上字而抑下，中辞而出外：回互不常，则新色耳。(《定势》)

古之教歌，先揆以法，使疾呼中宫，徐呼中徵。(《声律》)

自扬、马、张、蔡，崇盛丽辞，如宋画吴冶，刻形镂法，丽句与深采并流，偶意共逸韵俱发。(《丽辞》)

汉初草律，明著厥法：太史学童，教试六体；又吏民上书，字谬辄劾。(《练字》)

是以驷牡异力，而六辔如琴……驭文之法，有似于此：去留随心，修短在手；齐其步骤，总辔而已。(《附会》)

及乎春秋大夫，则修辞聘会，磊落如琅玕之圃，焜耀似缛锦之肆。薳敖择楚国之令典，随会讲晋国之礼法。（《才略》）

刘勰主张“参古定法”，研究“驭文之法”，反对“效奇之法”，这样才能够“执正驭奇”，因而“执术驭篇”。他对古人教歌之法、崇盛丽辞之法、修辞聘会之法、法孔题“经”之举非常赞赏。尤其在文学发展的制度建设与秩序确立上，对秦代汉代设置专门官吏“职主文法”的制度规定、对汉代重视文学重视文字书写规范的“明著厥法”的法律规定相当赞赏，而对史书中为妇女立传这样不合礼法的写作现象大加贬斥，认为是“汉运所值，难为后法”。从这些“尚法”的文学观念中，我们可以看出刘勰受法家影响的痕迹，更可以看出他为了寻找文学发展之正途所做的艰辛努力与积极探索。当然，要说明的是：法家思想虽然部分开启了刘勰的“尚法”文学观念，但只是刘勰取法的辅助对象，不是主流。刘勰论文尚法，主要还是来自《荀子》一书尚法论术的影响。

第六节　兵家思想：定势程器，执正驭奇

詹锳先生《〈文心雕龙〉的风格学》一书曾谈到刘勰向兵家思想取法的两个例子：一是《定势》取材于《孙子兵法》之《兵势篇》；二是《程器》主张的“文武之术，左右惟宜。郤縠敦《书》，故举为元帅，岂以好文而不练武哉？孙武《兵经》，辞如珠玉，岂以习武而不晓文也”的观点以及同篇“摛文必在纬军

国，负重必在任栋梁”的观点。这两个例子都含有明显的兵家思想。詹锳先生的论述较详，对笔者很有启发意义。笔者要指出的是：刘勰《定势》《程器》两篇专题论述的取法对象，除了兵家，主要还是儒家。《定势》篇主要还是取法于道家“自然”理论与儒家主张“执正”而“兼解具通”的思想，是在《宗经》《体性》基础上深化的文体风格论述。况且，“兵势”之论，虽有道理，但另有一“势”之说，事实上与文体风格之“势”更为接近，这就是书法“笔势”理论。自李斯、蔡邕、王羲之以下，书法理论中论述笔势的文章与见解是非常之多的，其核心就在于笔由心生、顺势而发的字形书写之奇正疏密、变化可控。而《程器》一篇，如刘永济先生与其他先生所论，刘勰是在自述衷情，为求以文干政之途，其愤懑与自勉之辞，多与敷赞孔孟政治功德与“穷则独善，达则兼济”的精神有关。当然，兵家“尚法”，更在“尚法”的基础上“尚变”“尚奇”、追求“诡道”，这些思想经过转化，本来也应该是文学写作题中应有之义，与文学追求新奇、追求变化、讲究新颖写法、拓展新的题材等方面都有相通之处。笔者以为，尤其是写作思维的非线性无序变化与灵感思维的稍纵即逝，其把握与掌控更与“水无常形，兵无常势”思想高度一致。说兵家思想对《文心雕龙》论述的写作之道有一定影响，是对的。不过刘勰论“奇”，主要是与“正”相对并提，《书记》：“兵谋无方，而奇正有象。”对“正”赞美有加，对“奇”则有褒有贬。一方面赞美新奇、新颖的文章、手法或创作，另一方面也借以批评文学创作的若干不良现象，比如“奇辞”“奇句”的出现与作家“爱奇”、效奇的修养或取法，并借此提出“执正驭奇”的理论主张。这从全书五十余次用“奇”之论①，可以清晰地看出来。

---

① 这五十余次“奇”论分别出现在以下文句中：1.《原道》：草木贲华，无待锦匠之奇。2.《正纬》：经正纬奇，倍擿千里，其伪一矣。3.《正纬》：事丰奇伟，辞富膏腴。4.《辨骚》：自《风》《雅》寝声，莫或抽绪，奇文郁起，其《离骚》哉！5.《辨骚》：枚、贾追风以入丽，马、扬沿波而得奇。6.《辨骚》：酌奇而不失其贞，玩华而不坠其实。7.《明诗》：俪采百字之偶，争价一句之奇。8.《乐府》：雅咏温恭，必欠伸鱼睨；奇辞切至，则拊髀雀跃。9.《诠赋》：草区禽族，庶品杂类……斯又小制之区畛，奇巧之机要也。10.《杂文》：穷瑰奇之服馔，极蛊媚之声色。11.《史传》：尔其……爱奇反经之尤，条例踳落之失，叔皮论之详矣。12.《史传》：俗皆爱奇，莫顾实理。13.《史传》：至于寻繁领杂之术，务信弃奇之要……晓其大纲，则众理可贯。14.《诸子》：列御寇之书，气伟而采奇。15.《议对》：事以明核为美，不以深隐为奇。16.《书记》：兵谋无方，而奇正有象。17.《神思》：意翻空而易奇，言征实而难巧。18.《体性》：若总其归涂，则数穷八体：……七曰新奇……新奇者，摈古竞今，危侧趣诡者也。故雅与奇反……文辞根叶，苑囿其中矣。19.《风骨》：若夫镕铸经典之范……然后能孚甲新意，雕画奇辞。昭体，故意新而不乱；晓变，故辞奇而不黩。若骨采未圆，风辞未练，而跨略旧规，驰骛新作，虽获巧意，危败亦多；岂空结奇字，纰缪而成经矣？20.《通变》：望今制奇，参古定法。21.《定势》：奇正虽反，必兼解以俱通。22.《定势》：文反正为乏，辞反正为奇。效奇之法，必颠倒文句……则新色耳。23.《定势》：旧练之才，则执正以驭奇；新学之锐，则逐奇而失正。24.《丽辞》：奇偶适变，不劳经营。25.《丽辞》：若气无奇类，文乏异采……迭用奇偶，节以杂佩。26.《夸饰》：语瑰奇则假珍于玉树，言峻极则颠坠于鬼神。27.《夸饰》：因夸以成状，沿饰而得奇。28.《练字》：张敞以正读传业，扬雄以奇字纂《训》。29.《练字》：《雅》以渊源诂训，《颉》以苑囿奇文。30.《练字》：《尚书大传》……“淫”“列”义当而不奇，“淮”“别”理乖而新异。……固知爱奇之心，古今一也。31.《隐秀》：始正而末奇，内明而外润。32.《隐秀》：深浅而各奇，秾纤而俱妙。33.《隐秀》：立意之士，务欲造奇。34.《指瑕》：晋末篇章，依希其旨：始有“赏际奇至”之言，终有“抚叩酬酢”之语。35.《养气》：战代权诈，攻奇饰说。36.《附会》：倪宽更草，钟会易字，而汉武叹奇，晋景称善。37.《时序》：炜烨之奇意，出乎纵横之诡俗。38.《物色》：因方以借巧，即势以会奇。39.《才略》：汉室陆贾，首发奇采。40.《知音》：浮慧者观绮而跃心，爱奇者闻诡而惊听。41.《知音》：将阅文情，先标六观……四观奇正。42.《序志》：辞人爱奇，言贵浮诡。全书论“奇”共四十一句，五十余处。

第七节 阴阳纵横：文心雕龙，纵横飞辩

笔者一直以为，《文心雕龙》论述文学尚丽尚美的主张，从头到尾，每篇皆有，可谓极尽笔墨，不遗余力。这当然有“文源于道，郁然有采”的哲学依据，以及“辩丽本于情性”的理论支撑，但是，要从文学发展的历史纵向角度考察，就不是抬出一两个理论主张就能全面地讲清楚刘勰尚丽之“丽”缘何而生的问题，尤其是无法讲清楚辞赋一体“巨丽”这一特点的来源。尽管儒家文论有“郁郁乎文”“文质彬彬”“丽则丽淫”的理论主张，有汉代辞赋“追风入丽”的宏大传统，有魏晋六朝重情尚美的时代风气与巧艳绮丽的创作实践——这些当然是刘勰“尚丽”文学美学思想的直接取法之处，不过，如果我们能再深入一点，看到刘勰关于辞赋真正源泉的论述，恐怕他“尚丽”思想的来源，就不只是上述提及的儒、道两家与汉魏时风，还必须要考虑战国纵横家飞辩之术与阴阳家虚辞之术。对此假设的第一个重要理论支持，是《文心雕龙》书名得来的一段论述：

> 古来文章，以雕缛成体，岂取驺奭之群言雕龙也。（《序志》）

刘勰以为，自古以来的文章就是经过精心雕琢因而文采斐然的，这个意见在自然美“郁然有采”的基础上承认了“润色取美”的人工作用。关于“岂取”二字是褒赞还是贬斥，多数研究者认为

刘勰是在以反问语气取肯定态度，也就是说，是在赞同齐国邹衍、邹奭等人“谈天雕龙”的言说艺术。那么，刘勰对属于阴阳家的“齐国邹子”之赞美，显然表明了他对言语艺术“谈天雕龙”之“丽”的认可，并且公正地看到了言语之“丽”在文学发展，尤其是在辞赋文学发展史上的积极推动作用与重要起源作用。《时序》篇说：

> 春秋以后，角战英雄；六经泥蟠，百家飙骇。方是时也，韩魏力政，燕赵任权；五蠹六虱，严于秦令；唯齐、楚两国，颇有文学。齐开庄衢之第，楚广兰台之宫；孟轲宾馆，荀卿宰邑：故稷下扇其清风，兰陵郁其茂俗。邹子以谈天飞誉，驺奭以雕龙驰响；屈平联藻于日月，宋玉交彩于风云：观其艳说，则笼罩《雅》《颂》。故知晔烨之奇意，出乎纵横之诡俗也。

本段论述到战国时期齐、楚两国“颇有文学”的地域文学发展特点，这个特点是在两国君王贵族赞助之下，以文人集团形式出现的文学（按：指文化学术思想）发达的现象。我们并不是要讨论稷下文人集团与兰陵文人集团的具体组成与历史贡献，而是在其中取一瓢而饮之。刘勰说得很清楚：“邹子以谈天飞誉，驺奭以雕龙驰响；屈平联藻于日月，宋玉交彩于风云。”邹衍与邹奭，是言语艺术“艳说”的代表人物，屈原和宋玉则是文学艺术“丽文”的代表人物，前者对后者，言语对文学，有着直接的起源与影响作用：“故知晔烨之奇意，出乎纵横之诡俗也。”这就告诉我们，楚辞的起源（之一）是战国阴阳家的言说艺术。需要指出的是，邹衍与邹奭属于阴阳家，而不是纵横家。刘勰归之于纵横家，相信不是笔误，而是看到了他们言辞论说、游说诸侯与纵横家极为相似的特点，故有此说。《文心雕龙》数次谈到邹子之辩说艺术，赞美之情彰显无遗：

邹子之说，心奢而辞壮。(《诸子》)

驺子养政于天文。(《诸子》)

邹子以谈天飞誉，驺奭以雕龙驰响。(《时序》)

按照司马迁《史记·孟子荀卿列传》所载，齐国有三位“邹子”——邹忌、邹衍、邹奭。相对现代人而言，邹忌之名，如雷贯耳，这是因为国人只要读过中学的，没有不学《邹忌讽齐王纳谏》这篇出自《战国策》的经典名文的。《邹忌讽齐王纳谏》中邹忌劝谏齐王时迂回实效的技法，进尽忠言而不逆耳的效果，臧克家先生曾对此撰文大加褒赞。《史记》说邹衍“谈天”，以迂回虚诞巨丽之言语艺术游说干政，名利双收，大行其道。而邹奭学习言语艺术于邹衍，得其精妙，雕琢言辞，精美得体。上述三人，是儒家言语大师孔子“正名正言”地坚守礼法与孟子“直言雄辩”的忠言逆耳的言语艺术所不能望其项背的，至少在言说效果上是这样。

刘勰指出，屈原楚辞的创作，与战国纵横家飞辩之术有直接关系。这里的纵横飞辩，是泛指战国时代诸子善辩的特征而以纵横家为主。在此略说四点：

第一，儒家本就重视辩论，重视言语修养，但整体上用之则缺。这也是儒家文论虽有“郁郁乎文”“绘事后素”“丽则丽淫”等尚美尚丽的主张，但儒家经典雅正有余而整体文采不足的重要原因。孔门四科之中，言语科居于第二位，学言为政，孔子及其学生是高度重视语言修养的。孔门弟子子贡、宰予是很厉害的辩手，子贡游说诸侯，存鲁保国，司马迁以为子贡之口强于十万之师①；宰予善辩，思维大反常规，孔子也拿他没办法。可惜的是孔子"正言"的观念限制了他与弟子在语言艺术上的进一步修养，也使得他自己在游说诸侯的十几年流浪岁月里，始终达不成心中的理想，"名不正而言不顺"的语言问题至少是其中重要的原因之一。儒家言语艺术发展到孟子时，已经使孟子成为战国诸子中最善于言词辩论的高手。其辩论技法之丰富多样、直言论辩之气势雄肆、责难反诘之口齿锋利、直斥诸侯之好为人师，既是孟子辩论艺术的特点，也是他仁政主张始终不得施行的致命弱点。简言之，儒家论辩艺术是非常厉害的，受限于政治主张与肩担道义、匡扶天下的思想，始终在技巧上非常有限，在功用上事倍功半。

第二，战国时期，各家主张要想得到施行，都必须走游说诸侯这座独木桥，因此，论辩艺术就成为各家皆修的群体艺术，呈现出繁荣昌盛的浩瀚局面。《诸子》篇说：

> 逮及七国力政，俊乂蜂起。孟轲膺儒以磬折，庄周述道以翱翔；墨翟执俭确之教，尹文课名实之符；野老治国于地

① 据《史记·仲尼弟子列传》记载：田常欲作乱于齐，惮高、国、鲍、晏，故移其兵欲以伐鲁。孔子闻之，谓门弟子曰："夫鲁，坟墓所处，父母之国，国危如此，二三子何为莫出？"子路、子张、子石请行，孔子弗许。子贡请行，孔子许之。子贡斡旋于齐国、吴国、越国、晋国之间，凭借其卓越的语言艺术和外交才干，分析天下大势，游说各国国君为了自己的利益而相互攻伐，最终的结果是："子贡一出，存鲁，乱齐，破吴，强晋而霸越。子贡一使，使势相破，十年之中，五国各有变。"

利，驺子养政于天文；申、商刀锯以制理，鬼谷唇吻以策勋；尸佼兼总于杂术，青史曲缀于街谈。承流而枝附者，不可胜算：并飞辩以驰术，餍禄而余荣矣。

上段涉及儒家、道家、墨家、法家、阴阳家、兵家、小说家等十家，并未概括完战国诸子，而是举例论述的典型。刘勰将孟子列为各家之首，对他维护儒家地位的论辩主张极为赞赏；对主张避世隐逸的道家与兼爱非攻的墨家，都从他们精彩的语言艺术修养上赞美之。《庄子》一书，以“无端崖之辞”著称，今人以汪洋恣肆目之，其说想象丰富大胆，瑰丽神奇。《墨子》书中对儒家礼乐的责难，全面深刻；尤其是入选中学语文课本的《公输》一文，墨子与楚王论辩，运用了墨家的形式逻辑，设套用喻，同时义正词严，将楚王说得哑口无言。法家中未列于此段的韩非子，其论辩艺术比喻生动，说理深刻，言辞尖利。《情采》篇说：“庄周云‘辩雕万物’，谓藻饰也。韩非云‘艳乎辩说’，谓绮丽也。绮丽以艳说，藻饰以辩雕，文辞之变，于斯极矣。”直接将庄子和韩非子的言论用来论述“辩丽本于情性”之“辩”在文学语言上对“丽”的影响作用。总的来说，刘勰对法家的严酷言论、名家的名实诡辩是略有不满的，《诸子》篇说：“至如商、韩，‘六虱’‘五蠹’，弃孝废仁；轘药之祸，非虚至也。公孙之白马、孤犊，辞巧理拙；魏牟比之鸮鸟，非妄贬也。”这是因为他们与正道偏离得太远了。从文学史的角度来说，刘勰取法战国之“飞辩”，是对文学发展由“诡俗”到“奇文”这一“尚丽”规律的准确把握。

第三，阴阳家、纵横家是战国诸子中最擅长论辩游说的两家，刘勰对他们的评价最高，总体归于纵横一家来论述之。这个评价的得出，还有一个重要的原因：这两家游说干政最为成功，是为政致用的典型。《论说》篇说道：

> 暨战国争雄，辨士云涌；从横参谋，长短角势。《转丸》骋其巧辞，《飞钳》伏其精术。一人之辨，重于九鼎之宝；三寸之舌，强于百万之师。六印磊落以佩，五都隐赈而封。

这一段有一个有趣的现象，就是实际上是在论述纵横家的时候，重点谈到其宗师鬼谷子。刘勰盛赞的“《转丸》骋其巧辞，《飞钳》伏其精术”两篇，是《鬼谷子》一书中专论辩论技法的文章，《飞钳》一篇今存，《转丸》已经散佚。鬼谷子先生智慧超群，门人甚多，传说尸佼、尉缭、庞涓、孙膑、苏秦、张仪都是他的学生。师高弟子强，刘勰谈论战国纵横家，往典型代表上说，主要就是在谈论鬼谷子及其弟子一家。而战国纵横家的高手，从言语到政绩，当以苏秦张仪为代表，《史记》《战国策》等文献对他们的言论艺术有详细的记载。“六印磊落以佩”指苏秦合纵成功，身佩六国相印的空前绝后；“五都隐赈而封”指张仪连横成功，挫败合纵之后受封五城的伟绩。因此，刘勰在谈到纵横家的时候，是从宗师到高徒一锅端的，没有忽略。至于“一人之辨，重于九鼎之宝；三寸之舌，强于百万之师”句中的两人，前指东周朝臣颜率，后指赵国志士毛遂，他们都以自己的口舌完成了百万军队也难以完成的大事。刘勰称赞上述诸子，除了他们的口舌之利，主要还是因为他们为国立功、言语致用所建立的功绩巨大。因为在刘勰思想深处，“梓材”文人学文致用的思想根深蒂固。

第四，正是因为看到了儒家言语艺术的实际弱点，刘勰才大胆地开阔视野，跳出儒家雅正的思想标准与艺术标准，联系到被孟子痛骂过的纵横家在语言艺术上的言而有效的优点，以其游说诸侯的主客问答形式、宏大巨丽的言说内容、诡辩奇异的思想变化、随时得用的效果指向，作为屈原楚辞的重要来源。当然，语言不是直接就转化成楚辞的，这需要一个中介，一个代表人物，来实现从语言到文学的转化，屈原于是应运而生。因为据《史记·屈原贾生列传》载，屈原本人就是楚国大臣中极善言辞的语言高手。传文三次谈到了屈原高超的语言能力，比较明显的直接评价就有两次。第一次是在该文开头，司马迁说：

> 屈原者，名平，楚之同姓也。为楚怀王左徒。博闻强志，明于治乱，娴于辞令。入则与王图议国事，以出号令；出则接遇宾客，应对诸侯。王甚任之。

屈原娴于辞令，在内政方面图议国事，以出号令，外交方面接遇宾客，应对诸侯，有相当的语言技巧与口才优势。第二次是在屈原死后，司马迁谈到他的影响时又说：

> 屈原既死之后，楚有宋玉、唐勒、景差之徒者，皆好辞而以赋见称。然皆祖屈原之从容辞令，终莫敢直谏。

学术界对于“皆好辞而以赋见称”一句中“辞”与“赋”之所指，是有争议的：有的认为这个“辞”就是“从容辞令”，即言语艺术；有的认为是指文学体裁之“辞体”而非言辞；有的研究者从《史记》全书“辞令”含义解读与屈赋篇章的旁证得出结论，说这个“辞”就是“辞令”，不是辞赋体裁。笔者曾撰文思考这个问题，认为第三个结论是对的。其实，不管这个结论是否正确，屈原长于辞令的事实，是可以肯定的。第三次则比较间接，张仪凭借三寸不烂之舌与积极笼络人心的手段策略，在楚国宫中予取予求并成功开溜之后，《屈原贾生列传》曰：

> 是时屈原既疏，不复在位。使于齐，顾反，谏怀王曰：“何不杀张仪？”怀王悔，追张仪不及。

唯有屈原识破了张仪的诡计。这固然有屈原忠君爱国、满腔正气的刚直原因，也与他“应对诸侯”时修养的言语策略艺术与敏锐洞察力有莫大关系。经他一提醒，楚王恍然大悟，觉得屈原是对的。

刘勰在《文心雕龙》中非常重视“辩”的作用和功能。《总术》：“辩者昭晢。”论辩可以使人思路清晰，写文章清楚明白，条理分明，这是刘勰总结为文之术得出的重要结论之一。清楚明白的文风是一种优良的风格，《通变》“虞夏质而辨”就是刘勰“雅丽”观念之“雅”的重要内容之一。刘勰同时认为，长于辩论是一个人精神气质旺盛的体现，是文学创作新变出彩的重要原因，《杂文》说：“智术之子，博雅之人，藻溢于辞，辞盈乎气。苑囿文情，故日新而殊致。”这实际上是他“文如其人”观点的变通说法，重视主体气质的修养和精气的保养，在《体性》《风骨》《养气》等篇中多次谈到这个问题。屈原高超的语言修养和技法运用，对他的楚辞创作是有积极作用的。《辨骚》说：

故论其典诰则如彼，语其夸诞则如此。固知《楚辞》者，体宪于三代，而风杂于战国，乃《雅》《颂》之博徒，而词赋之英杰也。观其骨鲠所树，肌肤所附，虽取镕经旨，亦自铸伟辞。

刘勰在此提出了屈原《楚辞》的两个来源：“体宪于三代，风杂于战国”，是上古三代典诰之体与战国夸诞之风的产物。在这两个来源中，很显然，所谓的“体宪于三代”不过是强说之辞，楚辞哪里体现了上古三代《尚书》的“典诰之体”呢？刘勰“征言”求证，得到的是《楚辞》“陈尧舜之耿介”“汤禹俨而祗敬”，也就是说，在内容上有关于尧、舜、禹、汤的赞美描写，这是“取镕《经》旨”的内容，而不是取法经典的典诰之“体”。楚辞真正的特点，是“自铸伟辞”，这个“伟辞”，是“风杂于战国”的“夸诞”言说。《辨骚》说楚辞语言之“诡异”时写道：

至于托云龙，说迂怪；丰隆求宓妃，鸩鸟媒娀女：诡异之辞也。

这是完全虚构不实的有关神仙鬼怪的虚辞滥说，显然，这些“诡异之辞”一方面是神话传说的夸饰描写，另一方面就是从战国辩说艺术中借鉴而来的虚诞之言。神话传说与虚言辩说成为《离骚》为代表的楚辞这一“奇文”能够“自铸伟辞”的两大因素。

第八节　神秘文化：谶纬封禅，有助文章

《文心雕龙》中神秘文化对文学的影响贯通全书，从《原道》到《序志》，累计论“神”五十一句，六十余次：

人文之元，肇自太极，幽赞神明，《易》象惟先。庖牺画其始，仲尼翼其终。而《乾》《坤》两位，独制《文言》。言之文也，天地之心哉！若乃《河图》孕乎八卦，《洛书》韫乎九畴，玉版金镂之实，丹文绿牒之华，谁其尸之？亦神理而已。(《原道》)

原道心以敷章，研神理而设教。(《原道》)

道心惟微，神理设教。(《原道》)

夫鉴周日月，妙极机神；文成规矩，思合符契。(《征圣》)

经也者，恒久之至道，不刊之鸿教也。故象天地，效鬼神，参物序，制人纪；洞性灵之奥区，极文章之骨髓者也。(《宗经》)

《易》惟谈天，入神致用。(《宗经》)

夫神道阐幽，天命微显，马龙出而大《易》兴，神龟见而《洪范》耀。(《正纬》)

经显，圣训也；纬隐，神教也。圣训宜广，神教宜约，而今纬多于经，神理更繁，其伪二矣。(《正纬》)

神宝藏用，理隐文贵。(《正纬》)

神理共契，政序相参。(《明诗》)

夫化偃一国谓之风，风正四方谓之雅，容告神明谓之颂。风雅序人，事兼变正；颂主告神，义必纯美。(《颂赞》)

天地定位，祀遍群神。(《祝盟》)

昔伊耆始蜡，以祭八神。(《祝盟》)

寅虔于神祇，严恭于宗庙也。(《祝盟》)

春秋以下，黩祀谄祭，祝币史辞，靡神不至。(《祝盟》)

祭而兼赞，盖引神而作也。(《祝盟》)

义同于诔，而文实告神。(《祝盟》)

凡群言发华，而降神务实。(《祝盟》)

盟者，明也。骍毛、白马，珠盘、玉敦，陈辞乎方明之下，祝告于神明者也。(《祝盟》)

忠信可矣，无恃神焉。(《祝盟》)

神之来格，所贵无惭。(《祝盟》)

蓍龟神物，而居博弈之中。(《铭箴》)

吊者，至也。诗云“神之吊矣”，言神至也。(《哀吊》)

次及宋岱、郭象，锐思于机神之区；夷甫、裴頠，交辨于有无之域：并独步当时，流声后代。然滞有者，全系于形用，贵无者，专守于寂寥。徒锐偏解，莫诣正理；动极神源，其般若之绝境乎？(《论说》)

阴阳莫贰，鬼神靡遁。(《论说》)

皇帝御寓，其言也神。(《诏策》)

《礼》称“明君之诏”。(《诏策》)

昔黄帝神灵，克膺鸿瑞，勒功乔岳，铸鼎荆山。(《封禅》)

观《剧秦》为文，影写长卿，诡言遁辞，故兼包神怪。

(《封禅》)

古人云“形在江海之上，心存魏阙之下”，神思之谓也。文之思也，其神远矣。(《神思》)

故思理为妙，神与物游。神居胸臆，而志气统其关键；物沿耳目，而辞令管其枢机。枢机方通，则物无隐貌；关键将塞，则神有遁心。(《神思》)

是以陶钧文思，贵在虚静，疏瀹五藏，澡雪精神。(《神思》)

夫神思方运，万涂竞萌；规矩虚位，刻镂无形。(《神思》)

神用象通，情变所孕。(《神思》)

五色杂而成黼黻，五音比而成《韶》《夏》，五性发而为辞章：神理之数也。(《情采》)

故言语者，文章神明，枢机吐纳，律吕唇吻而已。(《声律》)

造化赋形，支体必双；神理为用，事不孤立。(《丽辞》)

《神女赋》云“毛嫱鄣袂，不足程式；西施掩面，比之无色”，此事对之类也。(《丽辞》)

神道难摹，精言不能追其极。(《夸饰》)

语瑰奇则假珍于玉树，言峻极则颠坠于鬼神。(《夸饰》)

娈彼洛神，既非罔两；惟此水师，亦非魑魅：而虚用滥形，不其疏乎！(《夸饰》)

夫经典沉深，载籍浩瀚，实群言之奥区，而才思之神皋也。(《事类》)

譬诸裁云制霞，不让乎天工；斫卉刻葩，有同乎神匠

矣。(《隐秀》)

夫耳目鼻口，生之役也；心虑言辞，神之用也。率志委和，则理融而情畅；钻砺过分，则神疲而气衰：此性情之数也。(《养气》)

志盛者思锐以胜劳，气衰者虑密以伤神。(《养气》)

精气内销，有似尾闾之波；神志外伤，同乎牛山之木：怛惕之盛疾，亦可推矣。(《养气》)

且夫思有利钝，时有通塞，沐则心覆，且或反常，神之方昏，再三愈黩。(《养气》)

元神宜宝，素气资养。(《养气》)

夫才童学文，宜正体制：必以情志为神明，事义为骨髓，辞采为肌肤，宫商为声气，然后品藻元黄，摛振金玉，献可替否，以裁厥中：斯缀思之恒数也。(《附会》)

今圣历方兴，文思光被，海岳降神，才英秀发，驭飞龙于天衢，驾骐骥于万里。(《时序》)

摛《神》《性》，图《风》《势》。(《序志》)

在为数众多的“神”论之中，天地自然的运转规律、人文产生的神秘力量、超出人类认知的鬼神、庄严肃穆的神理、神奇的写作思维、作家主体的精神状态、高超入神的写作技法、自然物色的神奇瑰丽等，是《文心雕龙》神秘文化讨论的主要内容。很明显，这些“神”论是以《周易》宇宙哲学为本源、写作各项因素为重点分别提出来的。其中，人文、经典、纬书与神灵祭祀、敬天法地所需要的各类文体为其主要载体，特别是后面几种文体，这些文体的共同特征是“丽而不经”。

纬书是刘勰重点批评的文体之一，这一文体本就是神秘文化的产物，“原夫图箓之见，乃昊天休命，事以瑞圣，义非配经”。在这种情况下，方士为宣传迷信思想，大肆宣扬纬书，《正纬》篇说：

> 于是伎数之士，附以诡术：或说阴阳，或序灾异，若鸟鸣似语，虫叶成字，篇条滋蔓，必假孔氏。通儒讨核，谓起哀平；东序秘宝，朱紫乱矣！

这些图箓符咒的东西，对文献典籍产生了混淆的错误作用。因为宣传皇权神秘力量之需，谶纬神学在东汉大行其道：

> 至于光武之世，笃信斯术。风化所靡，学者比肩。沛献集纬以通经，曹褒撰谶以定礼：乖道谬典，亦已甚矣。是以桓谭疾其虚伪，尹敏戏其浮假，张衡发其僻谬，荀悦明其诡诞：四贤博练，论之精矣。(《正纬》)

纬书的虚伪、浮假、僻谬、诡诞的特点，在思想内容上“乖道谬典”，不合经典正体，是需要批判的。刘勰认为“按经验纬，其伪有四”：

> 盖纬之成经，其犹织综，丝麻不杂，布帛乃成。今经正纬奇，倍擿千里，其伪一矣。经显，圣训也；纬隐，神教也。圣训宜广，神教宜约。而今纬多于经，神理更繁，其伪二矣。“有命自天”，乃称符谶，而八十一篇，皆托于孔子，则是尧

造绿图，昌制丹书，其伪三矣。商周以前，图箓频见；春秋之末，群经方备：先纬后经，体乖织综，其伪四矣。伪既倍摘，则义异自明；经足训矣，纬何预焉？(《正纬》)

纬书主要扮演的角色是这样子的：犹如孔子口中的“朱紫之紫，雅郑之郑”，是讹滥、不雅、不经的东西。纬书虽然内容荒诞不经，从来源上看，却是和经书一样源于自然：

夫神道阐幽，天命微显，马龙出而大《易》兴，神龟见而《洪范》耀，故《系辞》称：“河出图，洛出书，圣人则之。”斯之谓也。但世敻文隐，好生矫诞；真虽存矣，伪亦凭焉。(《正纬》)

纬书和《易》一样，是河图洛书的产物。只不过《易》由图箓走向文字，经圣人而成经典，历千岁而生众书。纬书一直在图箓符咒的圈子里打转转，所以有“六经彪炳，而纬候稠叠；《孝》《论》昭晢，而《钩》《谶》葳蕤”的结果。但是纬书文采绚烂，有助于文学的写作：

若乃羲农轩皞之源，山渎钟律之要，白鱼赤乌之符，黄金紫玉之瑞，事丰奇伟，辞富膏腴，无益经典，而有助文章。是以后来辞人，采摭英华。(《正纬》)

在内容上，纬书不足为训，但是在艺术手法上，在文采之美上，纬书是后来文学尚丽的一个重要来源。任何事物都是一柄双刃剑，纬书有这样的丽而不经、文采华美的优点，为后来辞人所学习效仿，这也成为后世文学讹滥绚丽、内容虚诞不经、想象丰富多彩的源头之一。

另外，《颂赞》《祝盟》《铭箴》《封禅》等文体论专题主要论述到上古至汉代敬天法地、宗庙祭祀、列国交政等礼仪、外交活动对文学发展的影响。这些神秘色彩极为浓厚的文体与作品，是文学“雅丽”因素的重要来源。“雅”指其内容规格，是政治制度下的产物，与王权君命息息相关，在功能上意义重大；“丽”指其祭祀言辞、敬奉亡灵与天地，是虚诞的，成为后代想象力丰富、故事虚假、言辞讹滥之“丽”的取法对象。比如《史记》记载司马相如《封禅书》一篇，《文心雕龙·封禅》对其大加赞美：

> 观相如《封禅》，蔚为唱首。尔其表权舆，序皇王，炳玄符，镜鸿业；驱前古于当今之下，腾休明于列圣之上；歌之以祯瑞，赞之以介邱：绝笔兹文，固维新之作也。

“鸿业”“绝笔”“维新”，是刘勰对这篇文章内容功能、文采新变的赞美核心。这三点正是与辞赋类似的“巨丽”或“新变”之作。同篇又论述扬雄《剧秦美新》文曰：

> 观《剧秦》为文，影写长卿，诡言遁辞，故兼包神怪；然骨掣靡密，辞贯圆通，自称极思，无遗力矣。(《封禅》)

扬雄在辞赋创作上极力模仿司马相如，在封禅文的写作上同样如此。说白了，封禅文赞天美地，从李斯的七处刻石开始，就是有韵为文的美文丽文，就是讴歌皇命、兼包神怪的神秘祭祀文化“问苍穹要法则，回人间称老大”的产物。班固《典引》则在原来尚丽稍过的基础上回归尚雅的正途：

> 《典引》所叙，雅有懿采，历鉴前作，能执厥中；其致义会文，斐然余巧。(《封禅》)

通观刘勰对封禅文的若干评价，可以看出以下两个主要内容：一是崇尚美丽之文，内容不雅也可以，能做到既雅且丽更好；二是文体论二十多篇，其真正的排列先后的依据，并不是“先文后笔”的有韵文与无韵文的对立，而是文体功能与政治功能的从大到小的顺序，即按照由重到轻的顺序来排列的。

上述纬书、祭祀类文体，均出自神秘文化与《周易》，可见，“河图洛书”“神理设教”“谁其尸之”“《易》惟谈天”，容易引发虚诞浮夸之风。在理论起源的哲学意义上，神秘文化与《周易》是作用巨大的；在具体文学写作的历时发展过程中，神秘文化与《周易》产生的这些文体往往是“丽而不雅”，以负面形象出现的。

综上所述，从《文心雕龙》主要包含的儒、道、佛、玄、兵、法、阴阳、纵横与神秘文化等方面的思想内容与刘勰的评价和态度来看，我们可以归纳出这样的几点共识：

第一，《文心雕龙》以儒家思想为主导，结合道家思想与其他各家思想为辅助，体现了折中诸家而独尊儒学的鲜明思想取法。具体而言，“雅”出于儒家，儒家主张“雅丽”并重，而

“丽”还有汇聚诸家思想的理论渊源。道家文艺美学思想重视对“美”和“妙”的探讨，同时，从《庄子》开始谈“丽”，《淮南子》大量论“丽”，但是道家论隐幽，谈避世，不论政，不谈雅，即“丽而不雅”。这样，“雅”与“丽”的结合，需要在整体上综合儒家和道家文艺美学思想，才能得到既雅且丽的结果。再按照刘勰《辨骚》篇的说法，“丽”是来自楚辞之“奇”的，汉赋随流而下，“追风以入丽”；而根据《时序》《才略》等篇的论述，屈宋楚辞的源头，是“纵横之诡俗”，是出于谈天飞誉、雕龙驰响、飞辩驰术的阴阳家和纵横家。由此联系到刘勰对《文心雕龙》书名解释中提到的邹奭“谈天雕龙”的言说之术，瑰丽迂回，虚诞莫测；联系到端木赐、烛之武、苏秦、张仪、范雎、蔡泽、李斯等人的游说君王干预政治的言辞技巧之术；以及孟子的雄辩无敌、墨子的难楚存宋、鬼谷子的《飞钳》精术——这些“诡丽”的言辞技巧才是辞赋“奇丽”特点的根本来源。这就是说，是语言之“丽”影响到了文学之“丽”，从而形成“言文皆丽”的历史演变脉络。以儒家经典为代表的作品，其主要特点是思想内容与语言文辞的雅正规范。于是，五经之“雅”与辞赋之“丽”的结合，就成为“衔华佩实”的“雅丽”文学思想。《风骨》篇说“镕铸经典之范，翔集子史之术”，经典雅正，史书实录，子书技法思想多样而丰富，这不仅是刘勰主张的作文如何才能有“风骨”的取法原则，实际上更是刘勰本人文学美学思想博杂精深、熔铸百家的来源。《文心雕龙》一书，其思想绝非儒家、道家、佛家三家所能概括，至少还包含阴阳家、纵横家、法家、墨家、兵家、玄学思想，并融会贯通，熔为一炉。而在所有的这些学术思想中，独尊儒家。

第二，《文心雕龙》的文学思想是源出儒家的“雅丽”思想。这一思想体现了“文源于道，郁然有采”的文学本源与其尚丽因素的哲学依据；体现了“自然之道”循环相因的新变意识；体现了征圣宗经的经典意识与思想规范；体现了折中“雅”“丽”的思维方法；体现了上溯先秦、取法两汉的史学意识，近承魏晋六朝重情尚美的文学美丽精神。整体上看，它是《文心雕龙》贯通全书枢纽论、文体论、创作论、附论、序论的中轴，是主导全书的理论红线。

第三，雅丽思想虽然源出儒家，但是，道家从庄子开始的尚美尚丽精神不仅一直在道家学术著作中得以贯彻，而且对儒家荀子、扬雄、王充、曹丕等人均有启发意义，所以雅丽思想还有折中道家“美、妙、丽”思想的特点。阴阳家、纵横家的语言艺术和神秘文化的崇尚华美，对刘勰尚丽尚美的理论主张也有不容忽视的影响。尤其经、纬、诗、骚是《文心雕龙》许多文论主张的具体承载体裁，其审美特质与尚丽规范，是非常重要的一部分内容。

第四，从贯通全书来讲，雅丽思想在枢纽论中得以提出，但具体体现是在文体论的创作规范、写作得失与创作诸论和附论部分，因此，讲究写作技法、追求“执正驭奇”、崇尚“执术驭篇”、探索内外因素，就必然成为《文心雕龙》论述写作问题的主要内容。这样，仅从原理上讲尚雅尚丽显然是不够的，对于具体技法、文术理论的讨论，刘勰继承了儒家开启于荀子，而荀子又取法于道、法、兵等诸子各家的思想方法，尚法论术，使得雅丽思想能够贯通全书，成为形而上之的写作之道与形而下之的操作技法，体现了“本乎道，进乎技”的原理性质与技术层面的结合，成为理论性与操作性完美结合的思想主张。

上述四点之外，笔者认为，以下两点也是雅丽思想题中之义，需要加以说明：

第一，古代文学理论界讨论甚多的关于“文学自觉”的命题，有汉代萌芽说、魏晋自觉说等不同的意见和争执。诚然，汉代文论与创作实践体现了鲜明的尚丽特色和文学自觉的萌芽，但是，文学本质特征的抒情性、审美性是明显附庸于汉代经学与政治王权的，因此，尽管《毛诗序》“抒情言志”、《礼记·乐记》“中和之美”、扬雄《法言》“丽则丽淫”、王充《论衡》“疾虚妄”等儒家文论在文学创作与文学理论界产生了很大的影响，“文学自觉”的命题仍然无法得到公开的回应与鲜明的实践体现。最典型的例子莫过于两汉时期对屈原与楚辞的若干评价，这些评价往往出现互相矛盾的意见；即使同一个人的评价，也往往因为其所处立场与角度的差异而呈现大相径庭的分歧，比如班固等。这样，真正摆脱经学附庸、探索文学纯粹特质的理论主张，是由汉末建安的曹丕与西晋年间的陆机才开始的工作。曹丕、陆机在前人基础上提出了“诗赋欲丽”“缘情绮靡”“体物浏亮”的尚丽文体风格论，提出了作家气质与文章风格类型的“文如其人”论，提出了文章功能的“伟业不朽”说，提出了文学鉴赏的态度意见，提出了文学写作思维探索与“物—意—文”的写作过程理论，对“物感说”“灵感论”“言意关系”等问题进行了实践探索和具体主张——这些直接关系文学审美、抒情、思维、风格、内容、功能、鉴赏的具体意见，直面写作本质与过程、实践与意义、技法与鉴赏，这才是文学真正自觉的到来。但是，曹丕、陆机开启的文学理论自觉，并没有走在一条健康发展、良性发展的正路上，而是在战乱频仍、世积乱离的时代政治格局下，在儒学式微、经学崩溃、思想混乱、玄佛思潮乘虚而入的学术思想局面下，文人学者一方面向重情尚美大力进军，逐渐出现了美文丽辞、绮丽巧艳的靡靡之音，另一方面恐惧现实而谈玄论佛，走向了寄情山水、讽喻外物、远奥隐情、玄虚空淡之势，这两种趋势并存而以靡丽巧艳为主，使得六朝文坛“辞人爱奇，言贵浮诡；饰羽尚画，文绣鞶帨：离本弥甚，将遂讹滥”，刘勰于是在重视文学美丽精神的同时，提出复归儒雅中正的“雅丽”主张。因此可以说，“雅丽”思想是在萌芽于两汉、历经魏晋六朝数百年时间之“文学自觉”基础上的再次自觉，是文学发展、文学理论与创作本质自觉探索之上的再次探索，是对“文学自觉的自觉”。

第二，受理论视域、时代限制或自身理论主张的束缚，《文心雕龙》雅丽思想并不是全知全能的文学思想，也存在不足与弊端。这种弊端主要体现在以下几个方面：一是独尊儒术的同时，虽然折中观照了其他诸家，但是往往有失公允。比如对魏晋玄学思想、玄言诗的评价：“迄至正始，务欲守文；何晏之徒，始盛玄论。于是聃、周当路，与尼父争涂矣。”因此，《文心雕龙》全书评价玄学思想影响下的文学创作与时代文风，没有任何赞美之词。二是雅丽思想经典意识的复古宗经，使得刘勰对文学新变的认识尚存不足，对新兴文体与创作往往评价失实。比如，在论述时代文风的时候，提出“楚汉侈而艳，魏晋浅而绮，宋初讹而新”的绮丽讹滥说；评价经典时举出辞赋“楚艳汉侈，流弊不还”来做反面典型，全书《诗》《骚》并举的时候，基本上是崇《诗》抑《骚》，谈论文学内容的《物色》、论述文质关系的《情采》等篇均是如此；论述技法的《比兴》《夸饰》《事类》《丽辞》均以经典为核心，基本上无视其他体裁的优势；尤其是对宋、齐文学论述的缺失，使得刘勰对新兴山水诗赋的评价极低，对陶渊明、谢灵运、鲍照等著名作家的诗文一字不提，不予正视。三是雅丽思想宗法先秦儒家，主要是孔子兴复礼乐思想与文学尚丽本质结合的产物，因此带有明显的贵族立场与尚雅贬俗的倾向。孔子轻视劳动、厌恶郑声、正礼正名，刘勰受此影响，对于乐府、小说、谐隐、杂文等俗文学性质的文学创作评价很不好。笔者曾大力统计《文心雕龙》中出现过的作家作品，几乎都是历朝历代声名显赫的帝王将相、王公贵族、官宦名家及其作品，是贵文致用、树德建言思想标准的外化产物。我们间接可以看到，刘勰对齐国稷下文人集团、楚国兰陵文人集团、汉代梁孝王文人集团、建安邺下文人集团、三曹七子、竹林七贤、竟陵王文人集团、永明宫体文人集团这样的贵族官僚文人，往往是以“梓材之士”刮目相看的；而对于底层文人、俗乐俗文或新兴文学，往往是贬斥或不做讨论的。

因此，我们在寻找、探索、发现《文心雕龙》雅丽文学思想，并对其进行渊源、内涵、表现、运用、影响诸方面论述的同时，应该以刘勰提出的“唯务折衷”的思维方法论为主来进行对上述问题的讨论和分析。既要看到雅丽思想在特定历史时期出现的理论价值与积极影响，也要辩证地看到刘勰在运用上的一些不足。这是对刘勰伟大功绩的肯定，更是对他提出雅丽文学思想的尊重。

下　编

儒家诸子对《文心雕龙》成书的影响

通过上述第二章的分析，我们可以肯定地看出，《文心雕龙》文学思想是在折中数家之后，出于儒家文学思想。事实上，《文心雕龙》文学思想主要取法于先秦儒家与汉魏儒家文学思想，因此，探寻其渊源，就将主要在儒家思想与儒家文论传统中来进行。儒家文论征圣宗经，尚雅尚正，以之作为千年传统，自不待言；同时，儒家文论尚美尚丽，追求新变，在坚持不变中也向其他各家学习吸收，这一特点也有传统。

先秦时期，孔子文论提出“郁郁乎文”“绘事后素”“尽善尽美”“文质彬彬”诸说，论文采，讲文质，谈美素，是建立在礼乐政教思想基础上的尚雅兼美；孟子文学美学思想与诗乐理论相对薄弱，尚正论气，征圣宗经，虽不讲“丽”，谈“美”较多。先秦儒家发展到荀子，开始大谈特谈“情”“性”“美”“丽”“法”“术”精神，这是吸收了诸子各家优势之后的儒家新变精神与新变理论主张。

两汉文论，儒家占据了绝对优势。《毛诗序》提出“吟咏情性”“四始六义”“变风变雅”的文学抒情、写作方法与文学新变说；《乐记》主张“和乐”之美与音乐“物感”原理，二者为因情生丽、“辩丽本于情性”说的提出提供了理论基础。扬雄提出“五经含文”“丽则丽淫”“心声心画”“沉博绝丽”“自然之道”等折中儒、道的主张，在儒家文论史上第一次明确了“原道”“华实”“正丽”的观念；王充则大量论述尚美尚丽的物、人、情、心、文、篇的文学内容与风格特征的美丽精神，同时主张“疾虚妄”，求真实，反夸饰；汉末曹丕提出了“诗赋欲丽”的审美理论和“经国大业”的文章功能诸说。伴随辞赋创作的繁荣，两汉辞赋评论非常发达，诸家站在经与不经的立场上，对屈原与屈赋进行了矛盾交织但精彩迭出的许多论述，淮南王刘安认为屈赋兼备“好色而不淫，怨诽而不乱”的中和正采；班固以史学家、文学家、政治家的数重身份，尽管对屈原及其辞赋有所非议，也提出了屈赋“文辞丽雅，为词赋之宗”的意见；司马相如、扬雄、王逸、王充等人也有重要的评价；整体上看，辞赋评论是汉代经学与时代政治的附庸产物。

魏晋南北朝时期，虽然儒学式微，但是陆机《文赋》成为《文心雕龙》近代取法的主要来源，《文赋》折中儒、道，不仅论述“缘情绮靡”“体物浏亮”之“丽”，更将重点指向文学创作“如何能丽”的探讨，其物感说、风格论、情性论等与论丽相关的理论，都被刘勰继承了下来，尤其是“诗缘情”一说，直接《毛诗序》《礼记·乐记》《典论·论文》，是魏晋六朝诗赋理论中重情尚美一块的理论开启点。《文心雕龙》继承了先秦至魏晋儒家一脉的传统雅论与丽论主张，这些主张清晰地体现在全书的前后脉络中。

儒家诸子中，刘勰取法甚多，而以孔子、孟子、荀子、扬雄、王充、曹丕等人的文学思想为主要对象。而在所有儒家代表文论家之中，孔子、扬雄是最重要的两家。在儒家五经立体交织于《文心雕龙》的事实面前，王小盾、马白、戚良德等先生已经将《周易》对《文心雕龙》的影响研究推到了极致，余下四经论述则相对极少。但是本书不拟在五经影响角度展开渊源探索，因为五经与许多具体文学现象、体裁、创作得失、技法理论直接相关，并不是主要作为文学原理存在的。扬雄论征圣宗经，提出“在则人，亡则书”的观点，儒家诸子与五经、刘勰与《文心雕龙》符合这一原则，而历代以来对《文心雕龙》文学思想研究的若干人、文，或在或亡，都是笔者取法学习的对象资源。

故而，本部分内容意图通过对《文心雕龙》成书思想儒家渊源的理论梳理，在思想上探寻刘勰征圣宗经的经典意识与复古救弊的良苦用心和具体方法，在理论上探索《文心雕龙》思想的具体内容与先后传承的脉络。同时，为破除《文心雕龙》佛学影响诸说的谬误，还原并确立儒家主导论寻找充分而坚实的理论支持。

第三章　孔子的影响

综观刘勰对先秦、两汉、魏晋儒家思想的继承与吸收，其核心是在先秦孔子一家。一则孔子思想对《文心雕龙》的影响是全方位、根本性的，二则在《文心雕龙》思想影响的研究范围内，还没有研究者仔细进行过这样的梳理。笔者以为，孔子至少在以下方面对《文心雕龙》产生了根本的影响：一是作为刘勰创作该书的精神导师，二是对中道思维方法的全面运用和对中和之美文艺思想的全面追求，三是复古商周的文学观念，四是著书正乐的伟大举动，五是立体综合的学习修养理论，六是高超的言语艺术。以上各个方面的深刻影响，成为《文心雕龙》写作成书的骨干内容和主导思想，孔子文学美学思想是刘勰采纳的重中之重，以孔子为代表的儒家文学美学思想是《文心雕龙》成书的主导思想。

第一节　生平简介

孔子（前551年9月28日—前479年4月11日），子姓，孔氏，名丘，字仲尼，祖籍宋国栗邑（今河南省商丘市夏邑县），生于春秋时期鲁国陬邑（今山东省曲阜市）。孔子是中华文化思想的集大成者，儒家学说的创始人，古代伟大的思想家、政治家、教育家。他的哲学思想提倡“仁义”“礼乐”“德治教化”，以及“君以民为体”。儒学思想渗入中国人的生活、文化领域中，同时也影响了世界上其他地区的大部分人近两千年。孔子被联合国教科文组织评为“世界十大文化名人”之首。

据《史记·孔子世家》记载，孔子的祖上是殷商王室的后裔、宋国的贵族，先祖是商朝开国君主商汤。周初三监之乱后，为了安抚商朝的贵族及后裔，周公以周成王之命封商纣王的庶兄微子启于商丘建立宋国，奉殷商祀。微子启死后，其弟微仲即位，微仲是孔子的十五世祖，六世祖称孔父嘉。孔父嘉是宋国大夫，曾为大司马，封地位于宋国夏邑，在宫廷内乱中被太宰华督所杀，孔父嘉子木金父避难逃到鲁国的陬邑定居。木金父生孔防叔，孔防叔的孙子叔梁纥就是孔子的父亲，其官职为陬邑大夫。叔梁纥（叔梁为字，纥为名）是鲁国著名勇士，先娶施氏，生九女而无子，其妾生一子孟皮，但有足疾（另一说法为孟皮小时候爬树摔伤）。在当时的情况下，女子和残疾的儿子都不宜继嗣，于是叔梁纥晚年与年轻女子颜氏生下孔子。由于孔子刚出生时头顶的中间凹下，又因孔子的母亲曾去尼丘山祈祷，然后怀下孔子，故起名为丘，字仲尼（仲为第二的意思，叔梁纥的长子为孟皮，孟为第一的意思）。孔子三岁时候，叔梁纥病逝，之后，孔子的家境相当贫寒。

孔子极为聪明好学，二十岁时候，知识就已经非常渊博，被当时人称赞为“博学好礼”。鲜为人知的是，孔子继承了父亲叔梁纥的英勇，身高九尺六寸，臂力过人，远非后世一般书生的形象，并且孔子酒量超凡，据说从来没有喝醉过。但孔子从不以武勇和酒量等为豪。孔子青年时代曾做过“委吏”（管理仓库的小官)、“乘田”（管理牧场的小官)，事无大小，均能做到近乎完美。孔子由于超凡的能力和学识，很快得到提拔。孔子五十一岁的时候，被任命为中都宰，政绩非常显著；一年后升任司空，后又升任大司寇；五十六岁时，又升任代理宰相，兼管外交事务。

孔子执政仅三个月，鲁国内政外交等各个方面均大有起色，国家实力大增，百姓安居乐业，各守礼法，社会秩序非常好（史书上称“路不拾遗，夜不闭户”），奸佞之人和刁民纷纷出逃。同时，孔子还通过外交手段，逼迫齐国将在战争中侵略鲁国的大片领地还给了鲁国。齐国因孔子杰出的执政能力而备感威胁，于是设置送鲁哀公美女良马而让鲁国国君沉溺于酒色的计谋，以挤走道德至圣的孔子。孔子离开鲁国后周游列国，虽然大多数时候都受到了国君的礼遇，但由于他坚持的政治理想与当时急功近利的“霸道”不相符合，历经十四载不得重用。于是，孔子于公元前484年六十八岁时返回鲁国。由于种种原因，孔子在政治上没有过大的作为，但从治理鲁国的三个月，足可见孔子无愧于杰出政治家的称号。

政治上的不得意，使孔子可将很大一部分精力用在教育事业上。孔子打破了教育垄断，开创了私学。孔子弟子多达三千人，贤人七十二，其中有很多是各国高官栋梁。被后世尊为“亚圣”的孟子是孔子之孙孔伋（字子思）的再传弟子。在古代，小孩进学堂第一个拜的就是孔子。

孔子对后世影响深远，虽说他“述而不作”，但他在世时已被誉为“天纵之圣”“天之木铎”“千古圣人”，是当时社会上最博学者之一。后世尊称他为“至圣”（圣人之中的圣人)、“万世师表”，认为他曾修《诗》《书》《礼》《乐》四书，序《周易》

(称《十翼》，或称《易传》)，著《春秋》。《论语》是儒家学派的经典著作之一，由孔子的弟子及其再传弟子编撰而成，以语录体和对话文体为主，记录了孔子及其弟子言行，集中体现了孔子的政治主张、伦理思想、道德观念及教育原则等。《论语》很早就被纳入儒家五经之内，南宋朱熹将其与《大学》《中庸》《孟子》并称“四书”。通行本《论语》共二十篇，语言简洁精练，含义深刻，其中有许多言论至今仍被世人视为至理。

美国诗人、哲学家爱默生认为“孔子是全世界各民族的光荣”。英国历史学家、哲学家汤因比博士说，拯救二十一世纪人类社会的只有中国的儒家思想和大乘佛法。在世纪之交，孔子被联合国教科文组织评为“世界十大文化名人”之首。

第二节　《文心雕龙》的孔子评论

《文心雕龙》对孔子有无上的尊崇和敬爱之情，至少三十次直接论述到了孔子，这些论述集中地表现在《序志》《原道》《征圣》《宗经》《正纬》《史传》等核心篇目之中，并散见于全书的其他篇目。刘勰对孔子的顶礼膜拜贯通全书，见于以下各篇所论：

> 人文之元，肇自太极，幽赞神明，《易》象惟先。庖牺画其始，仲尼翼其终。(《原道》)
>
> 至夫子继圣，独秀前哲，镕钧六经，必金声而玉振。(《原道》)
>
> 爰自风姓，暨于孔氏，玄圣创典，素王述训，莫不原道

心以敷章，研神理而设教。(《原道》)

夫子文章，可得而闻，则圣人之情，见乎文辞矣。(《征圣》)

先王圣化，布在方册，夫子风采，溢于格言。(《征圣》)

征之周孔，则文有师矣。(《征圣》)

颜阖以为，仲尼饰羽而画，徒事华辞。虽欲訾圣，弗可得已。(《征圣》)

皇世《三坟》，帝代《五典》，重以《八索》，申以《九丘》。岁历绵暧，条流纷糅。自夫子删述，而大宝咸耀。(《宗经》)

有命自天，乃称符谶，而八十一篇，皆托于孔子，则是尧造绿图，昌制丹书，其伪三矣。(《正纬》)

于是伎数之士，附以诡术：或说阴阳，或序灾异，若鸟鸣似语，虫叶成字，篇条滋蔓，必假孔氏。(《正纬》)

故河不出图，夫子有叹；如或可造，无劳喟然。(《正纬》)

昔康王河图，陈于东序，故知前世符命，历代宝传。仲尼所撰，序录而已。(《正纬》)

周公慎言于金人，仲尼革容于欹器：列圣鉴戒，其来久矣。(《铭箴》)

逮尼父之卒，哀公作诔；观其慭遗之辞，呜呼之叹，虽非睿作，古式存焉。(《诔碑》)

昔者夫子闵王道之缺，伤斯文之坠；静居以叹凤，临衢而泣麟。于是就太师以正《雅》《颂》，因鲁史以修《春秋》；举得失以表黜陟，征存亡以摽劝戒。(《史传》)

比尧称典，则位杂中贤；法孔题经，则文非元圣。(《史传》)

若乃尊贤隐讳，固尼父之圣旨，盖纤瑕不能玷瑾瑜也。(《史传》)

史肇轩黄，体备周、孔。(《史传》)

及伯阳识礼，而仲尼访问；爰序道德，以冠百氏。然则鬻惟文友，李实孔师；圣贤并世，而经子异流矣。(《诸子》)

昔仲尼微言，门人追记，故抑其经目，称为《论语》。盖群论立名，始于兹矣。(《论说》)

迄至正始，务欲守文；何晏之徒，始盛玄论。于是聃、周当路，与尼父争涂矣。(《论说》)

刘琨诗言："宣尼悲获麟，西狩泣孔邱。"若斯重出，即对句之骈枝也。(《丽辞》)

夫《尔雅》者，孔徒之所纂，而《诗》《书》之襟带也。(《练字》)

齿在逾立，则尝夜梦执丹漆之礼器，随仲尼而南行。旦而寤，乃怡然而喜：大哉！圣人之难见也，乃小子之垂梦欤！(《序志》)

自生人以来，未有如夫子者也。(《序志》)

盖《周书》论辞，贵乎体要；尼父陈训，恶乎异端：辞、训之异，宜体于要。(《序志》)

在这些篇目中，《原道》主要谈到孔子继承先圣删述经典的伟绩，《征圣》主要谈到孔子作为经典作家的榜样示范作用，《正纬》主要抬出孔子来作为纬书"四伪"与反经不雅的照妖镜，

《史传》主要讲到孔子对史记文学体裁的创造之功与千年影响，《论说》主要讲到了《论语》在论体文学的首创之功与魏晋玄学谈玄论虚对儒学正统地位的冲击影响，《序志》主要讲到刘勰对孔子深及骨髓的崇拜之情与征圣为文的理论依据。《文心雕龙》之中，任何人的地位都没有孔子高。

在论述文学写作之道的过程中，刘勰将孔子及其言行运用于思想标杆、著书立说、文体发展、纠正弊端、具体创作、文字小学、文如其人、创作规律等方面。除了直接抬出孔子为自己的论述找论据，刘勰还处处以儒家五经为思想标准或艺术标准，作为衡量历时的文学史、共时的时代论、具体的作家作品、深刻的文学规律的第一武器。而这五经，始自文王、周公而重构于孔子的就有《诗》《书》《礼》《易》四经，加上创于孔子的《春秋》史传文学，五经无一不与孔子关系密切，所以说孔子的言行、思想对刘勰的影响毫无疑问是最为巨大的。非常遗憾的是，前贤对孔子（包括其他诸子）思想与《文心雕龙》关系的研究，均属泛论，而无具体论述。就具体表现而言，主要包括如下几个方面：一是以孔子为精神导师，以树德建言、立言不朽为《文心雕龙》的直接写作动力与终极写作目的；二是孔子的礼乐政教观念对刘勰建立复古返本的文学秩序有深远影响；三是孔子全面深刻的学习修养观念是《文心雕龙》作家修养论的核心指导思想。

第三节 作为精神导师的孔子

孔子在思想准则上推崇周代的礼法制度，追求复古有序的理想社会政治制度，这使他成为刘勰尊崇的精神导师。刘勰在内心渴望成为孔子在齐、梁文坛的代言人，以树德建言、立言不朽为《文心雕龙》的终极写作目的和写作动力，这是《文心雕龙》成书的一个思想前提。

首先，青年时代相似的贫贱经历与起而拯之的奋斗精神，是刘勰以孔子为“征圣”对象的起点。据《梁书·文学列传》记载：

> 刘勰字彦和，东莞莒人。祖灵真，宋司空秀之弟也。父尚，越骑校尉。勰早孤，笃志好学。家贫不婚娶，依沙门僧祐，与之居处，积十余年，遂博通经论，因区别部类，录而序之。①

《南史·文学列传》的记载与此大同小异：

> 刘勰字彦和，东莞莒人也。父尚，越骑校尉。勰早孤，笃志好学。家贫不婚娶，依沙门僧祐居，遂博通经论，因区别部类，录而序之。②

刘勰虽然出身士族，但到他这一代时，家道已经衰败，父亲早死，家贫不能婚娶，于是到定林寺跟随名僧僧祐学习，一共有十多年的时间。关于刘勰出身究竟是庶族还是士族的问题，他为什么不婚娶的问题，以及他到定林寺跟随僧祐学习的动机与目的，

---

① （唐）姚思廉：《梁书》（影印本），中华书局1997年版。后引《梁书》均依此版本，不再出注。

② （唐）李延寿：《南史》（影印本），中华书局1997年版。后引《南史》均依此版本，不再出注。

杨明照、王元化、张少康等先生论之已详，虽然观点有差异，但不是本文所论述的范围，故于此不述。笔者想说的是，刘勰由一个家道殷实、地位中上的士族青年，因为家庭的衰败而成为一个无法在社会立足容身的贫寒青年，这个变化对他的精神成长是有很大的影响的。幸运的是，刘勰没有消沉，没有坐以待毙，而是主动到名僧僧祐那里去学习提高。这本身就带有力争出头、重振家道的内在原因，长期的贫贱生活及当时等级森严的门阀制度使得他的进取求仕的理想难于实现。《文心雕龙》成书之后，刘勰是想以此晋身扬名的，所以他主动做出了拦道沈约而献书求誉的举动。① 因此，他在书中不方便直说当时社会用人制度的弊端与门阀垄断的森严。晚于刘勰的颜之推，因为已经身在北朝，所以在《颜氏家训·涉务》篇中对此做出了深入的分析与揭露：

> 吾见世中文学之士，品藻古今，若指诸掌，及有试用，多无所堪。居承平之世，不知有丧乱之祸；处庙堂之下，不知有战陈之急；保俸禄之资，不知有耕稼之苦；肆吏民之上，不知有劳役之勤，故难可以应世经务也。晋朝南渡，优借士族；故江南冠带，有才干者，擢为令仆已下尚书郎中书舍人已上，典掌机要。其余文义之士，多迂诞浮华，不涉世务；纤微过失，又惜行捶楚，所以处于清高，盖护其短也。

---

① 《梁书·刘勰传》记载此事说：“（《文心雕龙》）既成，未为时流所称。勰自重其文，欲取定于沈约。约时贵盛，无由自达，乃负其书，候约出，干之于车前，状若货鬻者。约便命取读，大重之，谓为深得文理，常陈诸几案。”这表明刘勰对《文心雕龙》质量的自信，也表明他不惜采用特殊手段力求成名的内心想法。

至于台阁令史，主书监帅，诸王签省，并晓习吏用，济办时须，纵有小人之态，皆可鞭杖肃督，故多见委使，盖用其长也。人每不自量，举世怨梁武帝父子爱小人而疏士大夫，此亦眼不能见其睫耳。

梁世士大夫，皆尚褒衣博带，大冠高履，出则车舆，入则扶侍，郊郭之内，无乘马者。周弘正为宣城王所爱，给一果下马，常服御之，举朝以为放达。至乃尚书郎乘马，则纠劾之。及侯景之乱，肤脆骨柔，不堪行步，体羸气弱，不耐寒暑，坐死仓猝者，往往而然。建康令王复性既儒雅，未尝乘骑，见马嘶喷陆梁，莫不震慑，乃谓人曰："正是虎，何故名为马乎？"其风俗至此。①

颜之推所论，实际上正是刘勰悲愤感慨的名位通塞而口不能言的弊端。这个弊端，从司马氏篡位曹魏以来，历经两晋、宋、齐四朝，愈演愈烈，寒门子弟无以出头，世家贵族则掌控了所有的高层权利。刘勰呼吁的"贵器用而兼文采"的"梓材"之士，往往散在民间草莽之中，不得为用。刘勰以此自况，但绝不消极对待，这个处下而思进思想的本源是来自孔子及其人生遭遇的。

司马迁《史记·孔子世家》载：孔子父亲叔梁纥本是鲁国贵族，晚年时"与颜氏女野合而生孔子"。孔子出生不久父亲就死了，母亲艰难地抚养他长大，甚至不告诉他父亲的坟墓在哪里。

① 高潮、甘华鸣总编，徐兆仁主编：《中国韬略大典·颜氏家训》，中国国际广播出版社1997年版，第2852~2853页。

在十七岁以前，孔子生活非常艰难，他自述“吾少也贱”，做过许多为求生存而不得不干的杂事卑贱之事，甚至被阳虎当众羞辱。孔子一生也主要是处于个人理想不能实现、政治抱负不能伸张的郁闷境地，《史记·孔子世家》曾精辟地总结过他的一生经历：

> 孔子贫且贱。及长，尝为季氏史，料量平；尝为司职吏而畜蕃息。由是为司空。已而去鲁，斥乎齐，逐乎宋、卫，困于陈、蔡之间，于是反鲁。

但是，刘勰尊奉孔子更主要的原因在于孔子经国致用的功业感召与恢复礼乐、独身卫道的崇高思想。孔子本人出生贫贱，青年时代生存艰难，但是坚持上进的精神，成年成名后文武双修、建功立业的壮举，使同样出身下层、早年丧父的青年刘勰内心产生了强烈的共鸣。孔子对刘勰的精神世界有巨大的影响。《文心雕龙·程器》篇主张文士应该文武双备，“摛文必在纬军国”，就源于对孔子学文尚用、维护礼法、为国立功、刚毅坚强精神的尊崇，也是对当时国家政治人物精神气质孱弱不振风气的批评①。《颜氏家训》记载了颜之推目睹的一些不良风气：

> （余）多见士大夫耻涉农商，差务工伎，射则不能穿札，笔则才记姓名，饱食醉酒，忽忽无事，以此销日，以此终

① 关于此点，论述较为充分的有刘永济先生《文心雕龙校释》与曹顺庆先生《中西比较诗学》等，可参。

年。或因家世余绪，得一阶半级，便自为足，全忘修学；及有吉凶大事，议论得失，蒙然张口，如坐云雾；公私宴集，谈古赋诗，塞默低头，欠伸而已。有识旁观，代其入地。何惜数年勤学，长受一生愧辱哉！

梁朝全盛之时，贵游子弟，多无学术，至于谚云："上车不落则著作，体中何如则秘书。"无不熏衣剃面，傅粉施朱，驾长檐车，跟高齿屐，坐棋子方褥，凭斑丝隐囊，列器玩于左右，从容出入，望若神仙。明经求第，则顾人答策；三九公宴，则假手赋诗。当尔之时，亦快士也。及离乱之后，朝市迁革，铨衡选举，非复曩者之亲；当路秉权，不见昔时之党。求诸身而无所得，施之世而无所用。被褐而丧珠，失皮而露质，兀若枯木，泊若穷流，鹿独戎马之间，转死沟壑之际。当尔之时，诚驽材也。有学艺者，触地而安。自荒乱以来，诸见俘虏，虽百世小人，知读《论语》《孝经》者，尚为人师；虽千载冠冕，不晓书记者，莫不耕田养马。以此观之，安可不自勉耶？若能常保数百卷书，千载终不为小人也。①

颜之推后于刘勰，身在北朝，他敢于直接揭露这些弊端。刘勰身在南朝，采用了隐晦间接的表达策略。对"上车不落则著作，体中何如则秘书"的腐败孱弱风气与"明经求第，则顾人答策；三九公宴，则假手赋诗"的舞弊擅权者进行了间接讽刺，说：

---

① 高潮、甘华鸣总编，徐兆仁主编：《中国韬略大典·颜氏家训》，第2823~2824页。

> 盖人禀五材，修短殊用；自非上哲，难以求备。然将相以位隆特达，文士以职卑多诮，此江河所以腾涌，涓流所以寸折者也。名之抑扬，既其然矣；位之通塞，亦有以焉。(《程器》)

刘勰借古讽今，强烈地表达了自己对名位通塞的意见，以及对因为门阀控制使自己名不扬且位不通的生存现实极为不满。刘勰的人生愿望不得实现，极为苦闷，但他逆社会陋习而动，不坠青云之志：

> 盖士之登庸，以成务为用。鲁之敬姜，妇人之聪明耳。然推其机综，以方治国；安有丈夫学文，而不达于政事哉？彼扬、马之徒，有文无质，所以终乎下位也。昔庾元规才华清英，勋庸有声，故文艺不称；若非台岳，则正以文才也。文武之术，左右惟宜。(《程器》)

刘勰决心“以成务为用”来勉励自己，以“安有丈夫学文，而不达于政事哉”的志向来鼓舞自己，以“文武之术，左右惟宜”的思想来激励自己。而上述种种内在理想动力的化身的最佳人选是孔子。刘勰提出的“摛文必在纬军国，负重必在任栋梁；穷则独善以垂文，达则奉时以骋绩”的文士人生理想，孔子完全符合他的这些论述，可以说是为其量身定做的评价标准。刘勰借此寄托自己的人生理想，决心做一个“文武之术，左右惟宜”而且能够“丈夫学文，达于政事”的孔子式的人物。说孔子是刘勰的精神导师，是完全符合青年刘勰的精神追求的。《序志》篇有两个略带神秘色彩的美梦故事，显示了这种精神影响对刘勰成长的巨大作用：

> 予生七龄，乃梦彩云若锦，则攀而采之。齿在逾立，则尝夜梦执丹漆之礼器，随仲尼而南行。旦而寤，乃怡然而喜：大哉！圣人之难见也，乃小子之垂梦欤！

刘勰在童年与而立时候两次梦见孔子，是否真实，无法求证。其实他本人想说的是：圣人难见，而我见了两次，如何能够不高兴？是不是孔子要我做点什么事呢？有这个可能。读《序志》篇就知道，刘勰决定写《文心雕龙》，是因为解经不如汉儒，而文章功能巨大，加上生命极为脆弱，于是再难都不怕，得罪人（批评汉魏十家文论）也不要紧，他要的是求实，是表达自己对“为文之用心”的看法。这与孔子“迂”而不改何其相似！《文心雕龙》体大虑周，是在综合论述数千年的文学史、创作论、品评数以百计的作家作品并常常独创立论的基础上写出来的，鉴于其难度之大，是否也可以将刘勰看作六朝文学发展的理论卫道者呢？

至少在刘勰自己看来，他是具有这样“贵器用而兼文采”的本事的，属于《周书》论士称许的“梓材”，他模仿效法的对象就是孔子。《文心雕龙》独列《征圣》一篇，以周公、孔子为儒家两大圣人，而重心在于继续赞美孔子。

第四节　著书正乐与立言不朽

孔子从政受阻，退而求其次，开始著书立言。《史记·孔子世家》载：“季氏亦僭于公室，陪臣执国政，是以鲁自大夫以下皆僭离于正道。故孔子不仕，退而修《诗》《书》《礼》《乐》，弟子弥众，至自远方，莫不受业焉。”孔子著书立言、正定雅乐的壮举，对刘勰具有积极的影响。《文心雕龙》不仅处处张扬“宗经”的思想，还以孔子著书正乐的举动为榜样，阐明了自己的写作动力。孔子删述《周易》《诗经》《礼记》《尚书》，写作《春秋》，正定《雅》《颂》，后世相传的儒家五经都与他有直接关系。孔子从维护周礼的角度出发，主张继承传统：

> 子曰：“法语之言，能无从乎？改之为贵。巽与之言，能无说乎？绎之为贵。说而不绎，从而不改，吾未如之何也已矣。”（《论语·子罕》）

这是孔子宗经思想的理论依据。孔子既强调法语之言，又主张改之为贵，重构已有的法语之言。《淮南子·氾论训》讽刺说：

> 王道缺而《诗》作；周室废，礼义坏，而《春秋》作。《诗》《春秋》，学之美者也，皆衰世之造也。儒者循之，以教导于世，岂若三代之盛哉？以《诗》《春秋》为古之道而贵之，又有未作《诗》《春秋》之时。夫道其缺也，不若道其全也。诵先王之《诗》《书》，不若闻得其言；闻得其言，不若得其所以言；得其所以言者，言弗能言也。①

这段话说到了孔子删述经典的背景与不足，大有一代不如一代，写了不如不写的意见在内。《淮南子》以为：先王之言已经不得

---

① 陈广忠校理：《淮南鸿烈解》，黄山书社 2012 年版，第 346 页。

而闻，今天传下来的《诗》《书》记录的是文字，不如语言；万一先王的语言我们能听到的话，又比不上语言背后的王道规律，这个“言弗能言”的东西，实际上就是没有说出来的“道”。因此，道—言—文三者呈现出由形而上到形而下的关系。这种从无到有的关系表明，文是无法载道的，何况在“周室废，礼义坏”的“衰世”重定或写作的《诗》《书》《春秋》呢？这个意见有道理，因为孔子毕竟不是上古三王时代的人，他再怎么删述，也不可能复原经典，所以，承续文化礼制，首先靠的是直面惨淡人生、力挽周室危局的勇气。《史记·孔子世家》记录了孔子重构经典的文化壮举：

> 孔子之时，周室微而礼乐废，《诗》《书》缺。追迹三代之礼，序《书传》，上纪唐虞之际，下至秦缪，编次其事。曰：“夏礼吾能言之，杞不足征也。殷礼吾能言之，宋不足征也。足，则吾能征之矣。”观殷夏所损益，曰：“后虽百世可知也，以一文一质。周监二代，郁郁乎文哉。吾从周。”故《书传》《礼记》自孔氏。

从文学的角度，这是文学经典与文风雅丽的来源。没有孔子，我们后人还能不能看到这些经典，是不好说的。《史记·儒林列传》记载此事曰：

> 太史公曰：余读功令，至于广厉学官之路，未尝不废书而叹也。曰：嗟乎！夫周室衰而《关雎》作，幽厉微而礼乐坏，诸侯恣行，政由强国。故孔子闵王路废而邪道兴，于是

论次《诗》《书》，修起《礼》《乐》。适齐闻《韶》，三月不知肉味。自卫返鲁，然后乐正，《雅》《颂》各得其所。世以混浊莫能用，是以仲尼干七十余君无所遇，曰“苟有用我者，期月而已矣”。西狩获麟，曰“吾道穷矣”。故因史记作《春秋》，以当王法，其辞微而指博，后世学者多录焉。

司马迁两次说到《诗》《书》《礼》《乐》四经是经过孔子“论次”“修起”而成的，并且《雅》《颂》之《乐》的“正”与《春秋》一书的“作”，都是孔子独立完成的工作。在删述、解构经典与重构经典的过程中，孔子最喜欢的是《周易》一书：

孔子晚而喜《易》，序《彖》《系》《象》《说卦》《文言》。读《易》，韦编三绝。曰：“假我数年，若是，我于《易》则彬彬矣。”(《史记 · 孔子世家》)

今天我们看到的《周易》，不是一人一时的创作，而是多人多时创作的结晶。其中，孔子是重要作者之一，刘勰《宗经》所说的“《易》张十翼”，就是孔子“序《彖》《系》《象》《说卦》《文言》”所作的内容。子曰：“加我数年，五十以学《易》，可以无大过矣。”(《论语 · 述而》)这不仅是孔子对儒家经典的重视，还体现了他对于读《周易》而能知天命的认识。《荀子 · 劝学》篇：“君子博学而参省乎己，则知明而行无过矣。”孔子认为学《易》可以使人语言行为没有大的过错，可见他对《易》是非常重视的。其喜《易》好《易》，达到“韦编三绝”的程度。杨树达《论语疏证》解此：“《易 · 系辞上 · 传》曰：是故君子所居而安者，《易》之序也；所乐而玩者，爻之辞也。是故君子居则观其象而玩其辞，动则观其变而玩其占，是以自天祐之，吉无不利。”《周易》一书思想内容渊深无极，难以穷究，孔子也入了迷。刘勰《文心雕龙》书中，以《周易》为五经之首，征引一百四十二处。王小盾、戚良德等学者以为《周易》是《文心雕龙》思想之本源。刘勰对《周易》如此重视，这不能不说与孔子著《易》而大增其内容与提倡其理论价值有关。

孔子严谨务实，他自述在政治追求失败后，写作《春秋》一书的缘起与目的时说：

> 子曰：“弗乎弗乎，君子病没世而名不称焉。吾道不行矣，吾何以自见于后世哉？”乃因史记作《春秋》，上至隐公，下讫哀公十四年，十二公。据鲁，亲周，故殷，运之三代。约其文辞而指博。故吴、楚之君自称王，而《春秋》贬之曰“子”；践土之会实召周天子，而《春秋》讳之曰“天王狩于河阳”：推此类以绳当世。贬损之义，后有王者举而开之。《春秋》之义行，则天下乱臣贼子惧焉。（《史记·孔子世家》）

“君子病没世而名不称”，孔子非常担心名节不彰，不能“自见于后世”，故而著述立论。写作《春秋》是想以此载道之外，更希望能彰显名节。刘勰在《序志》篇里，非常明确地表达了自己的写书的理想追求：

> 形同草木之脆，名逾金石之坚，是以君子处世，树德建

言。岂好辩哉？不得已也！

不得已“树德建言”的刘勰，是在向孔子学习，思慕之心昭然如此。《文心雕龙·诸子》篇中充满了这样的名节观念，开篇就说：

诸子者，述道见志之书。太上立德，其次立言。百姓之群居，苦纷杂而莫显；君子之处世，疾名德之不章。唯英才特达，则炳曜垂文，腾其姓氏，悬诸日月焉。

结尾又论：

身与时舛，志共道申；标心于万古之上，而送怀于千载之下；金石靡矣，声其销乎？

赞语再申：

丈夫处世，怀宝挺秀。

孔子“病没世而名不称”，刘勰“疾名德之不章”；孔子担心“何以自见于后世哉？”刘勰担心“金石靡矣，声其销乎？”孔子作《春秋》，是想“推此类以绳当世”，刘勰作《文心雕龙》，是想“文果载心，余心有寄”，“标心于万古之上，而送怀于千载之下”。两相比照，刘勰著书的目的，是以孔子为师，效法之以做“文章”这一特定领域内的孔子第二，至少在扬名后世这一点上二者是一致的。

孔子是想以《春秋》一书作为记录历史，以绳当世的利器，达到"《春秋》之义行，则天下乱臣贼子惧焉"的效果。而且，严格按照自己的意见标准来衡量国家政治，这个标准就是礼乐制度。故而采用纪实实录的笔法，且不顾这样做会得罪于人的后果：

> 孔子在位听讼，文辞有可与人共者，弗独有也。至于为《春秋》，笔则笔，削则削，子夏之徒不能赞一辞。弟子受《春秋》，孔子曰："后世知丘者以《春秋》，而罪丘者亦以《春秋》。"(《史记·孔子世家》)

这是《春秋》"实录"笔法的本义体现。孔子的意思，核心在于"以文载道"，而读者能够"观文明道"。孔子以身作则，以此教授弟子，从思想上规范他们的想法。对于"后世知丘者以《春秋》，而罪丘者亦以《春秋》"的事情，即使在遭遇困厄的时候，孔子也从来没有动摇过、惧怕过。《孔子世家》载，孔子中年遭遇齐国的反间计，被迫离开鲁国后游历天下，主要在卫、陈、蔡、郑等小国辗转流离，皆不被重用，而且时时遇到猜忌、陷害，数度流离失所，困厄不堪。在外十三年中，虽然差点得到楚昭王的七百里封赏，仍然被顾忌会最终威胁到楚国江山而不被重用。在匡、蒲等小国，还多次遇险，差点身死人手，可谓潦倒之至。但是，孔子从来没有动摇过自己的政治主张与内心要求，面对多次的机遇都是这样，即便不被任用，也要继续坚持，做一个悲情的卫道者。他写作《春秋》，就是要实事求是地记录历史，使之成为以文述政的利器。刘勰完全继承了这个做法，《序志》

自述写作《文心雕龙》一书的基本动机：

自生人以来，未有如夫子者也。敷赞圣旨，莫若注经；而马、郑诸儒，弘之已精，就有深解，未足立家。唯文章之用，实经典枝条。五礼资之以成，六典因之致用；君臣所以炳焕，军国所以昭明：详其本源，莫非经典。而去圣久远，文体解散。辞人爱奇，言贵浮诡；饰羽尚画，文绣鞶帨：离本弥甚，将遂讹滥。盖《周书》论辞，贵乎体要；尼父陈训，恶乎异端：辞训之异，宜体于要。于是搦笔和墨，乃始论文。

刘勰自述心路，告诉读者：我本来是想注解经书，以求对圣人的思想做最近距离的领悟，但是前贤之作已经达到了很高的水准，我这条路就被堵死了；因为文章具有“经国之大业，不朽之盛事”（《典论·论文》）的巨大功效，使我看到了重新接近夫子的希望；而且，千年以来，文学的发展已经从孔门四科之一的正确方向出现了许多问题，我现在写这本书，就是想通过指出这些问题，重申夫子的主张，使文学在正途上良好地发展下去。刘勰内心真诚地尊崇孔子的言行与思想，才说得出这样充满感激的话。

孔子重构文学经典之后，又从《诗》《乐》结合的角度，正定了雅乐，作出了另一项巨大的贡献：

孔子语鲁大师：“乐其可知也。始作翕如，纵之纯如，皦如，绎如也，以成。”“吾自卫反鲁，然后乐正，《雅》《颂》各得其所。”古者《诗》三千余篇，及至孔子，去其重，取可施于礼义，上采契、后稷，中述殷、周之盛，至

> 幽、厉之缺，始于衽席，故曰“《关雎》之乱以为《风》始，《鹿鸣》为《小雅》始，《文王》为《大雅》始，《清庙》为《颂》始”。三百五篇孔子皆弦歌之，以求合《韶》《武》《雅》《颂》之音。礼乐自此可得而述，以备王道，成六艺。(《史记·孔子世家》)

孔子保存经典文献与正定雅乐，这些在政治理想不得施展之后进行的种种著书立说的举动，是刘勰“树德建言”的写作动力之源泉。《宗经》篇说：

> 皇世《三坟》，帝代《五典》，重以《八索》，申以《九丘》。岁历绵暧，条流纷糅。自夫子删述，而大宝咸耀。于是《易》张十翼，《书》标七观，《诗》列四始，《礼》正五经，《春秋》五例。义既极乎性情，辞亦匠于文理，故能开学养正，昭明有融。

刘勰首先赞美了五经“自夫子删述，而大宝咸耀”的经过，然后指出其能够“开学养正，昭明有融”的作用。《程器》篇顺势说道：

> 是以君子藏器，待时而动，发挥事业。固宜蓄素以弸中，散采以彪外；楩楠其质，豫章其干。摛文必在纬军国，负重必在任栋梁；穷则独善以垂文，达则奉时以骋绩：若此文人，应梓材之士矣。

刘勰的人生理想是“穷则独善以垂文，达则奉时以骋绩”，这种追求立功立德、待时而动的思想，不为外界改变自己追求的思想是直接取法于孔子的人生遭际与坚持不屈精神的。这种精神对刘勰有着根本的影响，早就有研究者指出：刘勰写作《文心雕龙》一书，不得不说是带有“待时而动，发挥事业”的经世致用目的的，这个目的的实现是“摛文必在纬军国，负重必在任栋梁”的内因使然，故而刘勰早年依托于僧祐、书成后拦道于沈约，都有出世求进的想法。① 孔子作为重构儒家经典的圣人，名垂青史，滋养百代，他的著书立言行为深深地感染了刘勰，这是他决心写成《文心雕龙》并以孔子思想为准绳的重要原因。

《晋书·儒林列传·序》称赞孔子重构经典的行为说：

> 昔周德既衰，诸侯力政，礼经废缺，雅颂陵夷。夫子将圣多能，固天攸纵，叹凤鸟之不至，伤麟出之非时，于是乃删《诗》《书》，定礼乐，赞《易》道，修《春秋》，载籍逸而复存，风雅变而还正。其后卜商、卫赐、田、吴、孙、孟之俦，或亲禀微言，或传闻大义，犹能强晋存鲁，藩魏却秦，既抗礼于邦君，亦驰声于海内。②

孔子的伟绩体现在两个方面：一是“载籍逸而复存，风雅变而还正”，为文化事业续脉；二是影响到卜商、孟子等人，继续干政诸侯、发扬儒道。更为主要的是，孔子重构的六经具有伟大的功能。《原道》论曰：

---

① 杨明照、王元化、张少康先生等论此较多，可参。

② （唐）房玄龄等：《晋书》（影印本），中华书局 1997 年版。后引《晋书》皆依此版本，不再出注。

爰自风姓，暨于孔氏，玄圣创典，素王述训，莫不原道心以敷章，研神理而设教，取象乎河洛，问数乎蓍龟，观天文以极变，察人文以成化；然后能经纬区宇，弥纶彝宪，发挥事业，彪炳辞义。故知道沿圣以垂文，圣因文而明道，旁通而无滞，日用而不匮。《易》曰："鼓天下之动者，存乎辞。"辞之所以能鼓天下者，乃道之文也。

用刘勰的话说，这些经典具有"贵器用而兼文采"的双优特色，其核心在于"为用"的一面：能"经纬区宇，弥纶彝宪，发挥事业，彪炳辞义"，能"旁通而无滞，日用而不匮"，能"鼓天下之动"，具有强大的政教功能与日用功能。

刘勰面对儒学不兴、文风讹滥的现状，注重从复古尊孔的角度入手，在礼法规矩中吸取有用因素，建立讲究秩序、遵循规律的文学发展正途。这是刘勰所追求的核心目标之一。《序志》篇论述《文心雕龙》的写作动因说：

去圣久远，文体解散。辞人爱奇，言贵浮诡；饰羽尚画，文绣鞶帨：离本弥甚，将遂讹滥。盖《周书》论辞，贵乎体要；尼父陈训，恶乎异端：辞训之异，宜体于要。于是搦笔和墨，乃始论文。

刘勰面对的齐、梁文坛，是自"楚艳汉侈，流弊不还"（《宗经》）以来，建安与晋宋文学"从质及讹""竞今疏古"（《通变》）而"离本弥甚，将遂讹滥"的糟糕局面，因此，在现实创作与当代理论中去寻找救弊良方已属不可能。因为刘勰深刻地洞察到，文学是不能离开社会思潮、审美思潮、政治制度乃至君王喜好而独立发展的。在礼崩乐坏的环境，文学亦不能幸免。以下数例，或可说明当时儒学不兴、文学发展离经叛道的大坏局面。

《晋书·儒林列传·序》：

有晋始自中朝，迄于江左，莫不崇饰华竞，祖述虚玄，摈阙里之典经，习正始之余论，指礼法为流俗，目纵诞以清高，遂使宪章弛废，名教颓毁，五胡乘间而竞逐，二京继踵以沦胥，运极道消，可为长叹息者矣。

《陈书·儒林列传·序》：

魏、晋浮荡，儒教沦歇，公卿士庶，罕通经业矣。①

《南史·儒林列传·序》：

故自两汉登贤，咸资经术。洎魏正始以后，更尚玄虚，公卿士庶，罕通经业。时荀颉、挚虞之徒，虽议创制，未有能易俗移风者也。自是中原横溃，衣冠道尽。逮江左草创，日不暇给，以迄宋、齐，国学时或开置，而劝课未博，建之不能十年，盖取文具而已。是时乡里莫或开馆，公卿罕通经术，朝廷大儒，独学而弗肯养众，后生孤陋，拥经而无所讲

① （唐）姚思廉：《陈书》（影印本），中华书局 1997 年版。后引《陈书》皆依此版本，不再出注。

习，大道之郁也久矣乎！

《周书·儒林列传·序》：

雕虫是贵，魏道所以陵夷；玄风既兴，晋纲于焉大坏。①

《魏书·儒林列传·序》：

自晋永嘉之后，运钟丧乱，宇内分崩，群凶肆祸，生民不见俎豆之容，黔首唯睹戎马之迹，礼乐文章，扫地将尽。②

《隋书·儒林列传·序》：

自晋室分崩，中原丧乱，五胡交争，经籍道尽。③

《北史·儒林列传·序》：

自永嘉之后，宇内分崩，礼乐文章，扫地将尽。④

---

① （唐）令狐德棻等：《周书》（影印本），中华书局1997年版。后引《周书》皆依此版本，不再出注。

② （北齐）魏收：《魏书》（影印本），中华书局1997年版。后引《魏书》皆依此版本，不再出注。

③ （唐）魏徵等：《隋书》（影印本），中华书局1997年版。后引《隋书》皆依此版本，不再出注。

④ （唐）李延寿：《北史》（影印本），中华书局1997年版。后引《北史》皆依此版本，不再出注。

以上征引文献共同指向了一个严峻的问题：自汉魏动乱以来，南北六朝的整体政治格局是动荡混乱的，学术思想“崇饰华竞，祖述虚玄”，儒学式微，文坛“运极道消”而“礼乐文章，扫地将尽”。最明显的莫过于刘勰生活的齐、梁时代，状况非常糟糕。据《梁书·儒林列传·序》所载：

> 汉末丧乱，其道遂衰。魏正始以后，仍尚玄虚之学，为儒者盖寡。时荀颉、挚虞之徒，虽删定新礼，改官职，未能易俗移风。自是中原横溃，衣冠殄尽。江左草创，日不暇给，以迄于宋、齐，国学时或开置，而劝课未博，建之不及十年，盖取文具，废之多历世祀，其弃也忽诸。乡里莫或开馆，公卿罕通经术，朝廷大儒，独学而弗肯养众，后生孤陋，拥经而无所讲习。三德六艺，其废久矣。

自“汉末丧乱，其道遂衰”以来数百年，崇尚玄虚、儒道陵替的结果是，当时的儒生已经从“博学乎六艺之文”的“古之儒者”蜕化成了“孤陋独学”“罕通经术”的家伙，刘勰面对的是“三德六艺，其废久矣”的孱弱局面。

这样，就必须在古代的创作或理论中去寻找解决办法。刘勰极力为自己的文论主张找到万人敬仰的复古经典范例，这个范例就是孔子及其复古尚法的理论主张。可以说，孔子的政教、诗教理论使他成为儒家文论史上第一位主张征圣复古、建立文学发展秩序的理论家。《汉书·儒林传·序》详细记载了孔子的征圣、宗经思想：

古之儒者，博学虖六艺之文。六艺者，王教之典籍，先圣所以明天道，正人伦，致至治之成法也。周道既衰，坏于幽、厉，礼乐征伐自诸侯出，陵夷二百余年而孔子兴，以圣德遭季世，知言之不用而道不行，乃叹曰："凤鸟不至，河不出图，吾已矣夫！""文王既没，文不在兹乎？"于是应聘诸侯，以答礼行谊。西入周，南至楚，畏匡厄陈，奸（按：同"干"）七十余君。适齐闻《韶》，三月不知肉味；自卫反鲁，然后乐正，《雅》《颂》各得其所。究观古今之篇籍，乃称曰："大哉，尧之为君也！唯天为大，唯尧则之。巍巍乎其有成功也，焕乎其有文章！"又曰："周监于二代，郁郁乎文哉！吾从周。"于是叙《书》则断《尧典》，称乐则法《韶》舞，论《诗》则首《周南》。缀周之礼，因鲁《春秋》，举十二公行事，绳之以文、武之道，成一王法，至获麟而止。盖晚而好《易》，读之韦编三绝，而为之传。皆因近圣之事，以立先王之教，故曰："述而不作，信而好古"；"下学而上达，知我者其天乎！"①

班固的记述，除了将孔子整理经典、创作《春秋》、正定雅乐的起因经过描述得非常细致，还强调了孔子是在征圣、宗经心态下完成这些工作的，揭示了孔子的内心取法与精神动力之源泉是"皆因近圣之事，以立先王之教"。

---

① （汉）班固：《汉书》（影印本），中华书局 1997 年版。后引《汉书》皆依此版本，不再出注。

第五节 雅正的文艺思想

孔子的政教、诗教理论使他成为儒家文论史上第一位主张征圣复古并建立文学发展秩序的理论家，《汉书·儒林传》等文献详细记载了孔子的征圣宗经的思想与著书正乐的行为及其动力源泉。孔子面对礼崩乐坏的局面，尊奉周文王，感慨“文王既没，文不在兹乎?”尊崇唐尧，称曰：“大哉，尧之为君也！唯天为大，唯尧则之。”唐尧之世，“焕乎其有文章!”周文王作《易》，于是孔子“晚而好《易》，读之韦编三绝，而为之传”。同时，孔子对周公的辅佐成王、制定六经、规范礼乐、经世致用、立功立德，称赞有加，并以之为榜样，在《论语》中反复申述自己对周公仁政致用、化成天下、泽被后世言行的钦羡之情。孔子毕生以复兴礼乐、宣讲仁政、投身政治为荣，历经困厄而百折不回，亲身卫道而规矩谨严，才使他成为周公之后的另一位标志式的儒家圣人，也被孟子、荀子、扬雄、刘勰等人奉为毕生追随膜拜的对象。

正是因为对孔子言行思想的崇拜，刘勰才会在梦里与孔子幸会，并以之为此生尊奉儒家思想的精神导师。《文心雕龙》的写作，实际上是刘勰以孔子为自身内在动力的外化成果。刘勰面对的六朝政治与文坛现状，同样是礼崩乐坏、战乱频仍的政治格局，流弊不还、新奇讹滥的文学现实，百家争鸣、诸子交锋的思想大潮，文学的正确发展必须要有一个精神世界的领袖，如同孔子“征圣”尊奉文王与周公，刘勰“征圣”选定的是孔子。《文心雕龙》一书就是刘勰在孔子卫道精神的感染下，为纠正文学发展的不良倾向而作。《文心雕龙》雅丽思想与孔子追求雅正的礼乐思想密切相关，主要有以下内容：

一、正色观念

在推行中和礼法的过程中，孔子对正色服饰观念的提倡，也是礼仪尚中的一项重要外在修饰规定：

> 君子不以绀緅饰，红紫不以为亵服。当暑，袗絺绤，必表而出之。缁衣羔裘，素衣麑裘，黄衣狐裘。亵裘长，短右袂。必有寝衣，长一身有半。狐貉之厚以居。去丧，无所不佩。非帷裳，必杀之。羔裘玄冠不以吊。吉月，必朝服而朝。（《论语·乡党》）

这一段涉及古礼，以“君子”开头，严格来说，应该是孔门对弟子的具体穿着礼仪、服饰色彩的要求，当然，孔子在平日也是如此着装。总的来说，可视为孔门自身学礼和习礼的教育或规范，对于服饰的颜色、款式、季节、场合有明确严格的规定。孔子曾态度鲜明地说：“恶紫之夺朱也，恶郑声之乱雅乐也，恶利口之覆邦家者。”（《论语·阳货》）这里提到的“朱”是大红色，古代传统称为正色；紫是红色和蓝色混合而成的颜色，虽与红色接近，但不是正色而是杂色，或称间色。史载鲁桓公和齐桓公都喜欢穿紫色衣服，可见在春秋时期，紫色已取代了朱色的传统地位，连诸侯的衣服都以紫色为正色了。而孔子认为，朱色的光彩与地位不应被紫色所夺去。孔子提倡的正色观念，对刘勰雅正的文采观有巨大的影响。刘勰的文学色彩观极为浓厚强烈，常常以自然、草木、鸟兽、云彩之色彩比喻文章，主张朱为正色，贬斥紫为间色，将孔子服饰正色的观念转化到了文学创作与理论研究上。

在《序志》篇里，刘勰为自己尊崇孔子的思想设置了一个美妙的出场仪式："予生七龄，乃梦彩云若锦，则攀而采之。""彩云若锦"是绚烂七色的天地辉光，刘勰"攀而采之"，与他"文源于道"、自然有采的文学思想暗合：

> 夫玄黄色杂，方圆体分，日月叠璧，以垂丽天之象；山川焕绮，以铺理地之形：此盖道之文也。(《原道》)
>
> 傍及万品，动植皆文：龙凤以藻绘呈瑞，虎豹以炳蔚凝姿；云霞雕色，有逾画工之妙；草木贲华，无待锦匠之奇。夫岂外饰？盖自然耳。至于林籁结响，调如竽瑟；泉石激韵，和若球锽：故形立则章成矣，声发则文生矣。夫以无识之物，郁然有采，有心之器，其无文欤？(《原道》)

在刘勰看来，天地万物是郁然有采的，人文文章源自自然，当然也应该色彩绚烂，故而于书中反复申说声文、形文，尤其人文应该华美之意：

> 是以绘事图色，文辞尽情；色糅而犬马殊形，情交而雅俗异势。(《定势》)
>
> 圣贤书辞，总称文章，非采而何？夫水性虚而沦漪结，木体实而花萼振：文附质也。虎豹无文，则鞟同犬羊；犀兕有皮，而色资丹漆：质待文也。(《情采》)
>
> 故立文之道，其理有三：一曰形文，五色是也；二曰

声文，五音是也；三曰情文，五性是也。五色杂而成黼黻，五音比而成《韶》《夏》，五性发而为辞章：神理之数也。(《情采》)

刘勰辩证地指出，有文采当然是好事，但是片面追求文采就会走向只重视文采而忽略思想内容的极端，这是不对的。《序志》指出“辞人爱奇，言贵浮诡；饰羽尚画，文绣鞶帨：离本弥甚，将遂讹滥”的创作现象，而这类现象是普遍地存在于文学发展过程中的，比如：

穷瑰奇之服馔，极蛊媚之声色：甘意摇骨髓，艳词洞魂识。虽始之以淫侈，而终之以居正，然讽一劝百，势不自反。(《杂文》)

然才冠鸿笔，多疏尺牍；譬九方堙之识骏足，而不知毛色牝牡也。(《书记》)

今才颖之士，刻意学文；多略汉篇，师范宋集：虽古今备阅，然近附而远疏矣。夫青生于蓝，绛生于蒨；虽逾本色，不能复化。桓君山云：“予见新进丽文，美而无采；及见刘、扬言辞，常辄有得。”此其验也。故练青濯绛，必归蓝蒨；矫讹翻浅，还宗经诰。斯斟酌乎质文之间，而檃括乎雅俗之际，可与言通变矣。(《通变》)

文体的创造、言辞的运用、文意的表达、学习的模仿等方面，都存在色彩混杂、不辨本色、瑰奇讹滥的问题，刘勰主张一定要以正色、经诰为准纠正之。这又回到孔子那里，《序志》说：“齿在逾立，则尝夜梦执丹漆之礼器，随仲尼而南行。”礼器外润丹漆，由彩云若锦的众色缩小到了孔子提倡的朱红正色。文学也应该像礼法规定那样，朱紫异分，主次分明，优劣得所：“正采耀乎朱蓝，间色屏于红紫：乃可谓雕琢其章，彬彬君子矣。”（《情采》）于是，刘勰以正色为基准，绳墨文采。类似的例子在书中比比皆是，诸如：

通儒讨核，谓起哀平；东序秘宝，朱紫乱矣！（《正纬》）

世历二汉，朱紫腾沸。（《正纬》）

丽词雅义，符采相胜，如组织之品朱紫，画绘之著玄黄。文虽新而有质，色虽糅而有本，此立赋之大体也。（《诠赋》）

季代弥饰，绚言朱蓝。（《祝盟》）

雅丽黼黻，淫巧朱紫。（《体性》）

夫翚翟备色，而翾翥百步，肌丰而力沉也；鹰隼乏采，而翰飞戾天，骨劲而气猛也。文章才力，有似于此。若风骨乏采，则鸷集翰林；采乏风骨，则雉窜文囿。唯藻耀而高翔，固文笔之鸣凤也。（《风骨》）

是以括囊杂体，功在铨别；宫商朱紫，随势各配。章、表、奏、议，则准的乎典雅；赋、颂、歌、诗，则羽仪乎清丽；符、檄、书、移，则楷式于明断；史、论、序、注，则师范于核要；箴、铭、碑、诔，则体制于弘深；连珠、七辞，则从事于巧艳：此循体而成势，随变而立功者也。虽复契会相参，节文互杂，譬五色之锦，各以本采为地矣。（《定势》）

故自然会妙，譬卉木之耀英华；润色取美，譬缯帛之染朱绿。朱绿染缯，深而繁鲜；英华曜树，浅而炜烨。（《隐秀》）

至如《雅》咏棠华，或黄或白；《骚》述秋兰，绿叶、紫茎：凡摛表五色，贵在时见；若青黄屡出，则繁而不珍。(《物色》)

上述征引的材料，涉及文学风格、创作原理、时代文风、文体风格、景物描写、人工美与自然美的优劣问题等写作的方方面面。刘勰反复将“朱紫”“朱蓝”“朱绿”“青黄”“五色”等术语以比喻的方式进行对比论述，其目的就是要将源自孔子、折中于“朱紫”的正色观念借鉴过来，运用到文学理论的阐述上去。从《文心雕龙》全书的若干例证来看，这种借鉴非常成功。在理论主张上，刘勰提倡美文与正采；在方法论上，则是孔子中和正色思想在起支撑作用。

二、中和诗教

与“允执其中”、“和为贵”、“五恶四美”、“朱紫”正色等政教礼教观念相一致，孔子提倡温柔敦厚的诗教原则与中和的审美标准：

子曰：“《诗》三百，一言以蔽之，曰：‘思无邪。’”(《论语·为政》)

“思无邪”原是《诗经·鲁颂·駉》诗第四章“駉駉牡马，在坰之野。薄言駉者，有骃有騢，有驔有鱼，以车祛祛。思无邪，思马斯徂”中的一句。朱熹《论语集注》曰：“《诗》三百十一篇，言三百者，举大数也。”“蔽”，概括之义。杨伯峻先生《论语译注》认为“思”是无实义的语音词，本来没有意义，是孔子独创性地将其作“思想”解释。清人俞樾《曲园杂纂·说项》中也这样说。关于“思无邪”，朱熹在《朱子语类》中说：“思无邪，乃是要使读《诗》人思无邪耳。读三百篇诗，善为可法，恶为可戒。故使人思无邪也。”唐人孔颖达分析孔子诗教时说，孔子认为《诗》三百虽对王室政治有所讽刺，但不好做直接的、尖锐的揭露和批评，故而教人以“温柔敦厚”。这样，“思无邪”就转化成了“温柔敦厚”的儒家诗教理论。“温柔敦厚”见于《礼记·经解》：“孔子曰：入其国，其教可知也。其为人也温柔敦厚，诗教也。……其为人也，温柔敦厚而不愚，则深于《诗》者也。”这是汉儒对孔子文艺思想的一种概括。孔颖达《正义》对此解释说：“《诗》依违讽谏，不指切事情，故云温柔敦厚是诗教也。”又说：“此一经以《诗》化民，虽用敦厚，能以义节之。欲使民虽敦厚不至于愚，则是在上深达于《诗》之义理，能以《诗》教民也。”孔颖达从作家的写作态度和诗歌的社会作用入手，主张诗歌创作既需要运用温柔敦厚的原则，同时也必须以礼义对作家进行规范。“温柔敦厚”作为儒家的传统诗教，在汉代文论中最集中地体现在《毛诗序》所强调的“发乎情，止乎礼义”“主文而谲谏”“风以动之，教以化之”等诗学主张中，要求委婉言说，不允许尖锐地揭露批判，因而在汉代大一统的政治格局背景下很受欢迎。辞赋作为汉代文学的代表，其“曲终奏雅”“劝而不止”的主旨表达方式与讽谏之义，不能说没有受到这些主张的影响。

“思无邪”由伦理政教标准复归于文学理论，主要有两方面内容。一是文学创作强调作者的情感要真，动机要纯。所谓“思无邪”，即中正真诚之意。按照《易·文言》“修辞立其诚”的说法，要求诗人要有真情实感。刘勰《文心雕龙·宗经》篇列出经典之“六义”，第一条就是“情深而不诡”，讲究诚挚深厚的思想感情是经典作品的第一要义。二是从审美效果上说，要归于中和之美。孔子认为“思无邪”这句诗可以包括《诗经》全部的思想特点和美学意义。“无邪”，即正，就是中和之美。中和的最佳体现是孔子认为《关雎》之“乐而不淫，哀而不伤”（《论语·八佾》）。《论语集解》引孔安国注：“乐不至淫，哀不至伤，言其和也。”朱熹《集注》：“淫者，乐之过而失其正者也；伤者，哀之过而害于和者也。”孔子要求快乐悲伤要以一种温和中正的度量表示出来，这是最高的原则。《关雎》是爱情诗，讲述青年男女的恋爱经过，孔子把它放在第一首的显著位置。以《关雎》为代表的爱情诗歌在《诗经》中的大量存在，表明孔子并不是不食人间烟火的绝对礼教主义者，他提倡正确的婚恋观念和婚恋行为，对老百姓七情六欲的正常表达是支持甚至同情的。孔子以为，诗歌有“兴、观、群、怨”的功能，这是对《尚书·尧典》“诗言志”诗学理论的展开运用，所以《国风》中选录许多爱情诗、战争诗、悲怨诗、劳动诗，在《雅》《颂》部分也有少量存在。从底层到最高层，从《风》诗到《颂》诗，在题材内容上相当广泛，只要符合“无邪”这个审美标准都可以，而这个标准的确立，是以执中方法论为理论武器得出的。司马迁在《史记·屈原贾生列传》中说“国风好色而不淫，小雅怨诽而不乱”，是对“乐而不淫，哀而不伤”的转化表述。《文心雕龙·宗经》“六义”中的第六条“文丽而不淫”，贯穿全书，则是上述原则的文学理论要求。

三、雅乐正声

与正色观念、中和诗教相协调，孔子赞美雅乐，提倡正音，贬斥淫乐，指责郑声。这表明了他尚雅贬俗的音乐美学思想，以及执中为用的评价方法。《论语·八佾》记载说：

> 子语鲁大师乐，曰："乐其可知也。始作，翕如也。从之，纯如也，皦如也，绎如也。以成。"

孔子非常重视雅乐的教化感染功能，对于音乐从始到终的演奏过程，以雅乐正音的中和之美作为衡量标准。他说："师挚之始，《关雎》之乱，洋洋乎盈耳哉！"（《论语·泰伯》）这种中和雅乐的感染力对听众熏陶内心、净化心灵作用很大，所以他又具体举例说：

> 子谓《韶》："尽美矣，又尽善也。"谓《武》："尽美矣，未尽善也。"（《论语·八佾》）

郭绍虞先生《中国文学批评史》评价说："孔子论乐谓韶则尽美尽善，谓武则尽美而未尽善：以美善合一为标准，则文学作品尚美而不主于善，固亦宜其为世所废弃了。此种极端的主张，盖均出于孔子思想之暗示，而加以推阐而已。"① 其实，孔子不是

① 郭绍虞：《中国文学批评史》，百花文艺出版社 1999 年版，第 18~19 页。

"尚美而不主于善"，而是主张既要"尽美"，又要"尽善"，使美与善完满地统一起来。孔子避免了由于看到美与善的矛盾而用善去否定美的狭隘功利主义（如墨家），也没有企图脱离现实的社会伦理道德的制约去追求绝对的自由和美（如老庄），这就是孔子在解决美善矛盾这个重大问题上的杰出之处。而这种解决问题的思维方法，就是"分而为二"、执中为用的中庸方法论。

以尽善尽美为标准，孔子厌恶郑声，说"郑声淫"，也许不光是针对郑声思想内容的浪漫奔放气质，郑声中的一些分节长歌，结构繁复，变化较多，这与中正适度的要求不一样，可能也是孔子厌恶郑声的一个原因。孔子以乐观政，将音乐审美理论与政治教化、国家治理原则合而论之，向弟子传授治国安邦的方法策略：复古礼，兴雅乐。《韶》乐优美动听，这是孔子理想的生活方式，也是他向往的文质彬彬、安然有序的古代理想政治。

《左传·襄公二十九年》记载了一个季札观乐的故事，也是著名的尚雅贬俗的例子：

> 吴公子札来聘。……请观于周乐。使工为之歌《周南》《召南》，曰："美哉！始基之矣，犹未也，然勤而不怨矣。"为之歌《邶》《鄘》《卫》，曰："美哉，渊乎！忧而不困者也。吾闻卫康叔、武公之德如是，是其《卫风》乎！"为之歌《王》，曰："美哉！思而不惧，其周之东乎！"为之歌《郑》，曰："美哉！其细已甚，民弗堪也。是其先亡乎！"为之歌《齐》，曰："美哉，泱泱乎！大风也哉！表东海者，其大公乎！国未可量也。"为之歌《豳》，曰："美哉，荡乎！乐而不淫，其周公之东乎！"为之歌《秦》，曰："此之谓夏声。夫能夏则大，大之至也，其

周之旧乎!”为之歌《魏》，曰:“美哉，沨沨乎!大而婉，险而易，行以德辅，此则明主也!”为之歌《唐》，曰:“思深哉!其有陶唐氏之遗民乎?不然，何忧之远也?非令德之后，谁能若是?”为之歌《陈》，曰:“国无主，其能久乎!”自《郐》以下无讥焉!为之歌《小雅》，曰:“美哉!思而不贰，怨而不言，其周德之衰乎?犹有先王之遗民焉!”为之歌《大雅》，曰:“广哉!熙熙乎!曲而有直体，其文王之德乎!”为之歌《颂》，曰:“至矣哉!直而不倨，曲而不屈;迩而不逼，远而不携;迁而不淫，复而不厌;哀而不愁，乐而不荒;用而不匮，广而不宣;施而不费，取而不贪;处而不底，行而不流。五声和，八风平;节有度，守有序。盛德之所同也!”

同篇又载其“观舞”之事:

见舞《象箾》《南籥》者，曰:“美哉，犹有憾!”见舞《大武》者，曰:“美哉，周之盛也，其若此乎?”见舞《韶濩》者，曰:“圣人之弘也，而犹有惭德，圣人之难也!”见舞《大夏》者，曰:“美哉!勤而不德。非禹，其谁能修之!”见舞《韶箾》者，曰:“德至矣哉!大矣，如天之无不帱也，如地之无不载也!虽甚盛德，其蔑以加于此矣。观止矣!若有他乐，吾不敢请已!”

上述季札观乐与观舞的故事，其解读原理同于上节中我们讨论过的孔子以乐知人的方式。我们可以看到，一方面，在各国外交场合中，演唱《诗经》、演奏音乐、乐舞合一的礼仪制度非常普遍，各国外交官都有较高的音乐文学修养；另一方面，以乐观政、复古雅乐的思潮相当普及。

季札故事包含了许多文学批评的因素。季札虽然是对周乐发表评论，其实也就是评论《诗》，因为当时《诗》是入乐的。虽然脱离了音乐的诗或许少了感发作用，但相比于周乐中已不能再现的舞，季札评论的周乐的文字主体还能在《诗经》中看到，所以我们可以从季札观乐中总结出传统文学批评的一些特点。

首先是文学与政教的关系。《诗经》最先并非作为纯文学作品出现，相反地，它有具体实际的使用场合。郭预衡先生《中国古代文学史》指出："春秋时政治、外交场合公卿大夫'赋诗言志'颇为盛行，赋诗者借用现成诗句断章取义，暗示自己的情志。公卿大夫交谈，也常引用某些诗句。"并且，诗的采集是有意识为政教服务的。《孔丛子·巡守》篇："命史采民诗谣，以观其风。"《汉书·食货志》："孟春之月，群居者将散，行人振木铎徇于路，以采诗，献之大师，比其音律，以闻于天子。故曰王者不窥牖户而知天下。"文学既然重视其社会功用，文学批评自然也强调政治教化。这集中体现在《论语》"兴观群怨"的论述中。从季札对周乐的评论看，季札正是把音乐文学和政教思想结合起来了，所以能从《周南》《召南》中听出"勤而不怨"，从《邶》《鄘》《卫》中听出"忧而不困"；反之，音乐文学对政治也有反作用，不好的音乐文学也会加速政治的败坏，季札从《郑》中听出"其细已甚，民弗堪也"，认为"是其先亡乎！"所以孔子认为要"放郑声"，是有先兆的。但必须指出并不是真的有所谓亡国之音，而是靡靡之音助长了荒淫享乐的社会风气，从而使得政治败坏，以致亡国。刘勰所处的齐、梁时代，永明体大盛，公卿贵族心在艳歌淫词，《玉台新咏》等诗集应运而生。刘勰所面对的诗坛局面，与“郑声”实际上差不多。

其次是文学的中和之美。孔子论《诗》，强调“温柔敦厚”的诗教。季札论《诗》，和孔子非常接近，注重文学的中和之美。他的“勤而不怨”“忧而不困”“乐而不淫”“大而婉，险而易”“思而不贰，怨而不言”“曲而有直体”等语，全面地表现了这种审美意识。更突出的表现是他对《颂》的评论：“直而不倨，曲而不屈；迩而不逼，远而不携；迁而不淫，复而不厌；哀而不愁，乐而不荒；用而不匮，广而不宣；施而不费，取而不贪；处而不底，行而不流。”（《左传·襄公二十九年》）连用了十四个语意对比的并列短语来形容！发出的感叹是“至矣哉”，因为“五声和，八风平；节有度，守有序”，所以是“盛德之所同”。季札对中和美推崇备至。中和美是儒家中庸思想在美学上的反映。孔子认识到任何事不及或过度了都不好，事物发展到极盛就会衰落，所以他就“允执厥中”。在个人感情上也不能大喜大悲。体现在文学批评与音乐批评中，要求“乐而不淫，哀而不伤”，抑制过于强烈的感情，以合于礼。季札、孔子乐论之后，战国荀子音乐理论，汉代《毛诗序》、《礼记·乐记》等儒家音乐文学理论一脉相承。《文心雕龙·乐府》篇是集中论述刘勰雅乐正声观念的篇章，该篇有非常明显的尚雅贬俗倾向。其思想所本，来自儒家乐论。

《乐府》篇的主要观点来自以孔子、《乐记》为代表的儒家雅乐正声理论。《乐记》继承了《毛诗序》音乐感化人心、反映政治的功能与特点，《文心雕龙》同样主张文学与音乐相通，认为文学与音乐的政教功能都是巨大的。顺此，雅乐正声的主张，又带来了尚雅贬俗的《乐府》专题。《乐府》篇开始就说：

乐府者，声依永，律和声也。钧天九奏，既其上帝；葛天八阕，爰乃皇时。

首先，“乐府”声诗是指一种音乐文学的表达方式，这种表达以《尚书·尧典》“声依永，律和声”的咏歌长言为特点，《礼记·乐记》“说之故言之，言之不足，故长言之。长言之不足，故嗟叹之，嗟叹之不足，故不知手之舞之、足之蹈之也”是其具体阐释。其次，诗乐一体，诗乐不分，这就将萌芽状态的声乐与《诗经》合观统照。刘勰的目的是要将有关《诗经》的种种神秘理论与政教功能转移到对乐府诗歌的评价上来，也就是说，将源自孔子的音乐理论中雅乐正声、贬斥郑声的观念运用过来。这一方面显示了刘勰宏观的诗歌发展研究视野，另一方面也显示了他先入为主、尚雅贬俗的理论局限。这种特点贯穿《乐府》全篇：

师旷觇风于盛衰，季札鉴微于兴废，精之至也。

雅声浸微，溺音腾沸，秦燔《乐经》，汉初绍复。

迩及元、成，稍广淫乐：正音乖俗，其难也如此。

至于魏之三祖，气爽才丽，宰割辞调，音靡节平。观其《北上》众引，《秋风》列篇，或述酣宴，或伤羁戍，志不出于淫荡，辞不离于哀思。虽三调之正声，实《韶》《夏》之郑曲也。

若夫艳歌婉娈，怨志诀绝，淫辞在曲，正响焉生？

通过这些摘录，我们可以清楚地看到，在《乐府》篇“原始以表末”部分对于音乐文学发展的整体历史梳理中，贯穿着孔子雅乐正声、尚雅贬俗的理论主张，以及季札观乐、荀子《乐论》、《毛诗序》、《乐记》的诗乐政教理论。这些主张与理论，既有尚雅尚正的鲜明立场与正道正行的归化之功，也显示了刘勰雅丽思想在尚雅贬俗方面的局限。这就是，不能正确、通达地正视文学的新变现象，固守儒家礼乐政教观念、贵族上层阶级的思想立场，必然会或多或少地忽略民间文学、忽略雅体雅言之外的俗文学，并导致对它们的不公正评价。抱着“岂惟睹乐，于焉识礼”的鉴赏立场与诗乐致用的功能目的，刘勰对于乐府诗体在发展过程中出现的雅、郑分流现象进行了深刻探索。首先，他提出“乐本心术，故响浃肌髓，先王慎焉，务塞淫滥。敷训胄子，必歌九德，故能情感七始，化动八风”的教化感染“正教正风”说，以此为准，评骘历代。其次，对汉代乐府诗歌改变前代中正典雅之变多有不满。刘勰认为，一则汉乐府融入了辞赋体裁与辞赋技法，“延年以曼声协律，朱、马以骚体制歌，《桂华》杂曲，丽而不经；《赤雁》群篇，靡而非典”，汉乐府靡丽之风大盛，而典雅之风渐衰。二则汉乐府对秦代乐府声诗的管理制度多有效法，“秦世不文”“法家少文”本是刘勰定论，所以说，汉代乐府声诗“虽摹《韶》《夏》，而颇袭秦旧，中和之响，阒其不还”。顺流而下，“魏之三祖”则“或述酣宴，或伤羁戍，志不出于淫荡，辞不离于哀思”，内容多写自我，不及家国；思想慆荡哀思，怨而且露。这可不是“乐而不淫，哀而不伤”“主文谲谏”的论述，更不是“发乎情，止乎礼义”的中和之响。所以刘勰对他们打着“正声”的牌子，写的却是“郑曲”的创作很不以为然。汉魏乐府虽然各有不足，但是毕竟还有可取之处，还没有完全背离雅乐正道。近代乐府声诗的创作则简直惨不忍睹：

> 然俗听飞驰，职竞新异，雅咏温恭，必欠伸鱼睨；奇辞切至，则拊髀雀跃：诗声俱郑，自此阶矣！(《乐府》)

对比《文心雕龙》全书的论述可知，刘勰此处所论，当是“近代以来”即晋、宋、齐三代以来的乐府声诗创作。刘勰以之为“俗听飞驰”、标新立异、“奇辞切至”的“诗声俱郑”的不良创作。近代文学在刘勰眼里基本上是不值一提的，而且是越往近代发展，文学讹滥诡异的趋向就越是严重，不仅取法不高，“竞今疏古”，而且内容不雅，言辞反正，故而文风新奇，一无是处。这种贬斥近代文学的反向，是尊崇古代文学。崇古抑今的思想倾向，与尚雅贬俗的思想倾向一样，都是过于尊崇经典雅正的弊端的产物。类似的意见，在《杂文》《谐隐》《诸子》等篇中也比较明显。

《论语》中还记载了孔子主张的“乐如其人”的意见与“听音知人”的鉴赏方法，充满着孔子复古征圣的思想，充满着他毕生追求的礼乐理想，对刘勰“文如其人”的《体性》篇风格论与“披文入情”的《知音》篇鉴赏论也有着很大的影响。这里主要讨论前一个问题。

《体性》篇指出，文学作品的产生是一个“情动而言形，理发而文见；盖沿隐以至显，因内而符外”的过程。这个过程中，从作家内心情感到作品文本完成，是从无到有、由内到外的线型过程，具有“各师成心，其异如面”的特点，作家有什么修养和情感就会表现出什么样的文章面貌和文风特点。而这些特点或风格，是因人而异的，没有完全相同的，就像人的长相一样差异巨大。造成这些差异的原因，是作家个体的才、气、学、习各不一样："辞理庸俊，莫能翻其才；风趣刚柔，宁或改其气；事义浅深，未闻乖其学；体式雅郑，鲜有反其习。"学习深浅有别，才华高低有异，齐志强弱有分，取法雅郑不同，因此，历代以来的文学作品在整体上就会出现"一曰典雅，二曰远奥，三曰精约，四曰显附，五曰繁缛，六曰壮丽，七曰新奇，八曰轻靡"这八种不同风格。表现在具体的作家作品个案上，才会有"贾生俊发，故文洁而体清；长卿傲诞，故理侈而辞溢；子云沈寂，故志隐而味深；子政简易，故趣昭而事博；孟坚雅懿，故裁密而思靡；平子淹通，故虑周而藻密；仲宣躁锐，故颖出而才果；公幹气褊，故言壮而情骇；嗣宗俶傥，故响逸而调远；叔夜俊侠，故兴高而采烈；安仁轻敏，故锋发而韵流；士衡矜重，故情繁而辞隐"的巨大差异。上述作家都是一时之选，他们的作品多数是麟凤之作，之所以差异如此之大，是和他们各自的个性特征相一致的，这个道理就是"吐纳英华，莫非情性"的"文如其人"的规律。个性如何，作品就会对应呈现相同的风格。以这个规律"触类以推"，其他作家也必定"表里必符"。《时序》《才略》篇品鉴上古三代以至晋、宋年间的作家作品数以百计①，现举王粲为例：

若夫四言正体，则雅润为本；五言流调，则清丽居宗，

---

① 据笔者统计，《时序》篇论述著名作家 96 人，《才略》篇评介著名作家 98 人，二者多有重合；两篇之中的群体作家（如《五子之歌》等集体创作）、断代之称（如唐虞）、历代帝王不计入内。

华实异用，唯才所安。故平子得其雅，叔夜含其润，茂先凝其清，景阳振其丽，兼善则子建、仲宣，偏美则太冲、公幹。(《明诗》)

及仲宣靡密，发篇必遒。(《诠赋》)

仲宣所制，讥呵实工。(《哀吊》)

仲宣《七释》，致辨于事理。(《杂文》)

详观兰石之《才性》，仲宣之《去伐》，叔夜之《辨声》，太初之《本玄》，辅嗣之《两例》，平叔之《二论》，并师心独见，锋颖精密，盖论之英也。(《论说》)

仲宣举笔似宿构。(《神思》)

仲宣躁竞，故颖出而才果。(《体性》)

仲宣溢才，捷而能密，文多兼善，辞少瑕累：摘其诗赋，则七子之冠冕乎！(《才略》)

仲宣轻脱以躁竞。(《程器》)

《体性》论述王粲个性急躁、思维敏捷、才华横溢、新意颖出。刘勰以这个标准衡量王粲，在书中累计论述他十二次，这里征引的九次，都笼罩在上述特点之中。这一方面说明刘勰的论述前后一致，贯通始终；另一方面也说明他对“文如其人”规律领悟深透，运用娴熟。同时，刘勰对王粲在体裁上以诗赋为主、创作特点鲜明的评价，与曹丕《典论·论文》“王粲长于辞赋”和钟嵘《诗品》以为王粲“发愀怆之词，文秀而质羸”的评价，总体上是一致的，虽师心独见，也准确合时。

四、审美原则

孔子的文学美学思想依附于他的礼乐政教观念，提倡“思无邪”的诗教观念，“兴观群怨”的诗歌功能，“文质彬彬”的中和之美，“乐而不淫，哀而不伤”的中正敦厚的表现方式，“尽善尽美”的音乐美学思想，“雅乐正声”的尚雅贬俗观念。这些有关政教与诗教的原则规范和美学思想已成为儒家文艺思想的基础理论，对《文心雕龙》雅丽思想产生了根本性的影响。

第一，孔子主张“绘事后素”、华实并重的审美原则。《论语·八佾》记载：

> 子夏问曰：“‘巧笑倩兮，美目盼兮，素以为绚兮。’何谓也?”子曰：“绘事后素。”曰：“礼后乎?”子曰：“起予者商也，始可与言《诗》已矣。”

“巧笑倩兮，美目盼兮，素以为绚兮”的前两句见《诗经·卫风·硕人》篇，在孔子看来，“素”的内质是打扮的根本依凭，绘画装饰是在“素”质基础上来进行的后一步动作。因此，将孔子“绘事后素”论所主张的“礼”与“仁”的表现关系略作转化，可以看作是孔子华实并重的美学原则，既质且文，既雅且丽。这个思想移用到《文心雕龙》，就是刘勰所说的“文附质”（《情采》）现象；自然界的事物，质地为本，文采为辅，其基本生长状况本就如此。再化用到文学的创作上，就是“情理设位，文采行乎其中”（《镕裁》）的“文附情”现象，情志为根本，文采为后发。

第二，孔子主张文贵修饰，润色取美。在文章写作上重视文采的修饰之美。《论语·宪问》：

> 子曰："为命，裨谌草创之，世叔讨论之，行人子羽修饰之，东里子产润色之。"

孔子所说的这句话，间接表现了两层意思，一个是行政公文的写作程序与受重视的程度，另一层就是公文写作是非常讲究修饰润色的，不仅要使之符合外交辞令的通行规则，还要写出文采之美来。刘勰论述写作之道，不仅讲究"自然会妙"（《隐秀》）这一依据自然本质进行创作的原则，还非常主张"润色取美"（《隐秀》）的人工修饰之美。"论文叙笔"的二十篇文体论，论述了三十多种文体的写作要求，绝大部分应用文体都具有华美的特性，这是我国古代应用文的鲜明特征。

刘勰最大限度地吸收运用了上述散见于《论语》中的文学思想和美学理论，形成了《文心雕龙》在《序志》《征圣》《宗经》《正纬》等篇目中集中论述并作为全书红线贯穿始终的以儒家五经为思想标准与艺术标准的"尚雅"精神与"尚丽"主张，以及《乐府》《谐隐》《诸子》中对民间文学的"贬俗"倾向。在《情采》篇里，刘勰集中地论述了"文附质"与"质待文"两种文质关系，提出了"彬彬君子"的"正采"说，与《征圣》篇"衔华佩实"的"雅丽圣文"遥相呼应。全书在"文源于道"因而"郁然有采"的哲学依据之上，设定了宗经尚雅、真实质朴的思想规范与中和之美的审美主张；并从写作实际出发，提出了"润色取美"的人工修饰原则——将孔子"无邪""文质""绘素""修饰"观点的中和审美思想发挥到了极致。孔子礼乐政教与文学、音乐思想，是《文心雕龙》雅丽思想的根本来源。

第六节 复古商周的文学史观

孔子提倡“郁郁乎文”的文学尚美主张与“吾从周”的文学复古范式，这为刘勰建立秩序化、理想化的文学理论，提倡“商周丽而雅”的典范文风与学习范式，尤其为《文心雕龙》一书的文学史观念提供了标准。子曰：“周监于二代。郁郁乎文哉，吾从周。”(《论语·八佾》)孔子认为周代文学文采斐然，是他学习的对象。《史记·孔子世家》点明了孔子取法周代文学的原因：

> 孔子之时，周室微而礼乐废，《诗》《书》缺。追迹三代之礼，序《书传》，上纪唐虞之际，下至秦缪，编次其事。曰：“夏礼吾能言之，杞不足征也。殷礼吾能言之，宋不足征也。足，则吾能征之矣。”观殷夏所损益，曰：“后虽百世可知也，以一文一质。周监二代，郁郁乎文哉。吾从周。”故《书传》《礼记》自孔氏。

孔子在“追迹三代之礼，序《书传》，上纪唐虞之际，下至秦缪，编次其事”的删述经典的过程中，对上古三代以至于夏、商、周三代的文学发展做出了自己的评鉴。在孔子看来，殷、夏两代的文风，“一文一质”，商代比夏代趋向于有文采，而文学发展到了周代，文采更加缛丽，呈现出“郁郁乎文哉”的特点。孔子是愿意选择文采郁郁的周代文学为典范的，“吾从周”的主张，是他“周之德，其可谓至德也已矣”思想在文学上的反映，既带有复古到文王周公时代的主张，也有他面对文学新变由质趋文现象的肯定。

孔子不是一味地复古，而是正确地看到了文学新变带来的华丽变化，使得文学“质文”交加，这与他论述人的内外修养“文质彬彬”的标准是一致的。《论语·雍也》：“子曰：‘质胜文则野，文胜质则史。文质彬彬，然后君子。’”这段话本来说的是人的修养问题。“质”是朴素的本质，“文”是人类给自己加上去的许多经验与见解。人类本质必须加上文化的修养，人才能离开野蛮时代，走进文明社会的轨道。“质胜文则野”，完全顺着人的本质发展，文化浅薄，则流于落后野蛮；而“文胜质则史”则指出，如果掩饰了人的善良本质，人就会变得虚伪浮华。所以孔子说：“文质彬彬，然后君子。”这两样要均衡发展，后天文化的熏陶与人性本有的敦厚朴素的气质互相均衡了，那才是真正的君子。就孔子本意来说，他是在人的修养上倾向于“质”的，子曰：“刚毅木讷，近仁。”孔子更重视内质刚毅、言辞木讷的个性。将这样的标准移用到文学的发展上，孔子喜欢在质朴基础上发展而来的周代文学。《文心雕龙·征圣》篇记载了一个责难孔子文采过度而不成的例子，可以看到文质变化过程中两种观念的交锋：

> 颜阖以为，仲尼饰羽而画，徒事华辞。虽欲訾圣，弗可得已。

颜阖“訾圣”一事，见于《庄子·列御寇》。颜阖诋毁孔子可以说不遗余力，他说孔子一心想着粉饰装扮、追求和讲习虚伪的言辞、没有诚信、难以治国，等于是在鲁哀公面前把孔子的政治前途堵死了，其用心与晏子向齐景公分析儒家难以治国①完全不一样，是直接乱说。所以孔子说“恶利口之覆家邦也”，并对“巧言令色”的家伙多次批评。孔子的文学观是尚丽，追求美文。颜阖借此诋毁他的政治水准。面对若干诋毁，孔子门人站出来反驳，子贡说：“不要这样做啊！仲尼是毁谤不了的。别人的贤能，如丘陵，还可以越过去；仲尼的贤能，如日月，是无法越过的。有人虽然想要自绝于日月，对日月有什么损伤呢？只是看出这种人不自量力啊。”子贡还说：“夫子之不可及也，犹天之不可阶而升也。”学生们敬仰孔子，把他比作日月、上天，将别人对老师的责难挡了回去。

孔子“吾从周”的思想深刻地影响到了刘勰的文学发展史观念。《文心雕龙·通变》篇说：

> 是以九代咏歌，志合文则：黄歌“断竹”，质之至也；唐歌在昔，则广于黄世；虞歌《卿云》，则文于唐时；夏歌“雕墙”，缛于虞代；商周篇什，丽于夏年。至于序志述时，其揆一也。暨楚之骚文，矩式周人；汉之赋颂，影写楚世；魏之篇制，顾慕汉风；晋之辞章，瞻望魏采。搉而论之，则

① 事见《史记·孔子世家》。齐景公非常欣赏孔子的治国策略，准备重用他。这时候晏子站出来，向景公分析了儒家治国难以成功的原因：“夫儒者滑稽而不可轨法；倨傲自顺，不可以为下；崇丧遂哀，破产厚葬，不可以为俗；游说乞贷，不可以为国。自大贤之息，周室既衰，礼乐缺有间。今孔子盛容饰，繁登降之礼，趋详之节，累世不能殚其学，当年不能究其礼。君欲用之以移齐俗，非所以先细民也。”这种分析是建立在理性基础之上的，与颜阖诋毁孔子不一样。

> 黄唐淳而质，虞夏质而辨，商周丽而雅，楚汉侈而艳，魏晋浅而绮，宋初讹而新：从质及讹，弥近弥澹。何则？竞今疏古，风末气衰也。

刘勰建立的文学时代风格演化脉络，是在孔子文学史观的基础上延续发展而成的。刘勰以“商周丽而雅”为基本准则，在此之前，文学倾向于质朴之美，在此之后，越来越具有华丽之美。在《时序》篇对“蔚映十代，辞采九变”的文学“文质”变化史的详细论述中，还是以此为准绳的。

《通变》篇以商周“雅丽”文风折中观照九代文风，清晰映照出“从质及讹”的文风流弊，深刻体察到“竞今疏古”的学习弊端。因此提出“矫讹翻浅，还宗经诰”的拯救原则，就是复归到五经典雅中正的文风上去。五经正是经周公确立、孔子删述重构的商、周以来的优秀文学遗产。对于文学发展由质朴到华丽，乃至圣人对华丽过度的救弊之举，《原道》篇就有论述：

> 自鸟迹代绳，文字始炳，炎皞遗事，纪在《三坟》，而年世渺邈，声采靡追。唐虞文章，则焕乎始盛。元首载歌，既发吟咏之志；益稷陈谟，亦垂敷奏之风。夏后氏兴，业峻鸿绩，九序惟歌，勋德弥缛。逮及商周，文胜其质，《雅》《颂》所被，英华日新。文王患忧，繇辞炳曜，符采复隐，精义坚深。重以公旦多材，振其徽烈，剬诗缉颂，斧藻群言。至若夫子继圣，独秀前哲，镕钧六经，必金声而玉振；雕琢性情，组织辞令，木铎启而千里应，席珍流而万世响，写天地之辉光，晓生民之耳目矣。

“唐虞文章，则焕乎始盛”，文学开始发展起来；“夏后氏兴”，“勋德弥缛”，文学呈现出逐渐缛丽的现象；“逮及商周”，“英华日新”，“文胜其质”，已经出现了孔子所说的“郁郁乎文哉”的现象。三代文学，显示了从质及文的演化历史。而华美过于质朴的弊端，开始让“文王患忧”起来，经过文王的纠正与周公“删诗缉颂”的创作（按：实为搜集与整理）实践，文学发展又回到了正途上。在这个基础上，孔子应运而生，“镕钧六经”，重构经典，使六经之圣文，具有“衔华佩实”的雅丽文风，“义固为经，文亦师矣”，成为“辞义温雅”的“万代之仪表”。

《文心雕龙》全书充满了对周代文学的崇敬之情，刘勰除了在《章表》篇里直接引用孔子“周监二代，文理弥盛”的话，还在全书中数十次论述到商、周文学，以及专门谈到《周礼》、《周书》、文王、周公和周代作家上百次，从整个时代、圣人代表、作家作品等几方面进行了深刻的论述。以下举例证之。

第一，是泛论“商周丽而雅”的整体文学特点，以及对后代文学的垂范作用。

> 逮及商周，文胜其质，《雅》《颂》所被，英华日新。文王患忧，繇辞炳曜，符采复隐，精义坚深。重以公旦多材，振其徽烈，剬诗缉颂，斧藻群言。(《原道》)
>
> 商周以前，图箓频见；春秋之末，群经方备：先纬后经，体乖织综，其伪四矣。(《正纬》)
>
> 自商暨周，《雅》《颂》圆备，四始彪炳，六义环深。子夏监绚素之章，子贡悟琢磨之句，故商、赐二子，可与言《诗》。(《明诗》)

> 至邓璨《晋纪》，始立条例。又摆落汉魏，宪章殷周，虽湘川曲学，亦有心典谟。及安国立例，乃邓氏之规焉。(《史传》)
>
> 商周篇什，丽于夏年。(《通变》)
>
> 商周丽而雅。(《通变》)
>
> 商周之世，则仲虺垂诰，伊尹敷训；吉甫之徒，并述《诗》《颂》：义固为经，文亦师矣。(《才略》)

孔子认为商周文学趋向于文，夏代文学趋向于质，商周文学整体上“丽而雅”，所以孔子评价为“郁郁乎文”，显示出了尚丽尚美的文学观念。刘勰《文心雕龙》顺着这个思路展开论述，认为商周时代是《诗》之《雅》《颂》大量创作涌现的时候，因为《诗》在后来政教外交场合的重要作用，以及周公“剬诗缉颂”、树《诗》为经典，使得“英华日新”的文学新变与文采华美的《雅》《颂》之作成为商周文学的代表作。同时，儒家经典文献《书》《礼》《易》《春秋》也在这段时间先后产生，尤其是《书》在史传文学体裁的启蒙作用，一直影响到后代史传文学的写作，以至于邓璨写作《晋纪》的时候，也是“摆落汉魏”而向“典谟”取法的。合观《文心雕龙》对商周文学的评价，充满赞美之情，认为这段时间的文学“丽而雅”，是文质彬彬的典范，是《诗》《书》致用的典范，是后代文学趋向华美而务必回头正本清源的取法所在。

第二，是论述商代文学在文体创造方面的继承作用与启蒙作用，往往向前与夏代文学合观。

颂者，容也，所以美盛德而述形容也。昔帝喾之世，咸墨为颂，以歌《九韶》。自商已下，文理允备。(《颂赞》)

夫化偃一国谓之风，风正四方谓之雅，容告神明谓之颂。风雅序人，故事兼变正；颂主告神，故义必纯美。鲁国以公旦次编，商人以前王追录，斯乃宗庙之正歌，非宴飨之常咏也。(《颂赞》)

至于商履，圣敬日跻。玄牡告天，以万方罪己，即郊禋之词也；素车祷旱，以六事责躬，即雩禜之文也。(《祝盟》)

箴者，所以攻疾防患，喻针石也。斯文之兴，盛于三代。《夏》《商》二箴，余句颇存。(《铭箴》)

诔者，累也，累其德行，旌之不朽也。夏商已前，其详靡闻。(《诔碑》)

古者，左史记事，右史记言。言经则《尚书》，事经则《春秋》。唐虞流于典谟，商夏被于诰誓。(《史传》)

《文心雕龙》独列“论文叙笔”的文体论二十篇，从这个角度看，显示了刘勰对于文学发展史的重视程度。许多问题和理论的阐释，都是在具体的文体发展史中进行的。商代文学前承五帝时代、夏代，在文体发展史上占据了重要的地位。刘勰认为：“颂”“祝”二体在商代成熟起来，“诔”体在商代正式形成，“箴”体在商代得以保存，《尚书》的“诰”“誓”二体在商代非常兴盛。商代文学主要的价值功能是保存了上古文体与形成新的文体，在文体发展史上作用巨大。刘勰并不赞美商代文学，这或许与孔子征圣文王作《易》、赞美周公定六经有关。因为商代没有出色的儒家圣人被孔子尊崇过，反倒是上古尧、舜被孔子提及较多，而刘勰征圣、宗经、论文的观念与孔子完全一致。由此可见，断代文学的兴盛，一定要与出色的作家、政治家相联系。所以尽管商代历经五百余年，文学成就却没有得到《文心雕龙》较高的单独评价，这与周代文学的崇高地位迥然不同。

第三，是对周代文学的极高褒扬，这与孔子“吾从周”的文学理想显然是高度一致的。《文心雕龙》赞美周代文学不遗余力，从整体风貌、文体发展、经典作家、经典作品、典型意义等角度列出了数十条论述意见。小结于下：

1. 论述以五经为首的周代文学在创作技法上的整体特点与垂范作用。

> 故知繁略殊形，隐显异术，抑引随时，变通适会，征之周、孔，则文有师矣。(《征圣》)

《文心雕龙》全书充满着浓厚的宗经色彩，对于五经，刘勰不吝褒赞之词，常常在论述到后代文学不能正确新变的时候，就主张“还宗经诰”“镕铸经典”“必先雅制”“檃括雅俗”“正末归本”等意见。论述风格，以儒门“典雅”为宗；论述习染，以模拟经典为式；论述技法，以《诗》兴《骚》比为例；如此等等。一个重要的原因是，经典在写作技法上做到了“繁略殊形，隐显异术，抑引随时，变通适会”，这是其他文献或文学作品不能望其项背的。六经成于周公编订，经孔子删述，是百世不易的经典。具体体现在如下几个方面。

在内容上：

夫《易》惟谈天，入神致用。故《系》称：旨远、辞文、言中、事隐。韦编三绝，固哲人之骊渊也。《书》实记言，而训诂茫昧，通乎《尔雅》，则文意晓然。故子夏叹《书》，“昭昭若日月之明，离离如星辰之行”，言照灼也。《诗》主言志，诂训同《书》，摛风裁兴，藻辞谲喻，温柔在诵，故最附深衷矣。《礼》以立体，据事剬范，章条纤曲，执而后显，采掇生言，莫非宝也。《春秋》辨理，一字见义：五石六鹢，以详略成文；雉门两观，以先后显旨。其婉章志晦，谅已邃矣。(《宗经》)

在功能上：

三极彝训，其书曰经。经也者，恒久之至道，不刊之鸿教也。故象天地，效鬼神，参物序，制人纪，洞性灵之奥区，极文章之骨髓者也。(《宗经》)

后进追取而非晚，前修文用而未先：可谓太山遍雨，河润千里者也。(《宗经》)

在风格上：

或简言以达旨，或博文以该情，或明理以立体，或隐义以藏用。故《春秋》一字以褒贬，丧服举轻以包重，此简言以达旨也。《邠诗》联章以积句，《儒行》缛说以繁辞，此博文以该情也。《书》契决断以象《夬》，文章昭晢以效《离》，此明理以立体也。“四象”精义以曲隐，“五例”微

辞以婉晦，此隐义以藏用也。(《征圣》)

在文体演变史上：

故论说辞序，则《易》统其首；诏策章奏，则《书》发其源；赋颂歌赞，则《诗》立其本；铭诔箴祝，则《礼》总其端；纪传盟檄，则《春秋》为根：并穷高以树表，极远以启疆，所以百家腾跃，终入环内者也。(《宗经》)

在创作原理与审美特征上：

故文能宗经，体有六义：一则情深而不诡，二则风清而不杂，三则事信而不诞，四则义贞而不回，五则体约而不芜，六则文丽而不淫。扬子比雕玉以作器，谓五经之含文也。(《宗经》)

《文心雕龙》全面地论述了五经在写法、功能、风格、审美、影响等方面的典型意义，论述后来的文学发展也以儒家经典为准绳：符合这个要求的，就是好的发展；不合这个要求的，就是不良的发展。由此定下全书文论与文学理论的基调。所以詹福瑞、李建中、孙蓉蓉等研究者认为《宗经》篇才是《文心雕龙》枢纽论的核心，进而成为全书理论的核心。笔者同意这个意见，并认为：从《宗经》这个核心推演开来，可以肯定地看到刘勰《文心雕龙》文学思想以儒家为主导这一事实。而对于《体性》风格“八体”之渊源，徐复观先生认为其中有五体是从五经当中流出的:“典雅”出于五经的整体风貌,“远奥”出于“隐义以藏用”,“精约”出于“简言以达旨”,“繁缛”出于“博文以该情”,“显附”出于“明理以立体”。显然,徐先生的意见是以为“八体”出于五经文体风格论。从文体特征的角度看,这个说法是有道理的。也有研究者认为八体出于《周易》文王八卦,这是从《文心雕龙》风格论的哲学渊源角度来看的。二者各成其说,皆有可取之处。

2. 论述周代文学在文体发展史上承上启下的作用,这是周代文学的一个重要价值,也是篇幅最长、内容最多的部分。

在昔三王,诅盟不及,时有要誓,结言而退。周衰屡盟,弊及要劫,始之以曹沫,终之以毛遂。(《祝盟》)

及周之辛甲,百官箴一篇,体义备焉。(《铭箴》)

周世盛德,有铭、诔之文。大夫之材,临丧能诔。诔者,累也,累其德行,旌之不朽也。夏商已前,其详靡闻。周虽有诔,未被于士。(《诔碑》)

若夫殷臣诔汤,追褒《玄鸟》之祚;周史歌文,上阐后稷之烈:诔述祖宗,盖诗人之则也。(《诔碑》)

周穆纪迹于弇山之石,亦古碑之意也。(《诔碑》)

自周命维新,姬公定法,绌三正以班历,贯四时以联事。诸侯建邦,各有国史,彰善瘅恶,树之风声。(《史传》)

戒敕为文,实诏之切者;周穆命“郊父受敕宪”,此其事也。(《诏策》)

昔有虞始戒于国,夏后初誓于军,殷誓军门之外,周将交刃而誓之。故知帝世戒兵,三王誓师,宣训我众,未及敌

人也。至周穆西征，祭公谋父称，古有威让之令，令有文告之辞，即檄之本源也。(《檄移》)

故谓谱者，普也。注序世统，事资周普。郑氏谱《诗》，盖取乎此。(《书记》)

券者，束也。明白约束，以备情伪，字形半分，故周称判书。(《书记》)

五言见于周代，《行露》之章是也；六言、七言，杂出《诗》《骚》。……情数运周，随时代用矣。(《章句》)

从上述论述来看，盟体因为政治格局的混乱，显得非常衰落；箴体在周代几乎不存；铭、诔两体因为“盛德”之故，在周代极为兴盛；碑体与史记在周代才刚刚兴起；檄体源于周代战争“文告之辞”；诏体起于周王口谕；谱体受周谱影响很大；券体源于周代判书；五言诗歌在周代开始出现，商周诗中还间或有六言、七言杂出的杂言诗，刘勰从这一现象中总结出了文学“情数运周”而有断代之分的规律。相比于商代文学对文体发展史的贡献，周代文学明显具有如下几个特征：一是文体种类大大增加，显示了文学繁荣昌盛的发展特点；二是许多新兴的文体都与国家战争、政治、君王号令有关，这实际上暗示了文学发展必然受到政治影响的外在规律，《时序》篇就是专门为此而作；三是文体有盛就有衰，一些衰落的文体在周代处于消失状态，这是文学发展符合自然兴衰的规律所致，暗中与新变、代谢的自然之道相合；四是通过文体演化，可以看出文学发展“随时代用”的决定性因素，没有实用价值的文体，会被逐渐淘汰掉；五是周代文学的兴盛局面，是以应用文为主构成的。当然，我们必须强调的一个观念是：所谓的周代文学，是指应用文与《诗》并称的泛文体概念，不是专门的纯文学概念。

3. 论述周代文学的整体风貌。

> 远称唐世，则焕乎为盛；近褒周代，则郁哉可从：此政化贵文之征也。（《征圣》）
>
> 夏铸九牧之金鼎，周勒肃慎之楛矢，令德之事也。（《铭箴》）
>
> 周监二代，文理弥盛。（《章表》）

在刘勰笔下，周代文学整体上是“郁哉可从”“文理弥盛”的，背后的推动因素是“令德之事”。显然，这完全是孔子“周监二代，郁郁乎文”以及对文王、周公令德赞美的翻版。

4. 分析周代文学兴旺发达的制度化、规范化原因。

> 及周之大祝，掌六祝之辞。是以庶物咸生，陈于天地之郊；旁作穆穆，唱于迎日之拜；夙兴夜处，言于祔庙之祝；多福无疆，布于少牢之馈；宜、社、类、祃，莫不有文：所以寅虔于神祇，严恭于宗庙也。（《祝盟》）
>
> 又汉代山陵，哀策流文；周丧盛姬，内史执策。（《祝盟》）
>
> 虞重纳言，周贵喉舌；故两汉诏诰，职在尚书。（《诏策》）
>
> 若乃按劾之奏，所以明宪清国。昔周之太仆，绳愆纠缪；秦有御史，职主文法；汉置中丞，总司按劾。（《奏启》）

刘勰以为，周代文学之所以兴盛，一个非常重要的原因是制度化、秩序化，在国家政治活动中极为重视文学事业的发展。虽然文学仍然依附于政治，但这种有序的制度大大推动了文学事业的兴旺发达，在历史上，只有汉代才可以与周代相媲美。因此，《文心雕龙》书中对文学史的论述，往往以政治有道无道、是否尊崇儒学为依据，认为礼乐政教制度完善并得以执行的时代，其文学必然昌盛；并在书中提出建立秩序化、理想化的文学发展模式，这就是复归商周，宗经征圣：以“圣文雅丽，衔华佩实”为创作标准与审美标准，对文学新变进行正确指引和规范，改变“文辞讹滥”“流弊不还”的文坛现状。

5. 论述文学发展承前启后的规律，周代文学对后代文学发展的影响。

> 汉初四言，韦孟首唱；匡谏之义，继轨周人。(《明诗》)
>
> 至于序志述时，其揆一也。暨楚之骚文，矩式周人。(《通变》)

6. 将周代文学与近当代文学作对比，得出今不如昔的结论。

> 若斯之类，辞赋所先；日用乎比，月忘乎兴：习小而弃大，所以文谢于周人也。(《比兴》)

以上两点，其核心意义在于对周代文学继续赞美，指出周代文学对后代诗歌、辞赋体裁发展的影响，同时包含如下几个意见：一是“《诗》可以怨”的匡谏之义对汉代诗歌的影响；二是“楚之骚文，矩式周人”，是指班固“赋者，古诗之流也”的骚从《诗》出的意见；三是在创作手法上，“比显而兴隐”，汉赋用“比”太多，其文“淫丽”，不如《诗》之比兴兼备而有“丽则”之美。于此，刘勰再次将汉赋“丽辞雅义”的创作标准在写作手法的得失问题上渗透进来。

7. 论述杰出作家与政治家周公、孔子对后代文学的影响。

> 征之周、孔，则文有师矣。(《征圣》)
>
> 《时迈》一篇，周公所制；哲人之颂，规式存焉。(《颂赞》)
>
> 周公慎言于金人，仲尼革容于欹器：列圣鉴戒，其来久矣。(《铭箴》)
>
> 史肇轩黄，体备周、孔。(《史传》)
>
> 说之善者，伊尹以论味隆殷，太公以辨钓兴周。(《论说》)

出于建立征圣、宗经的文论体系目的，出于对周代文学赞美、为后代文学树立极则的目的，《文心雕龙》对参与五经制作、删述的代表人物周公与孔子二人给予了最高级别的褒赞。对周公，刘勰以为他留下了颂赞、史传文体的经典作品，留下了“金人慎言”的千年美誉，是后代为“文有师”的典型代表；对孔子，赞美弥漫全书；对“辨钓兴周”的姜太公，给予“说之善者”的评价，这是借言论文、言文一致、言文皆丽的代表。

8. 论述周代文学的杰出作品对后代的影响或其理论价值作用，这种情况又分为三类意见。

一是引用《周礼》所载的文章或语句，来对应评价后代作家的创作或失误：

自教以下，则又有命。《诗》云："有命自天。"明为重也。《周礼》曰："师氏诏王。"明为轻也。今诏重而命轻者，古今之变也。(《诏策》)

刺者，达也。诗人讽刺，《周礼》三刺；事叙相达，若针之通结矣。(《书记》)

先王声教，书必同文：𬨎轩之使，纪言殊俗，所以一字体，总异音。《周礼》保氏，掌教六书；秦灭旧章，以吏为师。(《练字》)

又《周礼》井赋，旧有匹马；而应劭释匹，或量首数蹄，斯岂辩物之要哉？(《指瑕》)

二是引用《周易》的语句，来论述文学的创作：

若首唱荣华，而媵句憔悴，则遗势郁湮，余风不畅：此《周易》所谓臀无肤，其行次且也。(《附会》)

需要指出的是，据王更生先生搜集梳理，《文心雕龙》引用《周易》多达一百四十二处。本处所见，只不过是唯一称《周易》的例子，仅一斑而已。

三是赞美周代文学的兴盛发达，以《诗》为主要对象：

逮姬文之德盛，《周南》勤而不怨；大王之化淳，《邠风》乐而不淫。(《时序》)

《文心雕龙》引《诗》一百四十一处，本处仅为《周南》之一处，特作说明。

四是引用《周书》记载的语句，作为论述文学方法或作家修养的标准：

> 周爰谘谋，是谓为议。议之言宜，审事宜也。《易》之《节卦》："君子以制度数，议德行。"《周书》曰："议事以制，政乃弗迷。"议贵节制，经典之体也。(《议对》)
>
> 若骨采未圆，风辞未练，而跨略旧规，驰骛新作，虽获巧意，危败亦多；岂空结奇字，纰缪而成经矣？《周书》云："辞尚体要，弗惟好异。"盖防文滥也。(《风骨》)
>
> 《周书》论士，方之梓材，盖贵器用而兼文采也。(《程器》)
>
> 盖《周书》论辞，贵乎体要；尼父陈训，恶乎异端：辞训之异，宜体于要。(《序志》)

刘勰引用《周书》，用于文体创作论、"风骨"创造论、"梓材"标准论、写作技巧论等几个方面，直接将《周书》的叙述用于写作之道的方方面面。

9. 赞美"圣历方兴"文学事业之鼎盛。

> 今圣历方兴，文思光被；海岳降神，才英秀发；驭飞龙于天衢，驾骐骥于万里。经典礼章，跨周轹汉；唐、虞之文，其鼎盛乎！鸿风懿采，短笔敢陈？飏言赞时，请寄明哲！(《时序》)

当前，“龙学”研究界普遍的意见是认为刘勰在此赞美的是“皇齐御宝”，周绍恒等先生则认为《文心雕龙》成书于梁代，刘勰赞美的是梁武帝。不论是齐还是梁，刘勰均显示了极高的策略意识与避讳原则。作家活在当下，必然尊重当下。钟嵘《诗品》也是这样，不论当代，只追往古：

> 方今皇帝，资生知之上才，体沉郁之幽思，文丽日月，赏究天人，昔在贵游，已为称首。况八纮既奄，风靡云蒸；抱玉者联肩，握珠者踵武。固以瞰汉、魏而不顾，吞晋、宋于胸中。谅非农歌辕议，敢致流别。嵘之今录，庶周旋于闾里，均之于谈笑耳。①

说来说去，就是担心自己品鉴不周，得罪了人，那岂不糟糕？我们当然不好说钟嵘此论是否受到刘勰为尊者讳、为尊者赞的影响，但是，钟嵘比刘勰走得更远，考虑得更周全：

> 一品之中，略以世代为先后，不以优劣为诠次。又其人既往，其文克定；今所寓言，不录存者。②

钟嵘品鉴流别，除了不录当时帝王皇室，还有一个原则，“不录存者”，凡是活着的诗人作者，概不考虑。这就避免了许多得罪人的可能，更少了很多因必须避讳而不中肯、不合己意的评价。

---

① 张怀瑾：《钟嵘诗品评注》，天津古籍出版社1997年版，第107页。
② 张怀瑾：《钟嵘诗品评注》，第116页。

可见，一个成熟的写作研究者，不仅要为自己的理论主张寻找出路，充分论述，更要关注写作的一些禁忌，注意避讳原则与策略意识。写作真是一件不容易的事。

第七节 君子人格与学习修养

孔子是先秦两汉儒家诸子中最重视学习与教育的伟大思想家和教育家。他的许多学习理论与教育理论，直到今天仍然散发出耀眼光芒。尤其是，孔子对君子人格的养成，对具体学习的态度、方法、对象、精神等问题的详细论述，成为刘勰《文心雕龙》才气学习论、作家修养论、文术习染论、创作鉴赏论的根本之源。

一、君子人格

孔子在德行修养上提倡君子人格，主要表现在以下几个方面。

其一，做人要正直磊落。孔子提出修养的外在标准，这就是“刚、毅、木、讷”，即刚强、果断、质朴、语言谦虚。要求学生修养时远“恶”、不“佞”、守“正”、尚“礼”。他自己对待君王也是不求避讳，敢于犯颜直谏，是一个正直磊落的人。

其二，做人要重视“仁德”，这是孔子强调最多的问题。孔子说：“弟子，入则孝，出则悌，谨而信，泛爱众，而亲仁。行有余力，则以学文。”（《论语·学而》）在他看来，礼义仁慈，是在学习之上更重要的根本的东西。孔子又说：“人而不仁，如礼何？人而不仁，如乐何？”（《论语·八佾》）这说明只有在仁德的基础上做学问、学礼乐才有意义。那么怎样才能算仁呢？颜渊问仁，子曰："克己复礼为仁。"（《论语·颜渊》）也就是说，克制自己，让言行符合礼就是仁德了。可见"仁"不是先天就有的，而是后天"修身"与"克己"的结果。同时他还提出实践仁德的五项标准，即"恭、宽、信、敏、惠"（《论语·阳货》）。他教人追求仁德的方法，那就是"博学于文，约之以礼"（《论语·颜渊》），即广泛地学习文化典籍，用礼约束自己的行为，这样就可以不背离正道。

其三，做人要重视修养的全面发展。《论语·宪问》记载：

> 子路问成人。子曰："若臧武仲之知，公绰之不欲，卞庄子之勇，冉求之艺，文之以礼乐，亦可以为成人矣。"曰："今之成人者何必然？见利思义，见危授命，久要不忘平生之言，亦可以为成人矣。"

在此基础上，孔子强调做人还要重视全面发展。子曰："志于道，据于德，依于仁，游于艺。"（《论语·述而》），即志向在于道，根据在于德，凭借在于仁，活动在于六艺（礼、乐、射、御、书、数），只有这样才能真正地做人。体现了孔子对人的社会性的认识，以及个人修养的相互制约作用，他说："兴于诗，立于礼，成于乐。"（《论语·泰伯》）所以，对于个人修养来说，全面发展显得极为重要。

其四，孔子提出"君子不党""君子不器"的标准，并且要求重义避利，追求道义。在这些论述的基础上，孔子提出了君子人格的集中表现要求是："君子有九思：视思明，听思聪，色思温，貌思恭，言思忠，事思敬，疑思问，忿思难，见得思义。"

(《论语·季氏》)孔子所谈的“君子有九思”，全面概括了人言行举止的各个方面，他要求自己和学生们一言一行都要认真思考和自我反省，这里包括个人道德修养的各种规范，如温、良、恭、俭、让、忠、孝、仁、义、礼、智等，所有这些因素集中构成了孔子的道德修养学说。

二、学习理论

此外，孔子提出了许多学习理论，主要有以下几点：

其一，好学的态度。孔子认为，学习首先在于爱学、乐学。孔子赞扬颜回“一箪食，一瓢饮，在陋巷，人不堪其忧，回也不改其乐”（《论语·雍也》）。有一次，叶公向子路问孔子是个什么样的人，子路不答。孔子教导子路说：“女奚不曰：其为人也，发愤忘食，乐以忘忧，不知老之将至云尔。”（《论语·述而》)孔子自述其心态，“发愤忘食，乐以忘忧”，连自己老了都觉察不出来。孔子从读书学习和各种活动中体味到无穷乐趣，是典型的现实主义和乐观主义者，他不为身旁的小事而烦恼，表现出积极向上的精神面貌。其次要有踏实的精神，主张“默而识之，学而不厌”（《论语·述而》）。第三要专心致志，勤奋刻苦。子曰：“我非生而知之者，好古，敏以求之者也。”（《论语·述而》)孔子尊崇古法，这句话一方面含有自谦的成分，另一方面告诉学生自己的一切知识都是勤奋努力学习的成果，鼓励学生发愤学习，成为各方面有用的人才。《史记·孔子世家》记载了孔子三十五岁时的一件事：“孔子适齐，为高昭子家臣，欲以通乎景公。与齐太师语乐，闻《韶》音，学之，三月不知肉味，齐人称之。”这件事表现了孔子专注于学习、用心细微的精神。同篇又记载了孔子晚而喜《易》，韦编三绝的故事，穿书用的牛皮都翻断了好几次，可见孔子读书的勤苦。第四要主动学习，不耻下问。孔子提倡和赞扬像孔圉那样“敏而好学，不耻下问”的学习精神，他说：“生而知之者上也，学而知之者次也，困而学之，又其次也。困而不学，民斯为下矣。”（《论语·季氏》）主张一个人要学而知之，修养德行，主动进步。

其二，学习要讲究方法。孔子提出及时复习的方法，“学而时习之，不亦说乎”（《论语·学而》），“温故而知新，可以为师矣”（《论语·为政》）。同时，孔子特别强调学思结合，他说：“学而不思则罔，思而不学则殆。”（《论语·为政》）另外，孔子还非常重视精益求精，“如切如磋，如琢如磨”，反对一知半解，浅尝辄止。

其三，内容要博而能精。孔子主张学习要广博，他提出“文、行、忠、信”，即文化、品德、忠诚、守信四项内容的并重。《史记·孔子世家》载达巷党人曰：“大哉孔子，博学而无所成名。”孔子本人就非常博学，同时强调学习要抓根本的东西。孔子在回答子贡的问题时，用“予一以贯之”的话表明学习重在抓住根本。间接地说明了博与精的关系，值得借鉴。

其四，明确的学习目的。孔子认为，学习的目的在于“学以致用”。子曰：“诵《诗》三百，授之以政，不达；使于四方，不能专对；虽多，亦奚以为？”（《论语·子路》）也就是说，熟读《诗经》，是为了完成政治任务，为了治理国家，是有为而学。由此可见，读书的目的，在于应用与实践。孔门弟子子夏也说：“仕而优则学，学而优则仕。”（《论语·子张》）这一思想实质上也体现了学与用的关系，间接体现了孔子办私学的目的，即通过教育培养德才兼备而能登上政治舞台的人才。当然，学习的目的主要是对道义、真理的追求，“士志于道”，“朝闻道，夕死可矣”。(《论语·里仁》)

三、积极影响

刘勰继承并化用了这些修养德行的原则，并特别强调博学多才的积极意义，以及学习的具体方法，构建了自己完整的作家修养理论体系。《文心雕龙·体性》篇集中地论述了“才、气、学、习”的作家修养原则，提出“因内而符外”的文学规律，作品的形成是由作家内在精神休养与写作技法锻炼来实现的。通过对汉魏十二名家及其作品特色的分析思考，指出作家个体“才有庸俊，气有刚柔，学有浅深，习有雅郑”的差异性，这种差异性通过后天的学习改变，是可以得到调整的。“童子雕琢，必先雅制”，向经典雅正、规范优秀的作品学习，养成优良的人格素质，再来写文章，就会“沿根讨叶，思转自圆”。在《附会》篇里，刘勰指出：

> 夫才童学文，宜正体制：必以情志为神明，事义为骨髓，辞采为肌肤，宫商为声气，然后品藻玄黄，摛振金玉，献可替否，以裁厥中：斯缀思之恒数也。

就是说，写文章要注意情志的真实可信，讲究引用典故的准确得体，锻炼辞采，讲究声律，并运用“以裁厥中”的折中思想方法作为指导来写作文章，“献可替否”。这段话作为刘勰所论述的“缀思之恒数”，实际上涉及了《宗经》“六义”中“一则情深而不诡”“三则事信而不诞”“四则义贞而不回”的创作原则，以及《知音》“六观”中“二观置辞”“五观事义”“六观宫商”的情志宫商辞采等问题；同时笼罩了全书下篇的《体性》《风骨》《情采》《镕裁》《声律》《比兴》《事类》《丽辞》等文采创造的原理或具体方法，涉及写作的方方面面。没有广闻博观的见闻、精益求精的态度、具体可操作的方法技巧，刘勰作为理论家和写作实践者，就提不出这样的见解；作为读者，我们也看不到这样精深的论述。除了《体性》《附会》，在书中，刘勰往往提出周公、孔子的典范精神作为榜样，指出经典在思想或艺术标准上的优良示范作用，要求后来的作家学习模仿其技法与文风。刘勰指出，五经具有“繁略殊形，隐显异术，抑引随时，变通适会”的优点，主张“征之周、孔，则文有师矣”。又说圣人之文章“体要与微辞偕通，正言共精义并用”，因此“后进追取而非晚，前修久用而未先”，具有最高的学习价值与模仿价值，在指导思想上点明了学习经典是走入正途的不二法门。

在写作学习上，刘勰表明了自己宗经复古的学习观，不这样就有可能误入歧途，他说：“模经为式者，自入典雅之懿”。(《定势》)对辞赋文学抱有贬义，指斥辞赋“楚艳汉侈，流弊不还”，批评“效《骚》命篇者，必归艳逸之华”。对于近代学习写作的文人取法不古感到痛心疾首：“今才颖之士，刻意学文；多略汉篇，师范宋集：虽古今备阅，然近附而远疏矣。”(《通变》)在此基础上，刘勰归纳整个近代文学“从质及讹，弥近弥澹”的不良发展原因是“竞今疏古”。没有正确的学习态度和学习内容，放弃了古代优良的文学作品而取法于近现代“风末气衰”的不良作品，不受根本，自创新色：“自近代辞人，率好诡巧。原其为体，讹势所变；厌黩旧式，故穿凿取新。察其讹意，似难而实无他术也，反正而已。”（《定势》）因此，全书数次强调“还宗经诰”，主张“正式”“正采”“正言”“正辞”“正体”，以正确的“执正驭奇”“执术驭篇”的态度修养和技法学习来写好文章。

在正本复古的文学主张之外，作为一名成功的写作实践者，刘勰主张博学多识，主张借鉴儒家以外的古典优良作品，《风骨》篇指出：“若夫镕铸经典之范，翔集子史之术；洞晓情变，曲昭文体，然后能孚甲新意，雕画奇辞。”在以经典为本的同时，需要向史传文学学习，因为“原夫载籍之作也，必贯乎百氏，被之千载，表征盛衰，殷鉴兴废，使一代之制，共日月而长存；王霸之迹，并天地而久大”（《史传》）。史传文学具有伟大的现实意义，可以学习“实录无隐”的写法，领会“寻繁领杂之术，务信弃奇之要，明白头讫之序，品酌事例之条”（《史传》）的科条分明、体大虑周的特点，详查“讹滥之本源”“述远之巨蠹”，保持正确真实的写作态度。

同时，向历代诸子学习其“入道见志”的特点，有利于立德立言，达成彰显名德的目标。具体而言，诸子著作特点各异，有利于博见学习，取其精华。《诸子》篇论曰：

> 研夫孟、荀所述，理懿而辞雅；管、晏属篇，事核而言练；列御寇之书，气伟而采奇；邹子之说，心奢而辞壮；墨翟、随巢，意显而语质；尸佼、尉缭，术通而文钝；鹖冠绵绵，亟发深言；鬼谷眇眇，每环奥义；情辨以泽，文子擅其能；辞约而精，尹文得其要；慎到析密理之巧，韩非著博喻之富；吕氏鉴远而体周，淮南泛采而文丽：斯则得百氏之华

采，而辞气之大略也。

上述所及，包括了先秦儒家、法家、道家、阴阳家、墨家、兵家、纵横家的优秀代表作品，刘勰主张向这些作品学习，汇通百家，总合文术，为我所用。这样开明求实的态度、博观精阅的取法、公正准确的评价，在于这些作品本身确实优秀，“六国以前，去圣未远，故能越世高谈，自开户牖”（《诸子》），因而值得学习。举个例子，刘勰说“鬼谷眇眇，每环奥义”，《鬼谷子》属纵横家书，《论说》篇称其“《转丸》骋其巧辞，《飞钳》伏其精术”，是培养言说技术的经典名篇。鬼谷子先生著书课徒，带出了苏秦、张仪、孙膑、庞涓、尸佼、尉缭等有名弟子。他们适应战国乱世而生，各擅所学，尤其是苏秦、张仪，“一人之辨，重于九鼎之宝；三寸之舌，强于百万之师。六印磊落以佩，五都隐赈而封”（《论说》），达到了辩士纵横的顶峰。而论辩之术在战国时代，并非纵横家的专利，各家都有代表人物。《诸子》曰：

> 孟轲膺儒以磬折，庄周述道以翱翔；墨翟执俭确之教，尹文课名实之符；野老治国于地利，驺子养政于天文；申、商刀锯以制理，鬼谷唇吻以策勋；尸佼兼总于杂术，青史曲缀于街谈。承流而枝附者，不可胜算：并飞辩以驰术，餍禄而余荣矣。

上述所举十例之代表人物，其飞辩所驰之术，是非常值得学习甚至研究的。像这样的好东西，刘勰主张不要放过，要“翔集”其术，为我所用。

刘勰非常重视勤学与博见的重要性。《梁书·文学列传》说他“笃志好学”，在依附沙门僧祐，与之居处的十余年时间内，博览群书，刻苦用功，达到“博通经论”的地步。僧祐主持佛典的编撰工作，就假手刘勰，由他来完成“区别部类，录而序之”的工作。后来刘勰声名日甚，以至于“京师寺塔及名僧碑志，必请勰制文”，青年刘勰已经是文坛名家、文章高手。正是因为有博观精阅的阅读经历与为文写作的实际经验，刘勰在《神思》中极力主张“博见为馈贫之粮，贯一为拯乱之药”的“博而能一”的原则，作为思维训练的有效途径，主张“积学以储宝，酌理以富才，研阅以穷照，驯致以绎辞”的主体修养方法；在《通变》篇中提出“博览以精阅”的阅读思想，作为正确通变以求“规略文统”的第一原则；在全书中反复提出“雅正”的情感、措辞、写法、事例、风格等要求，并且以之为规范，作为后人学习写作的准绳。从孔子到刘勰，由修身到为文，一脉相承而下的中正思想与学习方法，得到了从人到文的转化和延续。

综上所述，孔子首先建立起了征圣宗经、捍卫礼乐之道的思想品格，他的实际行动又表明，文人干政也可以成功，文武双修是可以实现的。在孔子一生对复兴礼乐制度所做的努力中，零散可见他的文学美学思想、言语观念、修养交际原则，孔子据此主张雅言、雅乐、正色、正音等尚雅贬俗、复古崇丽的理论，这些观念或理论中，贯通了中庸、中正的尚中原则与学礼尚用的道理。上述思想理论深刻地影响到了刘勰《文心雕龙》写作的方方面面，尤其是成为其文学美学思想的主要来源。刘勰以孔子为精神导师，再现、发展了孔子文论，是孔子文论在齐、梁文坛的代言人。

第四章　孟子的影响

孟子被称为亚圣，是孔子之后最有影响的儒家代表人物，他的思想主要体现在《孟子》一书中。《孟子》书中有许多以零散状态存在的文学艺术理论，其中，最著名的是“知人论世”“以意逆志”“知言养气”三论；此外，还提出了关于《诗》篇“怨刺”的分析以及音乐美学理论、“尽心知天”的天人合一思想、“观水有术”的方法论、“共同美感”的审美趋同性、内敬“性善”的修养论等零散见解。这些有关的理论，虽然不像孔子那样对刘勰有全方位的影响，但在以下几个方面，也有深刻的痕迹：一是阅读鉴赏论。刘勰在《知音》篇提倡“六义”，主张公允地评价历代作家，这是孟子“以意逆志”阅读理论的直接转化，而且更加具体化、可操作化。二是“知人论世”说。刘勰主张文学发展会受外部因素如时代政治环境、帝王好恶、时代审美思潮的变化等影响，《时序》《通变》就是这样的专门篇章，这是对孟子“知人论世”说的继承与转化。三是主体修养论。刘勰主张养气、守气的作家修养，提倡“文明以健”的风骨之美，这是直接受到孟子“知言养气”说影响的结果。四是“尽心知天”的天人合一的艺术审美理论。孟子是历史上第一个提出这一理论的先哲。刘勰《文心雕龙》书中充满了强烈的宇宙人生意识以及二者和谐统一的哲学美学思想。上述思想除了继承自《周易》与老庄的自然和谐理论，就是从孟子这里继承下来的。整体上看，孟子对经典的辩证认识，超越了孔子唯经毕宗、述而不作的绝对崇拜；对诗乐雅俗、怨刺的看法，也在孔子基础上有了一定的进步，显得更为公正准确。孟子对刘勰文学美学思想的影响是很深刻的①，但是前人几乎没有讨论过这些影响。

本章就主要讨论《文心雕龙》对孟子上述理论的转化运用。集中于"知言养气论"、"以意逆志说"、"知人论世说"、诗乐理论，以及孟子在审美感受上提倡的"共同美感"原则和"言近而指远"的含蓄多义原则。

第一节　生平简介

孟子（约前372—约前289），名轲，或字子舆，邹（今山东邹城市）人。他是孔子之孙孔伋的再传弟子。相传他是鲁国姬姓贵族公子庆父的后裔，父名激，母仉（zhǎng）氏。孟子出生之时，距孔子之死（前479）已百余年。孟子的生平和孔子很相似，都是贵族的后裔，平民出身，幼年丧父，一生所走的道路都是求

① 《文心雕龙》直接论述孟子的文句有以下几处：1. 《诸子》：逮及七国力政，俊乂蜂起。孟轲膺儒以磬折，庄周述道以翱翔……并飞辩以驰术，餍禄而余荣矣。2.《诸子》：研夫孟、荀所述，理懿而辞雅……斯则得百氏之华采，而辞气之大略也。3.《奏启》：墨翟非儒，目以豕彘；孟轲讥墨，比诸禽兽。4. 《夸饰》：虽《诗》《书》雅言，风格训世，事必宜广，文亦过焉。……孟轲所云"说《诗》者不以文害辞，不以辞害意"也。5.《时序》：春秋以后，角战英雄……唯齐、楚两国，颇有文学。齐开庄衢之第，楚广兰台之宫；孟轲宾馆，荀卿宰邑，故稷下扇其清风，兰陵郁其茂俗。仔细研读《文心雕龙》可知：孟子的影响主要不在于这些直接论说他的地方，而在于对《孟子》书中所论述到的文艺思想的吸收和运用。

学、教学、论道诸侯、周游列国。

孟子曾受业于孔汲的学生，荀子把孔伋和孟子列为一派，这就是后世所称儒家中的思孟学派。学成以后，以士的身份游说诸侯，想要推行自己的政治主张，到过梁（魏）国、齐国、宋国、滕国、鲁国。政治上，孟子主张法先王、行仁政；学说上，他推崇孔子，反对杨朱、墨翟。他主张仁政，提出民贵君轻的民本思想，游历于齐、宋、滕、魏、鲁等国，效法孔子推行自己的政治主张，前后历时二十多年。但孟子的仁政学说被认为是迂远的事情，因而没有得到实行。最后他退居讲学，和他的学生一起，序《诗》《书》，述仲尼之意，作《孟子》七篇。《孟子》是儒家学说的经典著作之一，在汉代就被认为是辅翼经书的传，和孔子的《论语》并列。至五代，后蜀主孟昶下令将《易》《书》《诗》《礼记》《周礼》《仪礼》《公羊传》《穀梁传》《左传》《论语》《孟子》十一经书写刻石，《孟子》一书升格为儒家经典。南宋朱熹又把《孟子》与《论语》《大学》《中庸》合为“四书”，《大学》和《中庸》被认为是孔子弟子曾参和孔子之孙子思的著作，这样，《孟子》一书便与孔子及孔子嫡系的著作平起平坐了，其实际地位更在五经之上。

孟子的文章说理畅达，气势充沛并长于论辩，逻辑严密，尖锐机智，代表着先秦散文写作的最高峰。孟子在人性问题上提出性善论，即人性是善的。但孟子只说性善，南宋朱熹补充为“人之初，性本善”，后世有学者提出性向善。

孟子是儒家最重要的代表人物之一。自中唐的韩愈著《原道》，把孟子列为先秦儒家中唯一继承孔子道统的人物开始，出现了一个孟子的升格运动，孟子其人其书的地位逐渐上升。宋神宗熙宁四年（1071），《孟子》一书首次被列入科举考试科目之中。元丰六年（1083），孟子首次被官方追封为邹国公，翌年被批准配享孔庙。

元朝至顺元年（1330），孟子被加封为亚圣公，以后就称为亚圣，地位仅次于孔子。在明、清两代，官方规定，科举考试的八股文题目必须从“四书”中选取，要代圣人立言。于是，《孟子》一书便成了明、清两代士子们的必读书之一了。

综上，孟子是战国时期伟大的思想家、教育家、政治家，儒家的代表人物，继承并发扬了孔子的思想。孔子是大成至圣，孟子被称为亚圣。孟子与孔子的思想合称孔孟之道。《孟子》一书中《鱼我所欲也》《得道多助，失道寡助》《生于忧患，死于安乐》《王顾左右而言他》等文章已编入初中语文教科书中，《寡人之于国也》则编入高中语文教科书中。

第二节 孟子文论三题

《孟子》书中提出了知人论世、知言养气、以意逆志等著名的学术思想或文论思想，是儒家文论的重要组成部分。三者的内涵意义以及对古代文论的影响，已经有了非常成熟、多样、深刻的研究成果。从《文心雕龙》论述写作之道的角度来看，这三大理论，涉及文学发展的时代背景、作家生存语境、作家修养与阅读鉴赏等问题，涵盖了文章写作从外部环境到作家主体建构再到文本阅读阐释的全方位范围。

一、知人论世

“知人论世”说本是孟子提出来的交友理论。原文节选如下：

> 孟子谓万章曰：“一乡之善士，斯友一乡之善士。一国之善士，斯友一国之善士。天下之善士，斯友天下之善士。以友天下之善士为未足，又尚论古之人。颂其诗，读其书，不知其人，可乎？是以论其世也，是尚友也。”（《孟子·万章下》）

本段的核心在于论述“颂其诗，读其书”“论其世”的“尚友”原则。“尚”同“上”，“颂”同“诵”。孟子的本意是论述交朋友的范围问题。乡里人和乡里人交朋友，国中人和国中人交朋友，更广泛的范围，则和天下的人交朋友。如果朋友遍天下还嫌不足，那就只有上溯历史，与古人交朋友了。当然，也只有心领神会而已。这种神交，就是诵他们的诗，读他们的书。而为了正确理解他们的诗和他们的书，就应当了解写诗著书的人；要了解写诗著书的人，又离不开研究他们所处的社会时代。这就是所谓“知人论世”的命题。孟子认为，文学作品和作家本人的思想观念以及时代背景有着极为密切的关系，因而只有“知其人”“论其世”，即了解作者的思想观念和写作的时代背景，才能客观地、正确地理解和把握文学作品的思想内容。

孟子的这一原则对后世的文学批评产生了深远的影响，为历代文学批评家所自觉或不自觉地遵循。清代章学诚在《文史通义·文德》篇中说：“不知古人之世，不可妄论古人文辞也。知其世矣，不知古人之身处，亦不可以遽论其文也。”章氏以为孟子的“知人论世”，应当是“论世”第一，“知人”第二，进行文学批评，论述“古人文辞”与“遽论其文”，必须“知古人之世”，必须“知古人之身处”，才能对作品作出正确的评价。“知人论世”与“以意邀志”一样，成为传统文学批评的重要方法，也奠定了孟子在中国文学批评史上的重要地位。事实上，直到今天，无论现代主义以来的新兴文学批评方式方法已走得有多远、多新奇，在我们的中小学课堂上、大学讲台上，以及占主导地位的文学批评实践中，依然在使用着“知人论世”和“以意逆志”的方式方法。所谓“时代背景分析”“作者介绍”“中心思想”“主题”等，这些人们耳熟能详的概念，无一不是“知人论世”或“以意逆志”的产物，即应当深入地了解作家的生平、思想、作品的时代背景。可以说，“知人论世”说是“以意逆志”论的前提，而“以意逆志”则是“知人论世”的结果。孟子的“以意逆志”与“知人论世”说是比较科学的文学批评方法，对后世影响极大，后世大量的诗话、词话等大抵都是运用这一原则进行文学评论和批评的。由此足以见出孟子对中国文学批评的深远影响。这种影响之一，正是由本章的文字所描述的。

通观古代文论，可以看出“知人论世”这一原则，孟子肇其端，刘勰集其成。《文心雕龙》非常重视时代背景、学术思潮、社会风气对文学发展的影响问题，《通变》《时序》两篇就是这方面的专篇；而且，刘勰在继承“论世知文”这一原则的时候，发展孟子的学术思想，将影响原因扩大化，提出“崇替在选”的帝王影响说，成为古代文论“知人论世”说的集大成者。《文心雕龙》论述的文学时间跨度超过千年，从上古淳质的伏羲时代一直到六朝时代，这本身就是在历史发展的长河中去截取文学这一艺术部类，从文学史的角度来论述文学的千年发展，论述发展中的成败得失。这种成败得失以具体的作家作品、文学思潮、文人集团、风格流派等形式或载体表现出来，无一不受到政治环境、社会风气的影响。面对以前的作品，刘勰只能是从读者的角度而不是作家的角度或当时生活者的角度来评价鉴赏。因此，除了一以贯之的儒家主导思想，刘勰要面对的最重要的一个问题就是历史已往而文本独存，只能从现存文本来反观文学历史的发展情况。这种反观，主要体现在上篇“论文叙笔”的文体论二十篇，每一篇都是具体的分体文学史，在对分体文类进行史的梳理的同时，以众多的作家作品为例来证明这些文体的特点、创作要求、发展过程、功能等问题，这是一种通盘考虑，整体布局的思路。《序志》篇所归纳的这种“原始以表末，释名以章义，选文以定篇，敷理以举统”的论述方法，实际上就是“论世知文”的方法，并通过这样的“文世”合论，来体现“知人论世”的原则。任举数例：

蔡邕铭思，独冠古今。(《铭箴》)

自教以下，则又有命。《诗》云：“有命自天。”明为重也。《周礼》曰：“师氏诏王。”明为轻也。今诏重而命轻者，古今之变也。(《诏策》)

夫书记广大，衣被事体；笔札杂名，古今多品。是以总领黎庶，则有谱、籍、簿、录；医历星筮，则有方、术、占、试；申宪述兵，则有律、令、法、制；朝市征信，则有符、契、券、疏；百官询事，则有关、刺、解、牒；万民达

志，则有状、列、辞、谚：并述理于心，著言于翰；虽艺文之末品，而政事之先务也。(《书记》)

是以属意立文，心与笔谋：才为盟主，学为辅佐。主佐合德，文采必霸；才学褊狭，虽美少功。夫以子云之才，而自奏不学；及观书石室，乃成鸿采：表里相资，古今一也。(《事类》)

《尚书大传》有“别风淮雨”，《帝王世纪》云“列风淫雨”“别列淮淫”，字似潜移，淫列义当而不奇，淮别理乖而新异。傅毅制诔，已用淮雨，固知爱奇之心，古今一也。(《练字》)

上引五例，分别是关于作家创作论、文体发展史、文体分类学、作家修养论、文本创作现象方面的论述，其共同特点是跨越古今，从文学史的角度纵向观照，使得刘勰的论述深刻准确，论能服人。《文心雕龙》中，刘勰经常谈古论文，纵横驰骋，比如：

契者，结也。上古纯质，结绳执契，今羌胡征数，负贩记缗，其遗风欤！(《书记》)

新奇者，摈古竞今，危侧趣诡者也。(《体性》)

古之教歌，先揆以法，使疾呼中宫，徐呼中徵。(《声律》)

及李斯删籀而秦篆兴，程邈造隶而古文废。(《练字》)

观夫后汉才林，可参西京；晋世文苑，足俪邺都。然而魏时话言，必以元封为称首；宋来美谈，亦以建安为口实。何也？岂非崇文之盛世，招才之嘉会哉？嗟夫，此古人所以

贵乎时也！(《才略》)

古来文章，以雕缛成体。(《序志》)

这些以古论文的例子，涉及方法论、风格论、文学史等方面，全书凡七十一例之多。与用古相似，刘勰对应的使用论“今”之法，凡一十九例，兹举数例：

今纬多于经，神理更繁，其伪二矣。(《正纬》)

齐桓征楚，诘苞茅之阙；晋厉伐秦，责箕郜之焚。管仲、吕相，奉辞先路：详其意义，即今之檄文。(《檄移》)

采故实于前代，观通变于当今。(《议对》)

今操琴不调，必知改张；摘文乖张，而不识所调。(《声律》)

今一字诡异，则群句震惊；三人弗识，则将成字妖矣。(《练字》)

今之常言，有文有笔，以为无韵者笔也，有韵者文也。夫文以足言，理兼《诗》《书》；别目两名，自近代耳。(《总术》)

今圣历方兴，文思光被；海岳降神，才英秀发；驭飞龙于天衢，驾骐骥于万里。(《时序》)

从中我们可以看出，刘勰用“今”，主要是指出文学发展的繁盛局面，但其主要用意在于指出文学发展的今不如昔，近代不如古代。体现了一种惋惜当代、追思往古的复古倾向。比如，刘勰经常贬斥“近代词人”，动辄将他们钉上文学发展反面典型的耻辱柱：

宋初文咏，体有因革。庄老告退，而山水方滋；俪采百字之偶，争价一句之奇；情必极貌以写物，辞必穷力而追新：此近世之所竞也。(《明诗》)

是以世人为文，竞于诋诃，吹毛取瑕，次骨为戾，复似善骂，多失折衷。(《奏启》)

自近代辞人，率好诡巧。原其为体，讹势所变；厌黩旧式，故穿凿取新。察其讹意，似难而实无他术也，反正而已。故文反正为乏，辞反正为奇。效奇之法，必颠倒文句；上字而抑下，中辞而出外：回互不常，则新色耳。(《定势》)

近代辞人，率多猜忌；至乃比语求蚩，反音取瑕：虽不屑于古，而有择于今焉。又制同他文，理宜删革。若掠人美辞，以为己力；宝玉大弓，终非其有。全写则揭箧，傍采则探囊；然世远者太轻，时同者为尤矣。(《指瑕》)

夫车马小义，而历代莫悟；辞赋近事，而千里致差：况钻灼经典，能不谬哉？(《指瑕》)

自近代以来，文贵形似；窥情风景之上，钻貌草木之中。(《物色》)

近代辞人，务华弃实。(《程器》)

详观近代之论文者多矣：至于魏文述典，陈思序书，应玚文论，陆机《文赋》，仲治《流别》，弘范《翰林》：各照隅隙，鲜观衢路。或臧否当时之才，或铨品前修之文；或泛举雅俗之旨，或撮题篇章之意。魏典密而不周，陈书辩而无当；应论华而疏略，陆赋巧而碎乱；《流别》精而少功，《翰林》浅而寡要。又君山、公幹之徒，吉甫、士龙之辈，泛议文意，往往间出：并未能振叶以寻根，观澜而索源；不述先哲之诰，无益后生之虑。(《序志》)

整体上看，刘勰对“近代以来”的作家作品、文学理论、修辞技法、德行修养、小学水平、写作取法深表不满，几无褒赞之意，而多痛斥之心。这样的论述，还体现在对“远”代文学的褒赞、对“前”代文学的赞美以及对“后”代文学的批评上。通过对上述数以百计的术语资料运用情况的分析，结合有关“时”“世”的贯通论述以及“铺观列代”的“陶唐”“商周”“楚汉”“建安”“魏晋”“宋初”“皇齐”的评价，可以看出《文心雕龙》文学发展观整体上明显“复古”的特点，这一特点显然是伴随尊崇儒家的思想、尊崇经典的意识以及复古宗经、以经为法的文学史论观念而生的。这种观念有其明显的局限性，文学新变的种种弊端固然令人痛心疾首，但是新变并非完全没有可取之处，对于新变的若干优点，因为不合“复古宗经”的观念，而被刘勰无情地抹杀掉了。这个抹杀，集中地体现在刘勰忽略晋、宋山水田园诗人谢灵运、陶渊明等大家这一问题上，论见另文。

刘勰“论世知文”的复古文学观，集中体现在《通变》篇之中。该篇论述文学发展的数千年历史与各段整体的时代文风，言简意赅，准确深刻：

是以九代咏歌，志合文则：黄歌《断竹》，质之至也；唐歌在昔，则广于黄世；虞歌《卿云》，则文于唐时；夏歌《雕墙》，缛于虞代；商周篇什，丽于夏年。至于序志述时，其揆一也。暨楚之骚文，矩式周人；汉之赋颂，影写楚世；魏之篇制，顾慕汉风；晋之辞章，瞻望魏采。推而论之，则黄唐淳而质，虞夏质而辨，商周丽而雅，楚汉侈而艳，魏晋浅而绮，宋初讹而新：从质及讹，弥近弥澹。何则？竞今疏古，风末气衰也。

本段所论，包含如下意见：一是文学发展“蔚映十代，辞采九变”，每一代有各自不同的特点；二是文学的发展历史是“从质及讹”，从质朴淳辨到雅丽相谐再到艳丽新奇，越来越具有尚丽尚美的美丽精神；三是发展整体上趋向于不良的倾向，“弥近弥澹”而“风末气衰”；四是指出这种不良倾向的原因，是“竞今疏古”，即习染不良所致；五是综合观照“辞采九变”，显然是以“商周丽而雅”为中轴主线，来折中合观，从而上推淳质，下论艳丽的。这种“知世论文”的方法，从本源上来说，是孟子“知人论世”方法论影响所致。

不仅对于“蔚映十代”的整体文学发展史用这种方法来论述，对于断代文学史，刘勰也是采用这种方法来论述的。《通变》篇中有一个例子，完全符合上述引文“知世论文”的论述：

夫夸张声貌，则汉初已极。自兹厥后，循环相因，虽轩翥出辙，而终入笼内。枚乘《七发》云：“通望兮东海，虹洞兮苍天。”相如《上林》云：“视之无端，察之无涯；日出东沼，月生西陂。”马融《广成》云：“天地虹洞，固无端涯；大明出东，月生西陂。”扬雄《校猎》云：“出入日月，天与地沓。”张衡《西京》云：“日月于是乎出入，象扶桑于蒙汜。”此并广寓极状，而五家如一。诸如此类，莫不相循。

这个例子论述的是汉代辞赋“夸张声貌”的夸饰手法，举出“广寓极状，而五家如一”的文本实例来证明“循环相因”这一写作习染的不良弊端，使得对于丽天日月的描写居然大同小异。这就会使文学写作陷入近似的圈子中，而不能独出机杼，难以创新为文。“诸如此类”的例子还很多，比如以下两例：

自中朝贵元，江左称盛；因谈余气，流成文体。是以世极迍邅，而辞意夷泰；诗必柱下之旨归，赋乃漆园之义疏。(《时序》)

自近代以来，文贵形似；窥情风景之上，钻貌草木之中。吟咏所发，志惟深远；体物为妙，功在密附。故巧言切状，如印之印泥；不加雕削，而曲写毫芥：故能瞻言而见貌，即字而知时也。(《物色》)

洛阳、江左“辞意夷泰”的玄学文学与晋、宋文学“文贵形似”的山水诗歌的创作，以内在学术思潮为动因，而以整体高度一致的创作特点为外表，体现的仍然是断代文学“莫不相循”的不良习染与“竞今疏古”的取法之失。《通变》指出：

今才颖之士，刻意学文；多略汉篇，师范宋集：虽古今备阅，然近附而远疏矣。夫青生于蓝，绛生于蒨；虽逾本色，不能复化。桓君山云：“予见新进丽文，美而无采；及见刘、扬言辞，常辄有得。”此其验也。故练青濯绛，必归

> 蓝蒨；矫讹翻浅，还宗经诰。

本段的核心意思是指出“近附而远疏”的学习失误，“取法乎上仅得乎中”，取法乎下，则仅得皮毛。所以，“今才颖之士”虽然“刻意学文”，但是取法不古，“多略汉篇，师范宋集”，必然会走入“文贵形似”“曲写毫芥”的创作误区。以辞赋为代表的“汉篇”原本是被刘勰批评甚多的断代文学，但是比起“宋集”来，也要好得多了。现在的学习者，不要说“还宗经诰”，就连“汉篇”都已“多略”之，如何写得好文章？刘勰痛斥这种“体物为妙，功在密附”的山水诗歌，并且对夸饰巨丽、“为文造情”的辞赋深恶痛疾，认为辞赋等体裁在文学发展史上起了极端不良的作用。《情采》篇说：

> 昔诗人什篇，为情而造文；辞人赋颂，为文而造情。何以明其然？盖《风》《雅》之兴，志思蓄愤，而吟咏情性，以讽其上：此为情而造文也。诸子之徒，心非郁陶，苟驰夸饰，鬻声钓世：此为文而造情也。故为情者要约而写真，为文者淫丽而烦滥。而后之作者，采滥忽真，远弃《风》《雅》，近师辞赋：故体情之制日疏，逐文之篇愈盛。

辞赋文学“淫丽而烦滥”，因其“苟驰夸饰，鬻声钓世”，声色感人，闳侈巨衍，“后之作者，采滥忽真，远弃《风》《雅》，近师辞赋：故体情之制日疏，逐文之篇愈盛”。通过这样的“论世知文”，刘勰反对“淫丽”而主张“正采”：

使文不灭质，博不溺心；正采耀乎朱蓝，间色屏于红紫：乃可谓雕琢其章，彬彬君子矣。(《情采》)

“雕琢其章”是刘勰“古来文章，以雕缛成体”的一贯主张，文采趣正，文质彬彬，才是丽词雅义、雅情丽文的标准审美状态。

所以说，孟子“知人论世”的“尚友”思想对刘勰文学史论观的影响十分之大，这不仅体现在《文心雕龙》复古宗经、崇古抑今的整体文学史论观念上，也体现在其断代文学发展史论上，还体现在对具体文学体裁的断代发展评价上。这是一种立体贯通，纵横交错的思维意识与操作方法论。在整体的文学史论之中，刘勰以史论为基础，将阐释的重点放在“辞采”文体上，核心在于论述从质及讹的不良风格发展，提出“商周丽而雅”的雅丽文风作为“十代”文学的折中准绳；顺此，评价《诗》《骚》文学为“诗人丽则而约言，辞人丽淫而繁句”“诗人什篇，为情而造文；辞人赋颂，为文而造情”，提出“还宗经诰”的习染原则与“丽词雅义”的辞赋创作要求，主张文质彬彬的“正采”之美。在纵贯数千年的文学史论中将雅丽思想彻底贯通，并以之为核心审美理论评价历代文学。

二、以意逆志

与“知人论世”的文学背景、创作起点理论对应的是孟子“以意逆志”的文本解读与阅读鉴赏理论。关于这个专题，有许多的论述文章，杨红旗先生还以之为题写作了博士学位论文。但是“以意逆志”对于《文心雕龙》的影响尚少论述。“以意逆志”一说出于《孟子·万章上》：

> 咸丘蒙问曰："语云：'盛德之士，君不得而臣，父不得而子。'舜南面而立，尧帅诸侯北面而朝之，瞽瞍亦北面而朝之。舜见瞽瞍，其容有蹙。孔子曰：'于斯时也，天下殆哉，岌岌乎！'不识此语诚然乎哉？"
>
> 孟子曰："否。此非君子之言，齐东野人之语也。尧老而舜摄也。《尧典》曰：'二十有八载，放勋乃徂落，百姓如丧考妣，三年，四海遏密八音。'孔子曰：'天无二日，民无二王。'舜既为天子矣，又帅天下诸侯以为尧三年丧，是二天子矣。"
>
> 咸丘蒙曰："舜之不臣尧，则吾既得闻命矣。《诗》云：'普天之下，莫非王土；率土之滨，莫非王臣。'而舜既为天子矣，敢问瞽瞍之非臣，如何？"
>
> 曰："是诗也，非是之谓也；劳于王事，而不得养父母也。曰：'此莫非王事，我独贤劳也。'故说诗者，不以文害辞，不以辞害志。以意逆志，是为得之。如以辞而已矣，《云汉》之诗曰：'周余黎民，靡有孑遗。'信斯言也，是周无遗民也。"

这是孟子解读《尚书》与《诗三百》的自得之谈。孟子站在读者立场上，以读者之意迎受《尚书》作者与《诗三百》诗人之志而加以钩考。孟子特别强调：应该从作品的整体出发，由表及里、由浅入深地理解《尚书》与《诗三百》的主旨，用自己的切身体会去推测作者的本意。因其内涵广泛，"以意逆志"这一命题成为文论史上"歧义解读"的重要佳话。它实际上指的就是读者阅读鉴赏的正确态度和解读方法。《文心雕龙》对"以意逆志"命题的运用主要体现在两个地方：

第一是直接引用孟子“不以文害辞，不以辞害志”的原话来为经典的夸饰描写做辩护。《夸饰》篇曰：

> 虽《诗》《书》雅言，风俗训世，事必宜广，文亦过焉。是以言峻则嵩高极天，论狭则河不容舠，说多则“子孙千亿”，称少则民靡孑遗；襄陵举滔天之目，倒戈立漂杵之论；辞虽已甚，其义无害也。且夫鸮音之丑，岂有泮林而变好？荼味之苦，宁以周原而成饴？并意深褒赞，故义成矫饰；大圣所录，以垂宪章：孟轲所云“说《诗》者不以文害辞，不以辞害意”也。

刘勰认为经典“雅言”的部分夸饰描写内容确实是“过焉”，其中就包括孟子对《尚书》“倒戈立漂杵之论”的质疑。面对孟子据此提出的“尽信书则不如无书”的观点，刘勰认为经典的夸饰来自自然之道，文固有美；且夸饰之“义”是好的，作家的用心是好的。所以刘勰引用孟子“说《诗》者不以文害辞，不以辞害意”的话来堵嘴巴，将那些质疑经典的声音堵住。刘勰能够从哲学依据与写作宗旨上自圆其说，也是可以理解的。

第二是《文心雕龙》特列《知音》一篇，作为对阅读鉴赏不良风气的批评专论，提出正确鉴赏的态度与操作方法。这显然是对孟子“以意逆志”理论的转化和运用。在刘勰之前，曹丕《典论·论文》曾谈到有两种错误的阅读评价态度要不得：一是“贵远贱近，向声背实”的尊古卑今的观点，这在东汉的桓谭已有指出，但那是就学术而言，曹丕专就文学立论，也就有了专门自觉探讨的新意；二是“暗于自见，谓己为贤”“文人相轻，自古而然”“各以所长，相轻所短”的态度，核心在于指出了“文人相轻”的积习。曹丕从历史发展的角度指出了文人之间互相贬损的弊习，分析了造成这种局面的原因，并且为文人之间的相处指明了正确道路。因此，曹丕是第一个正确将孟子“以意逆志”观点用于文学理论领域的研究者。刘勰则在孟子、桓谭、曹丕的基础上，写出《知音》篇，其理论水平达到了古代文论史上“以意逆志”论的最高峰。

《知音》开篇就告诉读者阅读鉴赏不是一件容易的事情：

> 知音其难哉！音实难知，知实难逢；逢其知音，千载其一乎！

知音恨少，知音特难。就知音的客观性来说，要客观公允地评价别人的文学作品，是一件很难做好的事情。从知音的主观性来说，往往会有片面甚至错误的评论现象出现。通观文学史，这些现象可以分为如下几种：

第一是世人同有的贵古贱今的态度：

> 夫古来知音，多贱同而思古。所谓“日进前而不御，遥闻声而相思”也。昔《储说》始出，《子虚》初成，秦皇、汉武，恨不同时；既同时矣，则韩囚而马轻，岂不明鉴同时之贱哉？（《知音》）

第二是同时代的作家文人相轻的不良心态：

至于班固、傅毅，文在伯仲，而固嗤毅云“下笔不能自休”。及陈思论才，亦深排孔璋；敬礼请润色，叹以为“美谈”；季绪好诋诃，方之于“田巴”，意亦见矣。故魏文称“文人相轻”，非虚谈也。(《知音》)

第三是“轻言负诮”妄下论断的作风：

至如君卿唇舌，而谬欲论文，乃称“史迁著书，谘东方朔”，于是桓谭之徒，相顾嗤笑。彼实博徒，轻言负诮；况乎文士，可妄谈哉！(《知音》)

对上述三种不良风气，刘勰总结说：

故鉴照洞明，而贵古贱今者，二主是也；才实鸿懿，而崇己抑人者，班、曹是也；学不逮文，而信伪迷真者，楼护是也。“酱瓿”之议，岂多叹哉！(《知音》)

既然历史上雄才大略、贵为帝王的秦皇汉武都是“贵古贱今”的，既然著名文学家班固、曹植都是自恃鸿才而“崇己抑人”的，既然身为著名学者的楼护、桓谭都是相顾嗤笑而“信伪迷真”的，这就提出了一个非常尖锐的问题：上述诸人尚且如此，普通学者与作家又该如何呢？因为普通人犯错误显然比优秀者更多，眼界与理论修养显然更差，评价很有可能比上述诸家更糟糕。所以刘勰客观地说出了“文情难鉴，谁曰易分”的话，并且指出在文学鉴赏的文本解读中存在着特殊性与读者主体情性、喜好、修养的差异性：

> 夫篇章杂沓，质文交加；知多偏好，人莫圆该。慷慨者逆声而击节，酝藉者见密而高蹈；浮慧者观绮而跃心，爱奇者闻诡而惊听。会己则嗟讽，异我则沮弃；各执一隅之解，欲拟万端之变：所谓“东向而望，不见西墙”也。(《知音》)

“篇章杂沓”之多、“质文交加”之异，是文学文本的客观特殊差异性；“知多偏好”之情、“人莫圆该”之心，是文学鉴赏的主观特殊差异性。刘勰以为，与《体性》篇“文如其人”的作家情性风格论相似，读者在解读文本的时候往往也是“赏如其人”的：“慷慨者”喜好激越之声，故而“逆声而击节”；“酝藉者”心思密附，因此“见密而高蹈”；“浮慧者”喜悦绮丽，所以“观绮而跃心”；“爱奇者”尚好瑰怪，是以“闻诡而惊听”。“会己则嗟讽，异我则沮弃”，各执所好，片面偏执。知音，实难哉！

但是，问题既然已经提出来了，就一定要想个办法解决。对于夸饰，刘勰以“义”；面对知音，刘勰尚“博”：

> 凡操千曲而后晓声，观千剑而后识器。故圆照之象，务先博观。阅乔岳以形培塿，酌沧波以喻畎浍。无私于轻重，不偏于憎爱：然后能平理若衡，照辞如镜矣。(《知音》)

本段指出，要想在文本鉴赏评论时达到“圆照之象”的完整公允，第一个前提条件是“务先博观”，多读多见。如同“操千曲而后晓声，观千剑而后识器”的道理一样，所见如果不博，所知如果太少，又从哪里来的评价参照与得失体会呢？《文心雕龙》全书之中，刘勰非常重视“博观”的阅读见闻修养：他为解决思维难题开出的药方是“博而能一”，为正确通变主张的建议是“博览精阅”，对阅读鉴赏提出的要求是“务先博观”。只有多见多读，并心怀“无私于轻重，不偏于憎爱”的态度，才可能“平理若衡，照辞如镜”，公正地评价文学作品。这一态度与方法论的得来，第一，与刘勰从小笃志好学，入定林寺十余年继续“博通经论”的成长经历与修养体会有关；第二，是他“同之与异，不屑古今；擘肌分理，唯务折衷”的思维方法论在起作用，“折衷”即公允、客观地看待事物的优缺点；第三，明显受到了王充“论衡”学术思想的影响，刘勰自述说，我们应该向王充学习，他的《论衡》主张公允的“中平”思想，对诸子百家一视同仁，不厚儒家，不薄诸子，所以敢于指出儒家经典与解经诸儒的若干虚妄失误。文学评论就像照镜子，不着色调，不隐优劣，要实事求是。那么，大的原则定下来了，博观与公正；具体的操作方法有没有呢？如果没有，只讲道理不做实战的论说，是很快就会被淹没掉的。于是“六观”说顺势而生：

> 是以将阅文情，先标六观：一观位体，二观置辞，三观通变，四观奇正，五观事义，六观宫商。斯术既行，则优劣见矣。(《知音》)

笔者认为，《知音》“六观”与《宗经》“六义”，一尾一首，居于《文心雕龙》文学创作论与鉴赏论的核心位置，而且二者存在首尾对应的关系，“六观”是从鉴赏的角度对“六义”的再现与化用。“六观”之中，“位体”涉及文体数十种，每类文体都有各自独特的要求、写法与风格；“置辞”“奇正”二者，主要涉及用词典雅或新色的问题；“宫商”一说，旨在语句声律、音响效果动听与否；“通变”主要关于文体演化与风格文质之变；“事义”则回归“六义”说“事信而不诞，义贞而不回”的要求。《知音》“六观”的内容，实际上包含了“论文叙笔”的文体论、《体性》《通变》《定势》的风格论、《情采》《镕裁》到《总术》《才略》的文术论与文情论，暗中包含了宗经尚雅的思想标准与艺术标准。“六观”不仅具体可感，建立在“博观精阅”的基础之上，使之成为有源之水、有本之木，而且具有明确的分类指向，有很强的可操作性。香港黄维梁先生曾撰文对“六观”与欧美新批评学派进行对比研究，认为“六观”是早于新批评派一千多年的文学鉴赏论。

刘勰提出“六观”之后，继续指出读者阅读鉴赏相对于创作过程的“以意逆志”的逆向思维之特殊性：

> 夫缀文者情动而辞发，观文者披文以入情：沿波讨源，虽幽必显。世远莫见其面，觇文辄见其心。岂成篇之足深？患识照之自浅耳！夫志在山水，琴表其情；况形之笔端，理将焉匿？故心之照理，譬目之照形：目了则形无不分，心敏则理无不达。(《知音》)

《文心雕龙·体性》篇论述作品创作过程论，是“情动而言形，理发而文见；盖沿隐以至显，因内而符外者也”，写作是由内到外、由源及波的表达过程，“形之笔端，理将焉匿”；

而鉴赏是“沿波讨源”“以意逆志”的体会过程，“目了形分，心敏理达”，二者刚好相反。因此，不管是创作还是鉴赏，“文如其人”的基本规律是不会变的：创作时“表里必符”“莫非情性”；鉴赏时“莫见其面，觇文见心”。所以，博观博见、“研阅穷照”、“酌理富才”、“博通经论”是用于鉴赏这一“归一”活动的最重要法宝。知音鉴赏，确实不易；“觇文见心”，分外艰难：

> 然而俗监之迷者，深废浅售，此庄周所以笑《折杨》，宋玉所以伤《白雪》也。昔屈平有言：“文质疏内，众不知余之异采。”见异，唯知音耳。扬雄自称：“心好沉博绝丽之文。”其不事浮浅，亦可知矣。(《知音》)

刘勰最后举出庄、宋、屈、扬正反对比的例子，来继续申说鉴赏“见异”求实之难，若非“知音”之辈，不能为之。既然“知音”如此之难，若能准确“逆志”，也是人生一大快事，所以说“夫唯深识鉴奥，必欢然内怿”，有如沐春风的美好感觉，号召“知音君子，其垂意焉”，结束论说。

由孟子“以意逆志”论发展而来的“六观”鉴赏理论广泛地运用于《文心雕龙》全书，是刘勰对作家作品、时代文学、创作要求等文本或创作现象进行评价的重要理论。而其中“不以文害辞，不以辞害志”的文学美学思想，重意境，重神似兼顾形似，至今仍为文艺创作必须遵循的重要准则。有关“位体”“置辞”“奇正”“通变”“事义”等项将在具体论述中反复涉及，在此暂略。兹仅举“六观宫商”为例简述之。

对于宫商声律这一新兴文学理论，同为南朝文论大家的钟嵘在《诗品》中斥而不采，以为纯属多余：

昔曹、刘殆文章之圣，陆、谢为体贰之才。锐精研思，千百年中，而不闻宫商之辨，四声之论。或谓：前达偶然不见。岂其然乎！尝试言之，古曰诗颂，皆被之金竹。故非调五音无以谐会。若“置酒高堂上”“明月照高楼”，为韵之首。故三祖之词，文或不工，而韵入歌唱。此重音韵之义也，与世之言宫商异矣。今既不被管弦，亦何取于声律邪？

齐有王元长者，尝谓余云：“宫商与二仪俱生，自古词人不知之，唯颜宪子乃云律吕音调，而其实大谬。唯见范晔、谢庄颇识之耳。尝欲进《知音论》，未就。”王元长创其首，谢朓、沈约扬其波。三贤或贵公子孙，幼有文辩，于是士流景慕，务为精密；襞积细微，专相凌架。故使文多拘忌，伤其真美。余谓文制，本须讽读，不可蹇碍。但令清浊通流，口吻调利，斯为足矣。至平、上、去、入，则余病未能，蜂腰、鹤膝，闾里已具。①

我们不好说是不是因为钟嵘求誉于沈约时，遭到了沈约的拒绝，因而将沈约为主要理论主张者的声律理论贬斥不用。② 刘勰则不

① 张怀瑾：《钟嵘诗品评注》，第132~139页。标点符号有校改。

② 《南史·文学列传·钟嵘》记载有这样一件事：“嵘尝求誉于沉约，约拒之。及约卒，嵘品古今诗为评，言其优劣，云‘观休文众制，五言最优。齐永明中，相王爱文，王元长等皆宗附约。于时谢朓未遒，江淹才尽，范云名级又微，故称独步。故当辞密于范，意浅于江’。盖追宿憾，以此报约也。”

像钟嵘那样采取排斥拒绝的态度，而是认识到声律理论的积极作用，采取古今结合的方法集中于《声律》篇中论述飞沉之抑扬。因为齐、梁声律论已经有许多的研究文章，故而此处不再展开。仅将《文心雕龙》中论说“宫商”之语句选列于下：

是以括囊杂体，功在铨别；宫商朱紫，随势各配。(《定势》)

夫音律所始，本于人声者也。声含宫商，肇自血气；先王因之，以制乐歌。故知器写人声，声非学器者也。(《声律》)

夫商徵响高，宫羽声下；抗喉矫舌之差，攒唇激齿之异，廉肉相准，皎然可分。(《声律》)

若夫宫商大和，譬诸吹籥；翻回取均，颇似调瑟。(《声律》)

割弃支离，宫商难隐。(《声律》)

心既托声于言，言亦寄形于字；讽诵则绩在宫商，临文则能归字形矣。(《练字》)

夫才童学文，宜正体制：必以情志为神明，事义为骨髓，辞采为肌肤，宫商为声气。(《附会》)

以上七处论述，以“宫商”为文章的外在声气、风格特点、诵读之音与阅读作品时字句音节之高低、诵读外显之和乐，是“肇自血气”的，是作家“气有刚柔”的外化反应。这种听声观文、听声知人的鉴赏理论，继续沿着“文如其人”的路子进行，并结合了孔子观乐与季札观乐“听音知政”的解读传统。刘勰实际上要说的是，有什么样的情性就有什么样的作家，这个作家先天的血气如何，他喜好选择的字句用词就会与之一致；通过讽诵他的作品，聆听作品中的声律宫商，也会反观到作家的血气性格类型。如果结合《文心雕龙》中论述“声律”“声采”“声文”“音”“响”“调”“乐”等情况来看，“六观宫商”的运用，是在书中文学评论中占据了很重要的位置的。声律音响之美，是“文源于道”本身具有的本质属性，这种本质属性是优美动听的。《原道》：

> 至于林籁结响，调如竽瑟；泉石激韵，和若球锽：故形立则章成矣，声发则文生矣。

刘勰以为，自然界的“声文”与“形文”一样，都是“郁然有采”的，这种采不是视觉形象的外饰之美，而是听觉感知的“和声”之美。天籁之音，动人之耳，悦人之心。《情采》篇继续主张这个道理：

> 故立文之道，其理有三：一曰形文，五色是也；二曰声文，五音是也；三曰情文，五性是也。五色杂而成黼黻，五音比而成《韶》《夏》，五性发而为辞章：神理之数也。

“形文”“声文”“情文”是自然“立文之道”的三种表现形式，“情文”属于人文辞章，是加工而成的艺术部类之一，同时具有视觉外形之美与声律音响之美，所以刘勰列出《练字》篇与《声律》篇来指出用字选择与声律节奏，提出辞章“雅丽黼黻”的文章风格美与《韶》《夏》雅乐的宫商美。沿着“文源于道”到“情文辞章”的转化之路继续前进，在串联二者的同时，一直不忘强调“声文”的重要地位与“声采”的重要作用。

三、知言养气

与“知人论世”的交友原则和“以意逆志”的论说《诗》《书》原则并列的孟子文论思想是“知言养气”说，“知言养气”不是独立存在的主体修养论，而是与孟子主张的丈夫人格和无畏精神密切相关的。孟子擅长论辩，经常与帝王贵族或诸子各家交流论说，在论说中，他有一套心理强悍、无畏权贵的方法。《孟子·尽心下》说：

> 孟子曰：“说大人则藐之，勿视其巍巍然。堂高数仞，榱题数尺，我得志，弗为也。食前方丈，侍妾数百人，我得志，弗为也。般乐饮酒，驱骋田猎，后车千乘，我得志，弗为也。在彼者，皆我所不为也；在我者，皆古之制也。吾何畏彼哉？”

孟子说：“向权贵进言要藐视他，不要看他那副高高在上的样子。殿堂几丈高，屋檐几尺宽，我要得志了，就不这么干。面前摆满美味佳肴，侍妾有数百人，我要得志了，就不这么干。饮酒作乐，驰骋打猎，让成千辆车子跟随着，我要得志了，就不这么干。他们的所作所为，都是我所不愿干的；我所愿干的，都是符合古代制度的，我为什么要怕他们呢？”这种藐视权贵、得志不为、进言无畏的思想，是他自信满满、德义充实、正气盎然的心理自然反应。孟子曾向学生说过什么样的人才叫大丈夫，《孟子·滕文公下》：

> 景春曰："公孙衍、张仪，岂不诚大丈夫哉！一怒而诸侯惧，安居而天下熄。"
>
> 孟子曰："是焉得为大丈夫乎！子未学礼乎？丈夫之冠也，父命之；女子之嫁也，母命之。往送之门，戒之曰：'往之女家，必敬必戒，无违夫子。'以顺为正者，妾妇之道也。居天下之广居，立天下之正位，行天下之大道；得志，与民由之，不得志，独行其道；富贵不能淫，贫贱不能移，威武不能屈：此之谓大丈夫。"

公孙衍、张仪纵横捭阖，飞辩干政，声显诸侯，名动天下。景春问老师：这样名利双收的人就可以叫大丈夫了吧？孟子很不爽，批评景春说：你难道没有学过仪礼吗？这样的家伙怎么能够叫大丈夫呢？大丈夫是居广居、立正位、行大道的人，是"穷则独善其身，达则兼济天下"的人，是"富贵不能淫，贫贱不能移，威武不能屈"的人，是德义仁爱、遵礼正位的人。孟子关于"大丈夫"的言论，是他"仁义"思想的刚直纯美的一面。在这样的基础上，他提出了自己修养内心的"知言养气"理论。《孟子·公孙丑上》：

> （公孙丑曰：）"敢问夫子恶乎长？"
>
> 曰："我知言，我善养吾浩然之气。"
>
> "敢问何谓浩然之气？"

曰："难言也。其为气也，至大至刚，以直养而无害，则塞于天地之间。其为气也，配义与道；无是，馁也。是集义所生者，非义袭而取之也。行有不慊于心，则馁矣。我故曰，告子未尝知义，以其外之也。必有事焉而勿正，心勿忘，勿助长也。无若宋人然：宋人有闵其苗之不长而揠之者，芒芒然归，谓其人曰：'今日病矣！予助苗长矣！'其子趋而往视之，苗则槁矣。天下之不助苗长者寡矣。以为无益而舍之者，不耘苗者也；助之长者，揠苗者也。非徒无益，而又害之。"

"何谓知言？"

曰："诐辞知其所蔽，淫辞知其所陷，邪辞知其所离，遁辞知其所穷。生于其心，害于其政；发于其政，害于其事。圣人复起，必从吾言矣。"

"宰我、子贡善为说辞，冉牛、闵子、颜渊善言德行。孔子兼之，曰：'我于辞命，则不能也。'然则夫子既圣矣乎？"

曰："恶！是何言也？昔者子贡问于孔子曰：'夫子圣矣乎？'孔子曰：'圣则吾不能，我学不厌而教不倦也。'子贡曰：'学不厌，智也；教不倦，仁也。仁且智，夫子既圣矣。'夫圣，孔子不居，是何言也？"

据所引文段可知，孟子提出的"知言养气"论，是他的征圣思想的外化之说。孟子尊崇孔子，认为孔子是出类拔萃的优秀人物。气在孟子眼中有如下几个特点：一是孟子认为"孟施舍之守气，不如曾子之守约"，"守气"养勇不如"守约"诚信，养气不如修德；二是志为主，气为次，气是辅助内心情志的东西；三是志与气合，持志可以养气，养气可以充志；四是孟子主张涵养“浩然之气”，浩然之气“至大至刚”，充塞于天地之间，是“集义所生”，人应该汲取天地精华之阳刚正气，修养身心，修持心志；五是从一个人的言辞之间可以判断他的内心情志与所养之气，孟子提出“诐辞知其所蔽，淫辞知其所陷，邪辞知其所离，遁辞知其所穷”的闻言知人说，这是后来扬雄“心声心画”说的一个来源；六是借知言养气说来阐释自己的政教观念，推崇孔子，大有“虽不能至，而心向往之”之意。从孟子与公孙丑的对话中我们可以看出，孟子“知言养气”一说，主要是受到《周易》刚健之气与闻言知人说的影响。《周易》一书在许多地方推崇刚健之气、文明以健之气，这种源自天地自然的阳刚之气对个人的修养有浸染感化的作用，个人要有意识地选取其中的阳刚之气来自我内化，最终养成刚健仁义的大勇之气。孟子气论是《周易》气论与孔子“仁者必有勇”思想的转化。而其闻言知人的论述，则显然是《周易》言辞观念的影响所致，《系辞下》有云：“将叛者其辞惭，中心疑者其辞枝，吉人之辞寡，躁人之辞多，诬善之人其辞游，失其守者其辞屈。”这段话论述人的言辞与其内心思想感情的联系，认为不同的言辞反映着不同的内心状况，孟子“诐辞知其所蔽，淫辞知其所陷，邪辞知其所离，遁辞知其所穷”的论述，直接是从《周易》的论述转化来的。

孟子的“我养吾浩然之气”的内省修养方法论，充满着个体浓烈的情感色彩，显示出他个体人格的伟大与坚强，具有个体人格美的特征。它所主张的道义精神、刚健精神，所涵盖的生命的意义和价值，激励了历代无数的英雄豪杰，崛起了无数“中国的脊梁"！诗人只有“养气”了，才能“知言”，才能知道如何写出集形之美与神之美于一体的好作品。可见，孟子的“知言养气”说抓住了人的最本质的人格蕴涵，被后人广泛地引入文学理论和文学批评，形成了中国古代文论史上以气论文的悠久传统，对中国的文学创作和文学批评都产生了巨大影响。

孟子“知言养气”与“闻言知人”在文学理论范围对《文心雕龙》所产生的影响，主要体现在《风骨》《体性》与《知音》篇中。固然，刘勰“文如其人”论有《周易》与扬雄“心声心画”说的直接影响，但是孟子思想串联了《周易》与扬雄的思想；《风骨》篇主张“刚健既实”之气，与孟子“至大至刚，充塞天地之间”的思想也是一脉相承的。《体性》篇提出“吐纳英华，莫非情性”的观点，指出汉魏十二名家的性情与其作品风格是相一致的；《定势》篇指出“综意浅切者，类乏酝藉；断辞辨约者，率乖繁缛”的人文一致观念；《总术》篇集中指出“精者要约，匮者亦鲜；博者该赡，芜者亦繁；辩者昭晳，浅者亦露；奥者复隐，诡者亦曲。或义华而声悴，或理拙而文泽”的“文如其人”理论；《知音》篇提出“六观”说，其中“二观置辞”，认为通过文本语言的运用，可以“沿波讨源”，反观作者，孟子“诐辞知其所蔽，淫辞知其所陷，邪辞知其所离，遁辞知其所穷”的说法，正与此合，是刘勰阅读文本推知作家思想感情的重要依据。

关于《风骨》篇的气论思想，因有专文论述，在此暂时略而不论。在此仅对“齐王之子”“居移气，养移体”的环境熏陶论略作分析。《孟子·尽心上》：

> 孟子自范之齐，望见齐王之子，喟然叹曰："居移气，养移体，大哉居乎！夫非尽人之子与？"

孟子从范邑到齐国去，远远地看见了齐王的儿子，很感慨地说："居住环境改变人的气质，奉养改变人的体质，所处的环境真是关系大极了！他和别人不都一样是做儿子的吗？"孟子重视生活环境对一个人精神气质的熏染作用，这可以和他的"知言养气"说结合起来看。《风骨》篇中有"徐幹时有齐气"一说，关于"齐气"，诸家以为是齐地舒缓之气使徐幹的文章风格雍容典雅、中正舒缓。钟仕伦先生则与众不同，认为"齐气"指的是"扩大豪迈"之气，与舒缓雍容说迥然不同。《孟子》关于"居移气，养移体"的论述与"浩然之气"的修养原则，是"齐气"扩大论的基本所出。孔子与孟子本来就是齐鲁大地孕育出来的伟大圣人，不只他们的思想，他们的精神品格也同样仁义勇猛、至大至刚。孟子认为，"齐王之子"因为生活环境与众不同，故而熏染变化之后，与常人大不一样：

> 孟子曰："王子宫室、车马、衣服多与人同，而王子若彼者，其居使之然也；况居天下之广居者乎？鲁君之宋，呼于垤泽之门。守者曰：'此非吾君也，何其声之似我君也？'此无他，居相似也。"（《孟子·尽心上》）

孟子说："王子的住房、车马、衣服多半跟别人的相同，而王子却是那样（与众不同），是他居住的环境使他变得这样的；何况居住在（'仁'这个）天下最宽广的住所中的人呢？（有一次）

鲁君到宋国去，在宋国的垤泽城门下吆喝，守门人议论说：‘这个人不是我们的君主，为什么他的声音像我们的国君呢？’这没有别的原因，所居住的环境相似罢了。”在孟子看来，君有君道，臣有臣道，民有民道。帝王将相养尊处优，普通百姓无法与之相媲美。各国国君虽然生活的地方不同，但是其气质情志是由大体一致的高贵环境熏陶出来的。“齐王之子”长期生活在宫室环境之中，故而有雍容华贵之气。《文心雕龙》所列之《养气》一篇，虽然主要论述各体养气修身对于“陶钧文思”“缀文裁篇”的重要作用，但是同样“观文论世”，指出了古人修养与后人修养的极大不同。《养气》篇说：

> 夫三皇辞质，心绝于道华；帝世始文，言贵于敷奏。三代、春秋，虽沿世弥缛，并适分胸臆，非牵课才外也。战代权诈，攻奇饰说；汉世迄今，辞务日新：争光鬻采，虑亦竭矣。故淳言以比浇辞，文质悬乎千载；率志以方竭情，劳逸差于万里：古人所以余裕，后进所以莫遑也。

刘勰指出，三皇时代辞质绝华，春秋战代“攻奇饰说”，“汉世迄今，辞务日新”，两相对照，“文质悬乎千载”“劳逸差于万里”，究其原因，是因为“古人余裕，后进莫遑”。尽管在养气理论中仍然充满了复古尊圣的思想，但是上古三代的淳朴古质与后世“争采竭虑”的环境是完全不一样的。这也可以看作是“知人论世”说与“知言养气”说的结合运用。

第三节 诗乐理论

文论三题之后，是孟子的诗乐美学理论。关于诗与音乐，《孟子》书中涉及不多，也不像《论语》那样提出若干影响巨大的诗学理论与音乐美学理论。在音乐问题上，孟子和孔子的观点不尽雷同。孔子“郑声淫”“放郑声”的态度坚决。孟子则认为古乐和今乐在涤荡人心、陶冶情操、教化百姓方面的作用是一样的。古乐之所以要尊重，是因为古圣贤之君能“与民同乐”，只要能“与民同乐”，则今乐也是古乐。孟子主张，以百姓之乐为乐，以百姓之忧为忧，并把它作为衡量一切的标准，也是评价文艺作品的标准，无论是诗、乐、舞还是别的文艺部类，都要看它能否“与民同乐”。《孟子》书中的诗乐理论主要有如下五个方面的内容：

一是《告子下》中关于《诗》篇的论述评价。

公孙丑问曰：“高子曰：《小弁》，小人之诗也。”

孟子曰：“何以言之？”

曰：“怨。”

曰：“固哉，高叟之为诗也！有人于此，越人关弓而射之，则己谈笑而道之；无他，疏之也。其兄关弓而射之，则己垂涕泣而道之；无他，戚之也。《小弁》之怨，亲亲也。亲亲，仁也。固矣夫，高叟之为诗也！”

曰：“《凯风》何以不怨？”

曰：“《凯风》，亲之过小者也；《小弁》，亲之过大者

> 也。亲之过大而不怨，是愈疏也；亲之过小而怨，是不可矶也。愈疏，不孝也；不可矶，亦不孝也。孔子曰：‘舜其至孝矣，五十而慕。’”

对于学生的提问，孟子说：《凯风》这首诗，是写母亲的小过错；《小弁》所写的是父亲的大过错。父母过错大而不怨恨，这是更加疏远父母；父母过错小而怨恨，这是一点都不能受刺激。更加疏远父母，这是不孝；不能受（父母）一点刺激，也是不孝。孟子是将《诗》与人伦孝道结合起来看待的。《小弁》是《诗经·小雅》中的一篇，是指责周幽王的诗。周幽王先娶申后，生宜臼，立为太子；后宠褒姒，改立褒姒之子伯服为太子，废申后及太子宜臼。此诗述说的就是宜臼的哀伤、怨恨之情。《凯风》则是《诗经·邶风》中的一篇，卫国有个已有七个儿子的母亲想改嫁，于是七个儿子作此诗来自责不孝，以使母亲感悟。《告子下》的这段文字，是孟子论《诗》的经典语句，核心是对孔子诗论“兴观群怨”中“诗可以怨”的解读。孟子继承了“诗怨”之说，并衍生其说，认为对待大错而不怨，对待小错则怨之，都是不孝。“诗可以怨”在孟子这里是与怨刺对象的社会地位和怨刺功能结合在一起的。显然，在孟子时代，“说诗者”还没有太多地受到“主文谲谏”“温柔敦厚”讽谏方式的限制，还处于“直观”其诗的解读模式中。这是后来儒家取得思想统治地位之后所倡导的解经说诗方式所达不到的。

二是《尽心上》中对“仁声善教”的论述。

> 孟子曰：“仁言不如仁声之入人深也，善政不如善教之

得民也。善政，民畏之；善教，民爱之。善政得民财，善教得民心。”

孟子高度重视音乐感化人心、教化人行的功能，认为语言教育不如音乐教育。这显然是继承孔子音乐“美善”理论而来的新创思想。

三是《尽心下》中对“禹之声”的崇尚。

高子曰：“禹之声尚文王之声。”

孟子曰：“何以言之？”

曰：“以追蠡。”

曰：“是奚足哉？城门之轨，两马之力与？”

高子认为大禹的音乐胜过文王的音乐。孟子问他为什么，高子说：“因为（禹传下来的钟上的）钟钮都快断了。（可见人们喜欢演奏它。）”孟子说：“这哪足以说明问题呢？城门下的车迹很深，是一二匹马的力量造成的吗？（那是年深月久，车马过得多了造成的。禹传下的钟钮快要断了，也正是年代久远的缘故。）”这是孟子以音观政、崇尚先王雅乐的音乐思想。大禹时代的音乐之所以这么受欢迎，是因为大禹是儒家先圣，治水有功，继舜为国，施行仁政。可见孟子的音乐思想是与其政教思想紧密结合在一起的。

四是《离娄上》中关于“乐之实”的论述。

孟子曰：“仁之实，事亲是也；义之实，从兄是也；智之实，知斯二者弗去是也；礼之实，节文斯二者是也；乐之实，乐斯二者，乐则生矣；生则恶可已也，恶可已，则不知足之蹈之手之舞之。”

本段记载了孟子罕见的音乐美学思想。在对“仁、义、智、礼、乐”五种美德进行论述的时候，孟子认为“乐之实”是对“仁”与“义”二者感到高兴愉悦。这种欢乐愉悦的情绪产生之后，就会不可抑制地表达出来，不可抑制，就会借助手舞足蹈来宣泄表达。这显然是《毛诗序》与《礼记·乐记》音乐美学思想中关于乐、舞关系论述的本源。同时，孟子提倡寓“仁义”于音乐的思想，又是儒家音乐教化功能的重申，《毛诗序》与《乐记》是直接继承了这一政教原则的。前文曾论述《毛诗序》与《乐记》对《文心雕龙》的《乐府》篇与抒情言志、中和之美、风教感人诸说的影响作用，在此详其本源，原来是孟子所论。

五是《告子下》中对于音乐移风易俗作用的认识。

曰：“昔者王豹处于淇，而河西善讴；绵驹处于高唐，而齐右善歌；华周、杞梁之妻善哭其夫而变国俗。有诸内，必形诸外。为其事而无其功者，髡未尝睹之也。是故无贤者也，有则髡必识之。”

淳于髡说：“从前王豹居住在淇水边，河西的人因此而善于唱歌；绵驹居住在高唐，齐国西部的人因此而善于唱歌；华周、杞梁的妻子，为丈夫的死而哭得异常伤心，因而改变了一国的风气。内心有什么，必然会显露在外面。做了那件事而不见那件事的功效，我还没有见过这种情况呢。所以现在是没有贤人，要有，我一定会知道的。”华周、杞梁，均为齐国大夫，在齐国攻打莒国时战死，传说他们的妻子闻讯后，对着城墙痛哭，把城墙哭塌了。齐国人受到感染，以致善哭成风。《告子下》这段论述，指出了音乐移风易俗，“草偃风迈”的巨大功能；同时看到了“有诸内，必形诸外”的内外统一，是“声如其人”的典范名句，对《毛诗序》《乐记》“情动于中而形于外”以及扬雄“心声”说有直接影响。刘勰《文心雕龙》主张“因内符外”的情性风格理论，与孟子音乐思想中“有诸内，必形诸外”论完全一致。

第四节 其他影响

除了上述文论三题与诗乐美学理论，《孟子》书中还有一些零散的文学美学思想，或者直接对包括《文心雕龙》在内的后代文论产生过影响，或者有其方法论的价值意义。简介如下。

第一是孟子关于“共同美感”的论述。《孟子·告子上》说：“口之于味也，有同耆焉；耳之于声也，有同听焉；目之于色也，有同美焉。”这段话说明一个人所共知的道理：人人都有相同的感觉器官，所以人人都有共同的美感。孟子的论述符合人的生理本能，符合人类对所品、所见、所闻等一切事物的审美共同感觉。当然，由于孟子所处时代的局限，他不了解人的美感不仅具有共同性，而且具有差异性，比如时代差异、民族差异和个体差异等；但是，单从文学艺术的角度去理解，他的“共同美感”观是符合客观实际的。就文学鉴赏而言，尽管作品阅读者身份不同、受教育的程度不同、个人喜好不同，各体情趣亦不同，但阅读者对于写作美的感悟、评判都建立在一个“共同美感”的基础之上。由此可见，评判和欣赏文学作品是依据世人公认的“共同美感”的审美原则进行的。可以说，孟子是这个审美原则的第一起草人。“共同美感”与“知人论世”“以意逆志”“知言养气”结合起来，就会是文学写作从主体“养气”开始，到情志修养的完善，再到正视文学发展的社会时代因素，最后完成文本鉴赏的全过程。这一过程中抽象出来的“共同美感”是人人均可遵守、感悟得到的，是“人同此心，心同此理”的鉴赏原理论。

第二是主体修养的“性善”论。性善论以天赋“四端”立论，有先验论的色彩。四端者，仁、义、礼、智四种道德之发端。《孟子·公孙丑上》说：“恻隐之心，仁之端也；羞恶之心，义之端也；辞让之心，礼之端也；是非之心，智之端也。”孟子把“四端”比作人的四肢，认为它是与生俱来、不学而能、不虑而知的“良贵”，且把这先天的东西看作成为尧舜的必要条件，而把能否成为尧舜则归结于后天的培养。由此可见，孟子是重视后天的，这主要包括三个方面：一是重视后天的主观努力，二是重视道德的教化，三是重视环境的影响。而这三者，都属唯物论的范畴，所以说，孟子的“四端”说虽带有先验论的色彩，但其“性善”论的主体内容则重在后天，具有永恒的社会文化价值。在《离娄下》中，孟子指出“君子深造之以道，欲其自得之也。自得之，则居之安；居之安，则资之深；资之深，则取之左右逢其原，故君子欲其自得之也”。刘勰主张文章写作的学习观念，与此相同。同篇又提出“博学而详说之，将以反说约也”。论述了博学与精约的辩证关系，刘勰主张“博而能一”“博观精阅”就是这个道理。

《文心雕龙》特别重视作家后天修养与先天才气的结合，提出了解决写作思维难题的“积学以储宝，酌理以富才，研阅以穷照，驯致以绎辞”的方法与“博见为馈贫之粮，贯一为拯乱之药；博而能一，亦有助乎心力”的修养原则；为了习染典雅中正的风格，刘勰提出了“夫才有天资，学慎始习。斫梓染丝，功在初化；器成彩定，难可翻移。故童子雕琢，必先雅制；沿根讨叶，思转自圆。八体虽殊，会通合数；得其环中，则辐辏相成。故宜摹体以定习，因性以练才：文之司南，用此道也”的学习模仿原则；为了进行正确的通变转化，则提出了“规略文统，宜宏大体：先博览以精阅，总纲纪而摄契；然后拓衢路，置关键，长辔远驭，从容按节”的操作过程方法论；为了创作出有“风骨”的作品，刘勰主张“镕铸经典之范，翔集子史之术；洞晓情变，曲昭文体，然后能孚甲新意，雕画奇辞”的学习模仿、规范文情的思想法则；而对于“精虑造文，各竞新丽；多欲练辞，莫肯研术”的后天文章学习弊端，则予以批评，希望学习者能注重写作方法的掌握，达到“执术驭篇”的人、术、文的结合统一；而在多达二十篇的文体论中，每一篇都论述到了各体文章的写法、大纲，作为学习该体文章写作者的共时原理。这些还仅仅是《文心雕龙》中有关作家修养的很少的一部分内容。由此可见刘勰对于写作之道的重视与精深研究。

第三是“观水有术”的方法论。《尽心上》：

> 孟子曰：“……观水有术，必观其澜。日月有明，容光必照焉。流水之为物也，不盈科不行；君子之志于道也，不成章不达。”

"观水有术，必观其澜"一说，转化过来，就是写作有术，必观其文的方法论。虽然孟子"观水有术"一说并不论述写作，但二者在道理上是相通的，做事情要讲方法，写文章当然更要讲方法。"志于道也，不成章不达"的思想告诉我们，有心为文的君子，不学为文之术就写不好文章；要想写好文章，就要用志于此，不写好文章誓不罢休。《告子上》则以后羿课徒为例，来说明教学中规矩方法的重要意义：

> 孟子曰："羿之教人射，必志于彀；学者亦必志于彀。大匠诲人必以规矩，学者亦必以规矩。"

孟子说："羿教人射箭，总是期望把弓拉满，学的人也总是期望把弓拉满。高明的工匠教人手艺必定依照一定的规矩，学的人也就必定依照一定的规矩。"这正是《离娄上》所说"离娄之明，公输子之巧，不以规矩，不能成方圆；师旷之聪，不以六律，不能正五音"的意思。没有规矩，教师不能教，学生无法学。小至手工技巧，大至安邦定国，治理天下，凡事都有法则可依，有规律可循。一定要顺其规律，不可悖逆而行。所以，规矩绝不是小问题，大家都应该自觉遵守。孟子关于"术"的论述以及对"规矩"的重视，表明儒家也在积极地探索事物发展的规律与操作方法，发展到荀子那里，荀子结合了兵家、法家"尚法论术"的思想，对传统儒家只谈大道的做法进行了改革新变，使儒家思想在战国末年也跨入了"尚法论术"的行列。刘勰写作的《文心雕龙》，是论述从形而上的"文源于道"到形而下的"为文之术"的苦心之作。孟子重视"规矩方圆"的哲学思想方法论，这是刘勰“论文”的哲学依据之一，即为什么要写这个东西。

为了解决“为文之术”这个难题，《文心雕龙》从《镕裁》篇论述文辞繁略开始，设立了《声律》篇论述新兴的宫商声律论，《章句》篇论述文章句段篇章的关系，《丽辞》篇论述骈文对偶句法的四种组合，《比兴》篇论述“比显而兴隐”的写作技法，《夸饰》篇论述“《诗》《骚》雅言”与辞赋淫丽的夸饰手法，《事类》篇论述典故运用与经典作为用典范本的渊源价值，《练字》篇论述从古及今小学文字的正误变化与运用，《隐秀》篇论述“自然会妙”与“润色取美”的写作之美，《指瑕》篇论述古往今来名家名作的写作瑕疵，《养气》篇主张“玄神宜宝，素气资养”的静心修养理论，《附会》篇以人体为喻阐释文章的结构关系。上述十余篇，还只是专题性质的“为文之术”，如果加上思维论、风格论、通变论、情采论、时序论、物色论、鉴赏论等文章写作必须运用到、考虑到的“为文之术”，那么，下篇几乎全部在集中论述写作的具体方法。

第四是提出“尽心知天”，这是“天人合一”论的萌芽。孟子对中国心性哲学的开创，最主要的就是他提出的这个“尽心知性知天”的模式。他说：“尽其心者，知其性也。知其性，则知天矣。”(《孟子·尽心上》)这是一个认知模式，在这个模式中，心、性、天互相诠释。“尽心”就是把自己内在的心发挥到极致，或尽自己的最大努力来把心的要求体现出来，这是第一步。在孟子看来，尽其心者则可知自己的本性，这是第二步。在这个意义上，自己的内在本心即自己的本性，或者说，做到自己的本心所要求的事就从中认识到我们的本性。第三步，即知性则知天，在于悟出自己的本性就是天道，或通过知性而知晓天理。

孟子所提出“尽心知天”的命题，“天”既是最高主宰，又是最高的必然规律；而人心是能感通天道的主体，因此人性与天道是相通的，这也就是“天人合一”思想。总体上，孟子认为修身、尽心、知性、知天是一个由低级到高级、由表及里、由形式到规律的循序渐进的认识过程。“反身而诚，乐莫大焉，强恕而行，求仁莫近焉。”只要诚意“反身”，便能“尽心”，发掘内心之善端，而“尽其心者，知其性也”。扩充人的善良之心，人的本性、天性就自然地显现出来了；而培养了自己的天赋本性，也就会懂得天命，进而正确地对待天命，即“知天”。

孟子是中国哲学史上第一个倡导“天人合一”的人，他的“尽心知天”说，把人的心性和天道贯通起来，追求天与人和谐、统一、均衡。孟子的这一宇宙观和方法论，对中国后世的哲学、美学、文学以及绘画、建筑、音乐、雕塑等艺术产生了重大影响。王阳明《传习录》对此有精彩的解说：

> 尽心知性知天，是生知安行事。存心养性事天，是学知利行事。“夭寿不贰，修身以俟”，是困知勉行事。……性是心之体。天是性之原。尽心即是尽性。“惟天下至诚为能尽其性，知天地之化育”，存心者，心有未尽也。知天如知州知县之知，是自己分上事。己与天为一。事天如子之事父，臣之事君。须是恭敬奉承，然后能无失。尚与天为二。此便是圣贤之别。①

① 陈荣捷：《王阳明传习录详注集评》，台湾学生书局1983年版，第36~37页。

王阳明所阐释的核心思想，是要求个体应该“与天为一”，天人合一；如果“与天为二”，天人分离，那么，就无法修炼成为“圣贤”。王阳明主张通过学习而知心性，“性是心之体”“天是性之原”，这样，“心—性—天”由表层到深层的心性建构模式就建立起来了。王阳明的论述整体上和孟子是一致的。张少康、李建中、袁济喜等先生撰文指出，刘勰《文心雕龙》最广泛、最深入地运用了“天人合一”的哲学思想来论述其文学美学思想，使《文心雕龙》充满了强烈的人生宇宙意识与人文关怀。研究者没有看到的是，刘勰“天人合一”的人生宇宙意识正是直接从孟子“尽心知天”说演化出来的，其本源并不仅在《周易》，也与《孟子》有关。

第五章　荀子的影响

荀子在孔、孟传统儒学的基础上，吸收了道家、兵家、法家等诸子思想来充实、新变儒家思想。《荀子》一书辩证地指出了各家之弊端而独尊孔子，重视学习修养以求君子人格，论述“性恶”而反对孟子“性善”，开启“情、性、法、术”之说而能坚守儒家大道。《文心雕龙》对这位儒学大师有着极崇高的评价①，

① 这些论述主要有：1.《诠赋》：然赋也者，受命于诗人，而拓宇于《楚辞》也。于是荀况《礼》《智》，宋玉《风》《钓》，爰锡名号，与诗画境，六义附庸，蔚成大国。遂客主以首引，极声貌以穷文，斯盖别诗之原始，命赋之厥初也。2.《诠赋》：观夫荀结隐语，事数自环；……凡此十家，并辞赋之英杰也。3.《谐隐》：昔楚庄、齐威，性好隐语。……而君子嘲隐，化为谜语。谜也者，回互其辞，使昏迷也。……荀卿《蚕赋》，已兆其体。4.《史传》：若夫追述远代，代远多伪。公羊高云“传闻异辞”，荀况称“录远略近”，盖文疑则阙，贵信史也。5.《诸子》：然繁辞虽积，而本体易总：述道言治，枝条五经；其纯粹者入矩，踳驳者出规。《礼记·月令》，取乎《吕氏》之纪；《三年问》丧，写乎《荀子》之书：此纯粹之类也。6.《诸子》：研夫孟、荀所述，理懿而辞雅……斯则得百氏之华采，而辞气之大略也。7.《章表》：是以……必雅义以扇其风，清文以驰其丽。……繁约得正，华实相胜，唇吻不滞，则中律矣。……荀卿以为“观人美辞，丽于黼黻文章”，亦可以喻于斯乎？8.《时序》：春秋以后，角战英雄……唯齐、楚两国，颇有文学。齐开庄衢之第，楚广兰台之宫；孟轲宾馆，荀卿宰邑，故稷下扇其清风，兰陵郁其茂俗。9.《才略》：荀况学宗，而象物名赋，文质相称，固巨儒之情也。

刘勰赞其为“巨儒”，以“学宗”称之，礼赞其作品“象物名赋，文质相称”，是雅丽兼备的好作品。① 整体上看，荀子对《文心雕龙》的影响主要有两点：一是明确提出了“明道、征圣、宗经”的主张，对《文心雕龙》“道—圣—文”模式的建立提供了理论基础；二是《荀子》大力论美尚丽，是儒家诸子在这一方面的理论先驱。

第一节 生平简介

荀子（约前 313—前 238），名况，字卿，战国末期赵国人，著名思想家、文学家、政治家，时人尊称为荀卿。西汉时因避汉宣帝刘询讳，又称孙卿（荀、孙二字古音相通）。曾三次出任齐国稷下学宫的祭酒，后为楚兰陵（今山东省兰陵县）令。

荀子对儒家思想有所发展，在人性问题上，提倡性恶论，主张人性有恶，否认天赋的道德观念，强调后天环境和教育对人的影响。其学说常被后人拿来跟孟子的“性善论”比较。荀子对重新整理儒家典籍也有相当显著的贡献。

《史记·孟子荀卿列传》记录了荀子的生平。荀子于五十岁（有学者认为五十为传抄时十五之误）始游学于齐国，至襄王时代“最为老师”，“三为祭酒”。后来被谗而适楚，春申君以为兰陵令。春申君死而荀卿废，家居兰陵。荀子长于教育学生，韩非、李斯、张苍、毛亨都是他的入室弟子。因

① 从文学创作角度来看，荀子最大的功绩是开启了赋体文学的创作之风。

为他的两名杰出弟子李斯、韩非是法家代表人物，后世学者怀疑荀子是否为儒家学者，荀子也因其弟子而在中国历史上受到许多学者猛烈抨击。

荀子的思想偏向经验以及人事方面，从社会脉络出发，重视社会秩序，反对神秘主义的思想，重视人为的努力。孔子中心思想为“仁”，孟子中心思想为“义”，荀子继二人后提出“礼”“法”，重视社会上人们行为的规范。荀子以孔子为圣人，但反对孟子和子思为首的“思孟学派”哲学思想，认为子贡与自己才是继承孔子思想的学者。荀子认为人与生俱来就想满足欲望，若欲望得不到满足便会发生争执，因此主张人性有恶，须要由圣王及礼法的教化来“化性起伪”，使人格提高。

荀子思想虽然与孔子、孟子思想都属于儒家思想范畴，但有其独特见解，自成一说。荀子提倡性恶论，常被拿来与孟子的性善论比较。孔子、孟子在修身与治国方面提出的实践规范和原则虽然都是很具体的，但同时又带有浓厚的理想主义成分。孔子竭力强调“克己”“修身”“为仁由己”等，而孟子则以“性善”为根据，认为只要不断扩充其“恻隐之心”“羞恶之心”“辞让之心”“是非之心”“求其放心”，即可恢复人的“良知”“良能”，即可实现“仁政”理想。与孔、孟相比，荀子的思想则具有更多的现实主义倾向。他在重视礼义道德教育的同时，也强调了政法制度的惩罚作用。

荀子对各家都有所批评，唯独推崇孔子的思想，认为是最好的治国理念。荀子以孔子的继承人自居，特别继承了孔子的“外王学”。他又从知识论的立场上批判地总结和吸收了诸子百家的理论主张，形成了富有特色的“明于天人之分”的自然观、“化性起伪”的道德观、“礼仪之治”的社会历史观，并在此基础上，对先秦哲学进行了总结。

荀子在儒学体系中的地位，可以从以下三个方面加以理解：

1. 荀学具有学术批判精神，具备兼容并包的意识，体现了战国百家争鸣走向学术交融的历史趋势。无论从哪个角度考察，《荀子·非十二子篇》的学术史、思想史价值应该给予发掘。

2. 荀子对儒学经典的传授居功甚伟。汉代儒学，不仅“礼学”出自荀学，“诗经学”乃至于“春秋学”都与荀学有关。清儒汪中著《荀卿子通论》认为“荀卿之学，出于孔氏，而尤有功于诸经”，并对荀子的“传经”作了详细考证，为经学史研究的学者所基本同意。当代大儒徐复观也曾高度评价荀子在经学史上的地位。

3. 荀子密切关注现实世界的变化，充满事功精神。荀子讲学于齐、仕宦于楚、议兵于赵、议政于燕、论风俗于秦，对当时社会的影响不在孔孟之下。孔子不入秦，荀子却对秦政、秦俗多予褒奖，而同时批评其“无儒”。这说明他在坚持儒学的基本信念的前提之下，还在努力争取扩大儒家的政治空间。俯仰于政治与学术之间，荀子所体现的务实精神，应该是汉代儒宗董仲舒的取法对象。他们都为儒学适应时代环境、进而寻求新的发展作出了贡献。

在哲学思想之外，荀子还是一位著名的文学家，荀子是第一个使用赋的名称和用问答体写赋的人，同屈原一起被称为“辞赋之祖”。其作品隐喻象征，具有开启辞赋创作源头的意义。

第二节　“道—圣—经”的文学生成模式

与孔子、孟子一样，荀子的学术思想是建立在礼乐政教、修身化人的基础上的。在继承孔门四科划分出“文学”一科的基础上，荀子进一步指出了学习文学的重要性，《大略篇》指出：“人之于文学也，犹玉之于琢磨也。”良玉需要打磨才会更美，人通过学习文学就会更加具有君子的美好人格。在《论语》中，子贡曾引《诗》论说学习需要“如切如磋，如琢如磨”的道理，荀子在此旧话重提，显示了修养学习的重要性。荀子的创新之处在于，他对于文学如此强大功能的认识，是建立在文学构成要素的“言”“辞”“辩”的基础上的。孔子讲究“辞达”，孟子长于论辩，《周易》与《庄子》都论述到言意关系的问题，荀子则在上述理论的基础上，特别重视对“言”“辞”“辩”的整合观照，这三者，都是文学的重要组成因素，基本上异语同义。特别要说明的是，荀子所说的文学，是泛指一切的文化学术，不是文学作品的意思。在文化学术著作中，荀子既尊崇儒家圣人与儒家经典，也对诸子文学的有益成分有所借鉴吸收。荀子认为，“言”“辞”“辩”是文学的外显形式，辩说者（作家）之“心”与辩说者之“道”内蕴其中，对听众（读者）有直接的影响作用。《正名篇》指出：

凡邪说辟言之离正道而擅作者，无不类于三惑者矣。故明君知其分而不与辨也。夫民易一以道，而不可与共故。故明君临之以埶，道之以道，申之以命，章之以论，禁之以刑。故其民之化道也如神，辨執恶用矣哉！今圣王没，天下乱，奸言起，君子无埶以临之，无刑以禁之，故辨说也。实不喻，然后命，命不喻，然后期，期不喻，然后说，说不喻，然后辨。故期命辨说也者，用之大文也，而王业之始也。名闻而实喻，名之用也。累而成文，名之丽也。用、丽俱得，谓之知名。名也者，所以期累实也。辞也者，兼异实之名以论一意也。辨说也者，不异实名以喻动静之道也。期命也者，辨说之用也。辨说也者，心之象道也。心也者，道之工（按：一作“主”）宰也。道也者，治之经理也。心合于道，说合于心，辞合于说。正名而期，质请而喻，辨异而不过，推类而不悖。听则合文，辨则尽故。以正道而辨奸，犹引绳以持曲直。是故邪说不能乱，百家无所窜。有兼听之明，而无矜奋之容；有兼覆之厚，而无伐德之色。说行则天下正，说不行则白道而冥穷。是圣人之辨说也。《诗》曰：“颙颙卬卬，如珪如璋，令闻令望，岂弟君子，四方为纲。”此之谓也。

本段文字，荀子贬斥疏离正道的邪说辟言，而主张君子正道的辩说作用。这其中的“道”，主要是指儒家正道，“说行则天下正”，是欲以符合儒家正道的辩说行为干政君王，得时大用。《荀子》书中记载了荀子多次与君王辩说的场面及其语言艺术，就是这段话的最佳写照。本段最大的意义在于荀子提出的“心合于道，说合于心，辞合于说”的“说—辞—心—道”的辩说行为由表及里的生成模式：辩说这一具体的语言行为，是由言辞这一基本要素组合而成的；而言辞是一个人“心”的反应，“心”“辞”一也；

"心"在根本上又受到"道"的主宰。也就是说，坚守儒家正道，就有正心与正辞，也就有了正说。从本质上讲，荀子的主张是儒家德义大道的细化表现，与孔子、孟子并无不同；但从辩说的生成模式上来说，就有了积极细化与内外一致的创新突破。荀子一方面认为"心合于道""心之象道"，一方面又说"心也者，道之工（主）宰也"，儒家正道与心合二为一，又与辩说之言辞三合为一，这样，"道—心—辞"的由内到外的辩说生成模式建立了起来。

荀子主张的正道之心，当然是儒家圣人之正心，言说之辞，化为文本，当然就是文学之文，主要是指儒家经典这样的正文。《儒效篇》以为：

> 圣人也者，道之管也：天下之道管是矣，百王之道一是矣。故《诗》《书》《礼》《乐》之道归是矣。《诗》言是，其志也；《书》言是，其事也；《礼》言是，其行也；《乐》言是，其和也；《春秋》言是，其微也。故《风》之所以为不逐者，取是以节之也；《小雅》之所以为《小雅》者，取是而文之也；《大雅》之所以为《大雅》者，取是而光之也；《颂》之所以为至者，取是而通之也。天下之道毕是矣。

圣人是正道的主管，儒家经典的《诗》《书》《礼》《乐》就是正道的最佳载体，经过这样的具体转化，"道—心—辞"的辩说生成模式就可以看作是"道—圣—经"的文学生产模式。这是荀子对《文心雕龙》所产生的最大影响。

《文心雕龙·原道》篇建立的"道—圣—文"的文学发生模

式，直接取法于荀子。二者的区别在于，刘勰用道家的“自然之道”替换了儒家正道，用“心生而言立，言立而文明”的人文发生顺序取代了“心合于道，说合于心，辞合于说”的辩说发生顺序，“人文”代替了辩说。《原道》篇作出这样的取法，主要有两个目的：第一是论述文学的来源是“自然之道”，“人文”是“道之文”的三种形式之一；第二是为人文有采、文学尚丽的本质属性寻找依据。显然，后者才是刘勰的真正用意。《文心雕龙》主张“圣贤书辞，总称文章，非采而何”（《情采》），认为“古来文章，以雕缛成体”（《序志》），文学“原道”的用意，就是要从“自然之道”的本源上找到自然物色“郁然有采”的基本属性，为“人文”有采找外衣。其基本的发展顺序：一切“人文”都有文采之美——圣人经典当然是“人文”之首——儒家经典于是“郁然有采”。在这样的基础上，“圣文雅丽，衔华佩实”（《征圣》）一说才站得住脚，“雕缛成体”“文采行乎其中”（《镕裁》）等观点才有了理论基础。

所以，《文心雕龙》雅丽思想在主要取法儒家的同时，也是向道家思想积极取法的，整合二者，折中儒、道，合成雅丽。这使得雅丽思想远远超越了魏晋齐梁年间一切文学新变尚丽与复古尚雅的主张，并且不是折中二者那么简单。折中新变与复古，远远没有礼乐尚雅与原道尚丽的理论高度。从这一点来看，《文心雕龙》产生于魏晋“文学自觉”的大环境下，而在哲学高度上超越这个时代玄佛昌盛的学术思潮影响，独取儒家大道，尊崇儒家圣人与儒家经典，当然更是“道—圣—文”的文学发生理论的产物。

第三节 论“美”尚“丽”的思想新变

除去文学“道—圣—文”的模式，《荀子》对《文心雕龙》的文学论美尚丽有重要的影响。先秦道家论述“美”“妙”，《庄子》则首开“丽”论先河；但是，儒家不遑多让，儒家论“美”论“丽”也并不少，《荀子》则开启儒家“丽”论先声。《论语》论“美”共十二处，比较著名的有《学而》“先王之道斯为美”，《八佾》“尽善”“尽美”，《里仁》“里仁为美”等论述，以诗乐、仁德政教之美为主。《孟子》一书中论“美”共十八处，用法与《论语》相似；《荀子》一书中论“美”共八十三处，适用范围上有了巨大的拓展。《文心雕龙》的尚丽文学思想显然是与尚美文学思想联系在一起的，这就构成了文学的论美尚丽的美丽精神。《荀子》在论美的基础上，开启了儒家“丽”论的先河，对两汉扬雄、王充有直接的影响。

在先秦，《论语》中并无独立的论“丽”意见；《孟子》书中仅有一条引用《诗》“商之孙子，其丽不亿”的话，与美丽之“丽”并不相关。《荀子》书中论“丽”累计六条：

> 今世俗之乱君，乡曲之儇子，莫不美丽姚冶，奇衣妇饰，血气态度拟于女子。(《非相篇》)
>
> 古者先王分割而等异之也，故使或美或恶，或厚或薄，或佚或乐，或劬或劳，非特以为淫泰夸丽之声，将以明仁之文，通仁之顺也。故为之雕琢、刻镂、黼黻、文章，使足以辨贵贱而已，不求其观。(《富国篇》)

以为好丽邪？则夫人行年七十有二，齫然而齿堕矣。(《君道篇》)

声乐之象：鼓大丽，钟统实，磬廉制，竽笙箫和，管钥发猛，埙篪翁博，瑟易良，琴妇好，歌清尽，舞意天道兼。鼓，其乐之君邪。(《乐论篇》)

名闻而实喻，名之用也。累而成文，名之丽也。用丽俱得，谓之知名。(《正名篇》)

孔子曰："太庙之堂，亦尝有说。官致良工，因丽节文，非无良材也，盖曰贵文也。"(《宥坐篇》)

上述材料中，《乐论篇》"鼓大丽"之"丽"通"厉"，指鼓声激越高亢，清人王先谦所引"偶物为丽"① 之说非是；"因丽节文"之"丽"意谓"施"；其余数条，用于描述美丽之貌、夸丽之声、美好之名，在容貌、音乐、令名诸方面均有涉及，明显带有儒家礼乐思想的影响。荀子"雕琢、刻镂、黼黻、文章"② 之说，虽然没有直接以"丽"论述到文学，但其所指，已经与后代文学之"丽"非常接近，尤其是与《文心雕龙·体性》"雅丽黼黻"一说非常接近，《章表》篇总结说：

① "丽"本义为两匹马并排拉车而行，即"骈偶"义。此处并非此义。

② 按："黼黻、文章"中的"文章"，是指古代礼服上所绣的色彩绚丽的花纹，泛指华美鲜艳的色彩。《荀子·非相篇》："故赠人以言，重于金石珠玉；观人以言，美于黼黻文章。"杨注："黼黻文章，皆色之美者。白与黑谓之黼，黑与青谓之黻，青与赤谓之文，赤与白谓之章。"《淮南子·主术训》："人主好高台深池，雕琢刻镂，黼黻文章，絺绤绮绣。"《文心雕龙·体性》篇赞语"雅丽黼黻"，以古代礼服"雅丽黼黻"的色彩美比喻文学作品呈现的风格美，取法即在于此。

是以章式炳贲，志在典谟；使要而非略，明而不浅。表体多包，情伪屡迁。必雅义以扇其风，清文以驰其丽。然恳恻者辞为心使，浮侈者情为文使。繁约得正，华实相胜，唇吻不滞，则中律矣。子贡云“心以制之”“言以结之”，盖一辞意也。荀卿以为“观人美辞，丽于黼黻文章”，亦可以喻于斯乎？

这样，雅丽文学思想在“雅正”的思想内容基础上，迎来了“美丽”的审美内涵之先声。尽管先秦儒家所论述之“美丽”，多与《文心雕龙》所论之文学“美丽”关系不大，但是，没有这样的基础，两汉扬雄“丽则丽淫”的辞赋评论与王充大量的文学“美丽”论述就无法产生，故而其开启意义是十分重大的。

第六章　扬雄的影响

扬雄被誉为汉代孔子、西道孔子，是杰出的历史学家、哲学家、文学家、语言学家、文字学家，是汉代儒学思想家代表，是魏晋玄学儒道合流的理论始祖，是通才性质的大学者。在本研究中，扬雄不仅阐释了许多为《文心雕龙》所直接接受的文论主张，同时，他的辞赋创作与学术著作为《文心雕龙》的作家作品批评提供了极好的实践对象。扬雄明道、征圣、宗经、辞赋评论所论述的若干思想标准、创作理论、鉴赏理论，归纳起来主要有以下两点：

第一，立体的文论思想。扬雄具体提出的文质论、华实说、修养论、新变论、自然之道、五经含文、辞赋致用等，继承了先秦儒家“文质彬彬”“尽善尽美”的论人论诗之说，而直接用于评价文学内容与形式、文学内外发展因素、作家修养、审美评价，还重视探索文学的审美特点、臧否历代名人名家、提出五经新变损益的主张、取法自然的创作感物说等。这些新变理论的提出，是刘勰“圣文雅丽，衔华佩实”的雅丽思想的哲学依据、美丽精神、文学新变、独尊儒家等内涵的直接来源。扬雄著名的“心声心画”说，为刘勰“文如其人”的风格论奠定了理论基础；“弸中彪外”说，为《文心雕龙》作家修养论作出了示范；“尚中执中”的中道思想，为刘勰尚雅贬俗、中和之美的理论主张与折中方法论的运用提供了成功的示范；求实疾虚、求真疾伪的态度，上承孟子、下启王充，为《文心雕龙》主张情深、义贞、事信、批判纬书奠定了理论基础；而对于来自荀子尚法论术的思想，以及“明道—征圣—宗经”的理论主张，扬雄对其进行了拓展论述，使得刘勰为文之道、尚法论术的思想基础更为牢靠。

第二，审美上主张“丽则”。扬雄评价辞赋尚丽尚美的文学思想，是文论史上第一次明确地自觉探寻文学本质的追求，这是建立在儒家与道家美丽思想基础上的集合产物。自此，扬雄、王充、曹丕、陆机而下，文学尚美尚丽之势锐不可当；文学理论的自觉、创作的兴盛、学术思潮的自觉意识不断加强。因此，扬雄在这个“自觉”的萌芽、发展、兴盛的历史脉络中扮演了一个重要的中介角色，承上启下，继往开来。刘勰的《文心雕龙》一方面肯定文学尚丽尚美的本质与文学由质趋文的发展趋势，高赞文学的美丽精神；同时也看到了尚丽主张、创作、批评的不良动向，提出雅丽的古今折中的新标准，对魏晋文学的自觉，进行了反思与理论上的再次自觉。这个思想，是得益于扬雄的。

扬雄是巴蜀学者在全国有重大影响的第一人，也是迄今为止在历史上影响最大的儒家思想家之一。因为扬雄是一个综合性的大学者，在今天学科分类越来越细密、范围越来越狭窄的情况下来对扬雄作整体研究，是本书无法完成的事情，于是选择了部分内容，即其儒家哲学思想与文学创作方面的内容作为主要研究对象。这两部分在《文心雕龙》书中被广泛征引、评论，是刘勰得以写成《文心雕龙》的主要思想渊源之一，是孔子之后，儒家诸子对该书影响最大的一家；而作为文学家、哲学家、理论家的扬雄，是《文心雕龙》全书从前到后树立起来的综合性、全面性、深刻性、方法性、理论性无所不备的大作家。

第一节 生平简介

扬雄（前53—18），一作“杨雄”，本姓杨，扬雄好奇，特自标新，易姓为扬。字子云，西汉蜀郡成都（今四川省成都市郫都区友爱镇）人。扬雄少时好学，博览多识，酷好辞赋。口吃，不善言谈，而好深思。家贫，不慕富贵，博览群书，长于辞赋。年四十余，始游京师长安，被大司马王音召为门下史，推荐为待诏。后经蜀人杨庄引荐，以文见召，奏《甘泉》《河东》等赋，侍从祭祀游猎，任给事黄门郎。其官职一直很低微，历成、哀、平，“三世不徙官”。王莽称帝后，校书于天禄阁。后受他人牵累，即将被捕，于是坠阁自杀，未遂，后转大中大夫。天凤五年卒，年七十一。著有《方言》十三卷，《训纂》一卷，《蜀王本纪》一卷，《法言》十三卷，《太玄经》九卷，《琴清英》一卷，集五卷。

扬雄被后人尊称为西道孔子、汉代孔子，是汉代儒家最著名的思想家之一。他积极批判神学经学，为的是能够恢复孔子的正统儒学。在扬雄看来，孔子是最大的圣人，孔子的经典是最主要的经典。他在《法言》中说：“舍舟航而济乎渎者，末矣。舍五经而济乎道者，末矣。”(《吾子》)又说：“山岖之蹊，不可胜由矣；向墙之户，不可胜入矣。”曰：“恶由入？”曰：“孔氏。孔氏者，户也。”（《吾子》)因此，“好书而不要诸仲尼，书肆也；好说而不要诸仲尼，说铃也”（《吾子》)。“仲尼之道，犹四渎也，经营中国，终入大海；它人之道者，西北之流也，纲纪夷貉，或入于沱，或沦于汉”(《君子》)。但是，扬雄认为自孔子死后，孔子圣道的发展与传播由于“塞路者”的干扰而受到了阻碍。在“古者杨墨塞路，孟子辞而辟之，廓如也。后之塞路者有矣，窃自比于孟子”(《吾子》)。这里所说的“后之塞路者”就是指汉代的“欲仇(售)伪而假真、羊质而虎皮、学也为利”的虚伪、烦琐、荒诞的官方正统经学。因此，扬雄要像孟子那样扫除“塞路者”，为孔子儒学能在汉代健康发展开辟道路。

扬雄曾撰《太玄》等，将源于老子之道的“玄”作为最高范畴，并在构筑宇宙生成图式、探索事物发展规律时，以玄为中心思想，是汉朝道家思想的继承和发展者，对后世意义可谓重大，特别是魏晋玄学，在儒、道结合的基础上对道家经典进行新解新诠，即以扬雄为理论起点。《三字经》把他列为“五子”之一：“五子者，有荀扬，文中子，及老庄。”

扬雄是司马相如之后西汉最著名的辞赋家。所谓“歇马独来寻故事，文章两汉愧扬雄”。在辞赋方面，他最服膺司马相如，“每作赋，常拟之以为式”。他的《甘泉》《羽猎》诸赋，就是模拟司马相如《子虚》《上林》而写的，其内容为描述天子祭祀之隆、苑囿之大、田猎之盛，结尾兼寓讽谏之意。其用词、构思亦华丽壮阔，与司马相如赋相类，所以后世有“扬马”之称。

扬雄赋写得比较有特点的是他自述情怀的几篇作品，如《解嘲》《逐贫赋》《酒箴》等。《解嘲》写他不愿趋炎附势去做官，而自甘淡泊来写他的《太玄》。文中揭露了当时朝廷擅权、倾轧的黑暗局面：“当涂者入青云，失路者委沟渠，旦握权则为卿相，夕失势则为匹夫。”并对庸夫充斥而奇才异行之士不能见容的状况深表愤慨：“当今县令不请士，郡守不迎师，群卿不揖客，将相不俯眉；言奇者见疑，行殊者得辟，是以欲谈者卷舌而同声，欲步者拟足而投迹。”表达了他对社会现实的强烈不满。这篇赋虽受东方朔《答客难》影响，但纵横驰说，词锋锐利，在思想和艺术上仍有突出的特点。《逐贫赋》是别具一格的小赋，写他惆怅失意，“呼贫与语”，质问贫穷何以老是跟着他。这篇赋发泄了他在贫困生活中的牢骚，多用四字句，构思新颖，笔调诙谐，却蕴含着一股深沉不平之气。《酒箴》是一篇咏物赋，内容是说水瓶质朴有用，反而易招损害；酒壶昏昏沉沉，倒“常为国器”，主旨也是在抒发内心的不平。另外还仿效屈原楚辞，写有《反离骚》《广骚》《畔牢愁》等作品。《反离骚》为凭吊屈原而作，对诗人遭遇充满同情，但又用老、庄思想指责屈原“弃由聃之所珍兮，摭彭咸之所遗”，反映了作者明哲保身的思想，而未能正确地评价屈原。《广骚》《畔牢愁》今仅存篇目。

扬雄早期以辞赋闻名，晚年对辞赋的看法却有所转变。他评论辞赋创作是欲讽反劝，认为作赋乃是“童子雕虫篆刻”，“壮夫不为”。另外还提出“诗人之赋丽以则，辞人之赋丽以淫”的看法，把楚辞和汉赋的优劣得失区别开来。扬雄关于赋的评论，对赋的发展和后世对赋的评价有一定影响，对后来刘勰、韩愈的文论也颇有影响。

扬雄在散文方面也有一定的成就。如《谏不受单于朝书》便是一篇优秀的政论文，笔力劲练，语言朴实，气势流畅，说理透辟。他的《法言》刻意模仿《论语》，在文学技巧上继承了先秦诸子的一些优点，语约义丰，对唐代古文家产生过积极影响，如韩愈“所敬者，司马迁、扬雄”（柳宗元《答韦珩示韩愈相推以文墨事书》）。此外，他是“连珠体”的创立人，自他之后，继作者甚多。

扬雄逝世后，被安葬在故乡。据《扬雄家牒》记载：天凤五年（18）扬雄去世，他的弟子侯芭为其负土起坟。两千年以来，扬雄享受着人们的追思和祭奠。扬雄墓在今郫都区西南十一千米三元场友爱镇。墓为圆形，高数米，直径十米，封土若小丘。墓地开旷，东西有农舍竹林环抱。墓前竹林间有为子云亭旧址。

2017 年 6 月，四川省人民政府隆重推出四川十大历史文化名人，分别是：大禹、李冰、落下闳、扬雄、诸葛亮、武则天、李白、杜甫、苏轼、杨慎。被誉为汉代孔子、西道孔子的扬雄，成为巴蜀文化史上最杰出的代表之一。2017 年 11 月 12 日，以西华大学为牵头单位，四川省委宣传部、四川省社科联、四川省历史学会、成都市社科联、郫都区人民政府、郫都区扬雄研究会等联合倡议、发起并正式成立了“四川省扬雄研究学会”，同时召开第一届学术研讨会暨会员代表大会，海内外学者一百余人与会，盛况感人。

第二节　《文心雕龙》的扬雄评论

扬雄是汉赋“四大家”之一，又是西汉末年的一代大儒，身兼文学家、思想家等多种身份。扬雄早期以辞赋闻名，晚年对辞赋的看法却有所转变。他评论辞赋创作是欲讽反劝，认为作赋乃是“童子雕虫篆刻”，“壮夫不为”。他在《法言》中还主张文学应当宗经、征圣，以儒家经书为典范。这些思想深刻地影响到了《文心雕龙》的成书。

扬雄思想丰富深刻，整体上呈现出以儒家为主，儒、道结合的特点。在他的辞赋创作实践与学术著作中，我们可以梳理出许多对《文心雕龙》产生了直接影响的文学美学思想，这些思想集中在其代表作《法言》之中，并表现于《报刘歆书》《反离骚》《太玄经》《汉书·扬雄传》等文献之中。自孔子以后，对《文心雕龙》雅丽思想影响最大的就是扬雄，这可以从《文心雕龙》全书三十八次直接论述扬雄所出现的重要位置、若干次化用其“丽则丽淫”主张等情况清楚地看出来。这三十八次论述分别是：

扬子比雕玉以作器，谓五经之含文也。(《宗经》)

扬雄讽味，亦言体同《诗》《雅》。(《辨骚》)

马、扬沿波而得奇。(《辨骚》)

王、扬骋其势。(《诠赋》)

子云《甘泉》，构深玮之风。(《诠赋》)

扬子所以追悔于雕虫，贻诮于雾縠者也。(《诠赋》)

子云之表充国，孟坚之序戴侯，武仲之美显宗，史岑之述熹后，或拟《清庙》，或范《駉》《那》，虽深浅不同，详略各异，其褒德显容，典章一也。(《颂赞》)

至扬雄稽古，始范《虞箴》，作《卿尹》《州牧》二十五篇。(《铭箴》)

扬雄之诔元后，文实烦秽。(《诔碑》)

扬雄吊屈，思积功寡，意深文略，故辞韵沉膇。(《哀吊》)

扬雄覃思文阁，业深综述，碎文璅语，肇为《连珠》。（《杂文》）

扬雄《解嘲》，杂以谐谑，回环自释，颇亦为工。（《杂文》）

子云所谓先骋郑卫之声，曲终而奏雅者也。（《杂文》）

扬雄《法言》……归乎诸子。（《诸子》）

扬雄《剧秦》，班固《典引》，事非镌石，而体因纪禅。（《封禅》）

扬雄曰："言，心声也；书，心画也。声画形，君子小人见矣。"（《书记》）

史迁之《报任安》，东方朔之《难公孙》，杨恽之《酬会宗》，子云之《答刘歆》：志气槃桓，各含殊采；并杼轴乎尺素，抑扬乎寸心。（《书记》）

相如含笔而腐毫，扬雄辍翰而惊梦。（《神思》）

子云沈寂，故志隐而味深。（《体性》）

桓君山云："予见新进丽文，美而无采；及见刘、扬言辞，常辄有得。"（《通变》）

扬雄《校猎》云："出入日月，天与地沓"。（《通变》）

自扬、马、张、蔡，崇盛丽辞。（《丽辞》）

至于扬、班之伦，曹、刘以下，图状山川，影写云物，莫不织综比义，以敷其华。（《比兴》）

及扬雄《甘泉》，酌其余波：语瑰奇则假珍于玉树，言峻极则颠坠于鬼神。（《夸饰》）

子云《羽猎》，鞭宓妃以饷屈原。（《夸饰》）

酌《诗》《书》之旷旨，翦扬、马之甚泰。（《夸饰》）

及扬雄《百官箴》，颇酌于《诗》《书》。(《事类》)

以子云之才，而自奏不学；及观书石室，乃成鸿采：表里相资，古今一也。(《事类》)

夫经典沉深，载籍浩瀚，实群言之奥区，而才思之神皋也。扬、班以下，莫不取资。(《事类》)

扬雄以奇字纂《训》。(《练字》)

陈思称："扬、马之作，趣幽旨深，读者非师传不能析其辞，非博学不能综其理。"(《练字》)

子云锐思于千首，子政雠校于六艺，亦已美矣。(《时序》)

乐毅报书辨以义，范雎上疏密而至，苏秦历说壮而中，李斯自奏丽而动：若在文世，则扬、班俦矣。(《才略》)

扬子以为文丽用寡者长卿，诚哉是言也！(《才略》)

子云属意，辞人最深，观其涯度幽远，搜选诡丽，而竭才以钻思，故能理赡而辞坚矣。(《才略》)

扬雄自称："心好沉博绝丽之文。"其不事浮浅，亦可知矣。(《知音》)

扬雄嗜酒而少算。(《程器》)

彼扬、马之徒，有文无质，所以终乎下位也。(《程器》)

上述论述全面、均衡地分布于《文心雕龙》从"文之枢纽"到"论文叙笔"再到"剖情析采，笼圈条贯"的前后始终，扬雄不仅是兼备众体的卓越作家，在各体文学创作中都占据了第一流的位置，贡献了许多著名的作品，开创了许多新兴的文体，而且是卓有建树的理论家。在辞赋理论、经学理论、创作评论、文体理论、审美批评等方面，扬雄是《文心雕龙》极力推崇的第一流理论大家。因此，归纳上述论述，其重点有三：一是在《宗经》《事类》等篇目中论述扬雄的宗经观点；二是引用扬雄的文学理论见解，为论述作论据；三是以扬雄的作品为对象，进行审美与创作的评价。整体上看，扬雄具有经学家、文学家、理论家的数重身份，刘勰论述扬雄，赞美非常多。而对扬雄辞赋评论“丽则”“丽淫”的借鉴运用，则是雅丽思想直接取法的对象。总而言之，扬雄是继孔子之后，对雅丽思想影响最大的儒家人物。

具体而言，扬雄对《文心雕龙》成书的影响体现在以下几个方面：第一是众体兼备的卓越文学创作，特别在论文叙笔部分占据了最主要的位置。第二是提倡明道、征圣、宗经的思想，这是对孔子、孟子、荀子一脉相传的儒家“德义雅正”正统思想的继续强调，而且有所发展新变，理论阐释更加深刻，提出了“在则人，亡则书”“五经含文”“自然之道”等主张，打通儒、道，为刘勰直接所用；同时，扬雄受先秦儒家影响，贬斥诸子而独尊儒学，甚至对荀子也大加刁难，表现出绝对征圣的态度。第三是对儒家文学美学思想的极大丰富，在“雅正”基础上大力提倡尚丽的文学主张，提出“丽则”“丽淫”的辞赋审美标准、“华实相副”的尚礼观念、“文质兼美”的圣人修养说、“心声心画”的表里合一的探讨、“弸中彪外”的修养观念等，这些观念成为《文心雕龙》雅丽思想的直接取法对象。第四是扬雄思想受《周易》阴阳刚柔、天地自然、日新变化、感物取材等理论学说影响很深，《法言》体现了许多影响的痕迹，这对《文心雕龙》的文学原道、物色理论、自然之道、文学尚丽等学术思想取法有着榜样示范的作用。

第三节　折中儒、道的明道思想

扬雄的“道”论思想以儒家政教之道、君子修身之道为核心，具体论述了儒家思想之正道、执中而行之中道、《周易》影响之“自然之道”三部分内容。为赞美圣人、褒美五经、点评辞赋、主张丽则、取法自然、论述新变等各种理论铺平了道路。《文心雕龙》的原道论、物色说、自然美丽、文质彬彬、文学新变等众多说法，都是直接从扬雄这里吸收而成的。因此，刘勰在论述文学产生的哲学依据、中道思维、美丽文采、经典意识等方面，都有扬雄明道思想带来的天籁福音。最主要的是如下几点：

第一是自然之道。扬雄明道观念的重要一环，是主张“自然之道”，这与道家思想关系密切，又与《周易》相关联。因为对“自然之道”的推崇，扬雄以之阐释自己的“原道”哲学观与新变精神。《汉书·扬雄传》记载了扬雄对辞赋“辍不复为”之后，“作《太玄》”的过程：

> 大潭思浑天，参摹而四分之，极于八十一。旁则三摹九据，极之七百二十九赞，亦自然之道也。

班固简介了扬雄遵循“自然之道”，模拟《周易》作《太玄》的经过、内容与特点。所谓“自然之道”，即天地万物生长、运行、变化的自然规律，这个概念是源自道家的。在取法道家与《周易》卦象之后，扬雄折中儒、道，使形而上的“自然之道”与形而下的儒家“五经”结合起来，《太玄》于是成为集深奥的哲学原理与经世致用的操作法则于一体的新著作。《太玄》一书是“自然之道”的产物，《法言》继续保持了这个特点，向天道自然取法，向《周易》理论取法，来论述诸如文质、修养、新变、文采美等若干问题。

《文心雕龙》文学的“原道”思想由此而生。①《法言·寡见》篇说：“雷震乎天，风薄乎山，云徂乎方，雨流乎渊，其事矣乎？”天地自然的雷风云雨等“物色”之动，成为感召作家为文之情的外在因素，《文心雕龙·物色》篇“自然感物”说论述的就是这个道理。扬雄同时认为，天地之间最优秀的是圣人，圣人将自然规律参悟透彻之后，用来教化人民、经纬家国，《法言·五百》篇指出：“圣人有以拟天地而参诸身乎！”《周易》与《文心雕龙·原道》篇都大力提倡这种取法自然的“仰观俯察”之说，主张“观天文以极变，察人文以成化”，然后能够“经纬区宇，弥纶彝宪，发挥事业，彪炳辞义”。那么，圣人是如何来进行这一仰观俯察活动的呢？《五百》篇说：

> 圣人之材，天地也；次，山陵川泉也；次，鸟兽草木也。

“圣人之材”，指的是圣人的取材，从文学发生角度来看，指的是写文章的取材，扬雄的这些说法是《文心雕龙·原道》篇的思想源泉。早在刘勰之前，扬雄就已经打通了儒、道两家，合而论

---

① 曾有研究者认为“原道”产生于《淮南子》的“原道”论，经详细比对，笔者认为：从观念或术语上来说，这个说法有道理；但是从理论主张和基本内容来说，《文心雕龙》的“原道”论和《淮南子》的“原道”论关系不大。

之，各取其长。扬雄大力伸张《论语》中孔子的“鸟兽草木”等言行思想，得出上述意见。综合言之，就是取法外物，得其内心，化成“物色感人”“情动于中”“理发而文见”之说，《文心雕龙》专列《原道》《物色》两篇论述之。这是写作的发生原理与内容取材，更因为物色之丽，感人至深，所以天地万物之丽最终通过人的写作这个操作中介，实现了文章之丽。《文心雕龙》文学尚丽之论，于是首尾圆满。扬雄首先实践了写作取法自然之道，尊重自然规律的探索；刘勰则从自然本源的角度提出文学的起源依据，论述写作的发生、发展到文体风格的形成——二人所论，都是写作的“自然之道”。很明显，扬雄充当了“自然之道”与儒家文论结合的先行者，是“自然之道”与《文心雕龙》的中介者。

第二是新变意识。伴随扬雄明道思想与自然之道理论的是他的新变精神。自然之道循环相因，新变无穷，所以《法言》非常重视新变的问题，包括儒家五经的损益新变、圣人之道多变、天道常变等儒家前贤未曾涉及的问题，扬雄也以新变观念解释之。《法言·问道》篇首先提出了对待新旧的基本观点：

> 或问“新敝”。曰：“新则袭之，敝则益损之。”

扬雄对“新敝”的回答，是他新变精神的基本原则。在新旧之间，扬雄以趋新为主，《法言·先知》：

> 为政日新。或人敢问日新。曰：“使之利其仁，乐其义，

厉之以名，引之以美，使之陶陶然之谓日新。”

“日新其业”本是《大学》里面的话，之所以称其为新，是与后来混乱狡诈的政治之道相对立的，于求新中看复古，这是儒道政教的影响所致。日新观念既可用于为政之法，也可用于为文之法。这个观念，是《文心雕龙》文学新变的思想基础。《原道》篇论述文源于道，就几次谈到了文学新变的问题，主张文质相符，精义坚深，文王、周公、孔子三圣为之。《法言·君子》认为“圣人之道”有常，而“圣人之变”也多：

或曰：“圣人之道若天，天则有常矣，奚圣人之多变也？”曰：“圣人固多变。子游、子夏得其书矣，未得其所以书也；宰我、子贡得其言矣，未得其所以言也；颜渊、闵子骞得其行矣，未得其所以行也。圣人之书、言、行，天也。天其少变乎？”

“天则有常”与“天之多变”，是对立统一起来的。扬雄认为天多变，圣人则之，因此“圣人之书、言、行，天也”，也多变；刘勰认为文源于道，于是文多变，多新变。文学新变有或正或误两种趋向，《文心雕龙》要将文学的新变拉到正途上来。因为有了新变的理论基础，对于“不刊之鸿教”的儒家五经，《法言·问神》篇认为也是可以“损益”的：

或曰：“经可损益欤？”曰：“《易》始八卦，而文王六十四，其益可知也。《诗》《书》《礼》《春秋》，或因或作，而成于仲尼，其益可知也。故夫道非天然，应时而造者，损益可知也。”

经书是最高的法则，也是可以损益的，那么，儒家思想也是可以损益的，可以新变的。《文心雕龙》认为文学各体源于经书，也具有新变的精神。因此，《文心雕龙》的“文源于道”与文学新变观念，是扬雄从道家和《周易》哲学思想中转化之后，刘勰主要向扬雄取法得来的。或者说，在道家、《周易》与《文心雕龙》之间，扬雄是一个最重要的理论转化的中介环节。

第四节　征圣美圣

扬雄有着极为浓厚的征圣思想。在创新意义上，扬雄从修养品德、内外皆美、弸内彪外、文质相符、华实相副等角度论述圣人的优点，这为《文心雕龙》的文质论、作家修养、文如其人、文学尚丽等理论寻找到了更加具体的论据；同时，这些理论的提出，也与批判汉代经学的神秘化倾向有密切的关系，《文心雕龙》批判纬书，与此义同。在《法言》中，扬雄所阐述的征圣思想主要表现在以下几个方面：

第一是则人则书。扬雄提出“在则人，亡则书”，为因征圣而宗经找到了理论依据。《法言·吾子》：

或曰：“人各是其所是而非其所非，将谁使正之？”曰：“万物纷错则悬诸天，众言淆乱则折诸圣。”或曰：“恶睹乎圣而折诸？”曰：“在则人，亡则书，其统一也。”

圣人像天，圣人就是日月，这是《法言》一书多次说到的圣人伟大论。但是，生命有尽头，圣人死了又该怎么办呢？扬雄回答说："在则人，亡则书，其统一也。"圣人在世，就以他的言行为准则；圣人死了，就以他留下来的经书为准则。效法圣人，这本是儒家的千年传统，但是效法经书一说，则是扬雄的个人创见，这不仅使得征圣得以延续，而且树立了经书正统的地位，暗中批评乱解经书的错误行为。《文心雕龙》全书的理论渊源与作家作品案例分析，全部是"在则人，亡则书"的具体实践，并且认为经书功能巨大，囊括百家，显然是在扬雄宗经思想直接影响下产生的。

第二是文质皆美。扬雄论圣人，是文质皆美的新论，这与扬雄"五经含文"的思想是结合在一起的，同时，与他学习修养理论文质相谐、华实相副的主张也是密切关联的。扬雄经常运用比喻的方法来论说，比如用"玉"之文质，《法言·君子》篇说：

> 或问"君子似玉"。曰："纯沦温润，柔而坚，玩而廉，队乎其不可形也。"

"君子似玉"，珍贵难得；"纯沦温润"，文质皆美；"柔而坚，玩而廉"，刚柔相济，品德高尚。相对而言，扬雄更重视美玉之质，《法言·学行》篇说：

> 或曰："学无益也，如质何？"曰："未之思矣。夫有刀者礲诸，有玉者错诸，不礲不错，焉攸用？礲而错诸，质在

其中矣。否则辍。”

《论语》中子贡曾引用《诗》来论说学习需要“如切如磋，如琢如磨”，扬雄“礲而错诸，质在其中”的比喻说法，是对磨刀错玉、学习打磨的重视，也是对内在美的重视，与孔子师徒“切磋琢磨”的说法异曲同工。《法言·五百》篇又认为圣人之言语远大：

圣人之言远如天，贤人之言近如地。珑玲其声者，其质玉乎？

圣人的言语声响之美珑玲盈耳，内涵之美其质似玉，是音乐声响美与内容道理美的完美结合。《法言·重黎》篇说到圣人的内外修养：

或问“圣人表里”。曰：“威仪文辞，表也；德行忠信，里也。”

圣人表文里质，内外双修。因此值得学习尊重。《法言·吾子》篇评价屈原，以为屈原丹青其采，玉莹其质：

或问：“屈原智乎？”曰：“如玉如莹，爰变丹青。如其智！如其智！”

扬雄将屈原比喻为“如玉如莹，爰变丹青”，是文质美的极佳代表，这与“龙蛇命运”说完全不一样。① 正确的理解应该是，扬雄是站在不同的立场上来看待屈原的：当站在明哲保身的存身立场上时，屈原就是知伸而不知屈的化身；当站在文学创作的修养角度看待屈原时，屈原就是最美文学家。班固评屈，矛盾互见，原因同样如此。李诚先生《论班固评屈》一文阐述甚详，可参。②

《法言》书中，还经常以“丹青”、朱红之“色”为喻，来论述圣人的美好形象或语言、修养。《君子》篇说：

> 或问：“圣人之言，炳若丹青，有诸?”曰：“吁！是何言与？丹青初则炳，久则渝。渝乎哉?”

“丹青彪炳”之语，意在说明圣人之言语久而不渝，是不变的法则，这就为“圣—言—文”的宗经思想铺平了道路。而“丹青”“彪炳”的话，《文心雕龙》常常用之。《法言·吾子》又说：

---

① 据《汉书·扬雄传》载，扬雄思慕辞赋，评价屈原：“先是时，蜀有司马相如，作赋甚弘丽温雅，雄心壮之，每作赋，常拟之以为式。又怪屈原文过相如，至不容，作《离骚》，自投江而死，悲其文，读之未尝不流涕也。以为君子得时则大行，不得时则龙蛇，遇不遇命也，何必湛身哉！乃作书，往往摭《离骚》文而反之，自岷山投诸江流以吊屈原，名曰《反离骚》；又旁《离骚》作重一篇，名曰《广骚》；又旁《惜诵》以下至《怀沙》一卷，名曰《畔牢愁》。”自孔子以来，儒家一向讲究“明哲保身”的处世存身之道，唯有孟子是个例外；扬雄有这样的思想，原因有二：一是受传统儒家思想的影响，二是对屈原投江的悲悯，感叹其不值得。扬雄的一生，正是在存身保命一途以“龙蛇命运”为思想基础的反应。

② 李诚：《论班固评屈》，《四川师范大学学报》（社会科学版）1992年第2期。

> 多闻则守之以约，多见则守之以卓。寡闻则无约也，寡见则无卓也。绿衣三百，色如之何矣！纻絮三千，寒如之何矣！

“多闻则守之以约，多见则守之以卓”，实则《文心雕龙》“博而能一”“博观精约”说的原意。扬雄以为，“绿衣三百”“纻絮三千”是正确的做法，见多识广以后，对于颜色的辨析与寒冷的抵御就都不成问题了。《吾子》篇又直接由孔子“文质彬彬”说入手，来批评那些“披着虎皮的羊”，即淆乱经学的神秘主义者与解经乱道者：

> 或曰：“有人焉，自云姓孔而字仲尼，入其门，升其堂，伏其几，袭其裳，则可谓仲尼乎？”曰：“其文是也，其质非也。”“敢问质。”曰：“羊质而虎皮，见草而说，见豺而战，忘其皮之虎矣。”

扬雄的“文质”是指形式与内容，即内外之别；孔子论“文质”是指人的修养问题，主张内外和谐之美。① 所以扬雄接着说：

> 圣人虎别，其文炳也。君子豹别，其文蔚也。辩人狸

---

① 除去孔子“文质彬彬”的直接论述，《论语》还记录了孔门弟子的文质观念，比较著名的是《颜渊》中的一段对话：“棘子成曰：‘君子质而已矣，何以文为？’子贡曰：‘惜乎，夫子之说君子也！驷不及舌。文犹质也，质犹文也。虎豹之鞟犹犬羊之鞟。’”这一章的意思是说良好的本质应当有适当的表现形式，否则，本质再好，也无法显现出来。这里所讨论的表里一致的问题，棘子成认为作为君子只要有好的品质就可以了，文采并不是必需的，子贡反对这种说法。

别，其文萃也。狸变则豹，豹变则虎。(《法言·吾子》)

驰骋论辩之人像狸猫，“文萃”而体小；君子像豹子，“文蔚”而个大；圣人像斑斓猛虎，“文炳”而质美。虽然都是猫科动物，但是从狸猫变成老虎，需要经过“君子”修养的这一关。扬雄以之为比喻，暗含小纵横辩士而崇儒家圣人的尊卑观念，而猛虎的文采炳蔚一说，暗合汉代壮美博大的时代审美风气与大国气象，被《文心雕龙》多次运用，以壮丽华美的色彩论述写作的文采之美。①

《法言·先知》篇集中地论述了圣人文质之美与修养文质之美的具体方法：

圣人，文质者也。车服以彰之，藻色以明之，声音以扬之，诗书以光之。笾豆不陈，玉帛不分，琴瑟不铿，钟鼓不抎，则吾无以见圣人矣。

扬雄以为，圣人之外在形式美与内在本质美都应该是文采华丽的，圣人的文章也是如此。《文心雕龙》推而论之，认为源自圣人经典的后世文章也是尚丽尚美的。这就在文学“原道”美与圣人文章美之间再次细化，寻找到了圣人文质美这一中介；《文心雕龙》“五经含文”的雅丽思想，完全是对扬雄文质、华实思想

① 《文心雕龙》对于文采“彪炳”或“炳蔚”的运用有以下六处：1.《原道》：龙凤以藻绘呈瑞，虎豹以炳蔚凝姿。2.《原道》：发挥事业，彪炳辞义。3.《正纬》：六经彪炳，而纬候稠叠。4.《明诗》：四始彪炳，六义环深。5.《情采》：其为彪炳，缛采名矣。6.《章句》：篇之彪炳，章无疵也。主要所指，是在赞美文学作品的华丽文采。

的翻版运用。如此，雅丽文学思想的两个主要取法对象可以确立：一个是孔子，另一个是扬雄；一方面是从孔子“郁郁乎文”到扬雄“圣人文质”“华实相副”的尚丽思想，另一方面是雅乐、正声、正色、正采、内质、明道、征圣、宗经的雅正思想，二者结合，就是文学的雅丽思想。

第五节 宗经尚美

明道、征圣之外，《法言》中论述了精彩的宗经思想。一方面，儒家经典在扬雄这里不仅是“不刊之鸿教”，而且散发着迷人的文采之美，这与古板的传统看法截然不同。扬雄以其复古与新变交织的观念而辩证宗经，对于经典蕴含的华美之义进行了深刻的论证与阐释。扬雄关于“五经含文”的论述，成为刘勰直接采用的“六义”说的证据，更是《文心雕龙》“圣文雅丽”思想的直接来源。扬雄对五经特点的理解超越了前人，其学说为《文心雕龙》所全盘继承。主要体现在以下几个方面：

第一，全面论述了五经在内容上的特点。《法言·寡见》篇说：

> 或问：“五经有辩乎?”曰：“惟五经为辩。说天者莫辩乎《易》，说事者莫辩乎《书》，说体者莫辩乎《礼》，说志者莫辩乎《诗》，说理者莫辩乎《春秋》。舍斯，辩亦小矣。”

扬雄所说到的“惟五经为辩”，全面涉及了五经“《易》说天”“《书》说事”“《礼》说体”“《诗》说志”“《春秋》说理”的内容特点。① 在扬雄看来，五经是最能够体现“辩”的特点的，据此，论辩之士，“伎数之子”，都应该归入儒家五经的统摄范围中来。这个思想包含的内容有如下几层：一是儒家最高；二是儒家统摄各家；三是五经内容丰富，囊括万有；四是五经各自特点不同，每一经都可以流出涉及自身领域内的新东西。《文心雕龙》的《宗经》篇全面继承了扬雄的说法，曰：“象天地，效鬼神，参物序，制人纪，洞性灵之奥区，极文章之骨髓者也。”经典在内容上极为丰富，是人情与文章的最高表现形式。在具体的各自特点上，《文心雕龙》关于“《易》惟谈天”“《书》实记言”“《诗》主言志”“《礼》以立体”“《春秋》辨理”的说法，与扬雄“《易》说天”“《书》说事”“《礼》说体”“《诗》说志”“《春秋》说理”的总结几乎完全一致。

第二，扬雄对“五经美玉”的论述，使刘勰建立起“五经含

---

① 先秦道家《庄子》书中曾谈到儒家六经的特点，《天下》篇：“古之人其备乎！配神明，醇天地，育万物，和天下，泽及百姓，明于本数，系于末度，六通四辟，小大精粗，其运无乎不在。其明而在数度者，旧法世传之史尚多有之。其在于《诗》《书》《礼》《乐》者，邹鲁之士搢绅先生多能明之。——《诗》以道志，《书》以道事，《礼》以道行，《乐》以道和，《易》以道阴阳，《春秋》以道名分。——其数散于天下而设于中国者，百家之学时或称而道之。”其后，儒家的荀子谈到过五经的特点，《荀子·儒效》篇说：“《诗》言是，其志也；《书》言是，其事也；《礼》言是，其行也；《乐》言是，其和也；《春秋》言是，其微也。”汉代司马迁在《史记·太史公自序》中也曾评价六经：“《易》著天地阴阳四时五行，故长于变；《礼》经纪人伦，故长于行；《书》记先王之事，故长于政；《诗》记山川溪谷禽兽草木牝牡雌雄，故长于风；《乐》乐所以立，故长于和；《春秋》辩是非，故长于治人。是故《礼》以节人，《乐》以发和，《书》以道事，《诗》以达意，《易》以道化，《春秋》以道义。”三家之中，荀子不曾谈《易》，而郭沫若先生以为《易传》最终成于荀子。扬雄对五经特点的理解，显然有上述诸子所发议论的铺垫。

文”的尚丽主张。《法言·寡见》篇以美玉为喻，认为经典应该是文采美丽的：

> 或曰：“良玉不雕，美言不文，何谓也？”曰：“玉不雕，玙璠不作器。言不文，典谟不作经。”

“玉不琢，不成器”，表明了璞玉需要雕琢打磨，使之更美；“美言不文”的说法，则是《老子》“信言不美，美言不信”的同义表达。扬雄认为，语言如果不美的话，就不能动人，不能显示经典的美好深刻，“典谟”也不能再作经书了，意在说明经典是文采华美的。推导此说，来自扬雄主张的圣人“文质彬彬”与“心声心画”。扬雄认为圣人君子的修养内外皆美，文质相符，依据他“言如其人”与“文如其人”的理论可知，经典本是记载圣人言行的“亡则书”的作品，肯定也应该是华实相符的，故而五经含文，自然华美。《法言·君子》篇说：

> 或问：“君子言则成文，动则成德，何以也？”曰：“以其弸中而彪外也。般之挥斤，羿之激矢。君子不言，言必有中也；不行，行必有称也。”

屈原在《离骚》中说自己兼有“内美与修能”，即文质皆备，扬雄在此也尚内美。“弸中彪外”的提出，指出了内在修养的充实对外在文采“辉光”之美的意义。因此，圣人之文一定是华实相符的。扬雄的这一说法，是《文心雕龙》论述“圣文雅丽，衔华佩实”的最直接理论依据。《征圣》篇认为圣人文章文采焕然：“远称唐世，则焕乎为盛；近褒周代，则郁哉可从。”“焕乎为盛”，用的是孔子赞美尧帝时代文学发展繁荣的话；“郁哉可从”则直接引用的是孔子论述周代文学“郁郁乎文哉”的评价与“吾从周”的史学主张。二者的核心意思，都是指向“圣文美丽”这一主导内容。又说，圣文是“志足而言文，情信而辞巧，乃含章之玉牒，秉文之金科”，是文采华美的作品。同篇还记载了一个“颜阖以为，仲尼‘饰羽而画’，徒事华辞”的“訾圣弗得”的故事，这个故事的核心，也是指向圣人孔子的华丽言辞。作为最伟大经典作家的孔子，其言辞华丽，则其文章必然华丽。《征圣》篇赞语说：“精理为文，秀气成采。”圣文是精义坚深而且文采华美的作品。正是在这样的理论铺垫基础上，刘勰才在最后推出了“圣文之雅丽，衔华而佩实”这一总结性的论述。《宗经》篇说：“扬子比雕玉以作器，谓五经之含文也。”比照扬雄《法言》，我们可以看到，扬雄是经典“雅丽”理论的第一发现者。《文心雕龙》的研究者普遍认为，五经之中，除了《诗经》，要说其他四经“含文”，是不太对头的，其他四经主要是“含雅”“含质”“含理”“含奥”，而不是“含文”。为了解决这个难题，刘勰不仅站在哲学的高度提出“文源于道，郁然有采”的依据，从根本上阐述“五经含文”一说；还在实践理论中取法扬雄，指出“五经含文”的先行论述者的意见，来充实、支撑自己的雅丽理论主张。这就从原理上、论据上两个角度证明了五经为什么“含文”这一难题，使得雅丽思想逾越了五经“雅而不丽”的事实障碍，成为全书中贯穿前后的文学尚美、文学正采主张的理论红线，并为矫正魏晋文学新变的不良倾向服务。

第三，是刘勰关于《宗经》“六义”的界说，在扬雄《法言》中可以找到直接的理论论据。《法言》是刘勰《宗经》篇提出“六义”说，得出“风清”“文丽”等说法的直接来源，刘勰全盘继承了扬雄对经典与圣人的评价。所谓“六义”，是指经典的六大写作特点：“一则情深而不诡，二则风清而不杂，三则事信而不诞，四则义贞而不回，五则体约而不芜，六则文丽而不淫。”刘勰主张“情深、风清、事信、义贞、体约、文丽”的六条标准，可以简单地归入属于文学内容的“情、事、义”三体与属于形式的“风、体、文”三体。刘勰论述的意见，实际上是扬雄已经讲过的话。《法言·学行》：

或曰：“猗顿之富以为孝，不亦至乎？颜其馁矣。”曰：“彼以其粗，颜以其精；彼以其回，颜以其贞。颜其劣乎？颜其劣乎？”

“六义”说中的“义贞而不回”，就是出自这里。《法言·吾子》：

或问：“君子尚辞乎？”曰：“君子事之为尚。事胜辞则伉，辞胜事则赋，事、辞称则经。足言足容，德之藻矣！”

扬雄认为君子尚辞好辩，“事胜辞则伉，辞胜事则赋，事、辞称则经”的说法，直指“六义”说中的“事信而不诞”。《法言·问神》则说：

或曰：“《玄》何为？”曰：“为仁义。”曰：“孰不为仁？孰不为义？”曰：“勿杂也而已矣。”

或曰：“淮南、太史公者，其多知与？曷其杂也。”曰：

“杂乎杂，人病以多知为杂。惟圣人为不杂。”

对比可以发现，刘勰关于五经“风清而不杂”与“体约而不芜”的论述，取法扬雄“惟圣人为不杂”一说。因为圣人“文质皆美”，《法言·先知》篇说：“圣人，文质者也。车服以彰之，藻色以明之，声音以扬之，诗书以光之。”诗书对于圣人文质的彰显与修养濡染作用很大，圣人要用藻色华美的车服来彰显美德，是华实相副的，故而“风清而不杂”。《法言·吾子》中关于“诗人之赋丽以则，辞人之赋丽以淫”的论述，则显然是最重要的“文丽而不淫”的理论渊源。至于“情深”一条，《法言》论情不多，论道德仁义美则不少，“心声心画”说重视“情动”，情动于中，归根结底，还是内在修养的德义精神在起支配作用，所以扬雄虽然没有明言“情深而不诡”，也能找到依据。

第四，具体评论五经，比如《诗》《书》《春秋》《仪礼》等。《法言·孝至》：

或问“泰和”。曰：“其在唐、虞、成周乎？观《书》及《诗》温温乎，其和可知也。”

“泰和”一说，与孔子“尽善尽美”大体一致，是一种充实愉悦的中和之美，含有道德政教的意味，这就是儒家经典的特点。扬雄以文观政，指出文学反映时代政治的面貌，这显然是刘勰《时序》篇的基本观点。同时，儒家经典风格“泰和”，是其主张的中和美的最好载体。刘勰化用此说，在风格八体的“得其环中”

“雅丽黼黻”“正采彬彬”等中和美上大力提倡这个说法。《法言·修身》论《仪礼》则曰：

> 《礼》多仪。或曰：“日昃不食肉，肉必干；日昃不饮酒，酒必酸。宾主百拜而酒三行，不已华乎?”曰：“实无华则野，华无实则贾，华实副则礼。”

有人问：敬酒的礼节是不是太过于烦琐了呢？“宾主百拜而酒三行”，酒肉都不能食用了。扬雄说出了“华实副则礼”的话，来告诉对方，礼仪就是有这么重要。其实不是礼仪重要，而是礼仪是经典规定了的，必须如此。“华实副则礼”一说，与孔子“质胜文则野，文胜质则史，文质彬彬，然后君子”一说极为相似。虽然扬雄与孔子论述的是礼仪问题、修养问题，但是在后来的发展变化中，文质彬彬与华实相符都指向了文学作品内在美与外在美的和谐统一。《文心雕龙》的雅丽文学思想，出自孔子文质观与扬雄华实论，是儒家文艺美学思想的直接产物。《法言·问明》：

> 孟子疾过我门而不入我室。或曰：“亦有疾乎?”曰：“摭我华而不食我实。”

扬雄的华实观念主张内外双修、文质皆备。对于“摭我华而不食我实”的形式主义者，扬雄“疾”之，看不起，讨厌。推论而下，写文章不能只是追求文采之美，还要追求内容之充实、思想之健康、主旨之积极，等等。做到形式美与内容美、思想美与艺术美的统一为最好，所以雅丽思想的提出，正是为主张丽而且雅的写作之美寻找到了文质皆备的操作原理。

依据经典为支撑，扬雄评价了不少的著名作家作品。《法言·君子》：

淮南说之用，不如太史公之用也。太史公，圣人将有取焉；淮南，鲜取焉尔。

史书实录，取法圣人；淮南之说，取法道家。暗含儒家胜过道家的意见。同篇又说：

必也儒乎！乍出乍入，淮南也；文丽用寡，长卿也；多爱不忍，子长也。仲尼多爱，爱义也；子长多爱，爱奇也。

扬雄论述的司马相如、刘安、司马迁等著名作家，其点评都非常准确。《文心雕龙》的《才略》篇与《史传》篇直接运用到了“文丽用寡，长卿”与“子长多爱，爱奇”的说法。《风骨》篇主张“翔集子史之术”，文学写作要向史书取法；同时谈到司马相如《大人赋》，“乃其风力遒也”，仙道之说感染力巨大，但是讽谏之旨不达。《汉书·扬雄传》：

雄以为赋者，将以风也，必推类而言，极丽靡之辞，闳侈巨衍，竞于使人不能加也，既乃归之于正，然览者已过矣。往时武帝好神仙，相如上《大人赋》，欲以风，帝反缥缥有陵云之志。繇是言之，赋劝而不止，明矣。

“文丽用寡”一说，即对此而发。“极丽靡之辞，闳侈巨衍，竞于使人不能加也”论说的是汉代辞赋“巨丽”之美，这个美有其时代背景的原因，更有司马相如树立榜样而扬雄“追风入丽”的创作实践作为实证。“赋劝而不止”的“用寡”说，就是由“丽靡之辞”的“文丽”原因造成的。赋的优点、特点，也成为其弱点、缺点。事物的发展真是奇妙，充满了辩证法的影子。由此，再拓展到具体地评论历代典籍。《法言·重黎》篇说：

或问《周官》。曰：“立事。”“《左氏》?”曰：“品藻。”“太史迁?”曰：“实录。”

扬雄对古代文献，主要是儒家经典与史书的评价，言简意赅，非常准确。刘勰《风骨》篇主张写作之道应该“镕铸经典之范，翔集子史之术”，是有原因的。经典为思想规范，子书与史书为操作技法，二者结合，可以囊括古代的重要典籍，尤其是百家争鸣下的子书，作为后代学术思想的渊源，文章写作的法与术均来自此。

第六节 辞赋论丽

伴随经典华美思想的是扬雄的辞赋评论，在辞赋评论中，我们可以看到晚年扬雄与青壮年时代扬雄的截然不同。扬雄早年模仿司马相如的辞赋创作并写了许多模拟之作，还模仿屈原辞赋进行了若干创作。晚年，因为政治失意，扬雄对辞赋的功能产生了怀疑，对辞赋作家的低下地位心怀不满，因而对辞赋创作产生了不满，这种不满，集中地表现在《法言·吾子》篇中：

或问："吾子少而好赋？"曰："然。童子雕虫篆刻。"俄而曰："壮夫不为也。"或曰："赋可以讽乎？"曰："讽乎！讽则已，不已，吾恐不免于劝也。"

前引《汉书·扬雄传》所述，是扬雄认为辞赋只是"童子雕虫篆刻"，故而"壮夫不为"的根本原因。辞赋难以实现其讽谏功能，达不到为文致用的干政效果，这样，美则美矣，用处有限，那么，还写它干什么呢？反过来看，这其实是扬雄政治情结的愤懑表达，是他功名思想的抑郁不满。扬雄讽刺他早年的偶像司马相如是"文丽用寡"，因为"赋劝而不止"，作用有限。扬雄弃赋，除了真如其言外，还与他的遭遇远逊司马相如有关。尽管相如赋有"文丽用寡"之弊，但是相如出名，靠的正是赋作被汉武帝赏识。《史记》载，其时蜀人杨得意为狗监，向汉武帝推荐了同乡司马相如，相如由是而显，其后以御史身份出使西南夷，为武帝朝开疆拓土做出过贡献；相如《难蜀父老》《喻巴蜀檄》又为稳定蜀中政治局面起了很大的作用；《封禅文》一篇，赞颂敬天法地的巍巍汉德。也就是说，扬雄的少年偶像相如先生，不仅文章漂亮，辞赋名家，而且政治有为，事载史书，名垂青史。扬雄崇拜他，应当是这两个原因俱在的，不只是口头上说的仅"好其辞赋"而已。辞赋写来干什么？是用来美教化、进忠言的，不是仅仅玩体物写情、闳侈巨衍的文字游戏的。当辞赋大量发展，天下人竞相模仿以后，皇帝也就看得多了，辞赋的写法内容，确实远不如章表奏议这些应用文体在干政进谏方面有效。因为辞赋首先是美文，一定要加上讽谏的功能，是勉为其难的事情。扬雄看到这条路走不通，于是很生气，说自己不再写了。当然，辞赋体裁与其功能是一个不利方面，扬雄的自尊心又是另一个原因。据《汉书·扬雄传》载，辞赋作家地位低下："颇似俳优淳于髡、优孟之徒，非法度所存，贤人君子诗赋之正也，于是辍不复为。"也就是说，如果扬雄政治地位再高一些，比如得到较大的升迁，估计他是不会这么说的。班固《汉书·扬雄传》赞曰：

> 初，雄年四十余，自蜀来至游京师，大司马车骑将军王音奇其文雅，召以为门下史，荐雄待诏，岁余，奏《羽猎赋》，除为郎，给事黄门，与王莽、刘歆并。哀帝之初，又与董贤同官。当成、哀、平间，莽、贤皆为三公，权倾人主，所荐莫不拔擢，而雄三世不徙官。及莽篡位，谈说之士用符命称功德获封爵者甚众，雄复不侯，以耆老久次转为大夫，恬于势利乃如是。

扬雄在汉时，四十余岁才出仕为官，颇有一鸣惊人的味道；但是后来历久不见升迁，"三世不徙官"；直到当年的同事王莽已经当上了皇帝，他还是没有机会，仅仅"以耆老久次转为大夫"，班固说他"恬于势利"，不一定是真的。因此，扬雄早年虽以辞赋知名于世，而在此以后，"辍不复为"。从这个经历与评价我们可以看到，文学创作的发展、文学批评的发展，根本上说，无法逃开政治干预这个宿命。尽管文学确实存在自身内在的规律性，确实存在与政治保持距离的本质特性，但是，尤其在中国士大夫"好做官"思想的内驱之下，文学不过是从政入世的表达载体之一，文学要受到政治的影响，当为不刊之论。《文心雕龙》特列《时序》篇来论述这个问题；而在《征圣》《宗经》《正纬》等篇中大谈特谈的“政化贵文”、周公孔子、“朱紫乱矣”等说，为的就是在儒家政教思想的指导下确立宗经的文学艺术标准，直接将文学拉到政治功能的范围中来，有用为文，无用弃文，成为《文心雕龙》的一大主张。其上篇文体论的体裁排列顺序，主要就是根据文体历史与功能大小来安排的。

在表明了对辞赋功能的不满后，扬雄以纺织为喻，回答提问者对辞赋华美的赞誉：

> 或曰：“雾縠之组丽。”曰：“女工之蠹矣。”（《法言·吾子》）

提问者说，丝织品像薄雾般的轻纱那样透明美丽，意在赞美辞赋文采华丽的特性。“雾縠”一词，主要指薄雾般的轻纱，宋玉《神女赋》、司马相如《子虚赋》均有使用，均指向华丽之美。①

① 该词含义有二：一是指薄雾般的轻纱。《文选·神女赋》：“动雾縠以徐步兮，拂墀声之珊珊。”李善注：“縠，今之轻纱，薄如雾也。”《文选·子虚赋》：“于是郑女曼姬，被阿緆，揄纻缟，杂纤罗，垂雾縠。”刘良注：“雾縠，其细如雾，垂之为裳也。”前蜀魏承班《渔歌子》词：“柳如眉，云似发，鲛绡雾縠笼香雪。”清郑燮《大中丞尹年伯赠帛》诗：“忽惊雾縠来相赠，便剪春衫好出游。”朱自清《温州的踪迹》三：“这也是个瀑布；但是太薄了，又太细了。有时闪着些须的白光；等你定睛看去，却又没有——只剩一片飞烟而已。从前有所谓‘雾縠’，大概就是这样了。”二是指像轻纱一样的烟云薄雾。五代和凝《临江仙》词：“海棠香老春江晚，小楼雾縠涳蒙。”宋苏轼《龙尾石月砚铭》：“萋萋兮雾縠，宛宛兮黑白。”这两种含义均指华美飘逸之美物美景，辞赋用此，以称其辞藻之华美。

但是扬雄回答说这是纺织品中的蛀虫子。这就引出了关于辞赋“丽”这一属性的探讨。司马相如作为辞赋大家，对辞赋丽的特性有自己源自创作经验的总结与看法。《西京杂记》卷二载：

> 司马相如为《上林》《子虚》赋，意思萧散，不复与外事相关，控引天地，错综古今，忽然如睡，焕然而兴，几百日而后成。其友人盛览，字长通，牂牁名士，尝问以作赋。相如曰：“合綦组以成文，列锦绣而为质，一经一纬，一宫一商，此赋之迹也。赋家之心，苞括宇宙，总览人物，斯乃得之于内，不可得而传。”览乃作《合组歌》《列锦赋》而退，终身不复敢言作赋之心矣。①

司马相如以“丝织经纬”说解释“作赋之法”，同时论述辞赋作家的内在修养问题。他重视辞赋“文质交加”的特点，尤其强调其“锦绣之质，宫商之声”。一句话，高度重视辞赋文采华丽的属性。扬雄“女工之蠹”一说，显然是对此而发的，他以为辞赋太过华丽并不好，指出了相如赋（按：实则包含他自己的赋作）“文丽用寡”的问题。扬雄论辞赋之丽，与司马相如立场不同：扬雄是站在讽谏功能之“用”的立场上来说的；司马相如是站在创作方法之“质”的角度来说的。一个讲究要致用，一个论述纯文学，两个人的意见都是对的。其实，扬雄这个意见，并非他的

① （晋）葛洪集，成林、程章灿译注：《西京杂记全译》，贵州人民出版社 1993 年版，第 65~66 页。

独创，他用的是刘向《说苑·反质》中的原话：

> 宫墙文画，雕琢刻镂。
>
> 雕文刻镂，害农事者也。锦绣纂组，伤女工者也。①

刘向以“雕文刻镂”对言“锦绣纂组”，批评这些做法是饥寒之本原。扬雄笔法与此文极其相似，以“雕虫篆刻”对言“雾縠之组丽”。只不过刘向用的是本义，指建筑上的雕饰，而扬雄用的是引申义，特指对文章的雕饰。也就是说，辞赋雕饰过多，文采过度，伤害了文义内质。扬雄的这个意见，集中体现在“丽则丽淫”说的提出，《法言·吾子》：

> 或问：“景差、唐勒、宋玉、枚乘之赋也，益乎?”曰：“必也淫。”“淫则奈何?”曰：“诗人之赋丽以则，辞人之赋丽以淫。如孔氏之门用赋也，则贾谊升堂，相如入室矣。如其不用何?”

对扬雄的话，我们可以做这样的理解：“诗人之赋丽以则”是指这一类的赋不失讽喻精神，虽“丽”而有法度；“辞人之赋丽以淫”则指这一类赋作在辞章手法上过分注重修饰，而失去了讽谏的意义。这里的“诗人之赋”，所指当是屈原的骚赋，刘安、王逸、汉宣帝以及后来的刘勰等人均认为屈原的赋符合《诗经》的精神，所以称为“诗人之赋”；辞人之赋指的唐勒、景差、宋玉、

① 向宗鲁：《说苑校证》，中华书局1987年版，第515、519页。

枚乘之赋，其实就是指的汉代大赋。“淫”是过分的意思，辞赋“巨丽”，过分了。所以，这是扬雄滋生“文丽用寡，长卿”一说的理论依据，也是他认为辞赋“劝而不止”的“无用”论的根本原因。从本段来看，扬雄对贾谊、相如的作品是很推崇的，可谓孔氏之门登堂入室的好作品，但是，“如其不用何”，也就没有办法了。

依据对辞赋“丽则丽淫”的意见，扬雄顺带论述了他的正声雅乐观，提出“明视”以辨别“苍蝇红紫”、“聪听”以区分“郑卫之似”的主张；同时提出“中正”之说，论述了“中正则雅”“中正以平”的“和乐”美；并对“女有色，书亦有色”的外在纹饰美再一次作了强调，指出“女恶华丹之乱窈窕”“书恶淫辞之淈法度”的“正色正采”观，继续巩固他“丽则”一说的重要性。我们从这里既可以看到扬雄受孔子雅乐正色观的影响痕迹，也可以看到扬雄对刘勰《文心雕龙》的巨大影响。《文心雕龙》对待楚辞汉赋的基本态度就是“丽以淫”，基本的解救方法就是“丽以则”，主张折中《诗》《骚》，“风归丽则”，形成“丽词雅义”，与经典雅丽之美趋向一致。

第七节　扬雄对《文心雕龙》全书的贯通影响

一、序论：树德建言，间接影响

刘勰在《序志》篇中明确告诉读者，《文心雕龙》的写作动机有三：一是求得令名；二是选择“文章”而不再解经；三是写成写作理论著作，其根本目的是借文章而彰令名、求不朽。刘勰以为生命脆弱，为了“树德建言”，一定要写本书留下来，这是古人“名德”思想直接影响的结果，蜀中学者扬雄是刘勰取法的重要对象。

据《左传·襄公二十四年》记载，春秋时鲁国大夫叔孙豹曾提出立德、立功、立言的“三不朽”说，这三者虽久不废，流芳百世。孔子则认为“君子疾没世而名不称焉”（《论语·卫灵公》），在立德、立功不成的情况下，述而且作，编次《春秋》，删《诗》正乐，名德俱彰。司马迁身遭宫刑，因为《史记》未完而坚持“退而论书策”，他希望自己的著作能“藏之名山，传之其人”，“通邑大都”均有《史记》，“则仆偿前辱之责，虽万被戮，岂有悔哉?”（司马迁《报任少卿书》）司马迁认为，令名的追求是很困难的，一般人想的是如何享受富贵，轻身安乐，所以这种“发愤著书”以求令名的精神“可为智者道，难为俗人言”，一般人做不到。上述诸人之外，扬雄论“名”最多，集中体现在他的学术著作《法言》之中，对刘勰的影响也最大。扬雄在《法言》中认为，圣人之所以被后人尊敬，是因为德行政教样样兼备，因此留下来美好的名声。《重黎》篇提出“令名”一说，韩信、黥布因为叛逆汉室，名声虽有，但不足为法。《学行》论述学习，以为“名誉以崇之”是学者的必然追求。《孝至》篇则说：“不为名之名，其至矣乎！为名之名，其次也。”要求在追求美名声誉的时候，不能一味想着出名，而要有道义精神。扬雄主张通过德义精神的修养来完善自我，修得令名。《渊骞》篇对蜀中名家李仲元极为推崇，显示了扬雄征圣不仅崇古，也法则近代的新变意识，其主要原因就是李仲元名德昭彰，榜样感化力量十分巨大。同时，扬雄还主张以实际行动来彰显令名，《先知》篇论述

“为政日新”的重要一环，就是“乐其义，厉之以名，引之以美，使之陶陶然”，重视美言美行，感化教育。《君子》篇提出实际行动对建立美名的重要作用：“人必先作，然后人名之”，要求在行动上有过人之处，美名才会得到彰显。在此基础上，扬雄对君国将相、功臣名卿有自己辩证的看法，《渊骞》篇论述“近世名将”、“近世名卿”、外交大臣、著名作家几十人，在赞美他们功德的同时，也批评他们不合儒家教义的地方。上述汉代名人大量出现于《文心雕龙》书中，对刘勰论述“文士将相”与“九代英才”有直接影响。扬雄不仅倡导名德思想，更在立言不朽方面作出了实践表率。《汉书·扬雄传》说他：

> 实好古而乐道，其意欲求文章成名于后世，以为经莫大于《易》，故作《太玄》；传莫大于《论语》，作《法言》；史篇莫善于《仓颉》，作《训纂》；箴莫善于《虞箴》，作《州箴》；赋莫深于《离骚》，反而广之；辞莫丽于相如，作四赋：皆斟酌其本，相与放依而驰骋云。

诚然，没有写成那么多著名的京都大赋和学术著作，扬雄之名不可能如此卓著。而扬雄晚年轻鄙辞赋，转向学术研究，主要的用意仍然是“求文章成名于后世”，也就是立言不朽之心在推动他的著述研究工作，使他在哲学思想、文字小学、应用文体等方面取得了很高的成就。

刘勰重视名德，并且深感生命脆弱：“形同草木之脆，名逾金石之坚，是以君子处世，树德建言，岂好辩哉？不得已也！”因此，《文心雕龙》根本的写作目的是“树德建言”，至于成书后所产生的巨大影响，以及当前“龙学”研究的学术热潮，并不在他预设的创作动机之内。刘勰不仅渴求令名，而且以此为本，作为《文心雕龙》品评作家作品的基本标准，并极力在书中树立儒家思想的主导地位，所以，在评论作家作品的时候，刘勰除了从文章体裁、写法技巧、风格特点、修辞技法、影响作用方面来论述写作，还往往以儒家经典的思想标准来衡量历代作家作品思想是否雅正，有无违背经典、有无奇谈怪说。跳出《文心雕龙》考察刘勰的生平可知，从他托身定林寺、博通经论、写作《文心雕龙》、拦道沈约到出仕梁朝、做官三十多年的大半生，都是在令名功德思想的支配下走过来的。刘勰毕生所坚持的令名功德心态，也是《文心雕龙》以儒家思想为主导的重要证据。

二、文之枢纽：五经含文，扬雄首倡

在《文心雕龙》的序论中，扬雄立言不朽的理论与实践对刘勰产生了重要的影响。但《文心雕龙》的性质毕竟是写作理论著作而不是伦理学著作，因此，发展到“文之枢纽”的五篇专论时，就必须对写作的“枢纽”问题展开深入地讨论。这一部分最重要的问题有两个：一是树立儒家思想的思想指导地位和儒家经典的理论主导地位；二是从哲学高度提出人文尚丽的文学观念并在具体作家作品的比较中落实到具体的写作实践上来。在这两个问题中，扬雄均有重要的地位和影响。

（一）“五经含文”与“圣文雅丽”

《文心雕龙》的枢纽论部分共有五个专题：《原道》《征圣》《宗经》《正纬》《辨骚》。《原道》篇从哲学高度阐释了自然之道的华丽特点、人文原道必定“郁然有采”的基本属性、儒家圣人与儒家经典在人文历史上的主导作用等问题，其核心是人文有采，为后两篇论述儒家经典的文采之美打下理论基础。《征圣》篇指出儒家圣人具有最高的美言美行，其政化、事迹、修身均以“贵文”为要，在这样的前提条件下，儒家经典就具有了“繁略殊形，隐显异术，抑引随时，变通适会”的特征与写作技法，是学习写作的最高范本，而且“圣文雅丽，衔华佩实”，具有雅而且丽的审美风格，笼罩或雅或丽的一切文章。《宗经》篇具体提出“文出五经”的观点，认为《诗》《书》《礼》《易》《春秋》衍生出了后代所有的文章体裁类型，事实上，从《明诗》到《书记》的二十篇文体论正是按照“五经发其源”的体例来设计安排的；同时，本篇指出五经有“一则情深而不诡，二则风清而不杂，三则事信而不诞，四则义贞而不回，五则体约而不芜，六则文丽而不淫”的“六义”特点，学习五经，可以养成“六义”中正面的优良写作技能，改正不良写作弊端①。《正纬》篇通过比较指出纬书具有丽而不雅的特点，这个特点于解经无益，但“有助文章”，写作可以借鉴，刘勰开始承认文章写作与儒家经典的区别。《辨骚》篇详论了对楚辞的历代评价，提出自己独到的

---

① 对于“六义”的研究意见颇多。易中天先生将“六义”与风、骨、采二合一地对接观照，得出“风骨”就是雅丽之文审美理想的看法；王志彬先生认为单看“六义”尚属片面，还应该结合《知音》篇“六观”说，二者的结合，才是《文心雕龙》批评论的整体意见；还有的研究者以为这是《文心雕龙》的创作论。实际上，“六义”的排列顺序是由情到文(采)，转化来看，就是《情采》篇论述的文质关系说，以及如何正确创造彬彬“正采”的方法论。“雅丽”是一个整体的概念，分而为六是对雅丽的细化，合六为一是对雅丽的整合。雅丽即“六义”，不仅是创作原则，同时是审美原则与批评原则。

看法。刘勰认为楚辞和经典相比较具有“四同”与“四异”，屈原楚辞体现了最高的文采之美，是历代文学中最杰出的代表作品，影响后世，泽被千秋。①

通过上面的简单分析，我们可以发现，枢纽论的五篇专题以《宗经》为核心，确立了儒家思想和儒家经典在全书的理论与创作主导地位。② 但这只是从指导思想角度来说的，落实到具体的写作问题上来，这五篇有一个共同的基本特点：极力主张文学尚丽。《原道》指出人文有采，这一基本属性为典而不美的儒家经典提供了具有文采之美的哲学依据，纬书与楚辞本就华美异常。这样，作为“人文”的经、纬、骚共有尚丽的属性，“文出五经”在审美特点上不会被动摇。但是儒家雅正的文学观念与文学尚丽的基本属性交汇融合，必然会激荡出两个相反方向的基本观念：尚雅贬丽与雅丽结合。这一对矛盾互现的基本文学观念贯通于《文心雕龙》全书之中。

刘勰的主要选择是折中经典之雅与纬骚之丽，走雅丽结合的路子。在《宗经》篇论述经典“六义”之后，刘勰引用扬雄的话

---

① 有的研究者认为《辨骚》篇应该归属于文体论部分，这是从文体归类的角度来看的，其说不妥：一则因为刘勰自述是将本篇列于枢纽论；二则《辨骚》篇在论述《离骚》特点的同时，还有一个重要的目的是总结枢纽论五篇的核心内容，即文学创作应该在经典雅正得法的基础上进一步突出华丽之美，雅丽结合。从这个角度讲，纬书与《离骚》在本质上都是“丽而不经”的作品，《辨骚》以归入枢纽论为宜。

② “文之枢纽”以《宗经》篇为核心，这是近年来《文心雕龙》研究的一个新的探究发现。一般认为，枢纽论部分应该以《原道》篇为核心，詹福瑞、孙蓉蓉、李建中等研究者认为应该以《宗经》篇为核心，因为全书的指导思想是儒家文艺思想。笔者认同此说，同时认为《辨骚》篇专论文学创作的新变范例与《诗》《骚》结合、奇正结合的创作原则，这才是真正阐释文学写作之枢纽的篇目。

来证明自己的论断："扬子比雕玉以作器，谓五经之含文也。"据此可知，刘勰提出经典之"六义"，经典具有的文采之美，除了《原道》的哲学依据，在具体写作理论层面上的根源，正是扬雄"五经含文"的主张。

扬雄的《法言》一书折中儒、道，在坚持儒家思想的前提下，大力提倡"自然之道"、"日新"观念与物色美丽之说，是传统儒家向道家取材后新变的产物。曾有论者直接从道家思想入手探索《文心雕龙·原道》篇的论说，大多不得要领，而从扬雄《法言》入手，这个问题可迎刃而解。所以，扬雄的明道思想，是《文心雕龙》的《原道》、《物色》、文学新变的重要渊源。《法言》中有丰富精彩的征圣美圣言论，提出"文质丹青""弸中彪外""如莹如玉""君子美玉"等一系列的歌颂言论，对圣人的美德令名、美言美行、内在修养、文采之美进行了赞美，从这个角度看《文心雕龙》的征圣思想与作家修养理论，扬雄又是一个重要的渊源。从《宗经》篇尊奉五经与"五经含文"的论述来看，刘勰均直接取法于扬雄。

扬雄在《法言》中论述了精彩的宗经思想。一方面，儒家经典在扬雄这里不仅是"不刊之鸿教"，而且散发着迷人的文采之美，这与古板的传统看法截然不同。扬雄以其复古与新变交织的观念而辩证宗经，对于经典蕴含的华美之义进行了深刻的论证与阐释。扬雄关于"五经含文"的论述，成为刘勰直接采用的"六义"说的证据，更是《文心雕龙》"圣文雅丽，衔华佩实"（《征圣》）思想的直接来源。扬雄对五经特点的理解超越了前人，其学说为《文心雕龙》所全盘继承。百家争鸣环境下的子书，作为后代学术思想的渊源，文章写作的法与术均来自此。《文心雕龙》

在“文之枢纽”部分提出的“原道—征圣—宗经”的理论脉络，无一不受扬雄学术思想的影响。

(二)《辨骚》论枢纽，扬雄为模范

“文之枢纽”的五篇专论，以《宗经》为核心，确立了“道—圣—经”的文学发展脉络，提出了“正纬”“辨骚”的辩证新变观念。五篇结束，必然有一个文学基本观念的总结，否则“枢纽”之说无法成立。笔者以为，具体到写作实践层面，“文之枢纽”在《辨骚》篇中总结提出。

刘勰在《辨骚》篇中极力赞美楚辞，指出：“固知《楚辞》者，体宪于三代，而风杂于战国，乃《雅》《颂》之博徒，而词赋之英杰也。观其骨鲠所树，肌肤所附，虽取镕经旨，亦自铸伟辞。”楚辞是折中诸家、正确新变的产物，最大的特点是自成一体，伟辞惊艳，“故能气往轹古，辞来切今，惊采绝艳，难与并能矣”。因此，看《文心雕龙》论述文学的基本态度，应该特别注意《辨骚》。刘勰对楚辞的赞美有三：一是“取镕经旨”，以儒家经典为创作思想指导；二是“风杂于战国”，受战国时代纵横家与阴阳家思想及其奇诡富丽之言说的影响，绝非儒家雅正之作；第三，最重要的是，楚辞能够不受诸家限制，正确新变，从而“自铸伟辞”，“惊采绝艳”。刘勰在此表明了自己在雅正基础上的崇丽文学观念。在此基础上，他总结“文之枢纽”，提出指导全书文体论、创作论、批评论的总原则是：

> 能凭轼以倚《雅》《颂》，悬辔以驭楚篇，酌奇而不失其贞，玩华而不坠其实，则顾盼可以驱辞力，欬唾可以穷文致。(《辨骚》)

这一原则折中《诗》《骚》，推崇雅丽，坚守思想准则，鼓励大胆创新。是《文心雕龙》“驱辞穷文”的指导思想，是全书的“枢纽”所在。①

扬雄成为枢纽论中最重要的典范作家之一。首先，在论述到屈原楚辞的重大影响时，刘勰指出：“枚、贾追风以入丽，马、扬沿波而得奇：其衣被词人，非一代也。”受屈原影响最深、学楚辞最成功的汉赋四家中，蜀占其二；而且“马、扬沿波而得奇”，扬雄辞赋体现了鲜明的巴蜀地域文化特征：奇思纵逸，精妙绝伦。其次，在阐释完文章写作的枢纽论之后，刘勰认为只要注意到了雅丽结合、奇正结合的折中原则，就可以很轻松地写作文章而不会出现差错，实际上是在间接地告诉读者：司马相如和扬雄就是历代最优秀的作家，写东西就得向他们的作品学习。这是对巴蜀作家的最高赞美，也是《文心雕龙》在全书展开论述后的标杆人物。

三、论文叙笔：博通众体的卓越创作

文体论部分从《明诗》到《书记》，共计二十篇，每一篇均按照“原始以表末，释名以章义，选文以定篇，敷理以举统”的结构原则为主要脉络构成。扬雄在这二十篇文体论中占据了非常重要的位置，除了在《诠赋》篇中为刘勰的辞赋评论提供创作支持与理论支撑，在其他十几个篇目的文体创造和文学理论中也有精彩的表现。

---

① 王运熙先生称这一原则为创作论的总纲。从全书来看，这一原则可以归纳为雅丽文学思想，在文体论、创作论、批评论中均居于主导地位，是《文心雕龙》一以贯之的基本文学思想，即全书之“枢纽”。

（一）《诠赋》高峰与“丽则丽淫”

蜀中三杰司马相如、王褒、扬雄在《诠赋》篇中联袂出场，星光灿烂，影响至今，其中，分量最重的是集作家与理论家、批评家为一身的扬雄。

刘勰以为辞赋“受命于诗人，而拓宇于《楚辞》”，是中和《诗》《骚》之后形成的文学新体裁，学者荀子是赋体文学的创造者。发展到西汉一朝时，赋体已有八大名家：

> 陆贾扣其端，贾谊振其绪，枚、马播其风，王、扬骋其势；皋、朔已下，品物毕图。繁积于宣时，校阅于成世，进御之赋，千有余首。讨其源流，信兴楚而盛汉矣。(《诠赋》)

具体而言，这八大名家是陆贾、贾谊、枚乘、司马相如、王褒、扬雄、枚皋、东方朔。而从“讨其源流，信兴楚而盛汉矣”的结论来看，辞赋与《诗经》显然并无源流关系，楚辞才是汉赋真正的源头，因此，辞赋之丽与楚辞之丽具有前后相承的因果关系。① 在具体讨论了京苑大赋与抒情小赋两类辞赋作品及其特征之后，刘勰又对先秦两汉赋体文学史进行了一次大阅兵：

> 观夫荀结隐语，事数自环；宋发夸谈，实始淫丽。枚乘

① 汉代辞赋与儒家经典的前后继承关系很不明显，更多的是对屈原楚辞的继承，这在《辨骚》篇中有清楚论述：“枚、贾追风以入丽，马、扬沿波而得奇；其衣被词人，非一代也。”刘勰以为汉赋受《诗》之影响，主要是因为宗经观念的支配，“赋颂歌赞，则《诗》立其本”，文出五经，势在必行，因此不免牵强附会。

《兔园》，举要以会新；相如《上林》，繁类以成艳；贾谊《鹏鸟》，致辨于情理；子渊《洞箫》，穷变于声貌；孟坚《两都》，明绚以雅赡；张衡《二京》，迅拔以宏富；子云《甘泉》，构深玮之风；延寿《灵光》，含飞动之势：凡此十家，并辞赋之英杰也。(《诠赋》)

引文中一共列出了十位最著名的辞赋作家：荀况、宋玉、枚乘、司马相如、贾谊、王褒、班固、张衡、扬雄、王延寿，刘勰称之为“辞赋之英杰也”。如此，不论是前文断代为西汉的八家，还是通观赋体文学史的十家，扬雄均名列其间。其中，蜀地作家司马相如与扬雄开启了京苑大赋的创作，王褒则开创了抒情小赋的先河。从汉赋开创之功与创作成就来看，即使再将人数压缩一半，扬雄也依然会稳居其中。

难能可贵的是，扬雄不仅在辞赋创作上引领诸家，而且有辞赋理论，并且对汉赋创作与《文心雕龙》的文学理论产生了直接影响①。《诠赋》指出“立赋之大体”：

原夫登高之旨，盖睹物兴情。情以物兴，故义必明雅；物以情观，故词必巧丽。丽词雅义，符采相胜，如组织之品朱紫，画绘之著玄黄。文虽新而有质，色虽糅而有本，此立赋之大体也。

最根本的要求就是“丽词雅义，符采相胜”，雅而且丽，文质彬彬，

① 参见前文对“辞赋论丽”的分析。

不能脱离“衔华佩实”的雅丽之风，这不仅是刘勰坚持的辞赋创作理论和鉴赏理论，也是《文心雕龙》全书对一切文章的最高审美要求，在文体论的其他篇章中反复不断地提倡折中雅丽的原则。因此，单纯走向质朴或单纯追求华丽都是错误的。刘勰更多的是针对文学发展由质趋文的靡丽繁缛趋势提出批评，在《情采》《比兴》《夸饰》《物色》等重要专题中均直接将《诗》《骚》对举，而把矛头对准辞赋“淫丽”之弊，意在回归雅丽之正采，不为讹滥之歪风，为当代文学的创作找到一条正确的发展途径，可谓用心良苦。

在《情采》篇中，刘勰指出：“昔诗人什篇，为情而造文；辞人赋颂，为文而造情。……故为情者要约而写真，为文者淫丽而烦滥。而后之作者，采滥忽真，远弃《风》《雅》，近师辞赋：故体情之制日疏，逐文之篇愈盛。”辞赋淫丽，文采繁缛，后代作者应该向“要约写真”之途回归，否则就会越滑越远，讹滥丛生。《比兴》篇以为：“炎汉虽盛，而辞人夸毗；讽刺道丧，故‘兴’义销亡。于是赋颂先鸣，故‘比’体云构，纷纭杂遝，信旧章矣。”从比兴修辞手法兴废的角度讨论到汉代辞赋兴盛的原因和弊端，指出《雅》《颂》胜于辞赋，汉赋不如周《诗》，原因就在于夸饰过度。《夸饰》篇集中批评了辞赋创作华美伤质的弊端：“自宋玉、景差，夸饰始盛；相如凭风，诡滥愈甚。……验理则理无不验，穷饰则饰犹未穷矣。……虚用滥形，不其疏乎？此欲夸其威，而饰其事，义睽刺也。”一句话，辞赋夸张虚诞，言过其实，必须回归雅正之途：“若能酌《诗》《书》之旷旨，翦扬、马之甚泰，使夸而有节，饰而不诬，亦可谓之懿也。”《物色》篇比较了《诗经》与楚辞汉赋在景物描写方面的异同，一针见血地指出“诗人丽则而约言，辞人丽淫而繁句”这一精约风格之利与繁缛风格之弊。

从《诠赋》《情采》《比兴》《夸饰》《物色》等专门论述辞赋利弊、提倡丽词雅义的篇章中，我们可以非常清晰地看到扬雄“丽则丽淫”的辞赋评论所产生的贯通作用。《文心雕龙》对待楚辞汉赋的基本态度就是“丽以淫”，基本的解救方法就是“丽以则”，主张折中《诗》《骚》，“风归丽则”，形成“丽词雅义”，与经典雅丽之美趋向一致。

所以，《诠赋》篇明确指出：“然逐末之俦，蔑弃其本，虽读千赋，愈惑体要。遂使繁华损枝，膏腴害骨，无贵风轨，莫益劝戒。此扬子所以追悔于雕虫，贻诮于雾縠者也。”将扬雄认为作赋属于“童子雕虫篆刻”系列的观点抬出来，认为这是“壮夫不为”的小事。因为华丽过度会走向反面，就会令人生厌。而赞语提出“风归丽则”的辞赋创作风格标准，直接语出扬雄，实际上正是《征圣》篇“圣文雅丽”说的直接表述。因为圣文雅而不丽，辞赋丽而不雅，《诗》《骚》结合，方可真正做到“衔华佩实”之彬彬正采，实现符采相胜的审美目的。雅丽结合的原则适用于一切文章的创作、审美与鉴赏批评，成为贯通全书的基本文学美学思想。

可以说，扬雄“五经含文”的文艺思想与“丽则丽淫”的辞赋评论，是《文心雕龙》雅丽文学思想的基本渊源。

（二）论文叙笔与经典创作

除了人所熟知的辞赋创作与理论贡献，扬雄在各类文体的创作及理论上同样有突出的贡献。

在《颂赞》篇中，刘勰开篇指出：“颂者，容也，所以美盛德而述形容也。……夫化偃一国谓之风，风正四方谓之雅，容告神明谓之颂。风雅序人，事兼变正；颂主告神，义必纯美。”扬雄作为汉代颂体文学的首席代表出场："若夫子云之表充国……其褒德显容，典章一也。"《赵充国颂》是扬雄的著名散文之一，其文曰：

> 明灵惟宣，戎有先零。先零昌狂，侵汉西疆。汉命虎臣，惟后将军。整我六师，是讨是震。既临其域，谕以威德。有守矜功，谓之弗克。请奋其旅，于罕之羌。天子命我，从之鲜阳。营平守节，屡奏封章。料敌制胜，威谋靡亢。遂克西戎，还师于京。鬼方宾服，罔有不庭。昔周之宣，有方有虎。诗人歌功，乃列于雅。在汉中兴，充国作武。赳赳桓桓，亦绍厥后。①

赵充国（前137—前52），字翁孙，原为陇西上邽（今甘肃天水）人，后移居湟中（今青海西宁地区），西汉著名将领。为人有勇略，熟悉匈奴和氐羌的习性，汉武帝时，随贰师将军李广利出击匈奴，率领七百壮士突出匈奴的重围。被汉武帝拜为中郎，官居车骑将军长史。汉昭帝时，历任大将军（霍光）都尉、中郎将、水衡都尉、后将军，将军击败武都郡氐族的叛乱，出击匈奴，俘虏西祁王。汉昭帝死后，参与霍光尊立汉宣帝事，封营平侯。后任蒲类将军、后将军、少府。神爵元年（前61），汉宣帝用他的计策，平定羌人的叛乱，并进行屯田。第二年，诸羌人投降。赵充国病逝后，谥号壮，汉成帝派人给他画像追颂。

在这篇颂体文章中，扬雄以精炼的语言概述了赵充国将军的

① 文见《汉书·赵充国传》及《文选》卷四十七。

行伍军功和生平事迹，高度赞美了赵将军保家卫国、开疆拓土、巩固边防、为国立功的英雄壮举和个人美德，其文受皇命而为，“义必纯美”，也是赵将军身为“在汉中兴”名臣赢得的身后令名。《左庵文论》曰：“扬雄《赵充国颂》将充国一生战功皆括于内，最为切题。”

在《铭箴》篇中，扬雄模仿儒家经典《尚书》之体例所创作的《百官箴》，则是历代箴体文学中最精彩的作品：

> 箴者，所以攻疾防患，喻针石也。斯文之兴，盛于三代。《夏》《商》二箴，余句颇存。及周之辛甲，百官箴一篇，体义备焉。迄至春秋，微而未绝。故魏绛讽君于后羿，楚子训民于在勤。战代以来，弃德务功，铭辞代兴，箴文委绝。至扬雄稽古，始范《虞箴》，作《卿尹》《州牧》二十五篇。及崔、胡补缀，总称《百官》。指事配位，鞶鉴有征，信所谓追清风于前古，攀辛甲于后代者也。(《铭箴》)

扬雄继承古人，重兴箴文，《百官箴》继往开来，可称楷模。因其箴文篇目甚众，文字过多，在此不一一引征出来。

扬雄有才，这是毫无疑问的事实，但在诔体文学的创作中，却脱离了拟古的范式，因而出现弊病，《诔碑》云：“诔者，累也，累其德行，旌之不朽也。”是一种表彰死者功业德行，表达哀悼之情的文章，而且主要用于皇族、贵族、名臣、名将等高级别人物身后纪念，与颂体、铭文差不太多。《汉书》卷九十八《元后传》记述了王莽姑姑王政君一生的主要经历和事迹。元后去世后，王莽召扬雄，让他写了《元后诔》，其文曰：

新室文母太后崩，天下哀痛，号哭涕泗，思慕功德，咸上柩，诔之铭曰：

惟我有新室文母，圣明皇太后。姓出黄帝，西陵昌意。实生高阳，纯德虞帝。孝闻四方，登陟帝位。禅受伊唐，爰初胙土。陈田至王，营相厥宇。度河济旁，沙麓之灵，太阴之精，天生圣姿，豫有祥祯，作合于汉，配元生成，孝顺皇姑，承家尚庄，内则纯被，后烈丕光，肇初配元，天命是将……寅宾出日，东秩阳谷。鸣鸠拂羽，戴胜降桑。蚕于茧馆，躬执筐曲。帅道群妾，咸循蚕蔟。分茧理丝，女工是敕。遐迩蒙祉，中外褆福。自京逮海，靡不仰德……去此昭昭，就彼冥冥。忽兮不见，超兮西征。既作下宫，不复故庭。……

刘勰评论道："暨乎汉世，承流而作。扬雄之诔元后，文实烦秽。沙麓撮其要，而挚疑成篇；安有累德述尊，而阔略四句乎？"（《诔碑》）"元后"指西汉元帝之皇后王政君。扬雄的《元后诔》在《艺文类聚》卷十五、《古文苑》卷九、《全汉文》卷五十四均有收录，但在《汉书》卷九十八《元后传》中只引用了"太阴之精，沙麓之灵，作合于汉，配元生成"这四句，晋代文论家挚虞没有见到扬雄本文的全貌，所以在《文章流别论》中怀疑全文只有这四句。沙麓，山名，在河北省大名县东。《元后传》："昔《春秋》沙麓崩。"指的是《春秋》僖公十四年"沙麓崩"一事。《公羊传》曰："沙鹿者何？河上之邑也。"刘勰"沙麓撮其要"一说，指的就是《汉书》中记载的这四句，已撮举全文的要领。因沙麓，指元后生长的地方。刘勰认为"文实繁秽"，实际上撮其要领，也不过是这四句话。

按刘勰之论，诔体文学需要“辞哀而韵长”，扬雄之文哀辞过度，太过繁杂，因而损伤了整体的效果。文体各有特点，创作时需要遵循该体的特殊要求，否则就会出现偏差，这种观点与《定势》篇“因情立体，即体成势”之说完全符合，可见《文心雕龙》上下篇之间衔接紧密，体系严谨。

但细读全文，《元后诔》绝不是上述四句即可概括要领的；再细读刘勰原话，他是针对挚虞的怀疑来说的：这篇文章“累德述尊”，怎么会只有这四句呢？

在《哀吊》篇中，扬雄作为吊体文学的主要代表出场：“扬雄吊屈，思积功寡，意深文略，故辞韵沉腿。”扬雄追悼屈原，仿屈原《离骚》体式作《反离骚》，《汉书·扬雄传》载有此事及此文：

先是时，蜀有司马相如，作赋甚弘丽温雅，雄心壮之，每作赋，常拟之以为式。又怪屈原文过相如，至不容，作《离骚》，自投江而死，悲其文，读之未尝不流涕也。以为君子得时则大行，不得时则龙蛇，遇不遇命也，何必湛身哉！乃作书，往往摭《离骚》文而反之，自岷山投诸江流以吊屈原，名曰《反离骚》；又旁《离骚》作重一篇，名曰《广骚》，又旁《惜诵》以下至《怀沙》一卷，名曰《畔牢愁》。《畔牢愁》《广骚》文多不载，独载《反离骚》，其辞曰：

有周氏之蝉嫣兮，或鼻祖于汾隅，灵宗初谍伯侨兮，流于末之扬侯。淑周楚之丰烈兮，超既离虖皇波，因江、潭而淮记兮，钦吊楚之湘累。惟天轨之不辟兮，何纯絜而离纷！

纷累以其淟涊兮，暗累以其缤纷。汉十世之阳朔兮，招摇纪于周正，正皇天之清则兮，度后土之方贞。图累承彼洪族兮，又览累之昌辞，带钩矩而佩衡兮，履欃枪以为綦。素初贮厥丽服兮，何文肆而质䰛！资娵娃之珍髢兮，鬻九戎而索赖。凤皇翔于蓬陼兮，岂驾鹅之能捷！骋骅骝以曲艮兮，驴骡连蹇而齐足。枳棘之榛榛兮，猿狖拟而不敢下，灵修既信椒、兰之唼佞兮，吾累忽焉而不蚤睹？衿芰茄之绿衣兮，被夫容之朱裳，芳酷烈而莫闻兮，不如襞而幽之离房。闺中容竞淖约兮，相态以丽佳，知众嫭之嫉妒兮，何必扬累之蛾眉？懿神龙之渊潜，俟庆云而将举，亡春风之被离兮，孰焉知龙之所处？愍吾累之众芬兮，扬㷰㷰之芳苓，遭季夏之凝霜兮，庆夭悴而丧荣。横江、湘以南涶兮，云走乎彼苍吾，驰江潭之泛溢兮，将折衷虖重华。舒中情之烦或兮，恐重华之不累与，陵阳侯之素波兮，岂吾累之独见许？精琼靡与秋菊兮，将以延夫天年；临汨罗而自陨兮，恐日薄于西山。解扶桑之总辔兮，纵令之遂奔驰，鸾皇腾而不属兮，岂独飞廉与云师！卷薜芷与若蕙兮，临湘渊而投之；棍申椒与菌桂兮，赴江湖而沤之。费椒稰以要神兮，又勤索彼琼茅，违灵氛而不从兮，反湛身于江皋！累既攀夫傅说兮，奚不信而遂行？徒恐鷤䳏之将鸣兮，顾先百草为不芳！初累弃彼虙妃兮，更思瑶台之逸女，抨雄鸩以作媒兮，何百离而曾不壹耦！乘云霓之旖柅兮，望昆仑以樛流，览四荒而顾怀兮，奚必云女彼高丘？既亡鸾车之幽蔼兮，驾八龙之委蛇？临江濒而掩涕兮，何有《九招》与《九歌》？夫圣哲之遭兮，固时命之所有；虽增欷以于邑兮，吾恐灵修之不累改。昔仲尼之去鲁兮，斐斐迟迟而周迈，终回复于旧都兮，何必湘渊与涛濑！溷渔父之餔歠兮，洁沐浴之振衣，弃由、聃之所珍兮，跖彭咸之所遗！

扬雄之所以要写《反离骚》，是想借此表明自己对屈原沉江而死行为的不支持态度，命运在天，不必强求。这种委曲求全、明哲保身的态度从扬雄一生的命运遭际中可以找到范例，新莽政权建立之后，扬雄为存身保命，写了《剧秦美新》一文，为天下笑。不过文人之命运往往不在自己手上，不必苛求。

刘勰也主要是从音韵声律等形式方面入手来评价《反离骚》的。他认为扬雄为哀吊屈原而写《反离骚》时思考虽多，但成就不大；其立意重在反诘《离骚》，所以文辞音韵很不流畅，有伤声韵之美。在《原道》篇中，刘勰认为："傍及万品，动植皆文：……至于林籁结响，调如竽瑟；泉石激韵，和若球锽：故形立则章成矣，声发则文生矣。夫以无识之物，郁然有采，有心之器，其无文欤？"自然界的动植物天然地具有外在形式美与声律音乐美，文章源于自然之道，故而必然兼备形式文采之美与音韵声律之美。这一思想在《情采》篇中也有所体现："圣贤书辞，总称文章，非采而何？……故立文之道，其理有三：……二曰声文，五音是也；……五音比而成《韶》《夏》……神理之数也。"将文章本源归结到自然"神理之数"，要达到文采华丽、音韵和谐的审美之境。专论音韵修辞的《声律》篇提出"声转于吻，玲玲如振玉；辞靡于耳，累累如贯珠"的"和韵"之说，作为衡量文章音韵美的标准。刘勰以为，屈原楚辞本就声韵不谐，"《楚辞》辞楚，故讹韵实繁"，扬雄反之，故韵律更为艰涩。可见刘勰论文既要文采雅丽，又要声律和谐，要求很高。

在论述精巧丽文的《杂文》篇中，扬雄独创了“连珠”这一文体：

> 宋玉含才，颇亦负俗，始造《对问》，以申其志，放怀寥廓，气实使文。及枚乘摛艳，首制《七发》，腴辞云构，夸丽风骇。盖七窍所发，发乎嗜欲，始邪末正，所以戒膏粱之子也。扬雄覃思文阁，业深综述，碎文璅语，肇为《连珠》，其辞虽小而明润矣。凡此三者，文章之枝派，暇豫之末造也。

“连珠”之体“小而明润”，与“对问”“七体”一道，是“文章之枝派，暇豫之末造”，属于把玩尚可而偏离正道的休闲文学。扬雄作为“连珠”体裁的创造者，显示了他过人的文体写作能力和独创精神。

连珠，谓辞句连续，互相发明，历历如贯珠。傅玄叙连珠，称这种文体的特点是义明而词净，事圆而音泽。此后这种文体在东汉章帝之世盛行，班固、贾逵、傅毅三人受诏而作，而蔡邕广连珠又踵事增华，班固喻美辞壮，贾逵儒而不艳，傅毅文而不典，蔡邕言质辞碎。

连珠体的起源，傅玄《连珠序》认为：“兴于汉章之世，班固、贾逵、傅毅三子受诏作之。”刘勰《文心雕龙·杂文》指出：“扬雄覃思文阁，业深综述，碎文璅语，肇为《连珠》。”大概是平时写好的片段，没有派上用场，就集在一起，成了“连珠”。则连珠之作，始于扬雄。沈约《注制旨连珠表》也认为：“连珠之作，始自子云。”从现存文献看，也以扬雄《连珠》为最早。

傅玄《连珠序》又曰：“其文体辞丽而言约，不指说事情，必假喻以达其旨，而贤者微悟，合于古诗劝兴之义。欲使历历如贯珠，易睹而可悦，故谓之连珠也。班固喻美辞壮，文章弘丽，最得其体。蔡邕似论，言质而辞碎，然旨笃矣。贾逵儒而不艳。傅毅有文而不典。”对连珠的体裁风格作了准确的阐述，并论述了各家作品风格之得失。

扬雄创造的连珠体裁，产生了深远的创作影响，刘勰综述说：“自《连珠》以下，拟者间出。杜笃、贾逵之曹，刘珍、潘勖之辈，欲穿明珠，多贯鱼目。可谓寿陵匍匐，非复邯郸之步；里丑捧心，不关西施之嚬矣。唯士衡运思，理新文敏，而裁章置句，广于旧篇，岂慕朱仲四寸之珰乎！夫文小易周，思闲可赡，足使义明而词净，事圆而音泽，磊磊自转，可称珠耳。”（《杂文》）东汉、三国、魏晋时期，模拟写作和以此闻名者层出不穷。在文学史上连珠体创作最有名的莫过于陆机《演连珠》五十首（《文选》收录）。此后谢灵运《连珠集》五卷、刘祥《连珠十五首》、陈证《连珠》十五卷、黄芳《连珠》一卷、梁武帝《连珠》一卷，和者数十人。

同时，扬雄在“对问”体裁的创作中也有佳作：“自《对问》以后，东方朔效而广之，名为《客难》，托古慰志，疏而有辨。扬雄《解嘲》，杂以谐谑，回环自释，颇亦为工。……虽迭相祖述，然属篇之高者也。”（《杂文》）扬雄《解嘲》采用主客互答的形式，内容上半是幽默诙谐，半是讽刺申辩，“回环自释，颇亦为工”，位居历代九家“对问”文学代表之一，成就引人瞩目。据班固《汉书》等文献记载，扬雄《解嘲》文曰：

哀帝时，丁、傅、董贤用事，诸附离之者或起家至二千石。时雄方草《太玄》，有以自守，泊如也。或嘲雄以玄尚白，而雄解之，号曰《解嘲》。其辞曰：

客嘲扬子曰："吾闻上世之士，人纲人纪，不生则已，生则上尊人君，下荣父母，析人之圭，儋人之爵，怀人之符，分人之禄，纡青拖紫，朱丹其毂。今子幸得遭明盛之世，处不讳之朝，与群贤同行，历金门上玉堂有日矣，曾不能画一奇，出一策，上说人主，下谈公卿。目如耀星，舌如电光，壹从壹衡，论者莫当，顾而作《太玄》五千文，支叶扶疏，独说十余万言，深者入黄泉，高者出苍天，大者含元气，纤者入无伦，然而位不过侍郎，擢才给事黄门。意者玄得毋尚白乎？何为官之拓落也？"

扬子笑而应之曰："客徒欲朱丹吾毂，不知一跌将赤吾之族也！往者周罔解结，群鹿争逸，离为十二，合为六七，四分五剖，并为战国。士无常君，国亡定臣，得士者富，失士者贫，矫翼厉翮，恣意所存，故士或自盛以橐，或凿坏以遁。是故驺衍以颉亢而取世资，孟轲虽连蹇，犹为万乘师。

"今大汉左东海，右渠搜，前番禺，后陶涂。东南一尉，西北一候。徽以纠墨，制以质铁，散以礼乐，风以《诗》《书》，旷以岁月，结以倚庐。天下之士，雷动云合，鱼鳞杂袭，咸营于八区，家家自以为稷契，人人自以为咎繇，戴縰垂缨而谈者皆拟于阿衡，五尺童子羞比晏婴与夷吾；当涂者入青云，失路者委沟渠，旦握权则为卿相，夕失势则为匹夫；譬若江湖之雀，勃解之鸟，乘雁集不为之多，双凫飞不为之少。昔三仁去而殷虚，二老归而周炽，子胥死而吴亡，种、蠡存而粤伯，五羖入而秦喜，乐毅出而燕惧，范雎以折摺而危穰侯，蔡泽虽噤吟而笑唐举。故当其有事也，非萧、曹、子房、平、勃、樊、霍则不能安；当其亡事也，章句之徒相与坐而守之，亦亡所患。故世乱，则圣哲驰骛而不足；世治，则庸夫高枕而有余。

"夫上世之士，或解缚而相，或释褐而傅；或倚夷门而笑，或横江潭而渔；或七十说而不遇，或立谈间而封侯；或枉千乘于陋巷，或拥帚彗而先驱。是以士颇得信其舌而奋其笔，窒隙蹈瑕而无所诎也。当今县令不请士，郡守不迎师，群卿不揖客，将相不俯眉；言奇者见疑，行殊者得辟，是以欲谈者宛舌而固声，欲行者拟足而投迹。乡使上世之士处虖今，策非甲科，行非孝廉，举非方正，独可抗疏，时道是非，高得待诏，下触闻罢，又安得青紫？

"且吾闻之，炎炎者灭，隆隆者绝；观雷观火，为盈为实，天收其声，地藏其热。高明之家，鬼瞰其室。攫拿者亡，默默者存；位极者宗危，自守者身全。是故知玄知默，守道之极；爰清爰静，游神之廷；惟寂惟寞，守德之宅。世异事变，人道不殊，彼我易时，未知何如。今子乃以鸱枭而笑凤皇，执蝘蜓而嘲龟龙，不亦病乎！子徒笑我玄之尚白，吾亦笑子之病甚，不遭臾跗、扁鹊，悲夫！"

客曰："然则靡玄无所成名乎？范、蔡以下何必玄哉？"

扬子曰："范雎，魏之亡命也，折胁拉髂，免于徽索，翕肩蹈背，扶服入橐，激卬万乘之主，界泾阳抵穰侯而代之，当也。蔡泽，山东之匹夫也，顉颐折頞，涕涶流沫，西揖强秦之相，搤其咽，炕其气，附其背而夺其位，时也。天下已定，金革已平，都于雒阳，娄敬委辂脱挽，掉三寸之舌，建不拔之策，举中国徙之长安，适也。五帝垂典，三王传礼，百世不易，叔孙通起于枹鼓之间，解甲投戈，遂作君臣之仪，得也。《甫刑》靡敝，秦法酷烈，圣汉权制，而萧何造律，宜也。故有造萧何律于唐虞之世，则悖矣；有作叔孙通仪于夏殷之时，则惑矣；有建娄敬之策于成周之世，则缪矣；有谈范、蔡之说于金、张、许、史之间，则狂矣。夫萧规曹随，留侯画策，陈平出奇，功若泰山，向若阺隤，唯其人之赡知哉，亦会其时之可为也。故为可为于可为之时，则从；为不可为于不可为之时，则凶。夫蔺先生收功于章台，四皓采荣于南山，公孙创业于金马，票骑发迹于祁连，司马长卿窃訾于卓氏，东方朔割炙于细君。仆诚不能与此数公者并，故默然独守吾《太玄》。"

《解嘲》是扬雄于西汉末年写的一篇赋文。《解嘲》立足汉代，对历史上的人物和事件进行审视，展开纵横捭阖的评说，从中抒发了作者的愤懑之情与落拓之志。文章通过抒情言志描写了汉代封建制度的部分弊端和当时社会的某些实情，表达了作者反对压抑人才、主张重用贤能的进步思想。

扬雄本身出身低微，家产"不过十金"，年四十余岁，才到京城游学，慢慢开始做一些小官，经历三代皇帝，而官位始终不高。直到王莽称帝，才做了大夫。扬雄主要的工作，是搞学术研究，比如编纂小学辞典、校对古书，写作文章、辞赋、思想著作也是他日常生活的主要内容。这就决定了扬雄的生活是比较困顿的。这篇文章，就是为自己的处境解嘲的辩护词。

作为通才，扬雄不仅创作出色，在文学评论方面也有独到的见解，汉魏六朝的“七体”文学的创作成果丰硕，而扬雄对“七体”的评价至关重要。刘勰论述说：“自桓麟《七说》以下，左思《七讽》以上，枝附影从，十有杀家。或文丽而义睽，或理粹而辞驳。观其大抵所归，莫不高谈宫馆，壮语畋猎。穷瑰奇之服馔，极蛊媚之声色：甘意摇骨体，艳词动魂识。虽始之以淫侈，而终之以居正，然讽一劝百，势不自反。子云所谓‘先骋郑卫之声，曲终而奏雅’者也。”(《杂文》)扬雄“先骋郑卫之声，曲终而奏雅”的评价本非针对“七体”文学而言，而是对司马相如赋作的评价①，但“七体”特征与赋体极为近似，“始之以淫侈，终之以居正”，言辞华丽，思想中正，可惜艳丽文辞遮掩了雅正的思想，使之功用受限，类似辞赋之“劝百讽一”，讽谏效果不好，所以刘勰从史书中移用扬雄的话来作为对“七体”特征的评价。

在精通各体文学的基础上，扬雄还有独创的思想著作，是汉代子书的代表人物之一，《诸子》篇说：

> 若夫陆贾《新语》，贾谊《新书》，扬雄《法言》，刘向

---

① 班固《汉书·司马相如列传》赞曰：“司马迁称《春秋》推见至隐，《易》本隐以之显，《大雅》言王公大人，而德逮黎庶，《小雅》讥小己之得失，其流及上。所言虽殊，其合德一也。相如虽多虚辞滥说，然要其归引之于节俭，此亦《诗》之风谏何异？扬雄以为靡丽之赋，劝百而风一，犹骋郑卫之声，曲终而奏雅，不已戏乎！”扬雄这段评论又见于司马迁《史记·司马相如列传》赞，从逻辑上说，这显然是不可能的。之所以出现这样时间颠倒的错误，估计与古书的传抄失误或后人增补有关。古代印刷术尚未兴起，史书等文献均由手工抄写传播，错漏在所难免。已故楚辞学家汤炳正先生曾考证《史记·屈原列传》中论述《离骚》的两段话位置不对，是后人传抄羼入的东西，并非史迁原文。此例似可与汤先生之说互证。

《说苑》，王符《潜夫》，崔实《政论》，仲长《昌言》，杜夷《幽求》：或叙经典，或明政术，虽标论名，归乎诸子。何者？博明万事为子，适辨一理为论；彼皆蔓延杂说，故入诸子之流。

本段罗列了两汉最著名的子书作家及其著作八人八书，扬雄《法言》是对儒家经典《论语》的模仿，采用语录体的形式，以儒家思想为主导，直接取法《荀子》融合诸家、为我所用的路子，对哲学、政治、经济、伦理、文学、艺术、科学、军事乃至历史上的人物、事件、学派、文献等都有所论述，因而出入百家，内容广泛。刘勰准确地把握住了《法言》“博、辨、蔓、杂”的特点，将其归入子书系列，扬雄也是蜀中三杰中唯一著有子书的作家。实际上，《法言》一书对《文心雕龙》全书文学理论之影响，在儒家诸子中仅次于孔子，是汉代诸家中影响最大的，本章开头部分，对《法言》所论，多有征引，做出了一些力所能及的论述。

最使司马相如在“以文干政”之路名扬天下的是他为汉武帝封禅之事创作的《封禅文》；相如之外，扬雄也有相同题材的创作。刘勰对此有公允的评价，《封禅》曰：

铺观两汉隆盛：孝武禅号于肃然，光武巡封于梁父；诵德铭勋，乃鸿笔耳。观相如《封禅》，蔚为唱首。尔其表权舆，序皇王，炳玄符，镜鸿业；驱前古于当今之下，腾休明于列圣之上；歌之以祯瑞，赞之以介丘：绝笔兹文，固维新之作也。……及扬雄《剧秦》，班固《典引》，事非镌石，而体因纪禅。观《剧秦》为文，影写长卿，诡言遁辞，故兼包

> 神怪；然骨掣靡密，辞贯圆通，自称“极思”，无遗力矣。《典引》所叙，雅有懿采，历鉴前作，能执厥中；其致义会文，斐然余巧。故称“《封禅》靡而不典，《剧秦》典而不实”，岂非追观易为明，循势易为力欤？

“相如《封禅》，蔚为唱首”，司马相如是历代封禅文的首创者，此文“表权舆，序皇王，炳玄符，镜鸿业”，颂扬明君政教之功德，堪称“绝笔”；不仅如此，还是启发后代、垂范后世的“维新之作”，这是司马相如辞赋创作“劝而不止”、干政失效所无法起到的巨大政治作用。反观扬雄《剧秦美新》一文，尽管“影写长卿”，“骨掣靡密，辞贯圆通”，但是名不正且言不顺，因此“典而不实”，架势拉开了，但内容被诟病。这是扬雄被迫之作，为存身保命计，怨不得他。现录其文曰：

> 诸吏中散大夫臣雄，稽首再拜上封事皇帝陛下：臣雄经术浅薄，行能无异，数蒙渥恩，拔擢伦比，与群贤并，愧无以称职。臣伏惟陛下以至圣之德，龙兴登庸，钦明尚古，作民父母，为天下主。执粹清之道，镜照四海，听聆风俗，博览广包，参天贰地，兼并神明，配五帝，冠三王，开辟以来，未之闻也。臣诚乐昭著新德，光之罔极，往时司马相如作《封禅》一篇，以彰汉氏之休。臣常有颠眴病，恐一旦先犬马，填沟壑，所怀不章，长恨黄泉，敢竭肝胆，写腹心，作《剧秦美新》一篇，虽未究万分之一，亦臣之极思也。臣雄稽首再拜以闻，曰：
>
> 权舆天地未祛，睢睢盱盱，或玄而萌，或黄而牙。玄黄剖

判，上下相呕。爰初生民，帝王始存。在乎混混茫茫之时，亹闻罕漫而不昭察，世莫得而云也。厥有云者：上罔显于羲皇，中莫盛于唐虞，迩靡著于成周。仲尼不遭用，《春秋》困斯发。言神明所祚，兆民所托，罔不云道德仁义礼智。独秦屈起西戎，邠荒岐雍之疆，因襄、文、宣、灵之僭迹，立基孝公，茂惠文，奋昭庄，至政破纵擅衡，并吞六国，遂称乎始皇。盛从鞅、仪、韦、斯之邪政，驰骛起、翦、恬、贲之用兵，划灭古文，刮语烧书，弛礼崩乐，涂民耳目。遂欲流唐漂虞，涤殷荡周，虪除仲尼之篇籍，自勒功业，改制度轨量，咸稽之于《秦纪》。是以耆儒硕老，抱其书而远逊；礼官博士，卷其舌而不谈。来仪之鸟，肉角之兽，狙犷而不臻。甘露嘉醴，景曜浸潭之瑞潜；大茀经寰，巨狄鬼信之妖发。神歇灵绎，海水群飞。二世而亡，何其剧与！帝王之道，兢兢乎不可离已。夫能贞而明之者穷祥瑞，回而昧之者极妖愆。上览古在昔，有凭应而尚缺。焉坏彻而能全？故若古者称尧舜，威侮者陷桀纣，况尽汛扫前圣数千载功业，专用己之私而能享祐者哉？

会汉祖龙腾丰沛，奋迅宛叶，自武关与项羽戮力咸阳，创业蜀汉，发迹三秦，克项山东，而帝天下。擿秦政惨酷尤烦者，应时而蠲。如儒林、刑辟、历纪、图典之用稍增焉。秦余制度，项氏爵号，虽违古而犹袭之。是以帝典阙而不补，王纲弛而未张，道极数殚，暗忽不还。

逮至大新受命，上帝还资，后土顾怀，玄符灵契，黄瑞涌出，滭浡沕潏，川流海渟，云动风偃，雾集雨散，诞弥八圻，上陈天庭，震声日景，炎光飞响，盈塞天渊之间，必有不可辞让云尔。于是乃奉若天命，穷宠极崇，与天剖神符，地合灵契，创亿兆，规万世，奇伟倜傥谲诡，天祭地事。其异物殊怪，存乎五威将帅，班乎天下者，四十有八章。登假皇穹，铺衍下土，非新家其畴离之。卓哉煌煌，真天子之表也。若夫白鸠丹乌，素鱼断蛇，方斯蔑矣。受命甚易，格来甚勤。昔帝缵皇，王缵帝，随前踵古，或无为而治，或损益而亡。岂知新室委心积意，储思垂务，旁作穆穆，明旦不寐，勤勤恳恳者，非秦之为与？夫不勤勤，则前人不当；不恳恳，则觉德不恺。是以发秘府，览书林，遥集乎文雅之囿，翱翔乎礼乐之场，胤殷周之失业，绍唐虞之绝风，懿律嘉量，金科玉条，神卦灵兆，古文毕发，焕炳照曜，靡不宣臻。式軨轩旂旗以示之，扬和鸾肆夏以节之，施黼黻衮冕以昭之，正嫁娶送终以尊之，亲九族淑贤以穆之。

夫改定神祇，上仪也。钦修百祀，咸秩也。明堂雍台，壮观也。九庙长寿，极孝也。制成六经，洪业也。北怀单于，广德也。若复五爵，度三壤，经井田，免人役，方《甫刑》，匡《马法》，恢崇祗庸烁德懿和之风，广彼搢绅讲习言谏箴诵之涂，振鹭之声充庭，鸿鸾之党渐阶。俾前圣之绪，布濩流衍而不韫韣，郁郁乎焕哉！天人之事盛矣，鬼神之望允塞。群公先正，罔不夷仪；奸宄寇贼，罔不振威。绍少典之苗，著黄虞之裔。帝典阙者已补，王纲弛者已张，炳炳麟麟，岂不懿哉！厥被风濡化者，京师沈潜，甸内匝洽，侯卫厉揭，要荒濯沐，而术前典，巡四民，迄四岳，增封泰山，禅梁父，斯受命者之典业也。

盖受命日不暇给，或不受命，然犹有事矣。况堂堂有新，正丁厥时，崇岳渟海通渎之神，咸设坛场，望受命之臻

> 焉。海外遐方，信延颈企踵；回面内向，喁喁如也。帝者虽勤，恶可以已乎？宜命贤哲作《帝典》一篇，旧三为一袠，以示来人，摛之罔极。令万世常戴巍巍，履栗栗，臭馨香，含甘实，镜纯粹之至精，聆清和之正声，则百工伊凝，庶绩咸喜。荷天衢，提地厘，斯天下之上则已，庶可试哉！①

王莽篡汉自立，国号新。扬雄仿司马相如《封禅文》，上封事给王莽，指斥秦朝，美化新朝，故名《剧秦美新》。文中抨击秦始皇焚书、统一度量衡等措施，对王莽则歌功颂德。李充《翰林论》曰："扬子论秦之剧，称新之美，此乃计其胜负，比其优劣之义。"此文曾被看作是扬雄的"白圭之玷"。因为王莽是逆臣，不该歌颂。不过也要看到，这也是因为王莽的新朝一代而亡，继而代之者又是刘氏，于是王莽便算是逆臣，而扬雄便歌颂错了。假若新莽能够传宗接代，百年不绝，则其后代臣子不知将怎样歌功颂德。《剧秦美新》所歌颂者怕是远远不够的。

政治和帝王的成败已有定论。仅从封禅文体发展历史的角度看，汉代封禅文有相如、扬雄、班固三家，巴蜀作家首创其例，独占两席，成就不可谓不高。

在《书记》篇中，刘勰征引扬雄"心声心画"的著名论断，作为二十五类书体与记体文学的权威名称解释：

> 大舜云："书用识哉！"所以记时事也。盖圣贤言辞，总

① 见萧统《文选》卷四十八"符命二"。严可均辑《全后汉文》未载本文。

为之书；书之为体，主言者也。扬雄曰："言，心声也；书，心画也。声画形，君子小人见矣。"故书者，舒也。舒布其言，陈之简牍，取象于夬，贵在明决而已。

"舒布其言，陈之简牍"，这是历代"文如其人"的情性风格论在《文心雕龙》中的首次运用，刘勰直接将扬雄提出的"人—言—书"的评价模式运用于二十多类文体之中，顺势开启了《体性》《才略》诸篇对作家作品风格理论的精深阐释。在理论支持之外，扬雄的书体创作也被刘勰视为代表之作，加以褒赞："及七国献书，诡丽辐辏；汉来笔札，辞气纷纭。观史迁之《报任安》，东方朔之《难公孙》，杨恽之《酬会宗》，子云之《答刘歆》：志气槃桓，各含殊采；并杼轴乎尺素，抑扬乎寸心。"（《书记》）扬雄《答刘歆书》自言醉心学术，无意仕途，最爱"沈博绝丽之文"，也介绍了自己精深的小学造诣，可以视为扬雄生平与学术成就的自我简介。刘勰认为这封书信足以与司马迁《报任安书》等著名书信并称，"杼轴乎尺素，抑扬乎寸心"，是"汉来笔札"的经典。现录《答刘歆书》：

雄叩头。赐命谨至，又告以田仪事，事穷竟白，案显出，甚厚甚厚。田仪与雄同乡里，幼稚为邻，长艾相更，视觊动精采，似不为非者，故举至之雄之任也。

不意淫迹污暴于官朝，令举者怀赧而低眉，任者含声而宛舌。知人之德，尧犹病诸，雄何惭焉！叩头叩头。又敕以《殊言》十五卷，君何由知之？谨归诚底里，不敢违信。雄少不师章句，亦于五经之训所不解。尝闻先代輶轩之使奏籍之书皆藏于周秦之室，及其破也，遗弃无见之者。独蜀人有严君平、临邛林闾翁孺者，深好训诂，犹见輶轩之使所奏言。翁孺与雄外家牵连之亲。又君平过误，有以私遇，少而与雄也，君平财有千言耳。翁孺梗概之法略有。翁孺往数岁死，妇蜀郡掌氏子，无子而去。而雄始能草文，先作《县邸铭》、《玉佴颂》、《阶闼铭》及《成都城四隅铭》。蜀人有杨庄者，为郎，诵之于成帝。成帝好之，以为似相如。雄遂以此得外见。（按：《文选·甘泉赋》注无“外”字。）此数者，皆都水君常见也，故不复奏。

雄为郎之岁，自奏少不得学，而心好沈博绝丽之文，愿不受三岁之奉，且休脱直事之繇，得肆心广意，以自克就，有诏可不夺奉，令尚书赐笔墨钱六万，得观书于石室。如是后一岁，作《绣补》《灵节》《龙骨》之铭诗三章，成帝好之，遂得尽意。故天下上计孝廉及内郡卫卒会者，雄常把三寸弱翰，赍油素四尺，以问其异语，归即以铅摘次之于椠，二十七岁于今矣。而语言或交错相反，方复论思，详悉集之，燕其疑。张伯松不好雄赋颂之文，然亦有以奇之。常为雄道言其父及其先君憙典训，属雄以此篇目烦示其成者。伯松曰：“是悬诸日月不刊书也。”又言恐雄为《太玄经》，由鼠坻之与牛场也，如其用，则实五稼，饱邦民，否则为牴粪，弃之于道矣。而雄般之，伯松与雄独何德慧，而君与雄独何谮隙，而当匿乎哉。其不劳戎马高车，令人君坐帏幕之中，知绝遐异俗之语，典流于昆嗣，言列于汉籍，诚雄心所绝极，至精之所想遘也。夫圣朝远照之明，使君宋此，如君之意，诚雄散之之会也。死之日，则今之荣也。不敢有贰，不敢有爱，少而不以行立于乡里，长而不以功显于县官，著训于帝籍，但言词博览，翰墨为事，诚欲崇而就之，不可以遗，不可以怠。即君必欲胁之以威，陵之以武，欲令入之于此，此又未定，未可以见。今君又终之，则缢死以从命也。而可且宽假延期，必不敢有爱。雄之所为，得使君辅贡于明朝，则雄无恨，何敢有匿？惟执事图之，长监于规绣之，就死以为小，雄敢行之。谨因还使，雄叩头叩头。①

综上，扬雄以其独领风骚的辞赋成就和博通众体的创作实绩，为《文心雕龙》二十篇文体论提供了多达十余类文体的经典作品支持，更因为独创性的辞赋理论以及其他文学理论，对《文心雕龙》的文体论、创作论、批评论的形成产生了重要影响。

四、剖情析采：对《文心雕龙》创作论的突出贡献

《文心雕龙》下篇共二十五篇，从《神思》到《总术》的十九篇一般称为创作论，主要探讨文学写作的思维、风格、审美、通变、情采、修辞技法、主体修养等问题。这些专题又可以划分为思维论、风格论、修辞论等专题版块，涉及了从前写作到后写作的方方面面。② 扬雄在创作论中作出了突出的贡献，并成为刘勰论述创作得失的首选作家。

---

① 文见《方言》。

② 当代写作学界将写作过程分为前写作、显写作与后写作三个大的阶段。前写作主要指构思立意、谋篇布局阶段，显写作主要指具体的行文操作阶段，后写作主要指修改定稿阶段。从大的环节与线性写作特点来看，三阶段的划分是合理的。

（一）创作思维论

《文心雕龙·神思》是古代文论史上最系统的写作思维专论①，刘勰认为“人之禀才，迟速异分；文之制体，大小殊功”，写文章不能只看快慢，因为人的思维速度本身就有快慢之分，所写文体不同，写作速度也会有差异。如前文所述，扬雄尽管创作上各体皆能，而且成就非凡，但“扬雄辍翰而惊梦”，属于典型的慢节奏，所以“虽有巨文，亦思之缓也”，但最后的成就与思维速度无关。桓谭《新论·祛蔽》载：“余少时见扬子云之丽文高论，不自量年少新进，而猥欲逮及。尝激一事，而作小赋，用精思太剧，而立感动发病，弥日瘳。子云亦言，成帝时，赵昭仪方大幸，每上甘泉，诏使作赋，为之卒暴。思精苦，始成，遂困倦小卧，梦其五藏出在地，以手收而内之。及觉，病喘悸，大少气，病一岁。② 由此言之，尽思虑，伤精神也。”（《新论·祛蔽》）扬雄思维迟缓的论述，讲到了构思的重要性和写作劳心费神、“为文伤命”的真实状态，所以《文心雕龙》第四十二篇列为《养气》，专门讨论写作状态的养成与平时蓄养精神的问题。刘勰列举扬雄之例，是注意到了临案写作的真实思维状态，不是说有才就快，无才就慢，这种直面真实写作状态的讨论，才是最好的写作研究。

---

① 《庄子》书中有零散的思维理论，重自由、虚静与逍遥；陆机《文赋》是第一篇写作思维专论，但因其赋体形式与骈偶句法，许多人读不懂。刘勰在继承庄子、陆机等前人思维理论的基础上，系统地论述了文章写作思维的各个问题。是古代文论中最系统的思维论著。

② 《北堂书钞》作“病发一年而死”；《甘泉赋》注作“明日遂卒”；《太平御览》卷三百九十三作“一年卒”，卷三百九十九、卷七百三十九作“病一岁卒”，皆误。扬雄只是精力消耗太大，累病了，不是死掉了。

（二）文学风格论

自《体性》到《情采》的五篇，一般称为风格论专题，是《文心雕龙》“剖情析采”的重要原理与范畴，司马相如与扬雄在风格类型、“风骨”范畴、文学“通变”三部分中出现，对刘勰上述理论范畴的产生有重要影响。

《体性》是文论史上第一篇风格论专篇，迄今没有风格理论能够超越之。刘勰在本篇中有一段话，专论作家情性风格，主张“文如其人”，以证明作品风格的丰富，根源于作家个性的不同：

> 吐纳英华，莫非情性。是以……子云沈寂，故志隐而味深；……触类以推，表里必符。岂非自然之恒资，才气之大略哉？

《体性》篇论及汉魏十二位文章名家。“子云沈寂”指扬雄性格沉静，《汉书·扬雄传》：“雄少而好学，不为章句，训诂通而已。……口吃。不能剧谈，默而好深湛之思，清静亡为，少耆欲。”扬雄作品之“志隐而味深”，可以《才略》篇“子云属意，辞人最深。观其涯度幽远，搜选诡丽；而竭才以钻思，故能理赡而辞坚矣”解释之。扬雄对刘勰的启示在于：风格独特的文章背后，必定有一位个性鲜明的作家，文章风格是由作家情性所决定的。刘勰认为，作家独特的情性并不仅指先天个性，它包含了才、气、学、习四个方面的内容，既与先天才气相关，又与后天习染有关。风格的本质是作家的创作个性。在齐、梁时代，这样深入的文学风格阐释与原因探究是绝无仅有的。扬雄为刘勰提供了绝佳的论证案例。而在《体性》中提出己见，在后文以《才略》对应拓展之，又体现了《文心雕龙》在全书体例设计上的过人之处。

在《通变》篇中，扬雄被刘勰视为完美体现了文学发展继承规律与文学新变规律的典型。扬雄首先出场，占据了理论阐释的中心位置：

> 今才颖之士，刻意学文；多略汉篇，师范宋集：虽古今备阅，然近附而远疏矣。……桓君山云："予见新进丽文，美而无采；及见刘、扬言辞，常辄有得。"此其验也。故练青濯绛，必归蓝蒨；矫讹翻浅，还宗经诰。斯斟酌乎质文之间，而檃括乎雅俗之际，可与言通变矣。

齐梁时期的写作者学今而不学古，故而文章讹滥百出，刘勰认为他们不辨文质，不分雅俗，"竞今疏古"，走了弯路，故而举桓谭论扬雄的话来反对片面追求新奇靡丽的当下不正风气。学习写作宜复古，这是《文心雕龙》贯穿始终的一个基本观念，因为古文不仅尚丽——尚丽是天然特点——而且内容与语言都比当代文章雅正。扬雄作品成为刘勰极力赞美的经典。

在"斟酌质文""檃括雅俗"之后，刘勰认为汉赋的创作不仅体现了文学新变的规律，还具有继承前代、一脉相承的特点，《通变》写道：

> 夫夸张声貌，则汉初已极。自兹厥后，循环相因，虽轩翥出辙，而终入笼内。……扬雄《校猎》云："出入日月，天与地沓。"……诸如此类，莫不相循。

汉赋五家描写海天日月的壮丽景象，尽管言辞有差异，但同时体现了“夸张声貌”的时代风气，“汉赋巨丽”的夸饰特点，被淋漓尽致地揭示出来。如此，文学需要继承前代因子，需要合理得法地创新变化——文学通变的共时规律就被揭示出来。扬雄在这一重要的篇章中再次出场，成为刘勰笔下的成功范例。

在思维论与风格论的几个宏观专题中，刘勰不仅将扬雄视为最著名的作家，还将他作为论述写作基本问题的典型案例。没有天下知名的扬雄压阵，刘勰总结的这些写作理论将难以服众，因为很少再有扬雄这样创作、理论都有很高水平的超重量级选手。

（三）修辞技法论

从《镕裁》到《附会》的十二个专题，主要论述的是写作中的修辞技法问题，属于微观层面的写作研究。扬雄在这些篇章中继续扮演着经典作家角色，其创作得失与文字小学水平，成为刘勰在这些篇章中立论或驳论的基本标准。

《丽辞》篇论述对偶修辞，诗赋皆用。“丽辞”技法是文学原道之“形文”的基本特点，刘勰从哲学原理的高度说：“造化赋形，支体必双；神理为用，事不孤立。夫心生文辞，运裁百虑；高下相须，自然成对。”自然万物具有“支体必双”“事不孤立”的特点，因此，“心生文辞”一定具有“自然成对”的基本属性。在诗歌、辞赋成就已经很高且骈文大兴的汉魏六朝时代，刘勰说这个话可谓准确地把握住了时代的文学发展脉搏。《文心雕龙》主张“新变”“趋时”的文学发展观，“丽辞”理论就是一个显著成就。在刘勰看来，开启“丽辞”技法运用的是这样几个人：“自扬、马、张、蔡，崇盛丽辞：如宋画吴冶，刻形镂法，丽句与深采并流，偶意共逸韵俱发。”扬雄在对偶修辞技法上引领了新变潮流。

发展到《夸饰》篇中，刘勰继承扬雄“丽则丽淫”观念，主张“丽则”而赞《诗》，反对“丽淫”而贬《骚》的观点特别明显。整体上看，《夸饰》篇的基本观点与《辨骚》《诠赋》《情采》《物色》等篇一脉相承，而且更为具体，从夸张修辞的角度论述文体优劣与写作规范，同时深含贯通《文心雕龙》全书的雅丽文学思想。在这一重要的篇章中，扬雄成为最主要的评论对象。

《宗经》《通变》等篇都谈到了“楚艳汉侈”的华丽之美与“夸张声貌”的夸饰技法；《丽辞》《比兴》篇也先后对辞赋夸饰过度进行了不同角度的分析。因此，《夸饰》一篇就专为解决文学创作如何正确使用夸张手法而列。值得注意的是，刘勰在本篇中指出了儒家经典的夸饰问题，对于宗经观念深入骨髓的刘勰来说，这显得难能可贵。刘勰采用了正视问题、绝对宗经的态度和折中诗赋、标举雅丽的创作标准。《夸饰》篇从哲学依据、《诗》《骚》创作、方法正误几个方面论述了这个意见。文章开篇就说：

> 夫形而上者谓之道，形而下者谓之器。神道难摹，精言不能追其极；形器易写，壮辞可得喻其真；才非短长，理自难易耳。故自天地以降，豫入声貌，文辞所被，夸饰恒存。

刘勰认为，“形而上者”的自然之“道”决定了自然万物文采艳丽的特点，作为“形而下者”的文章之“器”也应该是“文辞所被，夸饰恒存”的。夸饰手法，是出自天地自然的。这就为后世所有文章尚丽尚美的美丽精神找到了坚实可信的哲学基础。于是，经典也好，辞赋也好，都是文采绚丽、具有夸饰特点的。但对于经典以外的其他文体中的夸饰现象，是一定要狠狠批评的。刘勰找的靶子主要是辞赋创作，同篇论曰：

> 自宋玉、景差，夸饰始盛；相如凭风，诡滥愈甚。故上林之馆，奔星与宛虹入轩；从禽之盛，飞廉与鹪鹩俱获。及扬雄《甘泉》，酌其余波：语瑰奇则假珍于玉树，言峻极则颠坠于鬼神。至《东都》之比目，《西京》之海若，验理则理无不验，穷饰则饰犹未穷矣。又子云《羽猎》，鞭宓妃以饷屈原；张衡《羽猎》，困元冥于朔野。娈彼洛神，既非罔两；惟此水师，亦非魑魅：而虚用滥形，不其疏乎？此欲夸其威，而饰其事，义睽刺也。至如气貌山海，体势宫殿，嵯峨揭业，熠耀焜煌之状，光采炜炜而欲然，声貌岌岌其将动矣：莫不因夸以成状，沿饰而得奇也。于是后进之才，奖气挟声；轩翥而欲奋飞，腾掷而羞跼步。辞入炜烨，春藻不能程其艳；言在萎绝，寒谷未足成其凋。谈欢则字与笑并，论戚则声共泣偕：信可以发蕴而飞滞，披瞽而骇聋矣。(《夸饰》)

辞赋崇尚夸饰，从战国到两汉，“诡滥愈甚”。以司马相如和扬雄为代表的两汉辞赋的创作，呈现出越来越严重的夸饰过度的问题。不仅如此，赋“劝而不止”，讽谏功能越来越弱，“义睽刺”，言说迂回虚诞的弊端则越来越明显。以至于后世的模仿者与学习者误入歧途，“辞入炜烨”而“言在萎绝”。刘勰对辞赋的整体评价并不高，往往以“楚艳汉侈，流弊不还”“楚汉侈而艳”指责之，又以为学习辞赋，并非习染雅制，故称“效《骚》命篇者，必归艳逸之华”，认为辞赋的影响也是不好的。《定势》篇引用桓谓“文家各有所慕，或好浮华而不知实核，或美众多而不见要约”的话，暗中指向的目标，同为辞赋夸饰艳丽的创作。

对辞赋夸饰巨丽的批评，贯通《文心雕龙》全书，《通变》篇就认为辞赋之艳丽与“夸张声貌”的写法，在两汉时代登峰造极，表现得尤为明显。因此，刘勰尽管积极主张文学创作尚丽尚美，但更主张丽而有度，夸而有则，应该是追求“风归丽则”的雅丽之美。刘勰据此开出药方，认为拯救汉赋夸饰巨丽之弊端，应该这样来做：

> 酌《诗》《书》之旷旨，翦扬、马之甚泰，使夸而有节，饰而不诬，亦可谓之懿也。(《夸饰》)

“《诗》《书》之旷旨”是要求雅正，“扬、马之甚泰”是辞赋的巨丽，要做到二者的结合，“使夸而有节，饰而不诬”，创作既雅且丽的作品，才是对夸饰手法的正确运用。这个思想，早在《辨骚》篇就提出来过：

> 若能凭轼以倚《雅》《颂》，悬辔以驭楚篇，酌奇而不失其贞，玩华而不坠其实，则顾盼可以驱辞力，欬唾可以穷文致，亦不复乞灵于长卿，假宠于子渊矣。

《雅》《颂》指代“《诗》《书》雅言”，儒家经典；“楚篇”指代“奇文”楚辞汉赋诸作。二者结合，“酌奇而不失其贞，玩华而不坠其实”，取“执正驭奇”“衔华佩实”的雅丽文风为极则，那么就可以轻易地写出好文章来了。

刘勰解蔽夸饰、正确对待夸饰手法的论述，明显地运用了折中《诗》《骚》的方法论，是在极力主张其“雅丽”文学思想。雅丽文风不仅既雅且丽，符合“正采”文质彬彬的特点，而且占据了中和《诗》《骚》的审美特点，体现了“折衷”的思维方法理论，还是文学创作的典范原则，与尚丽尚美的自然之美和尚雅尚正的儒家思想相吻合，具有最大的包容性和可操作性。

在《事类》篇中，刘勰讨论了引事用典的修辞方法，扬、马之作，在用典修辞上是最好的范例。本篇首先提出儒家经典有用典之举，继而将历代文学家对用典的态度和程度罗列出来：

> 观夫屈、宋属篇，号依诗人；虽引古事，而莫取旧辞。唯贾谊《鹏赋》，始用鹖冠之说；相如《上林》，撮引李斯之书：此万分之一会也。及扬雄《百官箴》，颇酌于《诗》《书》；刘歆《遂初赋》，历叙于纪传：渐渐综采矣。

司马相如《上林赋》开启了辞赋文学用典的先河，难能可贵；扬雄《百官箴》多次援引儒家经典《诗经》与《尚书》的故事，慢慢地将用典手法纯熟化、习惯化。由此可见，扬雄之前的作家主要凭借自身的才华来创作，引用极少；而扬雄与刘歆则将先天才气与后天学习积累运用到写作中去，使得文章内涵丰富、深度加强。这种观念与《体性》篇“才、气、学、习”四者结合，与《才略》篇“卿、渊已前，多役才而不课学；雄、向已后，颇引书以助文”的观念一脉贯通。于此可见《文心雕龙》各个篇章或理论观念之间是前后呼应，论述谨严的。

刘勰认为，扬雄是古今作家中将先天才华与后天学习结合得最为成功的范例，《事类》说：

是以属意立文，心与笔谋：才为盟主，学为辅佐。主佐合德，文采必霸；才学褊狭，虽美少功。夫以子云之才，而自奏不学；及观书石室，乃成鸿采：表里相资，古今一也。

扬雄早先的“自奏不学”，是追慕司马相如纵横驰骋的大赋写作，以绝妙之才思，为天下之丽文；其后观书课学，“乃成鸿采”——不仅包括辞赋作品，更指其文艺思想著作与学术理论著作，如《法言》《太玄》等，这类著作是司马相如所没有的。扬雄之所以在辞赋之外能够超越司马相如，主要原因就在于课学读书，出入经史百家，最后自成一家，著作子书传世。

《练字》篇论述到作家的文字小学功夫与写作中词语运用的问题，是一篇别开生面的专论。蜀中名家扬雄之所以能在辞赋创作中引领风尚，成为一代俊杰，有一个重要的原因：他是汉代最著名的文字小学专家，在其辞赋创作中运用了大量的古文字或方言文字，具有第一流的学术水平，这种修养是东汉与魏晋作家群所不具备的。《练字》说：

汉初草律，明著厥法：太史学童，教试六体；又吏民上书，字谬辄劾。……至孝武之世，则相如撰《篇》。及宣、成二帝，征集小学：张敞以正读传业，扬雄以奇字纂《训》，并贯练《雅》《颉》，总阅音义。鸿笔之徒，莫不洞晓；且多赋京苑，假借形声。是以前汉小学，率多玮字；非独制异，乃共晓难也。暨乎后汉，小学转疏；复文隐训，臧否太半。

> 及魏代缀藻，则字有常检；追观汉作，翻成阻奥。故陈思称："扬、马之作，趣幽旨深，读者非师传不能析其辞，非博学不能综其理。"岂直才悬，抑亦字隐。

在汉武帝时期，司马相如编写了《凡将篇》，到宣帝和平帝时期，扬雄编辑了解释奇字的《训纂篇》。他们都精通《尔雅》《仓颉》等古文字书籍，全面掌握了文字的音义。当时的辞赋大家，无不通晓文字学。加之他们的作品大都是描写京都苑囿的，常用假借字来状貌形声，因此，西汉时期擅长文字学的作家，大都好用奇文异字。这并非他们特意要标新立异，而是当时的作家都通晓难字。这其中，扬雄是最著名的代表。随着社会的发展，后代文字学术水平不进反退，到魏晋时期，读者已经很难看懂扬、马之作了，所以曹植说："扬雄、司马相如的作品，意义幽深，读者未经老师传授就不能解释其辞句，没有广博的学识就难以理解它的内容。"这岂止是读者的才力不足？也由于它的文字实在深奥。

这其实怪不得扬、马二人，据史书记载，文翁石室兴学之后，蜀中子弟学术水平突然一进千里，蜀地几乎是一夜之间就成为天下学术的重镇，蜀学之兴盛，可与齐鲁之学比肩抗衡。《汉书 · 艺文志》说，西汉平帝"元始中，征天下通小学者以百数，各令记字于庭中。扬雄取其有用者，以作《训纂篇》"。这段话透露了一个惊人的信息：扬雄是当时天下小学成就最高的学者！天下通小学者以百数，汇集京都，最后做整理编辑工作的是扬雄。扬雄的学术学于蜀中，反推过来，蜀中学术水平（尤其易学与小学）为天下之冠。没有这样的学术水平与地域文化背景，汉赋巅峰不可能出现在巴蜀大地，甚至能不能产生汉代京苑大赋，都是一个疑问。① 简而言之，在刘勰深入探讨文学作品的语言文字问题之时，扬雄又在小学水平与创作成就上，成为他取材立论的最重要对象。

五、笼圈条贯：扬雄与《文心雕龙》批评论

从《时序》到《程器》这五篇一般称为批评论，主要是宏观地对文学发展史、文学鉴赏、作家才略、道德修养等文题进行整体探讨。创作论与批评论的二十四个专题，涉及从前写作到后写作的方方面面，扬雄在这一部分内容中有突出的贡献。

《时序》篇是古代文论史上的第一篇文学史论，对先秦至齐、梁“九代文学”的“文质之变”作出了从现象到本质的深度阐释。在汉代，扬雄引领时代风尚，成为著名的文学家：

> 越昭及宣，实继武绩：驰骋石渠，暇豫文会；集雕篆之轶材，发绮縠之高喻。于是……子云锐思于千首……亦已美矣。

西汉一朝，文学发展昌盛，作家作品灿如星汉，作为巴蜀文学的杰出代表，扬雄在全国居于第一流作家的行列。西汉文学的创作整体上以辞赋为主，根源主要是在《楚辞》，所以刘勰准确地指出：“爰自汉室，迄至成、哀，虽世渐百龄，辞人九变，而大抵

---

① 关于汉赋与巴蜀地域文化的关系，李天道先生《司马相如赋的美学思想与地域文化心态》、毕庶春先生《巴蜀与汉赋初探》、刘跃进先生《秦汉时期巴蜀文学略论》等专著或论文已经作过先一步探究。本文限于论述主题，在此不再展开。

所归，祖述《楚辞》：灵均余影，于是乎在。”文学发展有自身继承前代的规律性特征，汉赋对楚辞的继承就体现了这一特征。不同时代的文学体裁与创作时尚，又鲜明地体现当时的社会风尚与哲学思潮，乃至与帝王政治关系密切，汉赋兴盛的背后，与汉王朝气象雄浑、富庶强盛、文治武功冠绝天下密切相关，与汉武帝尊崇儒术、好大喜功也有直接的关系。这又是汉赋于继承前代之外，当下新变的一面，所以刘勰说“质文沿时，崇替在选”，汉赋巨丽，是因为时代气象之巨丽。

《才略》篇既是对《体性》篇风格理论的补充，也是对历代著名作家的一次全面比较。扬雄在刘勰点评的七十多位九代作家中地位极为显赫：

> 子云属意，辞人最深：观其涯度幽远，搜选诡丽，而竭才以钻思，故能理赡而辞坚矣。

扬雄深厚博大，才思学识皆备，故而幽深瑰丽，莫与并能，是汉赋最优秀的代表。

在点评完两汉数十位著名作家之后，刘勰进一步将扬雄上升为两汉文学的断代标志：

> 然自卿、渊已前，多役才而不课学；雄、向已后，颇引书以助文：此取与之大际，其分不可乱者也。(《才略》)

司马相如与王褒“多役才而不课学”，才华横溢，独步当世；自刘向与扬雄“引书以助文”开始，汉代作家改变了仗气使才而欠缺学习的不足。这既是巴蜀文学在汉代的前后变化，也是整个汉代文学在创作上的分水岭。

在本篇之中，扬雄不仅是擅长各种文体的大作家，不仅是汉代文学前后分界的屋脊，还被刘勰当作整个文学史的经典作家。在论述到战国时期的各位名家的时候，刘勰说：

> 战代任武，而文士不绝。诸子以道术取资，屈、宋以《楚辞》发采。乐毅报书辨以义，范雎上书密而至，苏秦历说壮而中，李斯自奏丽而动：若在文世，则扬、班俦矣。(《才略》)

名将乐毅、名臣范雎、纵横家苏秦、秦国丞相李斯等人，是整个战国时期最著名的作家，他们流传下来的经典文章至今可以看得到。刘勰以为：上述作家如果出生在昌明的文世，就会是扬雄、班固这样的伟大作家。由此可见，扬雄在整个文学史上的地位是多么高，在刘勰心目中的分量是多么足。扬雄早已经超越了汉代这个断代文学的分界，是整个文学史上最著名的作家。

作家之外，刘勰以扬雄的理论见解来评价“辞宗”司马相如的创作，说道：

> 相如好书，师范屈、宋，洞入夸艳，致名辞宗；然核取精意，理不胜辞，故扬子以为“文丽用寡者长卿”，诚哉是言也！(《才略》)

关于扬雄评价司马相如辞赋创作及其审美特点的论述，本书已多次提及，并展开过详细评论，这里就不再多说了。

《知音》篇是古代文论史上最出名的一篇文学鉴赏专文。扬雄以创作与理论成就位列其中。刘勰深以为赏鉴之难，发出“见异，唯知音耳”的感叹，他认为鉴赏者必须要有主观的公正态度和具体可操作的方法，因为“文如其人”之故，好的文章是一定会被赏识到的，比如扬雄诸作就是如此。刘勰赞美扬雄说：

> 扬雄自称：“心好沉博绝丽之文。”其不事浮浅，亦可知矣。

扬雄《答刘歆书》自言不善言辞，少年时代追慕司马相如大赋诸作，“心好沉博绝丽之文”，遂拟而作四赋。创作取法甚高，故而成就非凡。刘勰的用意是在告诫后代的作家，鉴赏虽难，但创作也不容易，自己就要有意识地主动取法乎上，写出好作品，不要一味诘责鉴赏者，那样就不公正。

《程器》篇论述历代作家的道德瑕疵，这些作家中有文士与武将之分，打头阵的还是扬雄：

> 略观文士之疵：……扬雄嗜酒而少算；……诸有此类，并文士之瑕累。

扬雄不善营生，不会计算过日子，好喝酒，家贫，没有余粮，非常狼狈。像他这样的著名文学家有一些在德操方面是有问题的，文人无行，瑕累甚多。然后，刘勰又列著名武将十六人，证明文武均有瑕疵，不止文士一类。难能可贵的是，刘勰不是只简单罗列现象，而是深入探寻为什么这些人名声不好、德行不高。究其原因，第一是“将相以位隆特达，文士以职卑多诮”，文人地位不如将相，所以被讥讽也就最多；第二是“士之登庸，以成务为用”，人必须要有强烈的进取心，“安有丈夫学文，而不达于政事哉？”文人要参政，如果只是立言而不能立德、立功，是一定没有出路的，所以说：“彼扬、马之徒，有文无质，所以终乎下位也。”一句话，文以人传，名随位尊。据史书记载，扬雄原本家贫，做官后始终只是小官，又不敢展开手脚，所以小心谨慎，数十年不得晋升。尽管文才过人，但终因官位不显而声名毁誉参半。这一论述间接地将刘勰本人身为文士而地位不高、学成文术而欲树德建言的进取雄心彰显了出来。

合观本篇，与“论文”实无关联，而与论“文人”之用关联颇多，是刘勰创作《文心雕龙》一书内在动力的真实反映。① 刘勰提出自己对文士修养与作用的看法，并在此基础上归纳出“摛文纬军国，负重任栋梁”的人生奋斗目标，照应“贵器用而兼文采”的中心观点，显示了他思想宗法《左传》“不朽”说与受孔

① 刘永济先生《文心雕龙校释》注解此篇，以为刘勰还有向时代等级门阀制度发难的用意。刘先生引用了《颜氏家训》中《涉务》等篇目中贬斥齐、梁时风的一些论述，指出当时官僚无能、虚伪腐败、政治垄断的严重弊端，为刘勰所深恶痛绝。类似的意见，曹顺庆先生《中西比较诗学》则用于对刘勰提出文学“风骨”的论述中。齐、梁时风孱弱，决定了文风不振，两位先生的意见很有可取之处。笔者认为，在上述意见基础上还可增加《文心雕龙》“写作动力”一说：刘勰写这本书来干什么？仅仅论述写作吗？这些显然属于他写作此书的表层用意，其真实心意是借此留名求誉，借《文心雕龙》致用。结合《序志》《诸子》等文来看，“内在动力”一说可资成立。

子“疾名德之不彰”论深刻影响的痕迹。为文致用，这是《文心雕龙》全书反复主张的一个观点，这一观点集中地体现在《征圣》的“贵文”主张中。文能用，则为文之人也可得用，这就是《文心雕龙》全书最深层的写作动力。雅丽思想之“雅”，除去雅正之思想与雅正之文采，还有“为文求用”的含义，本篇表现的正是这个意思。①

综上所述，扬雄对《文心雕龙》雅丽思想有直接影响。扬雄不仅阐释了许多为《文心雕龙》所直接接受的文论主张，同时，他的辞赋创作与学术著作，为《文心雕龙》的作家作品批评提供了极好的实践对象。上述《明道》《征圣》《宗经》《辞赋》评论所论述的若干思想标准、创作理论、鉴赏理论，归纳起来，主要有以下两点：

第一，主张“丽则”。扬雄评价辞赋尚丽尚美的文学思想，是文论史上第一次明确地自觉探寻文学本质的追求，这是建立在儒家与道家美丽思想基础上的集合产物。自扬雄、王充、曹丕、

① 《孟子》论述圣人时即以“致用”为标准。《文心雕龙》受“为文致用”影响，大力主张“政化贵文”“事迹贵文”“修身贵文”“摛文必在纬军国，负重必在任栋梁”“五礼资之以成文，六典因之致用；君臣所以炳焕，军国所以昭明”等文学功用观念。据杨明照、张少康、王元化等先生考论，刘勰有借书晋身、以期入仕的目的。为此，刘勰托身定林寺，依附僧祐十余年，是想借用僧祐的宗教地位以及与王室宗亲的特殊关系来实现自己的政治理想，包括后来负书拦道、求誉沈约的行为，以及托身寺庙十几年不出家，而一旦出仕，就三十多年宦游官场不回寺庙的行为，等等，证明了刘勰本人所持的经世致用、建功立业的思想，不仅非常浓厚，而且占据他本人思想的主导地位。儒家思想不仅是《文心雕龙》文学思想的主导，更是刘勰人生观、价值观的主导。

陆机而下，文学尚美尚丽之势锐不可当；文学理论的自觉、创作的兴盛、学术思潮的自觉意识不断加强。扬雄在这个“自觉”的萌芽、发展、兴盛的历史脉络中扮演了一个重要的中介角色，承上启下，继往开来。刘勰《文心雕龙》一方面肯定文学尚丽尚美的本质与文学由质趋文的发展趋势，高赞文学的美丽精神；同时也看到了尚丽主张、创作、批评的不良动向，提出雅丽的古今折中的新标准，对魏晋文学的自觉，进行了反思与理论上的再次自觉。这个思想，是得益于扬雄的。

第二，扬雄具体提出的文质论、华实说、修养论、新变论、自然之道、五经含文、辞赋致用等，在继承了先秦儒家“文质彬彬”“尽善尽美”的论人论诗之说，而直接用于评价文学内容与形式、文学内外发展因素、作家修养、审美评价的基础上，还重视探索文学丽则丽淫的审美特点、臧否历代名人名家、提出五经新变损益的主张、取法自然的创作感物说等。这些新变理论的提出，是刘勰“圣文雅丽，衔华佩实”的雅丽思想的哲学依据、美丽精神、文学新变、独尊儒家等内涵的直接来源。扬雄著名的“心声心画”说，为刘勰“文如其人”的风格论奠定了理论基础；“驷中彪外”说，为《文心雕龙》作家修养论作出了示范；“尚中执中”的中道的思想，为刘勰尚雅贬俗、中和之美的理论主张与折中方法论的运用提供了成功的示范；求实疾虚、求真疾伪的态度，上承孟子、下启王充，为《文心雕龙》主张情深、义贞、事信、批判纬书奠定了理论基础；而对于来自荀子尚法论术的思想，扬雄对其进行了拓展论术，使得刘勰为文之道尚法论术的思想基础更为牢靠。

第七章　王充的影响

先秦两汉“丽”论发展到王充时，已经呈现运用广泛、全面深刻、自觉探索文学尚丽特质的趋势，为魏晋文学尚美尚丽的思潮作出了铺垫，尤其是对《文心雕龙》全面主张文学尚丽的本质探索及其运用作出了贡献。本章拟从王充论述的“丽”论思想角度，探究其对《文心雕龙》的对应影响。

王充论“美”崇“丽”，主要是在他的代表著作《论衡》之中，其美丽之说满篇皆是。《论衡》论述自然物色之美、美人美艳之美、美言美词之美、美文美德之美，而对于夸饰过度之美、增言虚妄之美大加鞭笞，树立了求实求真、不薄古今的审美观念。同时，在王充的论述中，还可以看到道家、儒家尚“丽”观念的双重影响。儒、道两家论“美”与“丽”，各有特点：道家美论相对更多，主要指向自然物色与道德修养；儒家美论不如道家之多，主要指向诗乐的政教功能与思想内容。这就告诉我们，雅丽文学思想之美丽文学精神，儒家之外，道家占据很重要的位置。而王充折中儒、道，是东汉时期儒家文学美学思想和道家文学美学思想逐渐合流的重要代表。

王充《论衡》折中儒、道，批判东汉伪儒与谶纬神学，提出了“疾虚妄”、求真务实等著名观点。《文心雕龙》主要吸收了王充的“养气”说，在此基础上，对作家创作的精力涵养、精神恢复、思维状态提出了很多创见，属于作家主体建构论的范围，这一部分是儒家不具备的，主要属于道家养生论。此外，刘勰吸收、借鉴、运用了王充对文学尚丽思想的许多论述，并直接借用了其中的部分重要观点于《文心雕龙》论美论丽的阐述之中。概因东汉二百年间，王充思想影响很大，《文心雕龙》向两汉儒家文艺思想取法，王充是东汉之高峰，其说必然对刘勰有所影响。

第一节　生平简介

王充（27—约97），东汉唯物主义哲学家、无神论者。字仲任，会稽上虞（今属浙江）人。王充年少时就成了孤儿，乡里人都称赞他对母亲很孝顺。后来到京城，进太学学习，拜班彪为师。

他擅长辩论，开始说的话好像很诡异，最后却又能得出实在的结论。他认为庸俗的读书人做学问，大多失去了儒家的本质，于是闭门思考，谢绝一切庆贺、吊丧等礼节，窗户、墙壁都放着刀和笔，写就《论衡》八十五篇，二十多万字，解释万物的异同，纠正了当时人们疑惑的地方。其中《订鬼》已是中学课文，订正当时社会上流行的对鬼的认识。《论衡》是王充的代表作品，也是中国历史上一部不朽的唯物主义哲学著作。

刺史董勤征聘他为从事，改任治中，后辞职回家。他的朋友同郡人谢夷吾上书推荐王充有才学，汉肃宗（即汉章帝）特地下诏派遣公车（朝廷征聘贤人特定的车马）去征聘他，因为得病没有去。当时王充年近七十，体力和脑力都衰弱了，于是写作了《养性书》十六篇，倡导节制欲望，守住原神。永元（汉和帝年号）年间，病死在家中。

王充一生业儒、业道，整体上看，属于儒家哲学思想体系。他的仕路不亨，只做过几任郡县僚属，且多坎坷，从事迹上看，既无悲歌慷慨之行，也无惊天动地之业。因此无论是他自己写的长篇自纪，还是范晔为他作的正史传记，他的事迹都甚寥寥。

王充自谓出自孤门细族，但种种迹象表明，王家祖上还是比较风光的。《论衡·自纪》曰："会世扰乱，恐为怨仇所擒，祖父汎举家担载，就安会稽，留钱唐县，以商贾为事。"他在少年时代学习刻苦，效果很好，《自纪》说："手书既成，辞师，受《论语》《尚书》，日讽千字。经明德就，谢师而专门，援笔而众奇。"可见王充接受的正规教育是儒家的伦理，使用的系统教材是儒家的经典《论语》《尚书》，与常人并无两样。乡学既成，王充乃负笈千里，游学于京都洛阳。入太学，访名儒，阅百家，观大礼，大开了眼界，大增了学问，初步形成了他博大求实的学术风格。

王充是东汉时期杰出的思想家、唯物主义哲学家。整个东汉二百年间，称得上思想家的不多，王充、王符、仲长统是其中的代表，王充又是三家中最杰出、最有影响的思想家。但是由于时代的局限，王充的哲学思想也不可避免地带有部分局限性。生平著述有《讥俗》《政务》《养性》《论衡》，其中《讥俗》《政务》《养性》现已失传。

第二节　先秦两汉的尚丽传统

先秦儒、道两家的"丽"论，开启于《庄子》，大盛于《荀子》；在两汉，则主要体现在儒家文论为主导的创作实践总结或学术思想著作中，扬雄、王充是两汉“丽”论的代表人物。相对扬雄论辞赋之“丽”一共只有三条而言，王充论“丽”，则数量极多，全面深刻，体系完备。

尚“丽”之说首先出现在先秦道家著作中①，《庄子》书中有五条：

> 毛嫱丽姬②，人之所美也。(《齐物论》)
>
> 丽之姬，艾封人之子也。(《齐物论》)
>
> 三围四围，求高名之丽者斩之。(《人间世》)
>
> 君亦必无盛鹤列于丽谯之间。(《徐无鬼》)
>
> 美髯长大壮丽勇敢，八者俱过人也，因以是穷。(《列御寇》)

从上述引文来看，《庄子》论“丽”，主要涉及丽人、丽相、高大房屋等，与现在美人、漂亮等词汇大致同义，主要指的是美好的名声或俊美的人物；《齐物论》中“丽姬”又作“西施”，均指美女；“高名之丽”中“丽”通“枥”，屋栋义；而“丽谯”一说，陈鼓应先生引晋郭象注：“丽谯，高楼。”宋人秦观《阮郎归》诗“丽谯吹罢小单于”，其义同此。道家著作发展到汉初，淮南王刘安主持编撰的《淮南子》有七条涉及“丽”的论述：

> 目观掉羽、武象之乐，耳听滔朗奇丽激抮之音。(《原道

① 《墨子》佚文中有一条，但其真伪莫辨，故而不录。

② 陈鼓应先生《庄子今注今译》依崔譔本改“丽姬”作“西施”。丽姬、西施皆指美女。特作说明。

训》)

夫贵贱之于身也，犹条风之时丽也。(《俶真训》)

西北曰丽风。(《墬形训》)

高台层榭，人之所丽也。(《精神训》)

高台层榭，接屋连阁，非不丽也。(《主术训》)

衣足以覆形，从典坟，虚循挠，便身体，适行步，不务于奇丽之容，隅眦之削。(《齐俗训》)

故不得已而歌者，不事为悲；不得已而舞者，不矜为丽。歌舞而不事为悲丽者，皆无有根心者。(《诠言训》)

上述七条材料中，“西北曰丽风”之“丽风”意为厉风，指西北风，“丽”通“厉”；“条风之时丽”条，刘文典先生注“丽”为“过”；其余则指奇丽之声、楼台之美、奇丽之容、曼妙之姿，广泛用于自然物色、音乐舞蹈、人之相貌等论述中，使用范围整体上比《庄子》所论之“丽”更大，显示了逐步发展的趋势。但是，道家“丽”论没有进入文学评价领域，显得较为遗憾。

与道家相比，先秦两汉儒家著作中的“丽”论在数量上相对较少，但是进入了文论领域。在先秦，《论语》中并无独立的论“丽”意见；《孟子》书中仅有一条引用于《诗》之“商之孙子，其丽不亿”，与文学之“丽”并不相关。《荀子》书中论“丽”累计六条。两汉时期，扬雄《法言》将“丽”论直接运用到文学创作的评鉴中去，累计论述辞赋文学三条。荀子、扬雄的“丽”论在前面《荀子的影响》《扬雄的影响》两章已有详细论述，此处从略。

第三节　《论衡》论“丽”

综观《论衡》一书的“丽”论主张，既有对前代儒、道两家“丽”论主张的继承，将其运用于本义通假、自然物色、美丽之人、美言丽辞、鸿丽之文等若干方面；又有自身的独创，体现了求实疾虚、自我解难的内在思想，对文学尚丽的思辨精神与自觉运用。这些论述，对刘勰《文心雕龙》有直接的影响。《论衡》“丽”论主要有以下七个方面：

第一是从丽之通假或本义求解运用。《薄葬篇》说：“鲁人将以玙璠敛，孔子闻之，径庭丽级而谏。夫径庭丽级，非礼也，孔子为救患也。”孔子“径庭丽级”之“丽”，同“历”，跨跃义。“丽级”即一步跨过一级台阶。古礼，上台阶应该走一步把双脚并齐一下再上，“丽级”是不符合礼仪的。孔子听说阳虎要用佩玉给季平子装殓，不顾应守的礼节，急忙跑去谏阻。这个“丽”用的是通假义。《辨祟篇》：“涉患丽祸，不在触岁犯月，明矣。”此处“丽”通“罹”，遭遇，蒙受义。王充指出：遇上灾难蒙受祸害，不在于是否触犯岁月禁忌，这是很明白的了。王充此论，对于破除迷信，反对神仙卜筮有意义。《辨祟篇》又说：“我有所犯，抵触县官，罗丽刑法，不曰过所致，而曰家有负。”“罗丽”，遭遇、遭受义。“罗”，一本作“罹”。“涉患丽祸”与“罗丽刑法”用法相同。《感虚篇》：“剪其发，丽其手，自以为牲，用祈福于上帝。”王充所谓“丽其手”之“丽”，通“枥”，指骈手束缚，装扮成牲口的样子来祈福上天的化妆仪式。后来，“丽”由两匹马拉大车之骈俪义，演化出骈偶对称之义，《文心雕龙》之

《丽辞》篇，论述对仗的修辞手法，即取骈偶之“丽”。《文心雕龙》主要以当时流行的骈文写成，对于骈偶技法，运用极为纯熟。《说日篇》：“《易》曰：‘日月星辰丽乎天，百果草木丽于土。’丽者，附也。附天所行，若人附地而圆行，其取喻若蚁行于硙上焉。”王充“丽者，附也”一说，源于《周易》，指明“丽”即“依附”。同篇又引《诗经》“月丽于毕，俾滂沲矣”一说来讲述祈福求雨的举动：

> 夫雨从山发，月经星丽毕之时，丽毕之时当雨也。时不雨，月不丽，山不云，天地上下自相应也。月丽于上，山烝于下，气体偶合，自然道也。

“丽”同为依附、附着之义。而“气体偶合，自然道也”的说法，认为下不下雨是“自然之道”，不是人为求雨就能解决的。对于迷信活动的批评，是王充破除仙道神学的一项重要内容。

第二是指自然纹饰之丽。《言毒篇》：

> 毒螫之生，皆同一气，发动虽异，内为一类。故人梦见火，占为口舌；梦见蝮蛇，亦口舌。火为口舌之象，口舌见于蝮蛇，同类共本，所禀一气也。故火为言，言为小人。小人为妖，由口舌。口舌之征，由人感天，故五事二曰言。言之咎征，僭恒旸若。僭者奢丽，故蝮蛇多文。文起于阳，故若致文。旸若则言从，故时有诗妖。

王充主张自然物色之美，并由此联系到美言之人；他认为自然之气生出了自然之物，人梦见蝮蛇与梦见火是一个原因，“同类共本，所禀一气”。小人口舌“僭者奢丽”，言辞美丽，能惑人害人，就像毒蛇有许多美丽的花纹作为装饰一样。越是美丽的蛇虫，其毒性就越是巨大；越是动听悦耳的言辞，其危害就越是巨大。王充以“疾虚妄”的态度，对丽辞美言极为反感，提出“时有诗妖”的根本原因是文辞修饰过甚。王充以其求真尚实之心，比喻恶毒之义，当无可复加。《言毒篇》又说：

> 妖气生美好，故美好之人多邪恶。叔虎之母美，叔向之母知之，不使视寝。……生叔虎，美有勇力，嬖于栾怀子。及范宣子逐怀子，杀叔虎，祸及叔向。夫深山大泽，龙、蛇所生也，比之叔虎之母者，美色之人怀毒螫也。生子叔虎，美有勇力，勇力所生，生于美色；祸难所发，由于勇力。火有光耀，木有容貌。龙、蛇，东方木，含火精，故美色貌丽。胆附于肝，故生勇力。火气猛，故多勇；木刚强，故多力也。生妖怪者常由好色，为祸难者常发勇力，为毒害者皆在好色。

“龙、蛇，东方木，含火精，故美色貌丽”一说，从阴阳五行角度详细地揭示了毒蛇“美色貌丽”的原因，这个比喻的目的，还是在强调美丽害人的主张。“叔虎之母者，美色之人怀毒螫也”，女人长得美，也是个坏事情，因为叔虎的“美有勇力”，是遗传自他的母亲，“勇力所生，生于美色；祸难所发，由于勇力”。叔虎后来身死人手，王充以为，都怪叔虎的母亲太漂亮了，生个儿子长得美丽神勇，就像美貌的龙蛇一样，被人杀死了，事见《左传·襄公二十一年》。国人一向以为“红颜祸水”，沉湎女色会影响政治；但是“美貌母亲”生出蛇蝎儿子一说，简直让人惊讶!①《定贤篇》有“骨体娴丽，面色称媚”一说，对长相美貌之人极不满意。于此可见王充“疾虚妄”、斥美丽的说法有其正确的一面，但所作论述往往过头，走到了崇尚质实而痛贬文采的一面，过犹不及，实为憾事。

第三是过渡到服饰之丽与文辞之丽。《答佞篇》：“上奢，己丽服；上俭，己不饬。”君王奢侈，佞人就穿着美丽的衣服，其目的是“称上”，讨好人君。王充批评那些“外内不相称，名实不相副，际会发见、奸为觉露”的奸佞之人。同篇又说：

> 难曰：“恶中立功者谓之佞。能为功者，材高知明。思虑远者，必傍义依仁，乱于大贤。故《觉佞》之篇曰：‘人主好辨，佞人言利；人主好文，佞人辞丽。’心合意同，偶当人主，说而不见其非，何以知其伪而伺其奸乎?”

“人主好辨，佞人言利；人主好文，佞人辞丽。”讲述上行下效。“佞人辞丽”一说，涉及语言的华丽之美、修饰之美。同篇又说：

> 难曰：“‘人君好辨，佞人言利；人主好文，佞人辞丽。’

① 据《左传》载，叔虎之死是政权斗争的结果。王充采信原书记载而不予分辨，归咎于其母亲长得太漂亮，这其实是君王、妃子之间明争暗斗的攻击之言，对于人的生死，没有必然影响。这种迷信诋毁的说法，不可采信。于此可见王充“疾虚妄”一说，主观性非常强，符合自己见解的就是真实不虚，不合自己见解的就是虚妄不实。

> 言操合同，何以觉之?”曰《文王官人法》曰:“推其往行以揆其来言，听其来言以省其往行，观其阳以考其阴，察其内以揆其外。”是故诈善设节者可知，饰伪无情者可辨，质诚居善者可得，含忠守节者可见也。

王充指出“言操合同”、言行一致的规律，这是对《周易》与《孟子》“辞如其人”说的继承，更是对扬雄“心声心画”说的发挥运用。王充认为一个人的语言和他的品德操行相一致，内外相符，根据语言，“诈善设节者可知，饰伪无情者可辨，质诚居善者可得，含忠守节者可见”，言情一也。《答佞篇》还说:“佞人材高，论说丽美。因丽美之说，人主之威，人主心并不能责，知或不能觉。”“论说丽美”，即“辞丽”之义，语言华美，极为动听。说话要文辞美丽动人，需要“材高”与一定的技巧。

第四是美文之丽。《超奇篇》:

> 文王之文在孔子，孔子之文在仲舒。仲舒既死，岂在长生之徒与？何言之卓殊，文之美丽也！唐勒、宋玉，亦楚文人也，竹帛不纪者，屈原在其上也。会稽文才，岂独周长生哉？所以未论列者，长生尤逾出也。

王充推崇同乡名流周长生“言之卓殊，文之美丽”，直接论述文采之美丽，这在扬雄“丽则丽淫”的基础上突破了诗人、辞人的限制，直面文学的尚丽本质。同时，与“疾虚妄”求质实的思想相一致，王充批评诸子学说的“繁文丽辞”，主张精约简洁的文风。《佚文篇》:

周、秦之际，诸子并作，皆论他事，不颂主上，无益于国，无补于化。造论之人，颂上恢国，国业传在千载，主德参贰日月，非适诸子书传所能并也。上书陈便宜，奏记荐吏士，一则为身，二则为人。繁文丽辞，无上书文德之操。治身完行，徇利为私，无为主者。夫如是，五文之中，论者之文多矣，则可尊明矣。

“周、秦之际，诸子并作”，诸子学术著作体现出了“无益于国，无补于化”的趋势，这是他们自言自语，各说各论，不管国家大事，不论主上明德所致。据此，王充提出了“上书陈便宜，奏记荐吏士”的要求，“繁文丽辞，无上书文德之操”，反对繁缛丽辞，主张精约中正之美。

第五是美丽之文的创作规律探索。《书解篇》：

或曰：“著作者，思虑间也，未必材知出异人也。居不幽，思不至。使著作之人，总众事之凡，典国境之职，汲汲忙忙，何暇著作？试使庸人积闲暇之思，亦能成篇八十数。文王日昃不暇食，周公一沐三握发，何暇优游为丽美之文于笔札？孔子作《春秋》，不用于周也。司马长卿不预公卿之事，故能作《子虚》之赋。扬子云存中郎之官，故能成《太玄经》，就《法言》。使孔子得王，《春秋》不作。籍长卿、子云为相，《赋》《玄》不工。”

王充指出了文学创作中常常被人忽视的问题：时间、心态对创作的决定作用。文学创作的本质是抒情言志，《尧典》《诗序》《乐记》《文赋》《文心雕龙》《诗品》都有“情动于中”或“物色感召”的论述，但是，在情感状态既定的情况下，时间和心态才是决定文学创作优劣成败最重要的两个要素。忙于政务，没有时间，像文王与周公这样优秀的儒家圣人也无法“优游为丽美之文于笔札”，写不出东西来；孔子写作《春秋》，是在他不为所用的状态下；司马相如赋作优秀，是他“不预公卿之事”的产物；扬雄能够写出《法言》《太玄》，是在他“三世不徙官”的时候。要是孔子为王，马、扬为相，我们也就看不到这些优秀的经典作品了。一个人修养本领，往往在深山大泽、人生低谷的清醒状态；“得时大行”是古代读书人的毕生之梦，真正得时以后，又哪里来的时间与心态读书写作呢？《文心雕龙》论述文学创作，往往以王公贵族、帝王将相或文人集团为主体作家群，所涉及的作品，也是上层显赫人物居多，对于“忧愁幽思”“发愤抒情”并不赞美，对下层作品、幽怨之作大加贬斥，对于创作状态则只讲到“优柔适会”而不谈真实心态，这不得不说是刘勰论文的一大缺陷。

第六是对自己创作的解难与自评。《自纪篇》：

俗性贪进忽退，收成弃败。充升擢在位之时，众人蚁附；废退穷居，旧故叛去。志俗人之寡恩，故闲居作《讥俗》《节义》十二篇。冀俗人观书而自觉，故直露其文，集以俗言。或谴谓之浅。答曰：以圣典而示小雅，以雅言而说丘野，不得所晓，无不逆者。故苏秦精说于赵，而李兑不说；商鞅以王说秦，而孝公不用。夫不得心意所欲，虽尽尧、舜之言，犹饮牛以酒，啖马以脯也。故鸿丽深懿之言，关于大而不通于小。不得已而强听，入胸者少。

王充对世俗人对他的批评展开还击，说他们“贪进忽退，收成弃败”。对于浅俗之人，王充认为他们不懂自己的话，“鸿丽深懿之言，关于大而不通于小”，正如司马迁《报任安书》所谓“可为智者道，难为俗人言”一样，颇有自视甚高之意。同篇又说：

充书不能纯美。或曰：“口无择言，笔无择文。文必丽以好，言必辩以巧。言瞭于耳则事味于心，文察于目则篇留于手。故辩言无不听，丽文无不写。今新书既在论譬，说俗为戾，又不美好，于观不快。盖师旷调音，曲无不悲；狄牙和膳，肴无淡味。然则通人造书，文无暇秽。《吕氏》《淮南》悬于市门，观读之者无訾一言。今无二书之美，文虽众盛，犹多谴毁。”

“文必丽以好，言必辩以巧”为世俗所好之一般规律，王充说自己的《论衡》一书的主旨“既在论譬，说俗为戾，又不美好”，世人可能会“于观不快”。但是，面对可能的“谴毁”，王充是不怕的，这种胆识难能可贵。《文心雕龙》写于靡靡之音盛行的齐、梁年间，为救弊之作，得罪人而作，逆潮流而动，是肯定的。刘勰顶住了环境流俗的干扰，顶住了学术思潮的侵袭，硬是像屈原、王充一样“蝉蜕于浊秽”，大声疾呼，独持己见。所以，为什么刘勰书成之后，要去拦道沈约？可能不光是前人所论的求名求誉，也有让文坛领袖给出鉴定、给予肯定的意味儿。王充《自纪篇》又说：

> 充细族孤门。或啁之曰："宗祖无淑懿之基，文墨无篇籍之遗，虽著鸿丽之论，无所禀阶，终不为高。夫气无渐而卒至曰变，物无类而妄生曰异，不常有而忽见曰妖，诡于众而突出曰怪。吾子何祖？其先不载。况未尝履墨涂，出儒门，吐论数千万言，宜为妖变，安得宝斯文而多贤？"

王充自设了许多假想敌，在可能面对的诋毁责难面前，一一作了解答。他自己非常自信，认为《论衡》是"鸿丽之论"，非一般著作可比，即使自己"未尝履墨涂，出儒门"，学术渊源不出名家；即使自己"吾子何祖？其先不载"，身世并不显赫。这种著述立论的自信精神，大有孟子以天下为己任的非我莫属的品质。

第七是美文之丽与物色之丽的回环衔接，显示了王充思辨能力的首尾圆通。《佚文篇》说：

> 望丰屋知名家，睹乔木知旧都。鸿文在国，圣世之验也。孟子相人以眸子焉，心清则眸子瞭。瞭者，目文瞭也。夫候国占人，同一实也。国君圣而文人聚，人心惠而目多采。蹂蹈文锦于泥涂之中，闻见之者莫不痛心。知文锦之可惜，不知文人之当尊，不通类也。天文人文，文岂徒调墨弄笔，为美丽之观哉！

前述"日月星辰丽乎天"即"天文"，"鸿文在国，圣世之验"即"人文"，王充认为，天文、人文都是"文"，不是只有"调墨弄笔，为美丽之观"的笔墨之文才叫"文"。"人心惠而目多采"，因为兰心蕙质，"弸中彪外"，故而眼目多彩，则目睹之物

"郁然有采"。这就将"美目"观"美文"的范围扩大到了自然万物之中，从"人文"又回到了"天文"。而"美目"的得来，还要靠"国君圣而文人聚"的优良政教环境所赐，这又将文学的发展与国运的昌盛联系起来，于是"国运—文人—美目—美文"的模式建立起来。"美文"的范围由笔墨之文拓展到目遇之文，结合"日月星辰丽乎天，百果草木丽于土"，则物色美丽之说，也可以打通。《文心雕龙·原道》篇的文学尚丽说，就是建立在"自然美物"感生"人文之丽"的基础上的。王充"美目美文"说的提出，虽然不是直接从哲学原理的角度影响了刘勰，但是，作为从"自然之道"与"美丽之文"的一个转化中介，是意义重大的。

第四节 《论衡》对《文心雕龙》"丽"论的影响

上述《论衡》的若干"丽"论表明，儒、道两家的尚丽主张发展到王充这里，已经将尚丽观念运用到了自然物色、社会人情、文学创作、文学鉴赏等各个方面，尤其在扬雄"丽则丽淫"说的基础上，王充反复研讨了笔墨文学之丽与创作鉴赏规律。而在王充之后、刘勰之前的古代文论中，曹丕《典论·论文》指出"诗赋欲丽"，将"丽"运用于对文体风格的论述中；陆机则进一步提出"诗缘情而绮靡，赋体物而浏亮"，将诗、赋的文体排序进一步提前，并将二者的风格特点进一步细化。曹丕与陆机的论述，表明了对文学尚丽特点的自觉认识与探究。不过，曹丕与陆机的"丽"论虽然精彩，但是非常简约，未能展开。因此可以说，王充是刘勰之前古代文论中"丽"论思想的集大成者。实际上，《文心雕龙》思想所主张的若干论“丽”之说，有王充“丽”论的明显影响。与其相关联者，体现在以下几个方面：

一是“日月丽天”的星辰依附之丽。王充主张源自《周易》的“日月丽天，百果丽土”，这是“丽”含义取“依附”说的运用。《文心雕龙·原道》篇说：“夫玄黄色杂，方圆体分，日月叠璧，以垂丽天之象；山川焕绮，以铺理地之形：此盖道之文也。”其中“丽”即取“依附”之义：日月星辰依附于上天，显示出夺目的光辉，山岳河流铺排于地，显示了美丽的纹饰。日月山川体现了“自然之道”的美丽文采，彪炳焕绮，光彩夺目。这就为下文人文源于自然，因而文采焕然建立了理论基础。另外《通变》篇指出“根干丽土而同性”的草木本性，含义与此相同。《丽辞》篇之“丽”，义取“骈偶”，论述的是骈偶修辞技法在文学写作中的运用问题；《明诗》篇以“俪采百字之偶”之“俪”称之，也是一个意思。不过《论衡》篇中仅有“丽其手”一语用此义，不是主要的用法。

二是“虎豹炳蔚”的自然物色之丽。《论衡》论述美丽之物、美丽之色甚多，《文心雕龙》则取法于此，大力展开对美丽物色的阐述，这些意见，主要包含在《原道》《物色》《诠赋》《情采》《比兴》《夸饰》等篇章中。可以说，对于自然物色之美之丽的图写，是《文心雕龙》所论述的文学写作主要的内容之一。这些论述，体现了从文学发生的哲学原理到文学写作的具体技法的转化，体现了从形而上的自然之道到形而下的具体内容的转化。比如《原道》篇说：

> 傍及万品，动植皆文：龙凤以藻绘呈瑞，虎豹以炳蔚凝

姿；云霞雕色，有逾画工之妙；草木贲华，无待锦匠之奇。夫岂外饰？盖自然耳。至于林籁结响，调如竽瑟；泉石激韵，和若球锽：故形立则章成矣，声发则文生矣。夫以无识之物，郁然有采，有心之器，其无文欤？

刘勰认为自然万物“动植皆文”“郁然有采”，源自自然之道的文学作品，当然也应该是文采彪炳的。刘勰虽然没有直接用“丽”这一术语，但是论述的意思是完全符合的。

三是“雕龙驰响”的言语艺术之丽。与王充责难“佞人丽辞”不同，刘勰对于言语论说之“丽”有他辩证的看法。一方面，刘勰在《诸子》《论说》等篇中集中论述了大盛于春秋战国的诸子言说之术，既有对他们虚诞言辞的指责，也有对他们因言立功、名垂青史的褒赞；另一方面，《辨骚》《时序》《才略》等篇则对辞赋文学的起源进行了语言艺术的探究，认为纵横飞辩之术是楚辞的重要源头。甚至“文心雕龙”这一书名的得来，也与语言艺术有关。《序志》篇说：

夫“文心”者，言为文之用心也。昔涓子《琴心》，王孙《巧心》，心哉美矣，故用之焉。古来文章，以雕缛成体，岂取驺奭之群言雕龙也。

战国时齐国的邹奭学习游说之艺于邹衍，邹衍以“谈天飞誉”闻名，邹奭以“雕龙驰响”名世。“雕龙”一说，指的是对语言精雕细琢，像龙纹一样精美华丽。《文心雕龙》一书取“心哉美矣”之为文用心，而论述为文犹如雕镂龙纹一样美丽有采。这就将全书为文“尚丽”的宗旨揭示了出来。这与刘勰主张的文学源于自然之道因而文采焕烂是同样的指归，只不过语言艺术之丽，在文源于道与文采彪炳之间架起了一道桥梁，“物色—语言—文学”的发展模式得以建立，而其基本的特点都是崇尚美丽。

四是反对“繁文丽辞”的繁缛之丽。王充认为“繁文丽辞”是臣子“上书”没有“文德”的体现，也就是主张疏奏章表应该写得精约简洁，不要繁文缛词。这个思想，完全被《文心雕龙》所论述的对应文体“章表奏议”诸篇所接受。如下例：

> 必雅义以扇其风，清文以驰其丽。然恳恻者辞为心使，浮侈者情为文使。繁约得正，华实相胜，唇吻不滞，则中律矣。子贡云“心以制之”“言以结之”，盖一辞意也。荀卿以为“观人美辞，丽于黼黻文章”，亦可以喻于斯乎？（《章表》）
>
> 必敛饬入规，促其音节，辨要轻清，文而不侈：亦启之大略也。（《奏启》）
>
> 文以辨洁为能，不以繁缛为巧；事以明核为美，不以深隐为奇：此纲领之大要也。（《议对》）

上述《文心雕龙》的几篇专论，在谈到“章表奏议”诸体的创作“大略”“大要”之时，正是按照王充否定“繁文丽辞”的主张来进行的：《章表》提出“繁约得正，华实相胜”，《奏启》指出“辨要轻清，文而不侈”，《议对》指出“文以辨洁为能，不以繁缛为巧”，其核心都是在主张“精约”“显附”的文风，主张“华实相胜”的雅丽之美。扩大一点，对于“繁缛”风格的批评，刘勰是展开了很多论述的，不仅在《体性》篇论述“八体”风格时对其不甚满意，在其他篇目中也多有责难。比如《风骨》篇认为“无务繁采”是文学有风骨的重要一环；《物色》篇借扬雄文论批评“辞人之赋丽以淫”，主张“诗人之赋丽以则”；《情采》篇指责辞人创作“为情造文”的虚诞讹滥，《比兴》《夸饰》篇所论也基本上是这个意思。《文心雕龙》反对过丽的文采，主张“圣文雅丽，衔华佩实”的丽而且雅，崇尚“风归丽则”与“正采彬彬”。在这一点上，王充与刘勰的意见是相一致的。

五是“言操合同”的主体修养之丽。王充主张作家修养的“言操合同”，其本质即“辞如其人”论。古代文论中，《周易》首倡此说，《孟子》继续发挥，扬雄提出“心声心画”，王充之后的陆机也有类似的论述。《文心雕龙》论述写作，不离“情、言、文”三者，《宗经》主张“情深而不诡”“文丽而不淫”，由情到文，“言操合同”，情文一致；《情采》指出“文采所以饰言，而辩丽本于情性。故情者，文之经；辞者，理之纬。经正而后纬成，理定而后辞畅”的“立文之本源”，由情到辞，“因内符外”。刘勰论述作家的先天与后天因素，则有“才、气、学、习”四者，主张积学炼才，修炼为文之术。论述文学的外部发展，则有帝王时政原因与文士“梓材”的标准。这些基本要素，王充的“佞人辞丽”“言操合同”说都涉及了。《文心雕龙》列出《体性》与《情采》等篇，提出“因内符外”“为文造情”诸说，虽然不仅仅是受王充影响而发，但王充“言操合同”的修养论作为一个重要的近源，是可以成立的。

作为汉代“丽”论的集大成者，王充的物色、言辞与文学

“丽”论，上承先秦两汉儒、道理论渊源，下启曹丕、陆机诗赋尚“丽”之论，最终为刘勰的文学尚丽思想所接受、化合。王充重视物色之丽，反对“繁文丽辞”，主张人主政治，阐释心惠目采，凡此种种，广泛而自觉地运用于文学领域，对《文心雕龙》的文学尚丽精神、文学发展外因、创作修养理论的展开，都奠定了坚实的基础，产生了重要的影响。

第八章　曹丕的影响

在《文心雕龙》的文学发展史论中，从前到后反复强调一个观点：某一特殊时期帝王的喜好与推崇，是当时文学与特殊文体兴盛发展的重要外部因素；反之亦然。比如汉代大赋体裁，因为汉武帝、汉宣帝等帝王的特殊喜好和大力提倡，迅速发展为汉代文学的代表性文体，并催生了司马相如、扬雄等千秋不朽的大赋作家。自武帝崇儒、立五经博士以后，儒学在两汉时期处于学术至尊的地位，解经、注经、传经、正经成为专门的高贵职业，儒学迎来鼎盛发展的局面。纵观整个中国文学史，这确实是一个带有普适性的规律，刘勰以“崇替在选”（《时序》）称之，是有道理的。

《文心雕龙》产生于“文学自觉”发展到收获期的南朝齐、梁年间，绝不是偶然的。一方面，“文学自觉”自西汉扬雄开始萌芽以来①，经过数百年的发展，已经到了应该收获的成熟时期，所以，《文心雕龙》《诗品》《文选》等文学批评专著与文章总集才会顺时而生，这是按照规律发展到瓜熟蒂落的结果，这些名作不能提前，也不会滞后，是自然发展的结果。另一方面，“文学

① 此说采用袁济喜先生《新编中国文学批评发展史》（中国人民大学出版社 2006 年版）中的观点，特作说明。

自觉”的重要标志之一，是在汉魏之际出现了专门的文学批评及其理论作家，用于总结经验教训、指导文学创作、引领文风发展，其中第一个真正的理论大家，正是魏文帝曹丕。曹丕《典论·论文》出现之后，中国文学才有了第一篇批评论专文，由此，文学创作与理论建构并行发展。在这一大的发展趋势之下，加上其他诸多因素的共同作用，才最终催生了《文心雕龙》的成书。

曹丕是中国文学史上的多面手：

从创作上讲，他精通各体，在文学上著作甚丰，成就卓著，是建安文学的积极创作者和热心倡导者。他一生存有辞赋三十篇、诗四十余首、《皇览》一百卷、《列异传》三卷。曹丕诗歌形式多样，而以五、七言为长，语言通俗，具有民歌精神；手法则委婉细致，回环往复，是描写男女爱情和游子思妇题材的个中能手。代表曹丕诗歌最高成就的《燕歌行》，是中国现存最早的文人七言诗，写于建安十二年曹操北征三郡乌桓期间，采用乐府体裁，开创性地采用句句用韵的七言诗形式写作。《燕歌行》从“思妇”的角度，反映了东汉末年战乱流离的现状，表达出被迫分离的男女内心的怨愤和惆怅。全诗用词不加雕琢，音节婉约，情致流转，被王夫之盛赞“倾情，倾度，倾色，倾声，古今无两”。

从理论上说，曹丕的《典论·论文》是中国最早的文学理论批评著作，写于他为魏太子时。文中要点有：一是评价孔融、陈琳、王粲、徐幹、阮瑀、应玚、刘桢的文风和得失，“建安七子”的说法来源于此；二是提出“文以气为主，气之清浊有体，不可力强而致”，认为作家的气质决定作品的风格；三是肯定文学的历史价值和地位，“盖文章，经国之大业，不朽之盛事”，使文学与两汉经学、史学形成独立发展的局面。鲁迅在《魏晋风度及文章与药及酒之关系》中称“他（曹丕）说诗赋不必寓教训，反对当时那些寓训勉于诗赋的见解，用近代的文学眼光来看，曹丕的一个时代可说是‘文学的自觉时代’，或如近代所说是为艺术而艺术的一派。”自此，“文学自觉”成为中国文学批评史上的一个重要命题，其研究热潮，至今未衰。

从文坛地位来说，他以魏太子、魏文帝身份，团结、召集了一大批文学异能之士，世称“邺下文人集团”。其中，最著名的三曹父子与建安七子成为建安文学的代表人物，而曹丕居于核心位置，是邺下文人集团的实际领袖，对建安文学的精神建构起到关键作用。由此形成的“建安风骨”对后世文学产生了深远影响。曹丕命令刘劭、王象、缪袭等人编纂中国第一部类书《皇览》，开官方组织编纂类书的先河。《典论·论文》开创了文学批评的风气，为中国文学批评之祖。《燕歌行》则是中国文学史上第一首完整的七言诗，对后世七言诗的创作有很大影响。

从历史评价来说，鉴于早年和兄弟曹植争夺王位、称帝后迫害兄弟的诸多“不良言行记录”，特别是《七步诗》等文学故事的广泛传播，曹丕在文学史上的形象长期以来都是负面超过正面的。学者叶嘉莹在《叶嘉莹说汉魏六朝诗》里列举钟嵘《诗品》、刘勰《文心雕龙》和王夫之《姜斋诗话》对曹丕的评价，指出这些评价掩盖了他的真正面目。《诗品》将曹丕排在中品，认为他的诗不及弟弟曹植，原因是曹丕诗“率皆鄙直如偶语” （“偶语”，即两个普通人在讲话），反观曹植则是“骨气奇高，词采华茂。情兼雅怨，体被文质，粲溢今古，卓尔不群”。《文心雕龙》

说曹丕“魏文之才，洋洋清绮，旧谈抑之，谓去植千里……子桓虑详而力缓，故不竞于先鸣”，与曹植“思捷而才俊”不同，又谓“俗情抑扬，雷同一响，遂令文帝以位尊减才，思王以势窘益价，未为笃论也”。世人都同情曹植的处境；曹丕是兄弟争位的胜方，人们也因此忽略他文章的美妙。明末清初，王夫之在《姜斋诗话》里直言：“实则子桓天才骏发，岂子建所能压倒耶?”可谓为曹丕文学成就“平反”的宣言。叶嘉莹说，曹丕是一位“理性诗人”，有节制有反省，“以感与韵胜”。

从客观的历史影响角度讲，曹丕是中国文学批评史上的第一位专著写作者，他的文学批评观点对魏晋南北朝文学乃至中国文学史产生了重大影响。曹丕的许多理论观点为《文心雕龙》所大力吸收、转化、运用、提升。曹丕的文学创作、文学活动对《文心雕龙》的成书产生了重大影响，其具体体现将是本章论述的主要内容。

第一节　生平简介

曹丕（187—226），字子桓，曹操次子，三国时期魏国的创建者。曹丕少时好弓马，诵诗、论。及长，熟读五经、《史记》、《汉书》，诸子百家之言，无不毕览。他生于战乱年代，青年时便随军作战。建安十六年（211），任五官中郎将、副丞相。建安二十二年（217），被曹操立为嗣。曹操死后，承袭魏王、丞相。延康元年（220），曹丕代汉称帝，为魏文帝，定都洛阳。在位期间平定边患，击退鲜卑，和匈奴、氐、羌等外族修好，恢复汉朝在西域的建置。黄初七年（226），曹丕病逝于洛阳，时年四十岁。

庙号高祖（《资治通鉴》作世祖），谥号文皇帝，葬于首阳陵。

终其一生，曹丕仅仅活了四十岁，称帝也只有不到七年时间，却在历史上留下了很多影响重大的事迹，表明他是一个很有作为的皇帝。

在政治体制改革方面，曹丕首先显示了卓越的能力。在即位魏王之初，曹丕便出台两项新政：第一项新政是废除中常侍和小黄门，改设散骑常侍、散骑侍郎两种官职，定员各四人，同时又宣布严禁宦人干政、宦人为官，宦人最高只能充任“诸署令”，从制度上铲除宦官干政的根源。为了传之久远，他还依照“国有大事则镂于金版”的古训，命人把上述政令镌刻在金属简策上，然后珍藏于石室之中。第二项新政是采纳陈群的意见，确立九品中正制，成功缓和了曹氏与士族的关系，取得了他们的支持，为称帝奠定基础。他推行九品中正制后，用人权从地方收归了中央，但也导致了魏国的统治实权逐步被士族垄断。第三是开创士族政治之先河。曹丕登基之后，坚持大权独揽，设立中书省，其官员由士人充任，原由尚书郎担任的诏令文书起草之责转由中书省官员担任，机要之权渐移于中书省。定令妇人不得预政，“群臣不得奏事太后，后族之家不得当辅政之任，又不得横受茅土之爵”。削夺藩王权利，曹魏藩王的封地时常变更，没有治权和兵权，举动受到严格监视，形同囹圄。这项政策虽然吸取了汉朝诸侯国作乱的教训，但也留下了隐患，导致宗亲势单力薄，日后无力阻止外臣夺权。同时，曹丕整肃朝纲，于黄初二年（221）颁布《日食勿劾太尉诏》，以革除无辜归咎股肱大臣的弊端；次年（222）颁发《禁诽谤诏》和《百官不得干预郡县诏》，以改变相互诬告与朝臣颐指的世风。

在经济建设方面，曹丕继续发展屯田制，施行谷帛易市，稳定社会秩序。黄初末，魏国国库充实，累积巨万，基本解决了战争造成的通货膨胀问题。同时，采取战略防守，恢复生产。曹丕提倡节俭、薄葬，下诏禁止厚葬、淫祀，预作《终制》。除禁令，轻关税，禁止私仇，广议轻刑，与民休养，使北方地区重现安定繁荣局面。

在文化事业方面，曹丕重视文教、礼乐。黄初二年（221），下令人口十万以上的郡国每年察举孝廉一人，如有特别优秀的人才，可以不受户口限制。黄初三年（222），又颁布《取士勿限年诏》，以打破年龄界限，提出无论老幼只要“儒通经术，吏达文法”都可试用的用人之法。黄初四年（223），在原来汉室乐舞的基础上制礼作乐，朝堂之上、宗庙之中演奏起正世乐、迎灵乐、武颂乐、昭业乐，跳起凤翔舞、灵应舞、武颂舞、大韶舞、大武舞。黄初五年（224），封孔子后人孔羡为宗圣侯，享食邑百户，重修孔庙，在各地大兴儒学，立太学，置五经课试之法，设立《春秋穀梁》博士。曹丕的这些举措，在短期内促使了封建正统文化的复兴。

在军事方面，曹丕统治期间，曹魏国力进一步增强，版图得以扩大。曹丕在担任魏王时，令苏则平定武威三种胡、酒泉和张掖的叛乱；称帝之后，命曹真督军大破羌、胡联军，平定河西，遣使复通西域，恢复了中原王朝在西域的统治，并设置了西域长史府。因北狄强盛，侵扰边塞，曹丕任命田豫为持节、护乌丸校尉，牵招、解俊同为护鲜卑校尉。田豫、牵招、梁习等将领在北疆表现出彩，多次击败鲜卑。在延康元年（220）命夏侯尚、徐晃招降蜀汉宜都太守孟达，大破刘备义子刘封，收复上庸三郡。

孙权曾向魏称臣，接受吴王封号。但魏、吴最终走向敌对，曹丕三次亲征东吴，均没有取得太大的效果。曹丕在位时，还假借征吴之名，平定了青州、徐州一带的地方割据势力，最终完成了北方的统一。汉末以来，青、徐一带存在着以臧霸、孙观等为首的割据势力，他们虽归顺曹操，却拥有独立的地盘和兵力，曹操不得不对他们采取羁縻政策。曹操刚死，在洛阳的青、徐兵就发生骚动，曹丕采取抚而不讨的策略，稳住了他们，控制了局面；黄初三年（222），曹丕以孙权不纳质子为由，三路伐吴，借机剥夺了臧霸的兵权；黄初五年（224）、六年（225），曹丕两次亲自督师伐吴，均止步于广陵，未与吴军交锋，却平息了利城兵变，彻底解决了青、徐的隐患。因此后世推测，曹丕亲征的真实目的不是伐吴，而是以此为幌子不声不响地平定青、徐割据势力，充分表现出他作为政治家的小心谨慎又不失坚决果断的素质。史学家田余庆评价说："曹丕在广陵之役中最终解决了青徐豪霸盘踞一方的问题，增进了魏国的稳定，巩固了北方的统一，可以说是他在位七年中的一件可以称说而又被人们忽略了的政治大事。……广陵之役解决了青徐问题，使东方归于一统，魏国国势更加强大起来。"

此外，曹丕善击剑骑射，好博弈弹棋，在《典论》的自叙中更自诩箭艺非凡，能"左右射"，可谓文武兼备，是一个多才多艺的人物。

第二节 《文心雕龙》的曹丕评论

《文心雕龙》前后共十三次论述到曹丕，其中有诗歌、乐府、铭箴、谐隐、诏策等“论文叙笔”的不同文体，具体指向包括了建安诗歌时代风格论、乐府声诗雅俗批评论、称帝之后的文体改革论等内容。其中，比较特别的是：曹丕对于俗文学体裁“谐隐”的喜好与创作影响，显示了他雅俗共赏的本真状态，魏文帝也有宴饮酣畅、纵意欢乐、大玩智力游戏的一面。紧接文体论之后，则是升华八体风格的风骨说、总结创作技法的文术论、崇替在选的建安时风论、知音鉴赏的批评论、程器为用的写作目的论，刘勰将曹丕文论广泛引用过来，成为《文心雕龙》建构自身理论体系的重要来源和立论依据。最后，在序言性质的《序志》篇综述汉魏晋代十大文论名家名作时，将曹丕列为“十家第一”的位置。以上三大部分的内容，以创作和理论为核心，是《文心雕龙》论述文学创作、时代文风、创作理论、批评理论的重要渊源。创作与理论兼备并产生了重大影响的大文豪，在整个《文心雕龙》之中，仅有孔子、扬雄、曹丕、陆机数人而已。由此可知，曹丕在《文心雕龙》中的地位是很重要的，是应该认真研究的，虽然目前研究这一问题的成果还很少见到，但未来一定会多起来。

《文心雕龙》论述曹丕的内容如下：

> 暨建安之初，五言腾踊。文帝陈思，纵辔以骋节；王徐应刘，望路而争驱。并怜风月，狎池苑，述恩荣，叙酣宴，慷慨以任气，磊落以使才。造怀指事，不求纤密之巧；驱辞逐貌，唯取昭晢之能：此其所同也。(《明诗》)
>
> 至于魏之三祖，气爽才丽，宰割辞调，音靡节平。观其《北上》众引，《秋风》列篇，或述酣宴，或伤羁戍，志不出

于淫荡，辞不离于哀思，虽三调之正声，实《韶》《夏》之郑曲也。(《乐府》)

魏文九宝，器利辞钝。(《铭箴》)

至魏文因俳说以著《笑书》，薛综凭宴会而发嘲调，虽抃推席，而无益时用矣。(《谐隐》)

自魏代以来……谜也者，回互其辞，使昏迷也。或体目文字，或图象品物；纤巧以弄思，浅察以炫辞。义欲婉而正，辞欲隐而显。荀卿《蚕赋》，已兆其体。至魏文、陈思，约而密之。高贵乡公，博举品物，虽有小巧，用乖远大。(《谐隐》)

自魏晋诰策，职在中书。刘放、张华，互管斯任；施命发号，洋洋盈耳。魏文帝下诏，辞义多伟；至于作威作福，其万虑之一弊乎？(《诏策》)

故魏文称："文以气为主，气之清浊有体，不可力强而致。"故其论孔融，则云体气高妙；论徐幹，则云时有齐气；论刘桢，则云时有逸气。公幹亦云："孔氏卓卓，信含异气；笔墨之性，殆不可胜。"并重气之旨也。(《风骨》)

凡精虑造文，各竞新丽，多欲练辞，莫肯研术。落落之玉，或乱乎石；碌碌之石，时似乎玉。精者要约，匮者亦鲜；博者该赡，芜者亦繁；辩者昭哲，浅者亦露；奥者复隐，诡者亦典。或义华而声悴，或理拙而文泽。知夫调钟未易，张琴实难：伶人告和，不必尽窕槬之中；动角挥羽，何必穷初终之韵？魏文比篇章于音乐，盖有征矣。(《总术》)

自献帝播迁，文学蓬转，建安之末，区宇方辑。魏武以相王之尊，雅爱诗章；文帝以副君之重，妙善辞赋；陈思以公子之豪，下笔琳琅：并体貌英逸，故俊才云蒸。仲宣委质于汉南，孔璋归命于河北，伟长从宦于青土，公幹徇质于海隅，德琏综其斐然之思，元瑜展其翩翩之乐，文蔚、休伯之俦，于叔、德祖之侣，傲雅觞豆之前，雍容衽席之上，洒笔以成酣歌，和墨以藉谈笑。观其时文，雅好慷慨，良由世积乱离，风衰俗怨，并志深而笔长，故梗概而多气也。（《时序》）

魏文之才，洋洋清绮，旧谈抑之，谓去植千里，然子建思捷而才俊，诗丽而表逸，子桓虑详而力缓，故不竞于先鸣，而乐府清越，《典论》辩要，迭用短长，亦无懵焉。但俗情抑扬，雷同一响，遂令文帝以位尊减才，思王以势窘益价，未为笃论也。(《才略》)

至于班固、傅毅，文在伯仲，而固嗤毅云“下笔不能自休”。及陈思论才，亦深排孔璋；敬礼请润色，叹以为美谈；季绪好诋诃，方之于田巴，意亦见矣。故魏文称“文人相轻”，非虚谈也。(《知音》)

《周书》论士，方之梓材，盖贵器用而兼文采也。是以朴斫成而丹雘施，垣墉立而雕圬附。而近代辞人，务华弃实，故魏文以为：“古今文人，类不护细行。”韦诞所评，又历诋群才。后人雷同，混之一贯，吁可悲矣！(《程器》)

详观近代之论文者多矣：至于魏文述典，陈思序书，应玚文论，陆机《文赋》，仲治《流别》，弘范《翰林》，各照隅隙，鲜观衢路；或臧否当时之才，或铨品前修之文，或泛举雅俗之旨，或撮题篇章之意。魏典密而不周，陈书辩而无当，应论华而疏略，陆赋巧而碎乱，《流别》精而少功，《翰林》浅而寡要。又君山、公幹之徒，吉甫、士龙之辈，泛议文意，往往间出，并未能振叶以寻根，观澜而索源。不述先哲之诰，无益后生之虑。(《序志》)

前十二条，都是对曹丕文学创作或理论贡献的单一描述或评价，不具有整体性，最后一条位于全书序论的关键位置，则是将曹丕文论与另外九家文论进行合观统照的评价。刘勰客观地指出：曹丕等十家文论既有可贵之处、创新之处、独特之处，也有不周全、不深刻、不正确的弊端——这是站在整个文学批评发展史的总结人位置上，对汉魏晋三代文学批评成果进行立体观照得出的结果。刘勰的基本倾向是：振叶以寻根，观澜而索源。述先哲之诰，益后生之虑，即总结、融合上述十家文论，在此基础上推陈出新、独创新说。《文心雕龙》以综论数千年的久远历史意识和合观天地人文的宏大宇宙意识，将截止成书时代的所有重要文学作品、文学理论、文学现象、写作技法融汇一炉，以源出儒家、吸取百家的雅丽文学思想为成书指导思想，成为迄今为止中国文论史上最精深的著作。在超越曹丕文论的路上，尽管体现了曹丕的不足，但曹丕作为文学批评论的开创者，刘勰对他的继承与发展是很多的，对他的否定与批判实际上是很少的，下面就来进行具体分析。

第三节　曹丕对《文心雕龙》成书的深刻影响

曹丕是《文心雕龙》中论述到的重要作家和文论家之一，他的作品多次出现在《明诗》《乐府》《铭箴》《谐隐》《诏策》等文体论中，作为上述体裁在发展史上的经典作品，接受创作批评与历史检验，但刘勰主要接受的还是他的文学批评理论，特别是《典论·论文》中提出的写作目的论、文章功能论、作家批评论、文体风格论、文气论、评价态度论等重要内容，为刘勰所全盘接受，并在《文心雕龙》的写作中新变发挥、拓展推进。整体上看，《典论·论文》以积极的儒家精神、切中时弊的基本态度、论述全面的内容构成，不仅是中国文学批评史上的第一篇专论，还成为魏晋"文学自觉"时代追求理论创造的先声，《文心雕龙》则深度拓展、独创体系，成为对"文学自觉"时代再次理论"自觉"的标志性成果。

一、写作目的论

在《典论·论文》中，曹丕指出：

> 盖文章，经国之大业，不朽之盛事。年寿有时而尽，荣乐止乎其身，二者必至之常期，未若文章之无穷。是以古之作者，寄身于翰墨，见意于篇籍，不假良史之辞，不托飞驰之势，而声名自传于后。故西伯幽而演《易》，周旦显而制礼，不以隐约而弗务，不以康乐而加思。夫然，则古人贱尺璧而重寸阴，惧乎时之过已。而人多不强力，贫贱则慑于饥寒，富贵则流于逸乐，遂营目前之务，而遗千载之功。日月逝于上，体貌衰于下，忽然与万物迁化，斯志士之大痛也！

这段话对《文心雕龙》成书的意义重大：

首先，曹丕有意识地提高文学的地位和作用。他不像汉朝的部分帝王或高级官员把作家当作倡优，把辞赋比为博弈，而是把文章看作“经国之大业，不朽之盛事”，并且鼓励文人更积极地创作，希望他们不要“营目前之务，而遗千载之功”，这是很有远见的。他这一论点集中而鲜明地表现了建安时代作家的创作自觉精神，对文学的发展起了一定的促进作用。刘勰在《文心雕龙·序志》篇中说：“文章之用，实经典枝条，五礼资之以成，六典因之致用，君臣所以炳焕，军国所以昭明。”将文章的作用提高到有益于军国政治、君臣关系的高度，那么，写作文章就是一件很有意义的事情，是仅次于注解经书的可以留下名声的工作。在他之前，就只有曹丕讲过文章是“经国之大业，不朽之盛事”这样的话。正是因为将文章写作的作用看得很大，《文心雕龙》才不再走注解经书的传统儒学章句之路，因为这样不仅超不过马融、郑玄等人，而且在经学研究领域也留不下名字，于是刘勰另辟蹊径，专门写作一本论述文章写作方法论的书。由此可知，文章地位的大大提高，是刘勰写作《文心雕龙》这本写作学理论著作的一大原因。

其次，曹丕将文章作为一个作家的生命载体，关注了强烈的生命质量意识。刘勰高度赞同曹丕的意见，他认为：“夫宇宙绵邈，黎献纷杂，拔萃出类，智术而已。岁月飘忽，性灵不居，腾声飞实，制作而已。夫肖貌天地，禀性五才，拟耳目于日月，方声气乎风雷，其超出万物，亦已灵矣。形同草木之脆，名逾金石之坚，是以君子处世，树德建言，岂好辩哉？不得已也！”一个人生活在世上，是多么渺小，生命多么脆弱，要想树德建言，留下美名，在不能立德、立功的情况下，最好的办法就是立言——写作一本能流传下去的著作，让自己的美名流传后世。这不仅是名声问题，也是一个君子为社会作贡献的大问题。于是，《文心雕龙》以宏大的宇宙意识和急迫的生命意识，将人类写作这件事提高到宇宙哲学与生命哲学的高度。而曹丕的论述，有许多与此相近。可以说，刘勰选择著述、写作文章的根本目的，在尊崇孔子、模仿孔子之外，深受曹丕文章功能与生命意识的影响。

最后，曹丕的诸多文论主张，成为《文心雕龙》展开写作的针对性对象。《序志》指出："详观近代之论文者多矣：至于魏文述典，陈思序书，应玚文论，陆机《文赋》，仲治《流别》，弘范《翰林》，各照隅隙，鲜观衢路；或臧否当时之才，或铨品前修之文，或泛举雅俗之旨，或撮题篇章之意。魏典密而不周，陈书辩而无当，应论华而疏略，陆赋巧而碎乱，《流别》精而少功，《翰林》浅而寡要。又君山、公幹之徒，吉甫、士龙之辈，泛议文意，往往间出，并未能振叶以寻根，观澜而索源。不述先哲之诰，无益后生之虑。"本段文字论述到曹丕、曹植等魏晋著名论文家共计十人，曹丕位居第一，因为他的《典论·论文》是数百年"文学自觉"时代中的第一篇文学批评专著，而不像其他人那样零散地、偶发地评论文学，所以，刘勰在决定以写作为立言目的、以文章写作为范围对象之后，再次缩小《文心雕龙》所针对的对象范围，将其直接对象定于"文学理论著作"这一特殊的范围之内。要写作这类性质的文章，述评前代专著、评论前代文论家，就成为第一要务，成为立论的第一出发点。于是，曹丕等十大文论家，在被刘勰不断挑刺、不断批评的情况下，成为《文心雕龙》成书的第一层奠基石——近代意义上的文学理论，各有问题，多不完整，或者欠缺，或者错误。《文心雕龙》必将是超越上述文论之作，体系全面、立论严谨、有所建树的"文学理论著作”。事实证明，刘勰确实做到了这一点。

因此，从生命哲学、文章功能与写作出发点三大写作目的角度看，曹丕是刘勰写成《文心雕龙》的主要引路人之一。

二、建安文学论

文学史上著名的“建安七子”说，出于曹丕的推崇褒赞：

> 今之文人：鲁国孔融文举、广陵陈琳孔璋、山阳王粲仲宣、北海徐幹伟长、陈留阮瑀元瑜、汝南应玚德琏、东平刘桢公幹，斯七子者，于学无所遗，于辞无所假，咸以自骋骥騄于千里，仰齐足而并驰。以此相服，亦良难矣！盖君子审己以度人，故能免于斯累而作论文。王粲长于辞赋，徐幹时有齐气，然粲之匹也。如粲之《初征》《登楼》《槐赋》《征思》，幹之《玄猿》《漏卮》《圆扇》《橘赋》，虽张、蔡不过也，然于他文未能称是。琳、瑀之章、表、书、记，今之隽也。应玚和而不壮，刘桢壮而不密。孔融体气高妙，有过人者，然不能持论，理不胜辞，以至乎杂以嘲戏，及其所善，扬、班俦也。

曹丕不仅直接提出了“建安七子”的人选，还将他们各自擅长的文体、相互之间的比较详细分析了出来，带有鲜明的作家作品批评的意味，这是汉魏文学走向理论自觉的一个标志。

《文心雕龙》非常推重建安文学，书中有许多赞美的话。《明诗》篇中说：“暨建安之初，五言腾踊。文帝陈思，纵辔以骋节；王徐应刘，望路而争驱。并怜风月，狎池苑，述恩荣，叙酣宴，慷慨以任气，磊落以使才。造怀指事，不求纤密之巧；驱辞逐貌，唯取昭晳之能：此其所同也。”刘勰直接将曹丕、曹植、王粲、徐幹、应玚、刘桢六人选为代表作家，认为他们代表了当时五言诗歌创作的高峰，而且是同一时代井喷而出的作家集体，诗歌内容丰富，豪情满怀，描写细腻，水平很高，是整个建安文学的代表作家群。这一著名的论断，在《时序》篇中有更为详细的论述：“自献帝播迁，文学蓬转，建安之末，区宇方辑。魏武以相王之尊，雅爱诗章；文帝以副君之重，妙善辞赋；陈思以公子之豪，下笔琳琅：并体貌英逸，故俊才云蒸。仲宣委质于汉南，孔璋归命于河北，伟长从宦于青土，公幹徇质于海隅，德琏综其斐然之思，元瑜展其翩翩之乐，文蔚、休伯之俦，于叔、德祖之侣，傲雅觞豆之前，雍容衽席之上，洒笔以成酣歌，和墨以藉谈笑。观其时文，雅好慷慨，良由世积乱离，风衰俗怨，并志深而笔长，故梗概而多气也。”这一段累计论述到曹操、曹丕、曹植父子与王粲、陈琳、徐幹、刘桢、应玚、阮瑀、路粹、繁钦、邯郸淳、杨修等著名作家，与《明诗》篇相比，虽然数量上增加了很多，但仍然以曹氏父子与建安诗人为核心，曹丕在其中占据着重要的地位。这一地位主要是由他在文学批评史上首次集中地、准确地、多角度地评价建安七子而带来的。曹丕论述中包含的作家论，是作家群体集中而能各有特色、各具风格、各擅文体的实际分析；他对上述作家的作品分析，带有文体分类、侧重纯文学、实事求是的方法论色彩。这些作家作品及其相关内容，是《文心雕龙》建立诗歌批评、文体批评、作家批评、作品批评的重要出发点，也是刘勰建立文学风格批评、写作《知音》共时批评鉴赏论的重要来源。鉴于此，刘勰在《才略》篇中为曹丕正名，实事求是地评价了曹丕在文学创作和理论建树两个方面的成就："魏文之才，洋洋清绮，旧谈抑之，谓去植千里，然子建思捷而才俊，诗丽而表逸，子桓虑详而力缓，故不竞于先鸣，而乐府清越，《典论》辩要，迭用短长，亦无懵焉。但俗情抑扬，雷同一响，遂令文帝以位尊减才，思王以势窘益价，未为笃论也。"人们因为曹植政治失败、处处受制、事事窘迫而对他有更多的怜悯心与认同感，对曹丕则反之，这是不对的。

三、批评鉴赏论

曹丕是历史上第一个明确提出文学批评的态度问题并产生了重大影响的文论家。他说：

> 文人相轻，自古而然。傅毅之于班固，伯仲之间耳，而固小之，与弟超书曰："武仲以能属文为兰台令史，下笔不能自休。"夫人善于自见，而文非一体，鲜能备善，是以各以所长，相轻所短。里语曰："家有弊帚，享之千金。"斯不自见之患也。……常人贵远贱近，向声背实，又患暗于自见，谓己为贤。

文人相轻、贵远贱近、谓己为贤三者，是历代以来文学批评中最容易犯的三种错误，这是不公正、不客观而且狭隘、自私的态度。很不幸，这种态度自古就有，普通人好像犯得更严重。

《文心雕龙》不仅全盘接受了曹丕的批评观，而且结合其他批评意见，创造性地写出了中国古代文论史上著名的文学批评专篇《知音》，其中处处显露着曹丕论点、论据的痕迹。《知音》开篇就说："夫古来知音，多贱同而思古，所谓日进前而不御，遥闻声而相思也。昔《储说》始出，《子虚》初成，秦皇、汉武，恨不同时；既同时矣，则韩囚而马轻，岂不明鉴同时之贱哉？至于班固、傅毅，文在伯仲，而固嗤毅云'下笔不能自休'。及陈思论才，亦深排孔璋；敬礼请润色，叹以为美谈；季绪好诋诃，方之于田巴，意亦见矣。故魏文称'文人相轻'，非虚谈也。"曹丕提出的三种态度、举证的历史案例，都在刘勰笔下出现，并作为基本的立论依据。此部分内容可详参前面《孟子的影响》章关于"以意逆志"的讨论。

四、文学风格论

曹丕《典论·论文》指出："夫文本同而末异，盖奏议宜雅，书论宜理，铭诔尚实，诗赋欲丽。此四科不同，故能之者偏也，唯通才能备其体。"将八种文体分为四科，得出雅、理、实、丽的文体风格类型论，核心是"雅丽"风格；经过陆机的发展，从四科八种发展到十种文体，并对应提出十种风格论，核心仍然是"雅丽"风格；继续发展到《文心雕龙》，则讨论了三十多个大类、八十多种文体，得出了不同文体的创作要求与风格特点，并集中在《定势》篇中作出了论述："章、表、奏、议，则准的乎典雅；赋、颂、歌、诗，则羽仪乎清丽；符、檄、书、移，则楷式于明断；史、论、序、注，则师范于核要；箴、铭、碑、诔，则体制于弘深；连珠、七辞，则从事于巧艳：此循体而成势，随变而立功者也。虽复契会相参，节文互杂，譬五色之锦，各以本采为地矣。"据此分类为：

章表奏议——准的典雅
赋颂歌诗——羽仪清丽
符檄书移——楷式明断
史论序注——师范核要
箴铭碑诔——体制弘深
连珠七辞——从事巧艳

合计有章表奏议等六组二十二类文体，刘勰为每一组文体进行了风格的归纳，列出典雅、巧艳等六体风格，其核心所指，显然是“雅丽”之风格美。这一论述的用意在于：从文体风格来看，“论文叙笔”的几十类文体，以“雅丽”文风为中心。

《体性》篇则超过了上述文体风格论，在谈到风格的基本类型时说：“若总其归涂，则数穷八体：一曰典雅，二曰远奥，三曰精约，四曰显附，五曰繁缛，六曰壮丽，七曰新奇，八曰轻靡。”“典雅”到“轻靡”的八体风格，是刘勰从“论文叙笔”的作品风格、文体风格评价中分析、抽象得出的，具有明显的时代特征与文体类型特征。比如“典雅”一体，很明显是儒家经典的文体风格；而“远奥”一体，就其特征而言，主要是玄学思潮影响下的文学作品的风格，带有特殊的文体风格与时代风格特点；“壮丽”一体主要是楚辞汉赋的文体风格，同样具有鲜明的时代性；“新奇”一体主要是指“近代以来”的不良文风。因此，“八体”是汇集了《文心雕龙》写作以前所有文体、作品、时代乃至作家风格而成的产物。而在归纳合成“八体”之后。刘勰又运用“八体”风格类型评价、指导文学的风格和创作，是“史论结合、论用结合”的典范案例。仔细分析“八体”的命名与特征，可以清楚地看到“八体”从“典雅”到“壮丽”到“轻靡”

的化合核心是“雅丽”风格，“八体”之中，“典雅、精约、显附、壮丽”四体为优，“远奥、繁缛、新奇、轻靡”四体为次，其崇古抑今、尚雅贬俗的思想倾向十分明显，“八体”统雅摄丽，是“圣文雅丽，衔华佩实”这一审美理想在风格类型论的八个侧面的具体表现。

在归纳出了风格形态的八种基本类型后，刘勰还用形象描述的方式，对每一种风格类型的特征与内涵都作了解说：“典雅者，镕式经诰，方轨儒门者也；远奥者，馥采曲文，经理玄宗者也；精约者，核字省句，剖析毫厘者也；显附者，辞直义畅，切理厌心者也；繁缛者，博喻酿采，炜烨枝派者也；壮丽者，高论宏裁，卓烁异采者也；新奇者，摈古竞今，危侧趣诡者也；轻靡者，浮文弱植，缥缈附俗者也。”（《体性》）这是在文体风格论基础上，结合对历代最佳作品的论述所得出的八种共时风格论。

自魏初曹丕论文体风格开始，至齐、梁时代的刘勰，可见对风格特征描述由简约渐趋繁丰的总体趋势。① 曹丕论文体风格，简约地说“奏议宜雅，书论宜理，铭诔尚实，诗赋欲丽”，渺渺数语，没有对风格类型的特征进行任何解说；晋初陆机论文体风格为“诗缘情而绮靡，赋体物而浏亮，碑披文以相质，诔缠绵而凄怆，铭博约而温润，箴顿挫而清壮，颂优游以彬蔚，论精微而朗畅，奏平彻以闲雅，说炜晔而谲诳”，在曹丕“一言以蔽之”

---

① 实际上，刘勰是反对这种“繁杂”趋势（或称现象）的。但对风格类型的解说是一代比一代“繁缛”，《文心雕龙》以后，崔融、皎然、遍照金刚、司空图等人以越来越形象生动、诗意盎然的文字（诗歌）描述风格特征，这是刘勰所没有想到的。

的基础上有所发展，将每种文体的特点加以简单描述、解说，虽然仍有简略之失，但比较前人，已经进步不少了。陆机直接影响到了刘勰对每种风格的形象解说。这种解说的特点是：先论每种风格的区别特征，次述其来源，形象生动。这种描述式解说的方式，为后世风格类型的提出、说明奠定了基础，确立了范式。尤其在唐代司空图那里，新语迭出，蔚为大观。我们来看曹、陆、刘三人对风格特征的不同描述：

文论家	类型	特征
曹丕	诗赋	丽
陆机	诗	缘情而绮靡
刘勰	壮丽	高论宏裁，卓烁异采者也

现依刘勰所述，将“八体”特征排列如下：

八体	特征或渊源
典雅	镕式经诰、方轨儒门
远奥	馥采曲文、经理玄宗
精约	核字省句、剖析毫厘
显附	辞直义畅、切理厌心
繁缛	博喻酿采、炜烨枝派
壮丽	高论宏裁、卓烁异采
新奇	摈古竞今、危侧趣诡
轻靡	浮文弱植、缥缈附俗

比较这八种类型的核心，仍然是雅丽风格论。《体性》篇在

《文心雕龙》二十篇"论文叙笔"的文体论基础上，运用《周易》八卦数理模型，对前代所有文体风格与作品风格进行了类型归纳，提出了迄今为止中国文论史上最为全面系统的风格"八体"论。

而探究其核心的"雅丽"这一理想风格，不能回避它的理论来源与运用。关于雅丽风格的来源，可以从两个角度讨论。

第一，上溯到汉魏晋代文论与文学作品，可以看出"雅丽"文风来自对作家风格与文体风格的归纳。后汉班固《离骚序》评屈原说："其文弘博丽雅，为辞赋宗。后世莫不斟酌其英华，则象其从容。"刘勰《文心雕龙·辨骚》篇引班固评屈："文辞丽雅，为词赋之宗。"其说同此。班固"弘博丽雅"一说，概括了屈原楚辞鸿丽雅正的风格，这是一种宏大的雅丽之美，而不同于儒家经典中和的雅丽之美。蔡邕《玄文先生李子材铭》说："经纬是综，雅丽是分。"曹丕在《典论·论文》中论文体风格时说："奏议宜雅，书论宜理，铭诔尚实，诗赋欲丽。"这八种文章体裁归为四类风格，从典雅到华丽，结合起来看，就是雅丽的文风。雅丽文风是对所有文体风格的共同评价。其后，陆机《文赋》论文体风格时指出"诗缘情而绮靡，赋体物而浏亮，碑披文以相质，诔缠绵而凄怆，铭博约而温润，箴顿挫而清壮，颂优游以彬蔚，论精微而朗畅，奏平彻以闲雅，说炜晔而谲诳"等十体文风。这些论述，是刘勰"圣文"雅丽风格的直接理论来源。

第二，历代史书中对雅丽风格的直接运用。以《文心雕龙》成书于齐、梁相交之际为时间基准，刘勰能够看到的史书是很多的：一方面，诸如《史记》《汉书》《宋书》等史书能够看到；另一方面，南朝著述之风大盛，史书著作很多，虽然这些史书质量有所参差，多数也没有流传下来，但是刘勰在定林寺“博通经论”，饱览过经籍子史，是可以肯定的。前十五史中“雅丽”一共出现四次，两条运用“雅丽”论人，另两条用来论文。这是与刘勰《文心雕龙》“圣文雅丽”直接相关联的用法。但是，刘勰有没有见过史书中“雅丽”一说，不好做绝对判定。① “雅丽”这一术语的运用很少，用来论文就更少。在上述材料不太可能为刘勰看到的情况下，运用“雅丽”论文是刘勰的创举。不过，除了直接论述“雅丽”的情况，从《史记》开始，历代史书对雅文、丽文的论述多如牛毛，举不胜举。因此，“雅丽”文风的提出，主要是刘勰向经典、史书取法的结果。这也间接验证了《风骨》篇“镕铸经典之范，翔集子史之术”一说的开明意义。

《文心雕龙》论述雅丽之理论渊源有二，雅论直接来自《毛诗序》“雅者，正也”的说法，同时又受儒家雅乐正声的传统诗

---

① 前十五史中“雅丽”一共出现四次，简列于下：《南史·陆慧晓传》：“三子：僚、任、倕并有美名，时人谓之三陆。初授慧晓兖州，三子依次第各作一让表，辞并雅丽，时人叹伏。”《北史·李希远传》：“希远弟希宗，字景玄。性宽和，仪貌雅丽，有才学。”《魏书·李希远传》：“希远第二弟希宗，字景玄。出后宪兄。性宽和，仪貌雅丽，涉猎书传，有文才。”《旧唐书·杨炯传》：“则天初，坐从祖弟神让犯逆，左转梓州司法参军。秩满，选授盈川令。如意元年七月望日，宫中出盂兰盆，分送佛寺，则天御洛南门，与百僚观之。炯献《盂兰盆赋》，词甚雅丽。”上述四条材料，有两条运用“雅丽”论人，有两条用来论文。这是与刘勰《文心雕龙》“圣文雅丽”直接相关联的用法。但是，《北史》、《魏书》与《旧唐书》，刘勰肯定是看不到的，《南史》是对南朝四史的杂烩，刘勰有没有见过《南史》中“雅丽”一说，不好做绝对判定。

乐观念的影响；丽论则要复杂得多，因为儒家五经雅正有余而华丽不足，刘勰为了给经典雅丽寻找到丽论的渊源，向道家“自然之道”借鉴取法，以“文源于道”的哲学高度来论述“人文有采”的道理，这样，就为所有文章寻找到了尚丽的依据，经典是圣人从天地物色中仰观俯察的产物，当然也会像自然物色那样华丽美好。于是，经典雅丽的文风得以确立。

刘勰为经典雅正文风加上华丽外衣的用意在于：一是为“文出五经”作出铺垫，因为后代文章由质趋文，越来越华丽，而汉赋与齐、梁宫体诗歌均以艳丽著称，要坚持“文出五经”，就必须为华丽之文找到华丽之源。二是为论述“六义”之“文丽而不淫”作铺垫。既然是经典，具有雅丽之美，那么，就应该是“丽则”的正美，而不是“丽淫”的艳美，这就为全书崇诗抑骚树立了基本原则。三是为了树立雅丽文学思想，刘勰主张经典雅正与辞赋华丽的折中结合，以此生成“执正驭奇”“衔华佩实”的雅丽创作理论。雅丽，就由文体风格上升到了审美论的核心标准，又成为创作论的总纲，在“枢纽”论中建立起来。

《文心雕龙》树立的雅丽风格，是最理想的风格，是全书所有风格类型的最高标准。比如《明诗》篇总结诗歌风格时说：

> 若夫四言正体，则雅润为本；五言流调，则清丽居宗，华实异用，唯才所安。故平子得其雅，叔夜含其润，茂先凝其清，景阳振其丽，兼善则子建、仲宣，偏美则太冲、公幹。

这一段既包含诗歌体裁的风格要求，又列举了若干著名诗人的创作风格特点，四言诗以雅润为主，五言诗歌则逐渐变得清丽起来。“雅润”与“清丽”，一“实”一“华”，二者的结合，组成的正是“雅丽”的诗风。在这里，其实蕴含了八体中论述“典雅”“壮丽”“轻靡”“繁缛”等涉及或“雅”或“丽”的风格类型，只是没有展开而已。

《体性》篇赞语有“雅丽黼黻，淫巧朱紫”句，冯春田先生认为：“雅丽”，即雅正（或典雅）华美。刘勰用此语，一般是指作品既有雅正的内容，又具美好的文采，即“丽辞雅义，符采相胜”或“衔华而佩实”。古代以白、黑、青等为正色，与正色相对的有间色，绿、红、碧、紫、黄是也。雅丽黼黻，是说文章的雅丽就如同黼黻那样典雅华美。在古代朱为正色，紫为间色，刘勰所说的“朱紫”，正是以“朱紫”相杂、以邪乱正来比喻作者淫辞浮奢而失其质或淆乱典雅。① 这一理解与笔者将八体合成雅丽文风的推测具有一致性。

一般认为，《定势》篇讨论的是文体风格的问题，刘勰论述了从“典雅”到“巧艳”的六体文体风格，明显体现“雅丽”风格这一中心；与《体性》八体从“典雅”到“轻靡”的核心指向一样，都是以“雅丽”风格为最高指归。

“雅丽”是圣文的文体风格，是“商周丽而雅”（《通变》）的时代文风，是汉赋“丽词雅义”（《诠赋》）的创作要求，是“雅丽黼黻”（《体性》）的风格赞语，这是用于风格审美和文体创作的情况；扩展一步，是“四言雅润，五言清丽”的诗歌创作大

① 冯春田：《文心雕龙释义》，山东教育出版社 1986 年版，第 163~164 页。

要，也是“雅义以扇其风，清文以驰其丽”的章表文体特点。在书中，刘勰经常运用与“雅丽”同义的“华实”“文质”“正采”“丽则”等语代替“雅丽”，进行了诸如“风归丽则”（《诠赋》）、“诗人丽则”（《物色》）、“华实相胜”（《章表》）、“正采彬彬”（《情采》）、“文质相称”（《才略》）、“符采相济”（《宗经》）的众多论述。

刘勰以雅丽风格作为其风格类型理论的核心，体现了他既宗经尚雅，也追求文采华丽的文学观念。雅丽统摄八体，二者反映了刘勰尚雅崇丽的文学观念，共同形成了《文心雕龙》的文学风格理论体系。在形成了风格理论体系之后，刘勰将其广泛运用于对各类风格的论述中去，具有重大的理论价值和影响。

五、文气论

在中国文学批评史上，曹丕首先使用“气”这个概念来阐述文学创作的作家批评问题，他指出：“文以气为主，气之清浊有体，不可力强而致。譬诸音乐，曲度虽均，节奏同检，至于引气不齐，巧拙有素，虽在父兄，不能以移子弟。”研究者们将其称为“文气说”。继曹丕之后，刘勰论文，也倡文气，以文气论作家作品，进而论述作家作品的风格特征与风格之美。郭晋稀先生说：“《文心雕龙》所论，无处不与文气相关联，故刘勰也是主张文以气为主的，不过他更发展了曹丕之说，使它成为根深叶茂的文气论了。”[①] 寇效信先生说：“曹丕‘文以气为主’的学说，是

① 《文心雕龙》学会编：《文心雕龙学刊》（第六辑），齐鲁书社 1992 年版，第 280 页。

中国古代文论中文气论的滥觞。经历三百年之后，刘勰在《文心雕龙》中建立了系统而完整的文气论。”① 两位先生的论述指出：《文心雕龙》的气论思想极为丰富，涉及了文章写作的方方面面；而其文气论思想源于曹丕，并有所发展。

在文论史上，真正明确把“气”和文艺创作活动联系起来，将“气”作为一个文论概念提出来的批评家是曹丕。他在《典论·论文》中说：“王粲长于辞赋，徐幹时有齐气，然粲之匹也。”“孔融体气高妙，有过人者。然不能持论，理不胜辞，以至乎杂以嘲戏。”“文以气为主，气之清浊有体，不可力强而致。譬诸音乐，曲度虽均，节奏同检，至于引气不齐，巧拙有素，虽在父兄，不能以移子弟。”曹丕的所谓气、体气、体等，主要有两层含义：一是指作家的气质特征，二是指作品的风格特征。在曹丕看来，作家有什么样的气质特征，在其作品中就呈现出什么样的风格气貌。比如说“徐幹时有齐气”，王运熙先生对此的理解是：“徐幹是齐地人，汉代齐地士人，因受土风影响，其性格比较舒缓，徐幹的文章也带有这种舒缓之风，这就叫齐气。”② 此外，在《与吴质书》中，曹丕还说过“公幹有逸气，但未遒耳。……仲宣独得善于辞赋，惜其体弱，不足起其文”的话，所谓的“有逸气”“体弱”之论，既指作家个性特征，又指其作品风格特征。曹丕的文气说，第一次提出了作家气质个性与作品风格的关系问题，开创了以气论文的先河。

（一）《文心雕龙》论文气

经检索，在《文心雕龙》全书中共有七十九处论及“气”这

---

① 《文心雕龙》学会编：《文心雕龙学刊》（第六辑），第 281 页。

② 王运熙：《中国古代文论管窥》，上海古籍出版社 2006 年版，第 36 页。

一术语，贯穿了“文之枢纽”“论文叙笔”“剖情析采”的前后始终。刘勰所谓的“气”，除直接继承上述气论思想外，更有自己的发展与新见，含义颇多：

一是指自然界的风云之气，如“写气图貌，既随物以宛转”（《物色》）。二是指音乐、歌曲的特点要素，如“韵气一定，则余声易遣；和体抑扬，故遗响难契”（《声律》）。三是由音乐要素发展为指音乐的地域风格特点，如“暨武帝崇礼，始立乐府，总赵代之音，撮齐楚之气”（《乐府》）。四是与音乐风格相似，指作家风格的地域特征，如《风骨》篇引述曹丕的话：论徐幹，则云“时有齐气”。五是指写作主体的先天气质，如“若夫八体屡迁，功以学成，才力居中，肇自血气”（《体性》）。六是指作家需要修养、积蓄的养身之气，即气息、精神，比如“是以吐纳文艺，务在节宣，清和其心，调畅其气，烦而即舍，勿使壅滞”（《养气》）。七是指文风的时代特征，《时序》篇论述建安文学时说“观其时文，雅好慷慨，良由世积乱离，风衰俗怨，并志深而笔长，故梗概而多气也”。第八，更多的是指由作家主体气质灌注在作品中以后所呈现出的风格特征，如《风骨》篇中论文气时说“相如赋仙，气号凌云，蔚为辞宗，乃其风力遒也”。

刘勰以气论自然、论音乐、论文学，从自然风云之气到作家音乐家先天之血气，再到不同的文学风格与音乐风格，以及不同的风格之美，其重点是在论述文章写作各种问题，尤其是风格问题。周振甫先生明确地指出：“刘勰讲气，是从论文角度来讲的。”① 我们

① 周振甫：《周振甫讲〈文心雕龙〉》，江苏教育出版社 2005 年版，第 136 页。

看这句话，可以理解为：刘勰论气，是以论文为主的，是属于文气论范围的。寇效信先生说："综观《文心雕龙》的文气论，可以看出，刘勰是在两种意义上使用气这一范畴的：在创作主体方面，刘勰认为气是构成作家主体系统的一大要素；在作品客体方面，认为气是构成作品艺术生命和价值的基础。"① 主客两方面的气论思想，涉及从创作者本身的修养气质（清浊刚柔之气）到作品风貌（风格类型）的美学评价。曹顺庆先生说："若对'文气'加以仔细辨析，我们不难发现'文气说'有着一个基本的内核，即它主要是指作家内在的禀赋，是指作家从体格元气到精神、气质、情感与性格的总和，是作家在精神活动和实践活动中表露出来的心理生理与行为方式特征的总和。""它是'因内而符外'的东西，是作家形体与全部生理心理特征的表现。而这，恰恰是所谓艺术风格的基础。"②

综观全书，刘勰以气论风格包括两种主要内容：一是论述文学风格的类型，二是阐述风格类型的审美理想。二者之间是由表及里的整体关系。

（二）刚柔气论与八体风格

《文心雕龙》文气论的最大价值在于：继承前人，独抒己见，明确提出了刚柔风格论与八体风格类型论。

在《体性》篇中，刘勰指出："风趣刚柔，宁或改其气。"作品风格有刚柔之分，是由于作家具有不同的气质。一般认为，刘勰的刚柔风格思想来自两个方面：一是直接来源于曹丕的"气有

① 《文心雕龙》学会编：《文心雕龙学刊》（第六辑），第281页。
② 曹顺庆：《中西比较诗学》，北京出版社1988年版，第200页。

清浊”说，清浊即刚柔。对曹丕“气之清浊有体”的理解，郭绍虞先生的解释是“清浊，意近于《文心雕龙·体性》所说的气有刚柔，刚近于清，柔近于浊”。这里的气，是主体先天之气。郭先生又进一步说：“清是俊爽超迈的阳刚之气，浊是凝重沉郁的阴柔之气。”① 李壮鹰先生在其所编《中国古代文论》中也持同样的看法：“清，指俊爽豪迈的阳刚之气；浊，指凝重沉郁的阴柔之气。”② 二是从本源上来看，刘勰的刚柔风格论来自《周易》的刚柔阴阳哲学观念。《易传》认为，天地之间存在着“阴”“阳”二气，天地万物的产生就是“阴”“阳”二气交互作用的结果；而阳性事物的特点在于刚健，阴性事物的特点在于柔顺，所以阴阳的对立也就具体化为刚柔的对立。比如：

> 柔上而刚下，二气感应以相与。（《咸·彖》）
>
> 大哉乾乎！刚健中正，纯粹精也。（《乾·文言》）
>
> 刚柔者，立本者也。（《系辞下》）
>
> 乾，阳物也；坤，阴物也。阴阳合德，而刚柔有体。（《系辞下》）
>
> 观变于阴阳而立卦，发挥于刚柔而生爻。（《说卦》）

阴阳刚柔的对立、转化和统一也就成为大千世界的规律，所谓“立天之道曰阴与阳，立地之道曰柔与刚”，最终概括为

---

① 郭绍虞主编：《中国历代文论选》（第一册），上海古籍出版社 2001 年版，第 163 页。

② 参见罗宏梅：《曹丕“文气说”及“清浊”之辨》，《贵州文史丛刊》2007 年第 2 期。

“一阴一阳之谓道”的哲学规律。敏泽先生在《〈文心雕龙〉与〈周易〉》一文中认为：“《文心雕龙》虽无专门论述刚柔的文章，但也曾一再提到刚柔的思想，如《定势》篇的‘刚柔虽殊，必随时而适用’，《镕裁》篇的‘刚柔以立本’、《体性》篇的‘气有刚柔’等，都是对《周易》的刚柔思想的运用和发挥。”①

刘勰借上述刚柔哲学思想以“论文”，这二者的结合，形成了《文心雕龙》刚柔风格理论的重要观念。《体性》篇说“气有刚柔”“风趣刚柔，宁或改其气”；《风骨》篇说“刚健既实，辉光乃新”“文明以健”；《定势》篇则说“势有刚柔”；《镕裁》篇则总括性地提出“刚柔以立本，变通以趋时”。这些散见于各篇的刚柔风格论思想，与《周易》阐述的刚柔思想是一脉相承的。“刚柔以立本”，就是说风格有刚与柔两种类型。

综上所述，刚柔首先是天地间的元气，在作家主体身上体现出来，再灌注在作品里，就使作品形成了刚与柔的风格类型。刘勰在《文心雕龙》中明确倡导“风趣刚柔”“刚柔以立本”的说法，创立了刚柔风格类型说，使之成为后代文论对风格类型划分“刚柔说”的滥觞。在文论史上，刘勰是第一位以刚柔之气论风格的理论家。

刚柔说是风格类型分类理论中的二分法，或者称之为简分法。刚柔二分法虽有很大的包容性，却显得过于笼统，不能准确地概括形态多样的风格类型。刘勰汲取了《周易》刚柔

① 中国文心雕龙学会编：《文心雕龙研究荟萃》，第165页。

生八卦，八卦生万物的哲学思想，“总其归涂，数穷八体”，总结性地提出了典雅、壮丽等“八体”风格类型论，将刚柔二体演化为“典雅、远奥、精约、显附、繁缛、壮丽、新奇、轻靡”八种基本风格类型，并认为八体之间是两两相对的阴阳对立关系。八体之间再相互结合、转化，可以生成无限多样的风格类型。因此，繁分的八体说就是对简分的刚柔说的拓展、丰富。

那么，刘勰为什么要说“数穷八体”呢？为什么要把基本风格类型限于“八”之数呢？《易传》认为：

> 是故《易》有太极，是生两仪，两仪生四象，四象生八卦，八卦定吉凶，吉凶生大业。(《系辞上》)
>
> 刚柔相摩，八卦相荡。(《系辞上》)
>
> 刚柔相推，而生变化。(《系辞上》)
>
> 刚柔相推，变在其中矣。(《系辞下》)

照上述思想，八卦是由阴阳二仪变化、衍生出来的，与之相对应，刚柔风格结合、衍生出了八体风格类型。可见，刘勰正是依据《周易》的阴阳刚柔说与八卦数理关系，创立了《文心雕龙》的刚柔、八体两种风格类型理论。

王小盾先生《〈文心雕龙〉风格理论的〈易〉学渊源》一文认为，《文心雕龙》是依据《周易》阴阳八卦理论来确立自己的风格类型的，八体分别对应于“乾”“坤”等八卦。据此，他作出了一幅九宫八卦图：

西北 乾 典雅	北 坎 轻靡	东北 艮 显附
西 兑 繁缛	阴（隐秀） 阳（风骨）	东 震 精约
西南 坤 远奥	南 离 壮丽	东南 巽 新奇

在这幅图中，阴阳两仪居于正中，八体风格与八卦一一对应。①这是《周易》八卦与气论思想对刘勰产生影响，使《文心雕龙》风格类型得以建构起来的直接证据。②

六、风骨美

何谓风骨？风与骨各为何意？二者之间有何关系？或者说二者是否属于一个整体，不可分割？风骨是阳刚的风格吗？风骨包含文采美在内吗？上述种种问题，一直以来，都是龙学研究中的热点问题，各家众说纷纭，莫衷一是。据统计，仅仅到2005年，关于风骨的理解就有六十五种之多，论文数百篇。其中影响最大的是黄侃先生提出的"风即文意，骨即文辞"说，后人无论是赞

① 王小盾：《〈文心雕龙〉风格理论的〈易〉学渊源——为王运熙老师80华诞而作》，《清华大学学报》（哲学社会科学版）2005年第5期。

② 对于八体与八卦是否一一对应、对应是否准确的关系问题，以及风骨与隐秀是否构成刚柔关系的问题，笔者尚有不同意见，此处暂略。

成，是反对，或是改动此说，都逃不开将风与骨割裂开来分析的路数。另一种影响较大的意见是将风骨看作阳刚的风格，或者是阳刚之美。也有学者认为风骨是一个整体概念。

在众多纷乱的头绪中，我们其实可以从文气论思想出发，来理解刘勰论述风骨之本意——其实是在提倡一种“务盈守气”“风清骨峻”的中和之美。风骨是刘勰风格类型论的共时审美理想。

在《体性》篇中，刘勰认为，作家的主体之气是根本性的，它是才能和志意的基础，是文学创作的基础，是形成自身独特风格的基础，所谓“才力居中，肇自血气；气以实志，志以定言；吐纳英华，莫非情性”。这种观点，来自曹丕“气之清浊有体”的先天禀赋论思想，并且把曹丕作品风格是作家气质才性的表现这一论点阐述得更为具体。因此，在《风骨》篇里，刘勰提出“缀虑裁篇，务盈守气”的观点，强调在写作中作者内在“守气”或血气的盈满充实是创作的根本因素，并再次引用了曹丕的观点，来证明“务盈守气”的重要性：

> 故魏文称：“文以气为主，气之清浊有体，不可力强而致。”故其论孔融，则云体气高妙；论徐幹，则云时有齐气；论刘桢，则云时有逸气。公幹亦云：“孔氏卓卓，信含异气；笔墨之性，殆不可胜。”并重气之旨也。(《风骨》)

刘勰主要赞赏“逸气”“异气”“凌云之气”“高妙之气”等倾向于“清刚”的文气，鲜明地表明了自己对曹丕以气论文风“重气之旨”的赞赏之情。清黄叔琳论此说：“气是风骨之本。”纪昀则评曰："气即风骨，更无本末。"① 黄叔琳的意思是，气与风骨是一内一外的东西，风骨是文章外在的表现之美，气是文章内在的根本要素，这正是刘勰"重气之旨"的原意。纪昀的意思是说，气与风骨，是合二为一的东西，二者互为表里，相互依存，没有内外之分，也没有本末之分，风骨就是文章透露出来的文气。二人的意见，看起来好像不同，其实是一样的意思，是实质相同的两种说法。

在引述曹丕的文气论观点后，刘勰特别提倡刚健骏爽的文气、文风，强调文章应当写得"风清骨峻"，即思想感情表现得鲜明爽朗、语言劲直有力，呈现出清峻刚健的风貌。刘勰依据"其为文用，譬征鸟之使翼也"的形象比喻，在全面论述"风骨"及其重要性后，明确指出，有风骨的作品不光是文气充沛刚健，也必然是有文采的作品。"风骨"是很讲究文采的：

> 夫翚翟备色，而翾翥百步，肌丰而力沉也；鹰隼乏采，而翰飞戾天，骨劲而气猛也。文章才力，有似于此。若风骨乏采，则鸷集翰林；采乏风骨，则雉窜文囿。唯藻耀而高翔，固文笔之鸣凤也。(《风骨》)

在此，刘勰以正反结合的手法，先从正面论述文采与骨力的完美结合、骨力与文气的完美结合。这两种情况，是风骨美的两种表

① （清）黄叔琳注，（清）纪昀评：《文心雕龙辑注》，中华书局 1957 年版，第 282~283 页。

现形态。有风骨的作品就是要讲究并追求文气、骨力与文采三者的结合之美。写文章应当将文采与骨力结合起来，作品才会像凤凰那样“藻耀而高翔”，达到“肌丰而力沉”的有风骨的理想境界。然后，刘勰从反面论述只有骨力而缺乏文采的作品显得太过刚硬；而文采过度，缺乏骨力的作品，则是一派繁缛的绮丽之相；这二者都不好。

在刘勰看来，“翰飞戾天，骨劲而气猛”的代表人物是刘桢。《体性》篇列汉魏名家十二人，论刘桢为“公幹气褊，故言壮而情骇”；詹锳先生释“气褊”为性子急躁而不稳定。[①]《三国志·魏书·王昶传》记述王昶评价刘桢说：“东平刘公幹，博学有高才，诚节有大意，然性行不均，少所拘忌，得失足以相补。吾爱之重之，不愿儿子慕之。”“性行不均，少所拘忌”即指刘桢性格不稳定，不太注意礼仪常规，无拘无束。范文澜先生注：“《魏志·王粲传》注引《典略》载桢平视太子夫人甄氏事。谢灵运《拟邺中集诗序》曰‘桢卓荦偏人’。此气褊之征。”[②]“众人咸伏”而刘桢独平视甄氏的结果是：“太祖闻之，乃收桢，减死输作。”这种“少所拘忌”的性格使他付出了惨痛的代价。曹丕《典论·论文》评刘桢时称“壮而不密”；范文澜先生注称：“《文选》魏文帝《与吴质书》‘公幹有逸气，但未遒耳’。《颜氏家训·文章篇》‘凡为文章，犹人乘骐骥，虽有逸气，当以衔勒制之，勿使流乱轨躅，故意填坑岸也’。《才略》篇曰‘刘桢情高以会采’。情高，故有逸气，未遒，谓有时至流乱轨躅也。”[③]刘

① 詹锳：《文心雕龙的风格学》，人民文学出版社 1982 年版，第 13 页。
② 范文澜：《文心雕龙注》，第 509~510 页。
③ 范文澜：《文心雕龙注》，第 518 页。

桢文章诗歌气势雄壮，但是往往有所疏漏以至于“流乱轨躅”。钟嵘《诗品》评谓：“魏文学刘桢诗，其源出于《古诗》。仗气爱奇，动多振绝；真骨凌霜，高风跨俗。但气过其文，雕润恨少。然自陈思已下，桢称独步。”① 刘桢的文章与诗歌写得很好，所受评价也很高；存在的主要问题是“气过其文，雕润恨少”，就是缺乏文采，略显刚硬。所以詹锳先生说：“这种骇人视听的粗壮风格，和他的急脾气是一致的。”②

有的学者认为风骨不含文采之美，比如：“刘勰虽然认为藻饰与风骨有着密切的联系，但却认为文采并不是风骨的一个组成因素（或来源）。他将风骨与文采分为二物，将它们并列起来。也就是说风骨与文采并不是从属关系（或因果关系），而是并列关系。有风骨的作品不一定有文采；同样，有文采的作品不一定有风骨。”③ 这种意见是将“风骨”视为一种质朴有力的文风，风骨不含文采之美。笔者不同意这一看法。黄叔琳注“风骨乏采”说：“风骨乏采是暗笔，开合以尽意耳。”④ 意思是说，“风骨乏采”与“采乏风骨”一明一暗，二者应该结合起来看待，合起来的意思就是风骨含采，风骨与文采不可分割。而早在黄注、纪评之前，明人杨慎就曾论风骨说：“左氏论女色曰美而艳。美犹骨也，艳犹风也。文章风骨兼全，如女色之美艳两致矣。”⑤ “女色之美艳两致”，原本不分表里，不能割裂，是内外合一的整

① 张怀瑾：《钟嵘诗品评注》，第 182 页。

② 詹锳：《文心雕龙的风格学》，第 13 页。

③ 曹顺庆：《中西比较诗学》，第 233 页。

④ （清）黄叔琳注，（清）纪昀评：《文心雕龙辑注》，第 283 页。

⑤ 王文才、万光治等编注：《升庵批点文心雕龙》，《杨升庵丛书》，天地出版社 2002 年版，第 739 页。

体美感；“文章风骨兼全”，也是不分表里的整体美感。就是说，风骨原本不该分开来看待，而应该是一个整体的文章风格美学评价。风骨含文采之美，是不言而喻的。《宗经》篇论述写文章应该“依经立义”的“六义”时说：

> 故文能宗经，体有六义：一则情深而不诡，二则风清而不杂，三则事信而不诞，四则义贞而不回，五则体约而不芜，六则文丽而不淫。扬子比雕玉以作器，谓五经之含文也。

其中的第二条“风清而不杂”，意思是说文章风格应该清纯而不杂乱；第六条“文丽而不淫”，意思是说文章应该写得有文采而不过度。其实，这正是本篇“风清骨峻”的另一种说法。易中天先生较早就注意到了“六义”与风骨之间的关系，他认为“六义”是“从风、骨、采三方面提出的六条美学原则”，指出“唯有兼风、骨、采而有之者，才像凤凰一样，既能翱翔万里，又有文采斐然，而这也正是刘勰的审美理想”。①

由上述分析可知，刘勰不仅赞同“有逸气、含异气”的刚劲骏爽之气，更要求文气与文采的结合，体现出自然明朗、风清骨峻、辉光乃新的风骨之美。

依据“风骨”上述几个方面的审美构成特征，刘勰极力赞美“藻耀而高翔”的作品，将《体性》篇“刚柔”说与“八体”论一一纳入“风骨”这一理想范畴中来。《体性》篇提出的“八

---

① 易中天：《〈文心雕龙〉美学思想论稿》，上海文艺出版社1988年版，第120、125页。

体”说作为对繁多风格类型的高度概括，其中既有刘勰所称赞的“典雅、精约、壮丽、显附”风格，也有与上述四体相反的“新奇、繁缛、轻靡、远奥”四体。这八体，有优良文风与不良文风的区别。由上述基本文风的优点与时代文风的部分可取之处相结合，刘勰标举“风骨”，将“风骨”作为其风格八体的最高理想；同时，在《风骨》篇中高度重视“文气”，欣赏、赞美“刚健既实”的阳刚风格。这也再次证明了“风骨”说实际上就是对风格类型“风趣刚柔”的简分法与“数穷八体”的繁分法的高度综合，是取二者精华所提出的风格类型理想、标准与规范。

比如，刘勰明确表示自己对文采过度、繁文缛辞、缺乏骨力的作品的不满：“若丰藻克赡，风骨不飞，则振采失鲜，负声无力。”“若瘠义肥辞，繁杂失统，则无骨之征也。”“采乏风骨，则雉窜文囿。”刘勰在这里主要批评的就是繁缛、轻靡的风格。繁缛的文风“瘠义肥辞”“负声无力”，是“失统”的表现，背离了儒家文论“文质彬彬”的审美与创作要求；而轻靡的文风像野鸡一样在文坛上上蹿下跳，虽然色彩艳丽，但“浮文弱植”，难登大雅之堂。刘勰一向坚持“诗言志”的正统文论观：“大舜云：诗言志，歌永言。圣谟所析，义已明矣。是以在心为志，发言为诗，舒文载实，其在兹乎！诗者，持也，持人情性；三百之蔽，义归无邪，持之为训，有符焉尔。”(《明诗》)刘勰以传统的“言志”说反对陆机提出来的“诗缘情而绮靡”的“言情”论调，遂以“楚汉侈而艳”“魏晋浅而绮”之语批评这两种类型。同时，还批评“讹而新”的新奇文风。刘勰标举的是典雅的正统文风，他举例说：“昔潘勖锡魏，思摹经典，群才韬笔，乃其骨髓峻也。”主张“无务繁采”，提倡精约的文风：“能鉴斯要，可以定文，兹术或违，无务繁采。”同时，高度赞美壮丽的文风：“唯藻耀而高翔，固文笔之鸣凤也。”《体性》篇论壮丽文风之特征是“壮丽者，高论宏裁，卓烁异采者也”，立意高远，境界宏大，文采卓绝，正是此处“藻耀而高翔”之意。

刘勰既从文气角度主张“刚健既实”的阳刚风格，也从八体角度提倡“藻耀而高翔”的壮丽风格，反对繁缛、轻靡的风格，倡导典雅、精约的优良文风，故而总括性地提出他的风格类型理想：“文术多门，各适所好，明者弗授，学者弗师。于是习华随侈，流遁忘反。若能确乎正式，使文明以健，则风清骨峻，篇体光华。能研诸虑，何远之有哉！”（《风骨》）“确乎正式”就是宗经，确立“典雅、雅丽”的正统文风；“文明”就是明白通畅，说的是“辞直义畅”的“显附”风格；“健”就是“刚健既实”“高论宏裁，卓烁异采者”的阳刚、“壮丽”的风格。在这里，刘勰主张“研诸虑”，“诸虑”即刚柔与八体风格，“研诸虑”就是研究、综合刚柔与八体中的优良文风，摈弃不良文风，将二者高度综合起来，统一在“风骨”这一风格理想中，就可以写出“刚健既实，辉光乃新”的佳作，达到“风清骨峻，篇体光华”的理想效果。

综上所述，曹丕文论对《文心雕龙》成书的影响是巨大的，从写作目的、作家作品、批评鉴赏、文学风格、文气论等不同方面深刻影响到了《文心雕龙》的写作。虽然曹丕文论比较简约，但已经有鲜明的自觉探究文学批评各种问题的意识，《文心雕龙》在此基础上继续深入发展，结合其他文论成果，独创新的理论观点与理论体系，终于成为独步古今的文论巨典，实现了对数百年“文学自觉”的理论提升与理论“自觉”。

附：《文心雕龙》征引儒家诸子主要作品（存目）

一、孔子

1. 编纂《春秋》。
2. 编辑《诗经》。
3. 整理《周易》《仪礼》《尚书》《乐经》。

二、孟子

《孟子》。

三、荀子

《荀子》。

四、扬雄

1. 《甘泉赋》。
2. 《羽猎赋》。[①]

---

① 《文心雕龙·诠赋》称之为《校猎》。

3. 《反离骚》。

4. 《解嘲》。

5. 《解难》。

6. 《赵充国颂》。

7. 《元后诔》。

8. 《剧秦美新文》。

9. 《答刘歆书》。

10. 《箴文》。[①]

11. 《太玄经》。

12. 《法言》。

五、王充

《论衡》。

六、曹丕

《典论·论文》。

---

① 据《文心雕龙·铭箴》篇记载，扬雄曾模仿《虞人之箴》写了关于卿尹、州牧等各种官吏的箴文二十五篇。后来崔骃、胡广等又加以补写，总称为《百官箴》。在今传《艺文类聚》《初学记》《古文苑》等文献中载有扬雄所写之《冀州箴》《青州箴》等州箴12篇，《尚书箴》《司空箴》《博士箴》等职官箴21篇。

参考文献

一、专著

(一)《文心雕龙》研究专著

范文澜:《文心雕龙注》，人民文学出版社 1958 年版。

冯春田:《文心雕龙释义》，山东教育出版社 1986 年版。

冯春田:《〈文心雕龙〉阐释》，齐鲁书社 2000 年版。

黄霖:《文心雕龙汇评》，上海古籍出版社 2005 年版。

黄侃:《文心雕龙札记》，中华书局 1962 年版。

(清) 黄叔琳辑注，(清) 纪昀评:《文心雕龙辑注》，中华书局 1957 年版。

李建中:《文心雕龙讲演录》，广西师范大学出版社 2008 年版。

刘永济:《文心雕龙校释》，中华书局 2007 年版。

林杉:《文心雕龙文体论今疏》，内蒙古教育出版社 2000 年版。

林杉:《文心雕龙批评论新诠》，内蒙古教育出版社 2002 年版。

陆侃如、牟世金:《文心雕龙译注》，齐鲁书社 1995 年版。

牟世金:《台湾文心雕龙研究鸟瞰》，山东大学出版社 1985

年版。

马宏山：《文心雕龙散论》，新疆人民出版社 1982 年版。

戚良德：《文论巨典——〈文心雕龙〉与中国文化》，河南大学出版社 2003 年版。

戚良德：《文心雕龙校注通译》，上海古籍出版社 2008 年版。

涂光社：《文心十论》，春风文艺出版社 1986 年版。

王更生：《文心雕龙研究》，文史哲出版社 1989 年版。

王更生总编订：《台湾近五十年〈文心雕龙〉研究论著摘要》，文史哲出版社 1999 年版。

王运熙、周锋：《文心雕龙译注》，上海古籍出版社 1998 年版。

王运熙：《文心雕龙探索》（增补本），上海古籍出版社 2005 年版。

吴林伯：《〈文心雕龙〉义疏》，武汉大学出版社 2002 年版。

杨明：《文心雕龙精读》，复旦大学出版社 2007 年版。

杨明照：《增订文心雕龙校注》，中华书局 2000 年版。

杨明照：《杨明照论文心雕龙》，上海科学技术文献出版社 2008 年版。

易中天：《〈文心雕龙〉美学思想论稿》，上海文艺出版社 1988 年版。

詹锳：《〈文心雕龙〉的风格学》，人民文学出版社 1982 年版。

詹锳：《文心雕龙义证》，上海古籍出版社 1989 年版。

张长青：《文心雕龙新释》，湖南大学出版社 2009 年版。

张立斋：《文心雕龙注订》，国家图书馆出版社 2010 年版。

张少康：《文心雕龙新探》，齐鲁书社 1987 年版。

张少康、汪春泓等：《文心雕龙研究史》，北京大学出版社 2001 年版。

周振甫：《文心雕龙今译（附词语释义）》，中华书局 1986 年版。

周振甫：《周振甫讲〈文心雕龙〉》，江苏教育出版社 2005 年版。

周绍恒：《〈文心雕龙〉散论及其他》，学苑出版社 2000 年版。

祖保泉：《文心雕龙解说》，安徽教育出版社 1993 年版。

〔日〕户田浩晓著，曹旭译：《文心雕龙研究》，上海古籍出版社 1992 年版。

（二）经史

（汉）孔安国传，（唐）孔颖达等正义：《尚书正义》，上海古籍出版社 1990 年版。

（汉）郑玄笺，（唐）孔颖达等正义：《毛诗正义》，上海古籍出版社 1990 年版。

（汉）郑玄注，（唐）贾公彦疏：《周礼注疏》，上海古籍出版社 1990 年版。

（汉）郑玄注，（唐）贾公彦疏：《仪礼注疏》，上海古籍出版社 1990 年版。

（汉）郑玄注，（唐）贾公彦疏：《礼记正义》，上海古籍出版社 1990 年版。

（汉）赵岐注，（宋）孙奭疏：《孟子注疏》，上海古籍出版社 1990 年版。

（魏）王弼等注，（唐）孔颖达等正义：《周易正义》，上海古籍出版社 1990 年版。

（魏）何晏等注，（宋）邢昺疏：《论语注疏》，上海古籍出版社 1990 年版。

（晋）杜预注，（唐）孔颖达等正义：《春秋左传正义》，上海古籍出版社 1990 年版。

（宋）朱熹：《四书章句集注》，辽宁教育出版社 1998 年版。

（汉）司马迁：《史记》（影印本），中华书局 1997 年版。

（汉）班固：《汉书》（影印本），中华书局 1997 年版。

（晋）陈寿：《三国志》（影印本），中华书局 1997 年版。

（南朝宋）范晔：《后汉书》（影印本），中华书局 1997 年版。

（南朝梁）沈约：《宋书》（影印本），中华书局 1997 年版。

（南朝梁）萧子显：《南齐书》（影印本），中华书局 1997 年版。

（北齐）魏收：《魏书》（影印本），中华书局 1997 年版。

（唐）房玄龄等：《晋书》（影印本），中华书局 1997 年版。

（唐）姚思廉：《梁书》（影印本），中华书局 1997 年版。

（唐）姚思廉：《陈书》（影印本），中华书局 1997 年版。

（唐）李百药：《北齐书》（影印本），中华书局 1997 年版。

（唐）令狐德棻等：《周书》（影印本），中华书局 1997 年版。

（唐）李延寿：《北史》（影印本），中华书局 1997 年版。

（唐）李延寿：《南史》（影印本），中华书局 1997 年版。

（唐）魏徵等：《隋书》（影印本），中华书局 1997 年版。

（晋）皇甫谧：《帝王世纪》，辽宁教育出版社1997年版。

（三）其他

（春秋）孙武：《孙子兵法》，中华书局2001年版。

（汉）刘向撰，向宗鲁校证：《说苑校证》，中华书局1987年版。

（东汉）王充原著，袁华忠、方家常译注：《论衡全译》，贵州人民出版社1993年版。

（晋）葛洪集，成林、程章灿译注：《西京杂记全译》，贵州人民出版社1993年版。

（南朝梁）萧统编，（唐）李善注：《文选》，中华书局1989年版。

（唐）虞世南撰，（清）孔广陶校注：《北堂书钞》，学苑出版社1998年版。

（唐）欧阳询辑，汪绍楹校：《艺文类聚》（附索引），上海古籍出版社1998年版。

（唐）刘知几：《史通》，上海古籍出版社2008年版。

（宋）李昉等：《太平御览》，中华书局2000年版。

（明）张溥著，殷孟伦注：《汉魏六朝百三家集题辞注》，中华书局2007年版。

（清）王先谦：《荀子集解》，中华书局1988年版。

（清）严可均辑：《全上古三代秦汉三国六朝文》，商务印书馆1999年版。

（清）章学诚：《文史通义》（附《校雠通义》），中华书局1994年版。

陈鼓应：《老子今注今译》，商务印书馆2003年版。

陈鼓应：《庄子今注今译》，中华书局 1983 年版。

刘文典：《淮南鸿烈集解》，中华书局 1989 年版。

陈广忠校理：《淮南鸿烈解》，黄山书社 2012 年版。

汪荣宝撰，陈仲夫点校：《法言义疏》，中华书局 1987 年版。

王以宪、张广保注释：《法言·潜夫论》，华夏出版社 2002 年版。

王文才、万光治编注：《杨升庵丛书》，天地出版社 2002 年版。

陈荣捷：《王阳明传习录详注集评》，台湾学生书局 1983 年版。

曹道衡：《南朝文学与北朝文学研究》，江苏古籍出版社 1999 年版。

曹顺庆：《中西比较诗学》，北京出版社 1988 年版。

范文澜：《中国通史简编》第二编（修订本），人民出版社 1949 年版。

高潮、甘华鸣总编，徐兆仁主编：《中国韬略大典·颜氏家训》，中国国际广播出版社 1997 年版。

郭绍虞：《中国文学批评史》，百花文艺出版社 1999 年版。

李凯：《儒家元典与中国诗学》，中国社会科学出版社 2002 年版。

逯钦立辑校：《先秦汉魏晋南北朝诗》，中华书局 1983 年版。

鲁迅：《魏晋风度及其他》，上海古籍出版社 2000 年版。

李泽厚、刘纲纪：《中国美学史》（第一卷），中国社会科学出版社 1984 年版。

李泽厚、刘纲纪：《中国美学史》（第二卷上），中国社会科学出版社 1987 年版。

罗宗强：《魏晋南北朝文学思想史》，中华书局 1996 年版。

罗宗强、陈洪主编：《中国古代文学发展史》，南开大学出版社 2003 年版。

马正平：《写作行为论》，西南师范大学出版社 1995 年版。

汤炳正：《屈赋新探》，齐鲁书社 1984 年版。

王岳川：《中国书法文化精神》，新星出版社 2002 年版。

王运熙：《中国古代文论管窥》（增补本），上海古籍出版社 2006 年版。

袁济喜：《新编中国文学批评发展史》，中国人民大学出版社 2006 年版。

袁行霈主编：《中国文学史》，高等教育出版社 1999 年版。

张怀瑾：《钟嵘诗品评注》，天津古籍出版社 1997 年版。

张少康：《中国文学理论批评史教程》，北京大学出版社 1999 年版。

周勋初：《文史探微》，《周勋初文集》（第三卷），江苏古籍出版社 2000 年版。

〔美〕M. H. 艾布拉姆斯著，郦稚牛等译：《镜与灯——浪漫主义文论及批评传统》，北京大学出版社 1989 年版。

〔美〕宇文所安著，王柏华、陶庆梅译：《中国文论：英译与评论》，上海社会科学院出版社 2003 年版。

二、论文

（一）论文集

曹顺庆编：《文心同雕集》，成都出版社 1990 年版。

郭绍虞主编：《中国历代文论选》，上海古籍出版社 2001 年版。

黄锦鋐：《文心雕龙论文集》，学海出版社 1979 年版。

王元化编选：《日本研究〈文心雕龙〉论文集》，齐鲁书社 1983 年版。

张少康主编：《中国历代文论精选》，北京大学出版社 2003 年版。

中国《文心雕龙》学会编：《文心雕龙研究》（第一辑），北京大学出版社 1995 年版。

中国《文心雕龙》学会编：《文心雕龙研究》（第二辑），北京大学出版社 1996 年版。

中国《文心雕龙》学会编：《文心雕龙研究》（第三辑），北京大学出版社 1998 年版。

中国《文心雕龙》学会编：《文心雕龙研究》（第四辑），北京大学出版社 2000 年版。

中国《文心雕龙》学会编：《文心雕龙研究》（第五辑），河北大学出版社 2002 年版。

台湾师范大学国文学系主编：《〈文心雕龙〉国际学术研讨会论文集》，文史哲出版社 2000 年版。

齐鲁书社编：《文心雕龙学刊》（第一辑），齐鲁书社 1983 年版。

《文心雕龙》学会编：《文心雕龙学刊》（第二辑），齐鲁书社 1984 年版。

《文心雕龙》学会编：《文心雕龙》（第六辑），齐鲁书社 1992 年版。

中国《文心雕龙》学会、全国高校古籍整理委员会编辑：《文心雕龙资料丛书》，学苑出版社 2004 年版。

中国古典文学研究会编：《文心雕龙综论》，台湾学生书局

1988 年版。

中国《文心雕龙》学会编：《文心雕龙研究论文集》，人民文学出版社 1990 年版。

中国《文心雕龙》学会编：《论刘勰及其文心雕龙》，学苑出版社 2000 年版。

日本九州大学中国文学会主编：《〈文心雕龙〉国际学术研讨会论文集》，文史哲出版社 1992 年版。

〔日〕兴膳宏著，彭恩华编译：《兴膳宏〈文心雕龙〉论文集》，齐鲁书社 1984 年版。

（二）论文

陈建郎：《〈文心雕龙〉佛论辞源研究》，台湾佛光大学硕士学位论文，2009 年。

陈良运：《〈文心雕龙〉与〈淮南子〉》，《文史哲》2000 年第 3 期。

陈耀南：《〈文心〉“风骨”群说辨疑》，《求索》1988 年第 3 期。

黄霖：《〈文心雕龙〉：中国第一部写作心理学论著》，《河北学刊》2009 年第 1 期。

徐正英：《上博简〈孔子诗论〉研究》，中山大学博士后出站报告，2006 年。

李诚：《论班固评屈》，《四川师范大学学报》（社会科学版）1992 年第 2 期。

李凯：《“风骨”精神的文化阐释——兼论刘勰〈文心雕龙·风骨〉与儒家思想的联系》，《四川师范大学学报》（社会科学版）2002 年第 5 期。

李玮娟：《文心雕龙修辞理论研究》，台湾中山大学硕士学位论文，2000 年。

林文琦：《文心雕龙文学评价问题之比较研究》，台湾东吴大学硕士学位论文，2007 年。

刘培强：《佛学对〈文心雕龙〉的影响》，《大众商务》2009 年第 22 期。

吕永：《〈文心雕龙〉与〈老子〉》，《湘潭大学学报》1986 年增刊。

马宏山：《论〈文心雕龙〉的纲》，《中国社会科学》1980 年第 4 期。

马宏山：《有关〈文心雕龙〉的一些问题——答吴林伯同志的辩难》，《江汉论坛》1981 年第 3 期。

马宏山：《〈文心雕龙〉之“道”再辨——兼答邱世友同志》，《新疆大学学报》（哲学社会科学版）1981 年第 3 期。

马宏山：《也谈〈文心雕龙〉的理论体系——与牟世金同志商榷》，《学术月刊》1983 年第 3 期。

牟世金：《实事求是地研究〈文心雕龙〉——答马宏山同志》，《学术月刊》1983 年第 10 期。

普慧：《〈文心雕龙〉与佛教成实学》，《文史哲》1997 年第 5 期。

戚良德：《〈周易〉：〈文心雕龙〉的思想之本》，《周易研究》2004 年第 4 期。

邱世友：《关于〈文心雕龙〉之道》，《哲学研究》1981 年第 5 期。

饶宗颐：《文心与阿毗昙心》，《暨南学报》（哲学社会科学版）1989年第1期。

孙立：《〈文心雕龙〉主导思想之辨析》，《湖北民族学院学报》（社会科学版）1994年第4期。

孙蓉蓉：《刘勰的“宗经”辩正》，《求是学刊》2004年第2期。

王小盾：《〈文心雕龙〉风格理论的〈易〉学渊源——为王运熙老师80华诞而作》，《清华大学学报》（哲学社会科学版）2005年第5期。

吴林伯：《评〈论《文心雕龙》的纲〉》，《江汉论坛》1980年第6期。

夏志厚：《〈周易〉与〈文心雕龙〉理论构架》，《文艺理论研究》1990年第3期。

詹福瑞：《〈宗经〉与〈文心雕龙〉的理论体系》，《河北大学学报》（哲学社会科学版）1994年第4期。

詹锳：《〈文心雕龙〉的思想体系》，《暨南学报》（哲学社会科学版）1989年第1期。

张辰：《刘勰美学思想发微》，《内蒙古大学学报》（哲学社会科学版）1995年第4期。

张培艳：《儒家尚“雅”观念在六朝文论中的传承与嬗变》，首都师范大学硕士学位论文，2003年。

张启成：《〈文心雕龙〉中的道家思想》，《贵州社会科学》1981年第4期。

张少康、笠征：《刘勰〈文心雕龙〉和佛教思想的关系》，《北京大学学报》（哲学社会科学版）2005年第4期。

朱清：《〈文心雕龙〉与汉代易学》，《南都学坛》2005年第6期。

后　记

本书是儒家文明协同创新中心后期资助项目“儒家诸子对《文心雕龙》成书的贡献”和四川省哲学社会科学重点研究基地儒学研究中心重点资助项目“儒家文艺思想对《文心雕龙》成书的影响”最终成果。由于《文心雕龙》研究难度大，成果出版不易，现在，齐鲁书社伸出热情之手，同意出版，借此出版之机，向提供全额出版资助的儒家文明协同创新中心和齐鲁书社致以诚挚谢意，感谢关心！

儒家文明协同创新中心一直鼓励我进行儒学研究，2015 年立项的“《文心雕龙》雅丽思想研究”已于 2019 年 10 月在中华书局顺利出书，本课题研究成果又在齐鲁书社进入出版程序，我和四川大学学友贺雨潇将努力修改书稿内容，争取顺利出版。在本书的内容撰写方面，我们合作分工：贺雨潇写作王充、曹丕章，完成 50 千字；王万洪完成其余内容。

由于学力不足，研究能力有限，我们在面对《文心雕龙》的时候，常有力不从心、无从下手的感觉，现在大着胆子写出的这些文字，一定存在很多疏漏乃至错误之处，恳请诸位读者朋友指正、批评之！你们的关心将促使我们成长，提高我们进行《文心雕龙》和儒学研究的质量，谢谢你们！

王万洪

2020 年 4 月 20 日于沱江之滨